Brigitte Kerchner · Silke Schneider (Hrsg.)

Foucault: Diskursanalyse der Politik

Brigitte Kerchner
Silke Schneider (Hrsg.)

Foucault: Diskursanalyse der Politik

Eine Einführung

VS VERLAG FÜR SOZIALWISSENSCHAFTEN

Bibliografische Information Der Deutschen Nationalbibliothek
Die Deutsche Nationalbibliothek verzeichnet diese Publikation in der
Deutschen Nationalbibliografie; detaillierte bibliografische Daten sind im Internet über
<http://dnb.d-nb.de> abrufbar.

1. Auflage November 2006

Alle Rechte vorbehalten
© VS Verlag für Sozialwissenschaften | GWV Fachverlage GmbH, Wiesbaden 2006

Lektorat: Frank Schindler

Der VS Verlag für Sozialwissenschaften ist ein Unternehmen von Springer Science+Business Media.
www.vs-verlag.de

Umschlaggestaltung: KünkelLopka Medienentwicklung, Heidelberg
Druck und buchbinderische Verarbeitung: Krips b.v., Meppel
Gedruckt auf säurefreiem und chlorfrei gebleichtem Papier

ISBN 978-3-531-15240-0

Inhalt

Teil 2: Politik der Moleküle

Teil 3: Politik der Sicherheiten

Teil 4: Politik der Identitäten

Teil 5: „Foucault – Warum nicht?"

Brigitte Kerchner/Silke Schneider

„Endlich Ordnung in der Werkzeugkiste". Zum Potenzial der Foucaultschen Diskursanalyse für die Politikwissenschaft – Einleitung

Dem bekannten Appell Michel Foucaults, sich seiner Werke wie einer „Werkzeugkiste" zu bedienen,[1] wurde in den letzten Jahren freimütig gefolgt. Inzwischen ist in den Kultur-, Geistes- und Sozialwissenschaften gerade der Diskursbegriff zu einem inflationären Schlagwort geworden: Diskursarenen, Diskursfragmente und -stränge, *discursive politics* und *Policy*-Diskurse – nicht ganz zu Unrecht wurde bereits vor einem „discursive Imperialism" (Parker 1993) gewarnt. Tatsächlich ist häufig, wenn von „Diskurs" die Rede ist, nicht viel mehr gemeint als öffentlicher Meinungsstreit oder Debatte. Dagegen verbinden andere mit dem Diskursbegriff reflektierte und innovative, gleichwohl divergierende Forschungsperspektiven.

Zwischen Faszination und Abwehr bewegt sich auch die Politikwissenschaft. Wie in der internationalen Diskursforschung allgemein, so lassen sich auch hier mindestens drei Diskursbegriffe unterscheiden: 1. Seit langem ist es selbstverständlich, anknüpfend an die „Diskursethik" von Habermas politische Debatten im Hinblick auf die hier verwendeten Argumentationslogiken zu untersuchen und dabei einen *kritisch-normativen Diskursbegriff* zugrunde zu legen. Der Diskurs wäre hier eine öffentliche Debatte, in der ethische Regeln gelten sollen.

2. Darüber hinaus kommen aus der internationalen Politikwissenschaft verstärkt Impulse, einen sozialkonstruktivistischen Erkenntnisstandpunkt einzunehmen, vor allem das Teilgebiet der *International Relations* ist dabei, sich konsequent einer konstruktivistischen Perspektive zu öffnen. Von da aus wächst die Neugier, sich auch in den übrigen Bereichen des Faches (wieder) stärker mit *Ideen* und *Wertorientierungen* oder anderen Formen der Sinnproduktion im politischen Prozess zu befassen. So kommt es, dass in klassischen Akteursanalysen, in inter-

---

[1] So rief Foucault ([1975-76] 1999: 7-8) etwa in der Vorlesung „In Verteidigung der Gesellschaft" seine Zuhörerschaft auf, „mit dem, was ich sage, völlig frei um[zu]gehen": „Das betrifft die Forschungswege, Ideen, Modelle ebenso wie die Skizzen und Instrumente: machen Sie damit, was Sie wollen."

temporal oder international vergleichenden Politikfeldanalysen aber auch in der neueren *Governance*-Forschung zunehmend von „Frames", „Belief systems" oder eben „Discourses" (Burman/Parker 1993) als Faktoren des Politischen die Rede ist. Wie gelingt es Akteuren, in den komplexen Meinungsbildungs- und Entscheidungsprozessen von heute sich über gemeinsam geteilte Normen, Deutungshorizonte und Wissensbestände zu durchsetzungsfähigen „Koalitionen" zu vernetzen? Solche Fragen beschäftigen die empirisch-analytischen Zweige der Politikwissenschaft, wenn sie von „Diskurs-Koalitionen" (Sabatier 1993; Singer 1993) oder Diskursen als „Wissensvergemeinschaftungen" (Nullmeier 1993; 2001) sprechen. Genauer besehen changiert der hier verwendete Diskursbegriff allerdings zwischen dem der „Diskursethik" und einem *analytisch-pragmatischen* Verständnis, wie es sich im Zuge der anglo-amerikanischen *discourse analysis* herausgebildet hat. *Discourse* wäre hier eine (öffentliche) Gesprächssituation, die nach kommunikativen Regeln verläuft, die sich neutral beschreiben lassen.

3. Hinzu kommen immer wieder Verweise auf Foucault. Meist bleiben diese oberflächlich. Aber zweifellos ließe sich mit Foucaults genealogischem Diskursmodell auch genauer nach den langfristigen Voraussetzungen aktuellen politischen Handelns fragen, nach den historisch überkommenen Aussageordnungen, die unsere Wahrnehmung von der Wirklichkeit, die aktuelle Definition politischer Probleme und damit insgesamt die politische Ordnung der Gegenwart bestimmen. Diskurs wäre hier eine „Menge von Aussagen, die einem Formationssystem angehören", dessen historisch sich wandelnde Regeln das heute Sagbare ordnen (Foucault [1969] 1997: 170, zu den drei Diskursbegriffen vgl. auch Abb. 1, S. 50 in diesem Band).

Offenbar lassen sich mit Diskursanalysen viele Fragen bearbeiten, die uns derzeit besonders bewegen und herausfordern: Auf welches Wissen greifen politische Akteure zurück, wenn bisherige Gewissheiten brüchig werden? Wie gelangt soziale, ökonomische oder biologisch-naturwissenschaftliche Expertise in den politischen Entscheidungsprozess? Wie gelingt es unter den Bedingungen einer globalisierten Wirtschaft in Kommunikations- und Verhandlungsprozessen spezifischen Personen, Institutionen und Staaten zu einflussreichen Akteuren zu werden? Wie konstituieren sich überhaupt individuelle, regionale oder europäische Identitäten? Und wie werden im Reden über Gegenstände und Themen die „Orte des Aussagens" zu „Orten der Macht" (Sarasin 1996: 143; 2001: 67-69)? Ob man dann jedoch in konkreten empirischen Studien den Diskurs am Ideal herrschaftsfreier Kommunikation messen (Habermas) oder ganz pragmatisch die innere Struktur öffentlicher „Gespräche" (Grice) beschreiben soll, ob man den Diskurs selbst als Set von Ideen und Normen (Schmidt 2002; Fischer 2003), als „soziale Praxis" (Wodak 1998; Fairclough 2001; van Dijk 1997, Bd. 2) oder als

„performative Praxis" (Butler [1990] 1991; 1993) verstehen kann, darüber hat die Diskussion zwischen einzelnen Forschungsrichtungen noch kaum begonnen. Das Phänomen vieldeutiger Diskursbegriffe teilt die Politikwissenschaft bekanntlich mit den Nachbardisziplinen. Auch hier klagt man seit langem über das „Wuchern" des Diskurses, gerade die unreflektierte Gebrauchsweise des Diskursbegriffes wird nicht wenig zur weit verbreiteten Skepsis gegenüber postmodernen Theorien und sprachbasierten Verfahren beigetragen haben. Inzwischen bemühen sich erste lexikalische Definitionsversuche (Kersting 1995; Nonhoff 2004), das Gestrüpp der Diskursbegriffe zu entwirren. Hinzu kommen einführende Handbücher aus Frankreich (Maingueneau 1976; 1994), den Niederlanden (van Dijk 1985; 1997), dem anglo-amerikanischen (Schiffrin 1994; Torfing 1999; Gee 1999) und deutschsprachigen Raum (Fohrmann/Müller 1988; Angermüller/Bunzmann/Nonhoff 2001; Keller 2004; Keller/Hirseland/Schneider/Viehöver 2001, 2003), die einen Überblick über die international und interdisziplinär vernetzte Diskursforschung geben oder den europäischen Vergleich suchen (Ehlich 1994). Gerade hier zeigt sich aber auch, wie vage und widersprüchlich die Vorschläge immer noch sind, wenn es darum geht, diskursanalytische Verfahren konkret zu operationalisieren.

In einer Hinsicht ist allerdings die Situation in der Politikwissenschaft eine besondere: Die systematische Rezeption so genannter postmoderner Diskursanalyse steht hier noch ganz am Anfang. Wie ist das zu erklären? Anders als etwa in der Soziologie oder Geschichte gibt es in der jüngeren Politikwissenschaft zunächst einmal kaum eine ausgeprägte Reflexion über Methoden, als „Methodenmuffel" haben *Ulrich von Alemann* und *Wolfgang Tönnesmann* halb im Scherz zumindest die „deutschen Politologen" bezeichnet (1995: 17-20). Zudem scheinen sich die Inspirationen der kulturalistischen Wende wenn überhaupt, eher unter dem Label „Wissen" als unter dem des „Diskurses" niederzuschlagen (Nullmeier 2001); Wissenschaftstheorie und Wissenspolitologie sind dabei, sich als innovative Forschungsrichtungen im Fach zu etablieren. Selbst wenn hier vielfältig von „Diskursen" die Rede ist, so geschieht dies meist, ohne die Impulse von Strukturalismus und Linguistik wirklich zu nutzen. Ein dritter Grund mag schließlich in der widersprüchlichen Rezeption liegen, die der derzeitige „Star" (Angermüller 2001b: 12) der französischen Schule der Diskursanalyse, Michel Foucault, in der hiesigen Politikwissenschaft erfahren hat. Einerseits wird er im Teilgebiet der Politischen Theorie als bedeutender Machttheoretiker gelesen (etwa Honneth 1994; 2003), andererseits ist völlig ungeklärt, ob und wie sich aktuelle politische Fragen und Prozesse mit Hilfe Foucaultscher Kategorien aufgreifen und empirisch analysieren ließen. Die einen fasziniert die eigenwillige Art, Fragen von Vernunft und Staat anzusprechen, für die anderen signalisieren die mit Foucault assoziierten Themen wie „Wahnsinn", „Krankheit" oder „Sexualität" gemessen am Kanon des Faches Politikwissenschaft Randständigkeit. Erhält Foucault derzeit durch die aus dem französischen und anglo-amerikanischen Sprachraum kommenden *Governmentality Studies* (Burchell 1991; Barry 1996; Dean 1999; Bratich 2003) auch bei uns wachsende Aufmerksamkeit (Bröckling 2000; 2004; Pieper/Gutiérrez 2003; Reichert 2004), so scheinen sich die meisten der empirischen Studien dieser Strömung – abgesehen von wenigen Ausnahmen (Larner/Walters 2004) – ausgerechnet für den Diskursbegriff kaum zu interessieren. Angesichts solcher Widersprüche ist es verständlich, wenn bislang weniger über das Potenzial, als über die „Erkenntnisgrenzen" (Manow/Plümper 1998) insbesondere der Foucaultschen Diskursanalyse nachgedacht wurde.

Hier setzt das vorliegende Buch an. Wie wäre die Foucaultsche Werkzeugkiste in der Politikwissenschaft zu nutzen? Wie können seine Begriffe von Macht, Wissen und Diskurs bei der empirischen Untersuchung bestimmter politischer Probleme, bei der Betrachtung unterschiedlicher Politikfelder, bei der Analyse spezifischer Herrschaftskonstellationen fruchtbar gemacht werden? Und auf welche Weise sollen dabei die – mitunter schwer zugänglichen – Überlegungen zur Methode bei der Auswahl von Themen, Analyseebenen und Material, gar bei der konkreten Lektüre von Texten konkret zum Tragen kommen?

Seit 2002 befassen sich am Fachbereich Politik- und Sozialwissenschaften der Freien Universität Berlin im Rahmen einer „Diskurswerkstatt" interdisziplinär arbeitende Seminare, Colloquien und Arbeitsgruppen mit diesen Fragen. Im April 2005 führte eine von der Freien Universität Berlin und der Hans-Böckler-Stiftung veranstaltete Konferenz ausgewiesene Vertreter und Vertreterinnen diskursanalytischer und wissenspolitologischer Ansätze im Tagungshaus der Max-Planck-Gesellschaft in Berlin-Dahlem zusammen.[2] Ziel war es, sich durchaus kritisch mit den aktuellen Diskurstheorien und den bisher vorliegenden Anwendungsvorschlägen auseinander zu setzen. Konkret galt es zu prüfen, inwieweit sich insbesondere das Foucaultsche Diskursmodell für Analysen der *Politik* fruchtbar machen lässt. Dazu galt es, zunächst von jenen Disziplinen zu lernen, die bislang die Foucault-Rezeption geprägt und etwa mit einem soziologischen Interesse die Gesellschaft (Bublitz 1999; Diaz-Bone 2003; Schwab-Trapp 2001; Keller 2004; Keller/Hirseland/Schneider/Viehöver 2001, 2003) mit einem histori-

---

[2] Endlich Ordnung in der Werkzeugkiste. Zum Potenzial der Foucaultschen Diskursanalyse, Tagung 29.-30.4.2005 in Berlin-Dahlem, veranstaltet von Brigitte Kerchner und Silke Schneider sowie einer studentischen Vorbereitungsgruppe (Anja Feth, Henning Füller, Nadine Marquardt, Alice Lantzke, Sonja Palfner, Franziska Rauchut, Lina Stuzmann). An dieser Stelle danken wir den studentischen MitveranstalterInnen sowie besonders auch Werner Fiedler und Iris Henkel für die engagierte Unterstützung der Hans-Böckler-Stiftung.

schen die Geschichte (Sarasin 1996; Landwehr 2001) oder mit einem linguistischen Schwerpunkt die Sprache (Guilhaumou 1993) ins Zentrum gerückt hatten. Die spannende Frage war nun: Wie wäre eigentlich Foucault zu lesen, wenn nicht wie gewohnt das Soziale oder das Historische, die Sprache oder das philosophische Denken, sondern dezidiert das *Politische* der Gegenstand der Analyse sein soll? Und wie müsste man konkret verfahren, wenn etwa der Foucaultsche Vorschlag einer Diskursanalyse als „Aussagenanalyse" aufgegriffen und dessen Potenzial für die Politikwissenschaft überprüft werden soll? Hierzu liegen nun mit diesem Buch erste Ergebnisse vor.

1   Zu den Beiträgen

Nach einem Überblick über die spezielle Forschungssituation in der Politikwissenschaft (*Kerchner*) wird im ersten Abschnitt die Foucaultsche „Werkzeugkiste" geöffnet, um sich zunächst in theoretisch-methodologischen Überlegungen dessen Diskursbegriff anzunähern. Als erster erinnert der Soziologe *Rainer Diaz-Bone* an das Umfeld des französischen Strukturalismus und profiliert von daher das Foucaultsche Verfahren einer Diskursanalyse anknüpfend an Dreyfuß und Rabinow als „Interpretative Analytik". Sofort meldet sich eine skeptische Gegenstimme zu Wort, als Vertreter der „Wiener Diskursanalyse" unterzieht *Martin Reisigl* die „Archäologie", also das Methodenbuch Foucaults, einer harten Sprachkritik.

Im nächsten Beitrag formuliert der Historiker *Achim Landwehr* das Programm einer „Diskursgeschichte als Geschichte des Politischen". „Wie kommt es zu [... einer] Verknappung der Aussagemöglichkeiten über die Welt?" - das ist aus der Sicht *Landwehrs* die spezifische Frage, auf die historische Diskursanalysen im Anschluss an Foucault eine Antwort zu geben versuchen. Einige weit verbreitete Missverständnisse aufgreifend, nimmt *Landwehr* auch zum immer wieder neu aufflackernden Streit über das Verhältnis von Diskurs und Realität, Text und Kontext Stellung. Kann man nun, oder soll man gar das „Diskursive" vom „Nicht-Diskursiven" trennen? Zu diesem, sich an zwei Formulierungen Foucaults ([1969] 1997: 231; sowie in: Ewald 1989: 17) entzündenden Rezeptions-Problem stellt *Landwehr* klar: Da jede Wirklichkeit diskursiv vermittelt sei, könne es in der Tat kein Außerhalb des Diskurses geben, folglich sei auch die Trennung zwischen *diskursiv* und *nicht-diskursiv* „nicht tragfähig". Selbstredend sehen andere das anders (*Diaz-Bone; Palfner; Krasmann; Pieper; Wedl*), so dass die Diskussion weitergehen dürfte.

Doch was heißt all das für unser gewohntes Verständnis von Demokratie und Politik? Solche Fragen zwingen dazu, genauer die Konsequenzen zu bedenken, die die Anwendung Foucaultscher Kategorien in der Politikwissenschaft mit sich brächten. Am Fall des Nationalsozialismus macht *Silke Schneider* die stets begrenzte „Reichweite diskursanalytischen Vorgehens" bewusst, welches nicht auf eine Kontextualisierung von Diskursen verzichten kann. Gleichwohl arbeitet sie heraus, wie Probleme, die die sozialwissenschaftliche und historische NS-Forschung seit langem beschäftigen, wie die nach der Akzeptanz und den weltanschaulichen Legitimationen des NS-Regimes in der Bevölkerung, nach dem Verhältnis von Unterdrückung, Duldung oder Unterstützung, nach Bruch und Kontinuität sich unter einer diskursanalytischen Perspektive auf neue Art stellen. Dem Politikbegriff Foucaults und dessen Anschlussfähigkeit für die virulenten Fragen der Politikwissenschaft geht *Brigitte Kerchner* nach. Betont wird das Potenzial aber auch die Herausforderung des „Gegendenkens", die ein diskursanalytischer Perspektivenwechsel mit sich brächte, der die archäologische und genealogische Dimension ernst nimmt (ausführlicher Kerchner 2006).

Insgesamt nehmen die Beiträge des ersten Abschnitts die Impulse aus unterschiedlichen Disziplinen sowie aus den internationalen Programmen der „Diskursethik" und „Discourse Analysis" auf, um ihre Anschlussfähigkeit für die Politikwissenschaft zu diskutieren. Ein Vorteil besteht darin, dass alle Vertreter die hier zu Wort kommen, selbst über konkrete empirische Erfahrungen in der Anwendung der Diskursanalyse verfügen.

Das Bemühen, Analysegegenstände und Verfahrensvorschläge nicht beliebig auszuweiten und das eigene Vorgehen anschaulich und nachvollziehbar zu machen, leitet auch die anschließenden Fallstudien. Unter den Stichworten „Politik der Moleküle", „Politik der Sicherheiten", „Politik der Identitäten" werden hier jeweils Anwendungsbeispiele vorgestellt. Gerade die Konzentration auf wenige Politikfelder bietet die Möglichkeit, das Potenzial des Foucaultschen Ansatzes empirisch zu testen und – zum Teil im Vergleich mit konkurrierenden Ansätzen – die Vor- und Nachteile abzuwägen.

Als Einstieg dient das umkämpfte Feld der Bio- und Genpolitik, das vergleichsweise gut durch diskursanalytische Studien erschlossen ist. Lesen wir Foucaults Schriften einmal probehalber als deduktiv-empirische Theorie, so könnte die Reichweite und Geltung dieser Theorie mit einer logischen und empirischen Kontrolle überprüft werden. Bewusst „orthodox" und unnachgiebig unterwirft *Petra Gehring* den Foucaultschen Diskursbegriff deshalb einer solchen Prozedur. „Ist Bioethik ein Diskurs?" Der Abgleich der diskurs-„theoretischen" Annahmen und ihrer Ableitungen mit Befunden aus den bundesdeutschen Debatten über Embryonenschutz und Stammzellimport scheint – zumindest zunächst – zu einem eindeutigen Ergebnis zu führen: Ja, die Auseinandersetzung über die Bioethik folgte genau jenen übergreifenden Regeln, die Foucault mit seinem Diskursbegriff systematisch formuliert hat. Dennoch ist die Eindeutigkeit des Ergebnisses und damit der Status der Diskursanalyse als einer allgemein geltenden deduktiv-empirischen Theorie fragwürdig. Denn wie *Gehring* betont, vermag sie ihr Experiment überhaupt nur durchzuführen, wenn sie bewusst von der Dimension der Zeit absieht, was beim historischen Diskursbegriff Foucaults eigentlich nicht zu rechtfertigen sei. Einen anderen Zugang zum gleichen Problem wählen *Anne Waldschmidt* et. al.. Ist Bioethik tatsächlich ein Diskurs? Kritisch einhakend wird hier ein gleichnamiges Internet-Forum herangezogen, um am konkreten Material diverse Diskursdefinitionen noch einmal zu überprüfen. Dabei wird der analysierte Fall in Anlehnung an Jürgen Link als „diskursives Ereignis" beschrieben, an dem sich der wissenschaftliche „Expertendiskurs" zur Bioethik mit einem thematisch strukturierten „Alltagsdiskurs" verbinde. Eine dritte Dimension der Bioethikdebatte thematisiert die Politikwissenschaftlerin *Sonja Palfner*. Am Beispiel von Bundestagsdebatten zum Themenfeld Gentechnologie testet sie Schritt für Schritt die Brauchbarkeit der Foucaultschen Aussagenanalyse als politikwissenschaftlicher Methode. Das Ergebnis zeigt, wie im parlamentarischen Reden zeit- und parteiübergreifende Logiken wirksam werden können.

Ein zweites Untersuchungsfeld bildet der nicht weniger kontroverse Bereich der politischen Thematisierung von Sicherheit. Hier untersucht zunächst *Susanne Krasmann* das vom Strafrechtler Günther Jakobs vorgeschlagene Konzept eines Feindstrafrechts; indem sie das Feindstrafrecht als *Programm* begreift, vermag sie seine paradigmatische Qualität für neuere Tendenzen in der Sicherheitspolitik heraus zu arbeiten. Diese scheinen auf ein radikales Ausschlussprinzip des Kriminellen als „Feind" hinauszulaufen, so dass rechtsstaatliche Grundsätze letztlich zur Makulatur würden. *Julia Lepperhoff* untersucht in ihrem Beitrag zur sozialen Sicherheit in Deutschland und Frankreich einen weiteren Aspekt von Sicherheitspolitik. Indem sie nach Diskursen in der vergleichenden Sozialstaatsforschung unter einer wissenspolitologisch orientierten Perspektive fragt, macht sie deutlich, dass die bisherige Forschung die unterschiedlichen wohlfahrtskulturellen Kontexte in beiden Ländern unzureichend berücksichtigt hat. Auf die komplementären Aspekte der Herangehensweisen von Krasmann und Lepperhoff geht *Marianne Pieper* in ihrem Kommentar ein. Sie befragt die Reichweite der unterschiedlichen Perspektiven von wissensorientierter Policy-Analyse, Programmanalyse und Machtanalyse und schlägt am Beispiel der Sicherheitspolitiken eine ertragreiche Kombination beider Sichtweisen vor.

Schließlich beschäftigen sich auf dem weiten Feld der Identitätspolitiken *Claudia Bruns* und *Juliette Wedl* mit ausgewählten Fallbeispielen. *Bruns* stellt die Genese von Geschlechtsidentität anhand des Männerbunddiskurses im Kaiserreich dar. Die analytische Stärke historischer Diskursanalysen erprobend, deckt sie den Zusammenhang von Wissen, Macht und Subjektivierung im Männerbunddiskurs systematisch auf. Auch die praktisch-politischen Folgen werden sichtbar: die Trennung von Jungen und Mädchen in der Jugendbewegung und die Verdrängung von Juden aus der Bündischen Jugend. *Wedl* stellt zunächst ein Set diskursanalytischer Instrumente vor, die jeweils an *Begriffen* ansetzen. Mit Hilfe dieser analytischen Instrumente untersucht sie dann exemplarisch die mediale Bezeichnungs- und Zuschreibungspraxis der Begriffe „Ossi" und „Wessi". Am Ende identifiziert *Wedl* zwei unterschiedliche Muster der Identitätskonstruktion, die sie überdies unterschiedlichen Diskursen zuordnet: Während der „Ossi" in einem Eigenschaftsdiskurs konstruiert werde, gewinne der „Wessi" eher in einem Fremdheitdiskurs sein Profil.

„Foucault warum nicht?" Ausgehend von dieser Frage treten am Schluss des Bandes zwei VertreterInnen unterschiedlicher wissenschaftlicher Schulen in ein imaginäres Streitgespräch ein, um vorläufig Bilanz zu ziehen. Auf der einen Seite steht die Vertreterin einer jüngeren „postmodernen" Generation, die den Foucaultschen Ansatz exemplarisch vertritt, nun jedoch nach mehrjähriger diskursanalytischer Praxis die Vorzüge der kritischen Theorie wieder zu schätzen lernt. *Angelika Magiros* stellt fest, dass dort, wo das Foucaultsche Instrumentarium für eine Analyse der modernen Fremdenfeindlichkeit erkenntnisfördernd angewandt werden kann, eben diese Instrumente für deren „postmoderne" Variante, den Neo-Rassimus, scheinbar unbrauchbar werden. An dieser Stelle greift *Magiros* auf die Konzepte der Kritischen Theorie zurück und plädiert für eine kritische Erweiterung einer an Foucault orientierten Rassismus-Analyse. Auf der anderen Seite lässt *Wolf-Dieter Narr* als Vertreter einer an Weber anknüpfenden Kritischen Theorie mit sokratischem Blick die neuere Foucault-Debatte an sich vorüber ziehen. Die freundschaftliche Annäherung der Positionen ist greifbar. Gleichwohl sparen beide Autoren nicht mit Kritik an Foucaults: Während *Magiros* sich partiell von dessen Rassismus-Begriff distanziert, sieht *Narr* die im Zuge der Foucault-Rezeption ausfernden Debatten über „Identität" grundsätzlich skeptisch. Hinzu kommt die Aufforderung, bei aller Faszination für eine fluide Mikrophysik der Macht die makrophysischen Einflüsse von Ökonomie, Politik und Kultur sowie die sich zur Herrschaft verfestigenden Formen der Über- und Ordnung nicht zu vergessen.

2 Anregungen zum Weiterdenken

Insgesamt zeigen die Ergebnisse dieses Buches: Offenbar sucht Foucault, indem er Strukturalismus und Geschichte als „theoretische Instrumente" nutzt, „mit denen man gegen" herkömmliche Konzepte des hermeneutischen Verstehens und kausalen Erklärens „wirklich denken kann" (Foucault [1972] 2002: 347), mit seiner Diskursanalyse auf einer anderen Ebene, als wir es gewohnt sind, nach den Voraussetzungen und Wirkungen des Politischen. Allerdings ist es genau diese doppelte Anforderung, semiotisch bzw. strukturalistisch umzudenken und dann wiederum die historische Perspektive zu integrieren, die in der empirischen Forschungspraxis den DiskursanalytikerInnen derzeit offenbar die größten Schwierigkeiten bereitet. Eine Reihe von skeptischen Fragen drängt sich auf: Macht es überhaupt Sinn, unsere aktuelle politische Ordnung mit einem (post-)strukturalistischen Blick zu betrachten? Laufen wir nicht Gefahr, zentrale Aspekte des Politischen, etwa die Ideen, Werte und Interessen von Akteuren, vollkommen aus dem Auge zu verlieren? Gerade auf solche skeptischen Fragen gehen die Aufsätze in diesem Buch näher ein. In der Foucault-Debatte, der Diskursforschung und nicht zuletzt in der Politikwissenschaft setzen die Ergebnisse damit einen selbstkritischen Akzent. Sechs Fragen werden übergreifend angesprochen, die es weiter zu verfolgen lohnt:

2.1 Inwiefern operiert die Diskursanalyse struktural?

Zunächst hat die etwas apodiktische Aufforderung der Herausgeberinnen, den Foucaultschen Ansatz einmal wörtlich zu nehmen, ein deutliches Ergebnis gezeitigt: Nahezu sämtliche Autoren beziehen sich – neben der „Ordnung des Diskurses" (1970/1972) – in irgendeiner Weise auf die „Archäologie des Wissens" (1969), einige rücken, um den Diskursbegriff für die empirische Anwendung zu präzisieren, das frühe Methodenbuch Foucaults sogar ausdrücklich ins Zentrum (*Diaz-Bone; Gehring; Palfner; Pieper; Waldschmidt*). Das ist keineswegs selbstverständlich, galt doch die „Archäologie" lange Zeit nicht nur als „widersprüchlicher" (*Reisigl*), oder zumindest „reichlich abstrakter", „zäher Text" (*Waldschmidt*), sondern auch als Ausdruck einer strukturalistisch geprägten Frühphase Foucaults, die in den späteren Studien überwunden worden sei. Vieles scheint nun dafür zu sprechen, dass die Zäsuren weniger maßgeblich sind als gedacht und sich Foucaults „methodologische Position" trotz aller Maskeraden durchgängig als eine „fortgeschrittene Form des französischen Strukturalismus verstehen lässt" (*Diaz-Bone*). An dieser Stelle gibt es zudem eine wirkliche Überraschung. Als Vertreter der

„Wiener Diskursanalyse", die sich bislang zumindest punktuell durchaus positiv auf Foucault bezogen hat, liest *Martin Reisigl* anlässlich seines Beitrags in der „Archäologie des Wissens" (1969) noch einmal gründlich nach – und kommt in seiner sprachkritischen Bewertung zu einem harten, ablehnenden Urteil. Auf der anderen Seite spricht *Wolf-Dieter Narr* als Vertreter der „Kritischen Theorie", die sich lange gegen die modischen Postmodernen gesperrt hat, im Zusammenhang mit dem gleichen Buch Foucaults – bei aller prinzipiellen Kritik – von einer „faszinierenden Lektüre". Ist Foucault nun Strukturalist? Heute scheint es weniger darauf anzukommen, zu solch' prinzipiellen Fragen Position zu beziehen. Dringlicher ist es offenbar, sich – etwa am Beispiel der „Archäologie des Wissens" – die Operationen der „strukturalistischen Tätigkeit" (Barthes) klar zu machen und diese als Verfahrensmöglichkeit zur Verfügung zu halten.

2.2 Wie spezifisch und wie anschlussfähig ist das Foucaultsche Diskursmodell?

Hatte die Diskursforschung aufgrund einer „wilden" Foucault-Rezeption (*Gehring*) und sich überschlagender Verfahrensvorschläge lange mit dem Ruf der Beliebigkeit zu kämpfen, so setzt sich in letzter Zeit zumindest unter den explizit an Foucault anschließenden Schulen und Forschergruppen das Bemühen durch, sich auf einen gemeinsamen „Nenner" (Angermüller 2001b) oder „Grundkonsens" (*Diaz-Bone*) zu verständigen und für schärfere „Konturen" zu sorgen (*Waldschmidt*). Nimmt man die hier vertretenen Lesarten zusammen, dann gilt es (Foucault folgend) mit einer Diskursanalyse herauszufinden, wie bestimmte Arten des Redens und Denkens über die Wirklichkeit spezifische Optionen des Handelns in der Welt und damit spezifische „Versionen von der Welt" verunmöglichen oder zulassen (*Landwehr*). Kurz gesagt geht es darum, der „Transformation von ‚Kontingenzen in Evidenzen'" (*Diaz-Bone*) auf die Spur zu kommen. Wenn auch keine strenge, verbindliche Methode, so ist damit doch eine „methodologische Position" (*Diaz-Bone; Waldschmidt*) bezogen, die sich von anderen unterscheidet.

Die Frage ist nun, ob und wie sich diese spezifische Erkenntnisperspektive mit anderen Theorien und Verfahren verknüpfen lässt. Zur Profilierung der Diskursanalyse arbeitet – neben den unübersehbaren Parallelen – *Achim Landwehr* „markante Unterschiede" etwa zur Habitustheorie (Bourdieu) oder der Begriffsgeschichte (Koselleck) heraus. Dagegen tendieren andere Autoren des Bandes stärker zur Integration. Die „Vermittlung" einzelner diskurstheoretischer Ansätze mit anderen sozialwissenschaftlichen Konzepten hält *Rainer Diaz-Bone* nicht nur für erlaubt, sondern geradezu für geboten. Am Beispiel von Studien zur inneren und gesundheitlichen Sicherheit sieht auch *Marianne Pieper* vor allem Vorteile, wenn die machtkritische Diskursanalyse Foucaults etwa komplementär zum pragmatischen politikwissenschaftlichen Ansatz der Diskurs-Koalitionen (Sabatier) eingesetzt würde. Damit wird ein allgemeiner Forschungstrend bestätigt, der gerade in der „Integration" und „Vermittlung" verschiedener Perspektiven eine Stärke der Diskursforschung sieht (van Dijk 1985; 1997; Keller 2001: 13-14).

Allerdings ließe sich auch ein Gegenargument anführen. In einem Gespräch mit Paolo Caruso hat Foucault es selbst formuliert: Sich vom Totalitätsanspruch der herkömmlichen Sprach- oder Philosophiegeschichte abgrenzend, plädiert er dezidiert für eine „partielle Methodologie", die anerkennt, dass wir in jeder Studie stets nur einen Ausschnitt, eine spezifische Perspektive wählen können: „Man verdeckt bestimmte existente Bereiche und dank dieser Abblendung erscheinen – sozusagen im Kontrast – Phänomene, die sonst in einer allzu komplexen Menge versunken geblieben wären." Diese „Abblendung" gelte gerade auch für das *Cogito*. Durch die Einklammerung des *Cogito*, also das methodologische Vergessen des sich selbstvergewissernden Subjekts, könnten erst „innere Beziehungssysteme" sichtbar werden, „die sonst nicht beschreibbar würden". Wenn also Foucault etwa die in der Politikwissenschaft vorrangigen Fragen nach den Ideen, Intentionen und Interessen von Akteuren oder nach den Motiven ihrer Koalierung „zurückstellt", so bedeutet dies nicht, dass diese Aspekte irrelevant wären. Vielmehr handelt es sich um den experimentellen Versuch, im Bewusstsein, dass es ein größeres Ganzes gibt, das zu untersuchende Feld dennoch so zu definieren, zuzuschneiden und von seiner Umgebung zu isolieren, dass durch das bewusste Weglassen von einigem ein spezieller Zusammenhang, etwas Unerwartetes zum Vorschein gebracht werden kann (Caruso/Foucault [1969] 2000: 15-17). Und wäre es nicht schade, wenn durch allzu bereitwillige Re-Integration der bewusst abgeblendeten Bereiche der spezifische Effekt der Diskursanalyse wieder rückgängig gemacht würde und gerade erst sichtbar gewordene ungewohnte „Erkenntnisstrukturen" erneut in ihrer Umgebung untergingen?

2.3   Wie lassen sich synchrone und diachrone Perspektiven verknüpfen?

Liest man die Beiträge des Bandes quer, so fällt auf, wie stark das Geschichtliche betont wird. Die „Diskursgeschichte" ziele, so *Landwehr*, „auf nicht mehr und nicht weniger als auf eine ‚Historisierung' der (vermeintlich überzeitlichen und unhistorischen) Abstrakta Wissen, Wirklichkeit und Wahrheit." Von einem Historiker ist eine solche Feststellung vielleicht noch am ehesten zu erwarten. „Im Grunde lassen sich diskursive Praktiken nur historisch verstehen", so aber auch der Soziologe *Diaz-Bone*. Ähnlich betonen die historisch-genealogische Dimension *Bruns, Krasmann* oder *Pieper*. Ob nun die „Archäologie des Wissens" oder die „Ordnung des Diskurses" zum Ausgangspunkt genommen wird, anscheinend ist es nicht ohne weiteres möglich, dem „historischen *Apriori*" Foucaults ([1969] 1997: 183) auszuweichen. Selbst diejenigen, die in ihren empirischen Erprobungsversuchen zunächst gegenwartsbezogen verfahren, räumen, wie die Philosophin *Petra Gehring*, ein, dass ohne Zeitbezug das Potenzial des Foucaultschen Ansatzes nicht wirklich zu testen sei (zur Historizität grundlegend Gehring 2004). Angesichts des Umstandes, dass in den meisten sozialwissenschaftlichen bzw. wissenssoziologisch beeinflussten Diskursanalysen bislang die Genealogie kaum eine Rolle spielt, ist dieser Klärungsprozess beachtlich. Mit fortschreitender Foucault-Rezeption scheint sich auch international die Tendenz zu verstärken, zu dezidiert genealogisch operierenden Diskursanalysen zu kommen (Pasquino 1991; Boltanski/Chiapello 2003; Walters 2004; vgl. Forschungsüberblick). Zwar gelingt es im vorliegenden Band noch nicht, die genealogische „Taktik" Foucaults ([1975-76] 1999: 17, 20) schon systematisch in empirische Forschung zu übersetzen. Aber immerhin werden die Konsequenzen für ein diskursanalytisches Verständnis von „Politik" durchdekliniert (*Kerchner*) und erste Ansätze einer politikwissenschaftlichen Anwendung erprobt (*Palfner*).

Aber warum ist die Zeitdimension für die Diskursanalyse eigentlich derart konstitutiv? Erste interessante Einsichten eröffnet hier der Beitrag von *Palfner*. Zunächst trifft sie bei ihrer Lektüre der gentechnologischen Debatten im Bundestag auf den verblüffenden Befund, dass die ProtagonistInnen unablässig über das Thema „Zeit-Not" räsonieren; das lässt sich noch mit dem Verweis auf knapper werdende „Zeitökonomien" (Narr) erklären. Zur Diskursanalyse wird die Untersuchung aber erst, sobald *Palfner* den Foucaultschen Begriff der Aussage als „Werkzeug" einsetzt, d. h. die Aussage als „Teil einer Folge" begreift und deren „wiederholbare Materialität" in Rechnung stellt. Indem man sie als historisch geworden kenntlich macht, verliert genau jene „Kausalordnung" ihre Evidenz, auf die man sich im parlamentarischen Reden wie selbstverständlich bezieht. So können heutige Äußerungen als Aktualisierungen des bereits Gesagten gelesen und in ihrer Genese offen gelegt werden. Statt Diachronie und Synchronie, Geschichte und Struktur schematisch zu trennen, interessiert sich eine struktural operierende und genealogisch „taktierende" Diskursanalyse also für ihr Zusammenspiel (Caruso/Foucault [1969] 2000: 15).

2.4 Wie wird Wirklichkeit de-konstruiert?

Gemeinhin traut man Diskursanalysen zu, politische Probleme, Gegenstände und Programme im Hinblick auf „unbewusst" wirksame Sinnstrukturen zu de-konstruieren. Doch was heißt hier Konstruktion, was Dekonstruktion?

> „Die konkrete Vielfalt als solche, das, was oberflächlich und für das Auge als die Realität erscheint, ist nicht erkennbar. (...) erst gedanklich vorgefasste Gesichtspunkte und Ordnungsschemata [machen] diese Realität der Erkenntnis zugänglich" und helfen sie „aufschlüsseln". (...) jeder Erkenntnis ist ein konstruktives Element eigen, das die erkannte Wirklichkeit immer auf den Erkennenden selbst und die von ihm benutzten Werkzeuge relativiert, d. h. von ihnen zu einem Teil abhängig macht. (...) Nicht nur steckt im Erkenntnisvorgang ein konstruktives Element, auch die Wirklichkeit selbst ist darüber hinaus keine fix gegebene Größe; sie verändert sich nicht nur (... mit) der Zeit (...), sondern (...) auch durch den aktiven Erkenntniseingriff des Menschen (...) und durch seine Dinge und Menschen verändernde Praxis."

Diese Sätze stammen aus einem 1968 abgeschlossenen, 1969 erstmals veröffentlichten Manuskript, das in weiteren Auflagen zum Standardwerk der Politikwissenschaft wurde. Allerdings handelt es sich nicht um Foucaults „Archäologie des Wissens" (1969), sondern um den exakt im gleichen Jahr publizierten „Teil I" der „Einführung in die moderne politische Theorie" von *Wolf-Dieter Narr* ([1969] 1971: 31-32). Beide Bücher distanzieren sich, wenn auch mit unterschiedlichen Argumenten, von einer „historistisch" oder aus „wahrheitsgläubiger Absicht" betriebenen Philosophie- und Ideengeschichte (Narr [1969] 1971: 26-30; Foucault [1969] 1997: 193-200). Gerade aus diskursanalytischer Sicht ist das parallele Aufwerfen dieser Fragen in einem präzise zu lokalisierenden Zeitraum interessant. Um seine Methode zu profilieren, grenzt sich Foucault zusätzlich von den Prämissen und Verfahren der Linguistik und Logik ab und kreist so seine „Interpretative Analytik" ein, die mit strukturalen Operationen zu den historischen Wissensordnungen unserer Gegenwart vordringen will. In der deutschsprachigen Politikwissenschaft sind zu dieser Zeit, also den frühen 1970er Jahren, mögliche Verkürzungen des Linguistischen Strukturalismus kein Thema. Vielmehr ist von den US-amerikanischen *Policy Sciences* ausgehend eine behavioristisch ausgerichtete Sozialwissenschaft dabei, sich international durchzusetzen; das korrespondiert mit der Ausbreitung „generelle[r] Systemtheorien", die „ohne besonderen Zeit- und Situationsbezug" den „formalen Funktionsmodus jedes politischen Systems" zu erklären suchen (Narr [1969] 1971: 25). An den behavioristisch beeinflussten Methoden kritisiert Narr damals, dass diese mit ihrer Stilisierung der Einzelperson zu *der* Einheit empirischer Forschung sowie mit der Konzentration auf „Akteure und Aktionen" die Komplexität menschlicher Erfahrung verenge (55). Und der Ideengeschichte wird nur noch insofern eine Berechtigung zugesprochen, als sie ausgehend von der „Konstellation der Gegenwart" mittels „historisch rückverlängerter komparativer Analyse" zum aktuellen „Problemsehen" beitragen kann (30). Vor diesem Hintergrund wundert es nicht, wenn *Narr* heute, nach mehr als drei Jahrzehnten, recht gelassen dem modisch gewordenen Foucault samt dekonstruktivistisch gestimmtem Gefolge gegenübertritt.

Aber was unterscheidet nun die durch Weber gestützte Einsicht, dass jede Erkenntnis konstruierend, jede erkannte Wirklichkeit von vorgefassten Ordnungsmustern des Erkennenden abhängig sei (Narr [1969] 1971), von dem, was im so genannten postmodernen Jargon unter Konstruktion verstanden wird und sich mittels Diskursanalyse als Dekonstruktion betreiben lässt? Indem sich die AutorInnen unseres Bandes – unter der Vielzahl möglicher Antworten (vgl. Rüdiger 1996; Kern/Menke 2002; Gergen 2002; Helduser 2004) – auf die *Foucaultsche Variante* konzentrieren, zeichnet sich zumindest eine gewisse Präzisierung ab. Offenbar interessiert sich Diskursanalyse weniger für den tatsächlich immer nur individuell möglichen Akt des Erkennens, Verstehens und Erklärens von (subjektiv gemeinten) Sinnzusammenhängen, sondern dafür, wie „Gesellschaften ihre Wirklichkeit mit Bedeutungen aufladen und in Form von Wissensbeständen hervorbringen und akzeptieren" (*Landwehr*). Damit rückt – neben der Dimension der Geschichte (die bei Weber ebenso zentral ist) – das Medium der Sprache ins Zentrum. Allerdings soll es in der Diskursanalyse gerade nicht um irgendeine Art von „Kollektivverstehen" gehen, (gegen das sich gerade Weber (1968) strikt gewandt hat; vgl. Mommsen 1974: 208-232). Stattdessen erklärt die Diskursanalyse ganz positivistisch die Menge aller Aussagen, die tatsächlich gesagt wurden, zu ihrem Gegenstand. Auf der „Oberfläche" des Gesagten verbleibend (*Krasmann; Pieper*) wären dann, jene „Regeln" zu finden, nach denen ganze Aussagesysteme funktionieren, die den Sinn- und Wissensordnungen in Geschichte und Gegenwart ihre Evidenz verleihen. Folglich hieße diskursanalytisch zu dekonstruieren: „im Detail die Art und Weise" zu entschlüsseln, wie „Kontingenzen in Evidenzen" transformiert werden (*Diaz-Bone*).

Freilich bleiben auch einige kritische Nachfragen berechtigt: Werden in Diskursanalysen „Gesellschaften" mitunter nicht doch unzulässig ganz personalistisch wie sinnstiftende Kollektivakteure begriffen? Und besteht nicht, selbst wenn wir Diskurse methodisch streng als „überindividuelle Aussagesysteme" (*Bruns*) behandeln und kausale Erklärungen meiden (*Diaz-Bone*), gerade aufgrund der Systemlogik die Gefahr, dass wir ihnen am Ende doch noch eine Art bewussten oder unbewussten „Subjektcharakter" oder den Status eines sinnstiftenden „O-bersubjekts" verleihen (zur Kritik der Systemtheorie bereits Narr ([1969] 1971: 171-172)? Strittig bleibt in jedem Fall der Status der „Erfahrung": Während *Bruns* es für möglich hält, die Ebene „subjektiven Erlebens" in die Diskursanalyse zu integrieren, erkennt *Narr* in der Diskursforschung die illusionäre Tendenz, die eigene Erfahrung auszuklammern. Genauer besehen sind hier verschiedene Dimensionen von Erfahrung angesprochen. Jüngere feministische Debatten aufgreifend (Weedon 1990; Litosseliti/Sunderland 2002) versteht *Bruns* die in historischen Quellen bezeugte „Erfahrung", sich etwa männlich zu fühlen oder männerbündisch zu handeln, als durch Wissens- und Machtfelder „produziert". Dagegen mahnt *Narr* eine von „innen" kommende erkenntnistheoretische Haltung der DiskursforscherInnen selber an, die von der eigenen Erfahrung ausgehend – bei aller kühlen Distanz zum Gegenstand – zu einer engagierten Wissenschaft kommt.

2.5 Wie können Formen der „Machtausübung" oder des „Regierens" kritisiert werden?

Während etwa Policy Studies bei der Analyse von Diskurs-Koalitionen (Sabatier) auf die „Mikropolitiken" von Akteuren achten und methodisch eher neutral zu verfahren suchen, spielen in den an Foucault anschließenden diskursanalytischen Studien Fragen der Machtkritik meist eine besondere Rolle. Wo verorten nun die Autoren und Autorinnen dieses Bandes im Einzelnen die Macht, welchen analytischen Zugang sehen sie, und wie bestimmen sie von dort aus die politische Dimension von Diskursen?

Politisch inspirierte Fragen zu stellen gehört etwa für *Landwehr* zu den „Kernbereichen" der Diskursanalyse. Statt das Politische aber vorschnell bei Institutionen, Personen oder Programmen zu suchen, wird anknüpfend an Laclau/Mouffe vorgeschlagen, danach zu fragen, wie sich in gesellschaftlichen und kulturellen „Deutungskämpfen" gültige Definitionen von Wirklichkeit durchsetzen. So gesehen konstituiert sich das Politische immer wieder neu in einem endlosen „Prozess" der Wahrnehmung, Benennung und Anerkennung von Wirklichkeit. Analog fordern *Bruns* und *Krasmann* sowie kommentierend *Pieper* dazu auf, das Politische nicht länger bei Herrschern, Staaten und Institutionen zu greifen, sondern die „strategische Bedeutung" von „Wissen" ins Auge zu fassen und dabei sowohl mit ermöglichenden als auch einschränkenden Formen von Machtausübung zu rechnen. Interessiert *archäologisch*, wie Machtausübung ständig Wissen produziert und umgekehrt Wissen Machtausübung mit sich bringt, so lassen sich *genealogisch* „Macht-Wissensverhältnisse in ihrer historischen Gewordenheit" erkunden (*Pieper*). Sich zunächst ein Stück weit von der als allzu abstrakt empfundenen Methodologie Foucaults distanzierend wollen *Anne Waldschmidt* und die Kölner Arbeitsgruppe den Diskurs nicht nur als „abstraktes Aussagesystem" fassen; am Ende geht es aber auch ihnen darum, die „Institutionalisierung von Wissen und Macht" zu thematisieren und – etwa am Beispiel der Bioethikdebatte – die regelgeleitete Ordnung des Sprechens herauszuarbeiten.

Äußert sich nun in all dem ein spezifisch diskursanalytischer Blick auf Macht? Vielleicht kommt die Spezifik am ehesten zum Tragen, wenn man, so wie *Bruns*, danach forscht, wie spezifische Äußerungen zu einer Zeit in bestimmte Redeordnungen eingreifen, wie im Reden die geltenden Regeln übernommen oder verworfen werden, wie alte und neue Regeln des Aussagens die Möglichkeitsbedingungen des Handelns bestimmen. So gesehen läge der eigentliche „Ort" der Machtausübung *im* Diskurs, und es käme darauf an, die „Knoten-" oder „Drehpunkte" im „Netz von Macht- und Wissensproduktion" ausfindig zu machen, an denen sich immer wieder neu entscheidet, welche Wahrnehmung und Deutung der Wirklichkeit Anerkennung findet. Wenn es der Diskurs ist, der regelt, welche Wahrnehmung der Wirklichkeit als gültig akzeptiert wird, so zeigt sich also genau hier dessen stets wirksame politische Dimension. Indem sie definieren, was in einem bestimmten Wissensfeld als Wahrheit anerkannt wird, so *Landwehr*, „üben" die Diskurse Macht aus.

Schließlich rücken Diskursanalysen die Prozesse der Subjektkonstitution in den Blick, also die Art und Weise, in der Subjekte hervorgebracht und mit Eigenschaften ausgestattet werden.

Genau hier eröffnet sich auch die Option, Diskursanalysen und *Governementality Studies* zu verknüpfen. Denn mit einem weiten Begriff des Regierens, der Formen der Führung durch andere und Selbstregierung umfasst, kann auch das diskursive Spiel der Machtausübung in zwei Richtungen thematisiert werden: Zum einen interessiert dann, wie etwa im unablässigen wissenschaftlichen und öffentlichen Reden auf Dauer Subjekte konstituiert werden; zum anderen, wie Aussageordnungen dazu beitragen, dass wissenschaftliche Gegenstände gefunden, definiert und verworfen, soziale Hierarchien etabliert oder verflüssigt, Probleme als „politisch" thematisiert oder dethematisiert, schließlich klassischerweise als „politisch" angesprochene Institutionen, wie etwa der Staat, eingerichtet, verfestigt und auch wieder zur Disposition gestellt werden können. Nicht zuletzt lässt sich über die genaue Betrachtung von Aussageordnungen auch entschlüsseln, welche Rationalitäten eigentlich bestimmten politischen Programmen zugrunde liegen und ob sich davon ausgehend materielle Machteffekte in der Wirklichkeit einstellen (*Pieper; Schneider*). Wie man mit einer Gouvernementalitätsstudie und zugleich unter Einsatz diskursanalytischer Verfahren zu einer

Analytik der Gegenwart gelangen kann, führt *Krasmann* am aktuellen kriminologischen Programm des „Feindstrafrechts" vor. Analog testet *Bruns* am historischen Beispiel des „Männerbundes" das Zusammenwirken beider Konzepte. Insgesamt zeigt sich allerdings auch: Selbst wenn man mit Foucault operiert, geht Politikanalyse keineswegs in Machtkritik auf. DiskursanalytikerInnen jedenfalls scheinen darüber hinaus nach einem „kulturtheoretisch erweiterte[...n] Verständnis des Politischen" (*Bruns*) zu suchen. Hier zeichnet sich bereits deutlich ein möglicher Anschluss an die Erkenntnisperspektiven der *cultural studies* ab.

2.6 Diskursanalyse – Nichts für eine flotte Politikberatung

Offenkundig ist die Diskursanalyse nicht unbedingt geeignet für die Politikberatung. Selbst wenn sie gefragt würde, könnte sie kaum etwas anderes tun, als genau jene Wahrnehmungen und Konzepte, die gerade Konjunktur haben, in Frage zu stellen und die mühsam errungenen Konsense und Kompromisse politischer Akteure in ihren übergreifenden Gewissheiten zu erschüttern. Auch wären diskursanalytische Verfahren Foucaultscher Provenienz bei weitem zu aufwändig, die Ergebnisse zu komplex und wenig eindeutig, um sie in eingängigen Schaubildern und Graphiken zu präsentieren und für einfache „Lösungen" und deren umstandslose Umsetzung zu werben (so auch Foucault [1980] 2005: 107-108). Sollte aber jemand die Beobachtung machen, die Politik agiere mitunter etwas schablonenhaft, formuliere die immer gleichen, sich wiederholenden Äußerungen und präsentiere zu wenig klare Alternativen, dann wäre es möglicherweise keine schlechte Idee, nicht gerade einen poststrukturalistischen *think tank*, aber doch eine politikwissenschaftliche „Werkstatt" zu gründen, in der sich das Handwerk des „Wühlens" unter den eigenen Füßen (anknüpfend an Nietzsche Caruso/Foucault [1969] 2000: 19) von der Pike auf lehren und üben ließe; nicht zuletzt wäre das ein geeigneter Ort, die Lust am Querdenken neu zu erfahren.

Literatur

Angermüller, Johannes/Bunzmann, Katharina/Nonhoff, Martin (Hrsg.), 2001: Diskursanalyse: Theorien, Methoden, Anwendungen. Hamburg.
Angermüller, Johannes, 2001b: Einleitung, in: Angermüller/Bunzmann/Nonhoff (Hrsg.), Diskursanalyse, 7-22.

Alemann, Ulrich von/Tönnesmann, Wolfgang, 1995: Grundriss: Methoden in der Politikwissenschaft, in: *Alemann, Ulrich von* (Hrsg.), Politikwissenschaftliche Methoden. Grundriss für Studium und Forschung. Opladen, 17-50.

Barry, Andrew/Osborne, Thomas/Rose, Nikolas (Hrsg.), 1996: Foucault and Political Reason. Liberalism, Neo-liberalism and Rationalities of Government. London.

Boltanski, Luc/Chiapello, Eva, 2003: Der neue Geist des Kapitalismus. Konstanz.

Bratich, Jack Z.,/Packer, Jeremy/McCarthy, Cameron (Hrsg.), 2003: Foucault, Cultural Studies, and Governmentality. Albany.

Bröckling, Ulrich/Krasmann, Susanne/Lemke, Thomas (Hrsg.), 2000: Gouvernementalität der Gegenwart. Studien zur Ökonomisierung des Sozialen. Frankfurt/M.

Bröckling, Ulrich/Krasmann, Susanne/Lemke, Thomas (Hrsg.), 2004: Glossar der Gegenwart. Frankfurt/M.

Bublitz, Hannelore, 1999: Diskursanalyse als Gesellschafts-„Theorie". „Diagnostik" historischer Praktiken am Beispiel der „Kulturkrisen"-Semantik und der Geschlechterordnung um die Jahrhundertwende, in: *Dies.*, Foucaults Archäologie des kulturellen Unbewußten. Zum Wissensarchiv und Wissensbegehren moderner Gesellschaften. Frankfurt/M., New York, 22-48.

Burchell, Graham/Gordon, Colin/Miller, Peter (Hrsg.), 1991: The Foucault Effect. Studies in Governmentality. London, Hempstead.

Burman, E./Parker, Ian (Hrsg.), 1993: Discourse Analytic Research: Repertoires and Readings of Texts in Action. London.

Butler, Judith, [1990] 1991: Das Unbehagen der Geschlechter. Frankfurt/M.

Butler, Judith, 1993: Für ein sorgfältiges Lesen, in: *Benhabib, Seyla/Butler, Judith/Cornell, Drucilla/Fraser, Nancy*, Der Streit um Differenz. Feminismus und Postmoderne in der Gegenwart. Frankfurt/M., 122-132.

Caruso, Paolo, [1969] 2000[5]: Gespräch mit Michel Foucault, in: Von der Subversion des Wissens. Frankfurt/M., 7-27.

Dean, Mitchell, 1999: Gouvernmentality. Power and Rule in Modern Society. London.

Diaz-Bone, Rainer, 1999: Probleme und Strategien der Operationalisierung des Diskursmodells im Anschluß an Michel Foucault, in: *Bublitz, Hannelore/Bührmann, Andrea D./Hanke, Christine/Seier, Andrea* (Hrsg.), Das Wuchern der Diskurse. Perspektiven der Diskursanalyse Foucaults. Frankurt/M., New York, 119-135.

Diaz-Bone, Rainer, 2003: Entwicklungen im Feld der foucaultschen Diskursanalyse, in: Forum Qualitative Sozialforschung, Vol. 4, No. 3, FQS http://www.qualitative-research.net/fqs/.

Ehlich, Konrad (Hrsg.), 1994: Diskursanalyse in Europa. Frankfurt/M.

Ewald, François, 1989: Pariser Gespräche mit Michel Foucault, Gilles Deleuze, Georges Dumezil, Fernand Braudel, Georges Duby, Paul Veyne, François Furet und Roger Chartier. Berlin.

Fairclough, Norman, 2001: Globaler Kapitalismus und kritisches Diskursbewusstsein, in: Keller, Reiner/Hirseland, Andreas/Schneider, Werner/Viehöver, Willy (Hrsg.), Handbuch Sozialwissenschaftliche Diskursanalyse. Bd. 1, 335-351.

Fischer, Frank, 2003: Reframing Public Policy. Discursive Politics and Deliberatice Practices. Oxford.

Fohrmann, Jürgen/Müller, Harro (Hrsg.), 1988: Diskurstheorien und Literaturwissenschaften. Frankfurt/M.

Foucault, Michel, [1969] 1997[8]: Archäologie des Wissens. Frankfurt/M.

Foucault, Michel, [1970/1972] 2001[8]: Die Ordnung des Diskurses. Mit einem Essay von Ralf Konersmann. Frankfurt/M.

Foucault, Michel, [1972] 2002: Zur Geschichte zurückkehren, in: Dits et Ecrits. Schriften in vier Bänden, hrsg. v. Defert, Daniel/Ewald, François u. Mitarb. v. Jacques Lagrange. Bd. II: 1970-1975. Frankfurt/M., 331-347.

Foucault, Michel, [1975-1976] 1999: In Verteidigung der Gesellschaft. Vorlesungen am Collège de France. Frankfurt/M.

Foucault, Michel, [1978] 1996: Der Mensch ist ein Erfahrungstier. Gespräch mit Ducio Trombadori. Frankfurt/M.

Foucault, Michel, [1980] 2005: Gespräch mit Ducio Trombadori, in: Dits et Ecrits. Schriften in vier Bänden, Bd. IV, 1980-1988, hrsg. v. Daniel Defert/François Ewald u. Mitarb. v. Jacques Lagrange. Frankfurt/M., 51-119.

Gee, James Paul, 1999: An Introduction to Discourse Analysis. Theory and Method. London, New York.

Gehring, Petra, 2004: Foucault – Die Philosophie im Archiv. Frankfurt/M., New York.

Gergen, Kenneth J., 2002: Konstruierte Wirklichkeiten. Eine Hinführung zum sozialen Konstruktivismus. Stuttgart.

Grice, H. Paul, [1975] 1979: Intendieren, Meinen, Bedeuten; Sprecher-Bedeutung und Intentionen, in: G. Meggle (Hg.), Handlung, Kommunikation, Bedeutung. Frankfurt/M., 2ff. u. 16ff.

Guilhaumou, Jacques, 1993: A propos de l'analyse de discours: les historiens et le 'tournant linguistique', in: Langage et Société, 65, 5-38.

Helduser, Urte/Marx, Daniela/Paulitz, Tanja/Pühl, Katharina (Hrsg.), 2004: under construction? Konstruktivistische Perspektiven feministischer Theorie und Forschungspraxis. Frankfurt/M., New York.

Honneth, Axel, 1994[2]: Kritik der Macht. Reflexionsstufen einer kritischen Gesellschaftstheorie. Frankfurt/M.

Honneth, Axel, 2003: Foucault und die Humanwissenschaften. Zwischenbilanz einer Rezeption, in: Ders./Saar, Martin (Hrsg.), Michel Foucault. Zwischenbilanz einer Rezeption. Frankfurter Foucault-Konferenz 2001. Frankfurt/M, 15-26.

Jameson, Frederic, 2001: Das Ende der Zeitlichkeit, in: Angermüller/Bunzmann/Nonnhoff (Hrsg.), Diskursanalyse, 223-245.

Keller, Reiner/Hirseland, Andreas/Schneider, Werner/Viehöver, Willy (Hrsg.), 2001/2003: Handbuch Sozialwissenschaftliche Diskursanalyse. Bd. 1-2.

Keller, Reiner, 2004: Diskursforschung. Eine Einführung für SozialwissenschaftlerInnen, Opladen.

Kerchner, Brigitte, 2006: Genealogie und Performanz. Überlegungen zu einer kritischen Analyse des Regierens, in: Schulze, Detlef Georgia/Berghahn, Sabine/Wolf, Frieder Otto (Hrsg.), Politisierung und Ent-Politisierung als performative Praxis. Münster (i. E.).

Kern, Andrea/Menke, Christoph (Hrsg.), 2002: Philosophie der Dekonstruktion. Zum Verhältnis von Normativität und Praxis. Frankfurt/M.

Kreuzer, Peter, 1996: Plädoyer für eine Renaissance der kulturellen Perspektive in der politikwissenschaftlichen Analyse, in: PVS 37, Nr. 2, 276-249.

Landwehr, Achim, 2001: Geschichte des Sagbaren. Einführung in die Historische Diskursanalyse. Tübingen.

Larner, Wendy/Walters, William, 2004: Governementality. Governing International Spaces. London.

Litosseliti, Lia/Sunderland, Jane, 2002: Gender Identity and Discourse Analysis. Amsterdam, Philadelphia.

Maier, M.-L., 2001: Ideen und Policies, Sammelrezension, in: PVS 42, Nr. 3, 523-548.

Maingueneau, Dominique, 1976 : Initiation aux méthodes de l'analyse de discours. Problèmes et perspectives. Paris.

Maingueneau, Dominique, 1994: Die „französische Schule" der Diskursanalyse, in: *Ehlich* (Hrsg.), Diskursanalyse in Europa, 187-195.

Manow, Philip/Plümper, Thomas, 1998: Die Erkenntnisgrenzen der Diskursanalyse. Ein Kommentar zu Elmar Rieger und Stephan Leibfried, in: PVS 39, Nr. 3, 590-601.

Martschukat, Jürgen, 2002: Geschichte schreiben mit Foucault. Frankfurt/M., New York.

Mommsen, Wolfgang, 1974: „Verstehen" und „Idealtypus". Zur Methodologie einer historischen Sozialwissenschaft, in: *Ders.*: Max Weber. Gesellschaft, Politik und Geschichte. Frankfurt/M.

Müller, Michael/Raufer, Thilo/Zifonun, Darius (Hrsg.), 2002: Der Sinn der Politik. Kulturwissenschaftliche Politikanalysen. Konstanz.

Narr, Wolf-Dieter, [1969] 1971²: Theoriebegriffe + Systemtheorie. Einführung in die moderne politische Theorie, Teil I. Stuttgart, Berlin, Köln, Mainz.

Nonhoff, Martin, 2004: Diskurs, in: *Goehler, Gerhard/Iser, Matthias/Kerner, Ina* (Hrsg.), Politische Theorie. 22 umkämpfte Begriffe zur Einführung. Wiesbaden, 65-82.

Nullmeier, Frank, 1993: Wissen und Policy-Forschung. Wissenspolitologische und rhetorisch-dialektisches Handlungsmodell, in: *Héritier, Adrienne* (Hrsg.), Policy-Analyse. Kritik und Neuorientierung (PVS-SH 24). Opladen, 175-196.

Nullmeier, Frank, 2001: Politikwissenschaft auf dem Weg zur Diskursanalyse?, in: *Keller/Hirseland/Schneider/Viehöver* (Hrsg.), Handbuch Sozialwissenschaftliche Diskursanalyse, Bd. 1, 285-311.

28

Owen, David, 2003: Kritik und Gefangenschaft. Genealogie und Kritische Theorie, in: *Honneth/Saar* (Hrsg.), Zwischenbilanz, 122 –144.

Parker, Ian, 1993: Against Discursive Imperialism, Empiricism and Constructionism: Thirty two problems with discourse analysis, in: *Burman/Parker* (Hrsg.), Discourse Analytic Research, 155-172.

Pasquino, Pasquale, 1991: Theatrum politicum. The Genealogy of Capital-Police and the State of Prosperity, in: *Burchell/Gordon/Miller* (Hrsg.), The Foucault-Effect, 105-118.

Pieper, Marianne/Gutiérrez Rodriguez, Encarnación (Hrsg.), 2003: Gouvernementalität. Eine sozialwissenschaftliche Debatte im Anschluss an Foucault. Frankfurt/M., New York.

Reichert, Ramón (Hrsg.), 2004: Analysen liberal-demokratischer Gesellschaften im Anschluss an Michel Foucault. Münster.

Rüdiger, Anja, 1996: Dekonstruktion und Demokratisierung. Emanzipatorische Politiktheorie im Kontext der Postmoderne. Opladen.

Saar, Martin, 2003a: Genealogie und Subjektivität, in: *Honneth/Saar* (Hrsg.), Zwischenbilanz, 157-177.

Saar, Martin, 2003b: Einleitung: Analytik der Politik, in: *Honneth/Saar* (Hrsg.), Zwischenbilanz, 233-238.

Sabatier, Paul A., 1993: Advocacy-Koalitionen, Policy-Wandel und Policy-Lernen. Eine Alternative zur Phasenheuristik, in: *Héritier* (Hrsg.), Policy-Analyse, 116-148.

Sarasin, Philipp, 1996: Subjekte, Diskurse, Körper. Überlegungen zu einer diskursanalytischen Kulturgeschichte, in: *Hardtwig, Wolfgang/Wehler, Hans-Ulrich* (Hrsg.), Kulturgeschichte heute. Göttingen, 131-164.

Sarasin, Philipp, 2001: Diskurstheorie und Geschichtswissenschaft, in: *Keller/Hirseland/Schneider/Viehöver* (Hrsg.), Handbuch Sozialwissenschaftliche Diskursanalyse, Bd. 1, 53-79.

Schiffrin, D., 1994: Approaches to Discourse. Oxford.

Singer, Otto, 1993: Policy Communities und Diskurs-Koalitionen. Experten und Expertise in der Wirtschaftspolitik, in: *Héritier* (Hrsg.), Policy-Analyse, 149-174.

Schmidt, Vivien, 2002: The Futures of European Capitalism. Oxford.

Schwab-Trapp, Michael, 2001: Diskurs als soziologisches Konzept. Bausteine für eine soziologisch orientierte Diskursanalyse, in: *Keller/Hirseland/Schneider/Viehöver* (Hrsg.), Handbuch Sozialwissenschaftliche Diskursanalyse, Bd. 1, 261-283.

Schwelling, Birgit, 2004: Politikwissenschaft als Kulturwissenschaft. Theorien, Methoden, Problemstellungen. Wiesbaden.

Torfing, Jacob, 1999: New Theories of Discourse. Laclau, Mouffe and Zizek. Oxford.

Van Dijk, Teun A., 1985: Handbook of Discouirse Analysis. Bd. 1-4. London.

Van Dijk, Teun A. (Hrsg.), 1997: Discourse Studies. Bd. 1: Discourse as Structure and Process; Bd. 2: Discourse as Social Interaction. London, New Delhi.

Walters, William, 2004: The Political Rationality of European Integration, in: *Larner/ Walters* (Hrsg.), Governementality. London.

Weber, Max, 1968[3]: Gesammelte Aufsätze zur Wissenschaftslehre, hrsg. v. Johannes Winckelmann. Tübingen.

Weedon, Chris, 1990: Wissen und Erfahrung. Feministische Praxis und poststrukturalistische Theorie. Zürich.

Wodak, Ruth/de Cillia, Rudolf/Reisigl, Martin/Liebhart, Karin/Hofstätter, Klaus/Kargl, Maria, 1998: Kritische Diskursanalyse: Diskurs als soziale Praxis, in: *Dies.*, Zur diskursiven Konstruktion nationaler Identität. Frankfurt/M., 41-47.

Teil 1: Wissen und Politik

Brigitte Kerchner

Diskursanalyse in der Politikwissenschaft. Ein Forschungsüberblick

Wer sich heute in der Politikwissenschaft für „Diskurse" interessiert, trifft auf eine unübersichtliche, aber auch spannende Forschungssituation. Offenbar melden, sobald das Schlagwort „Diskurs" ausgesprochen ist, unterschiedliche wissenschaftliche Strömungen ihre Deutungshoheit an: Einflussreich ist, *erstens*, ein normativ-kritischer Diskursbegriff, wie er mit der „Theorie kommunikativen Handelns" und der Diskursethik von Habermas entwickelt wurde. *Zweitens* treffen wir innerhalb der empirisch-analytischen Forschung, die ihrerseits vielfältig handlungs- bzw. systemtheoretische Prämissen integriert, vor allem im expandierenden Forschungszweig der Policy Studies sowie neuerdings in der Governance-Forschung auf eine breite Nutzung sprach- und wissensbasierter Ansätze; hier zeichnet sich die Tendenz ab, neben dem normativ-kritischen einen analytisch-pragmatischen Diskursbegriff auszubilden. *Drittens* gehen seit langem von den Theorien des (Post-)Strukturalismus Bemühungen aus, eine Diskurstheorie des Politischen zu formulieren; dies korrespondiert in letzter Zeit verstärkt mit internationalen Impulsen, den genealogisch-kritischen Diskursbegriff Foucaults theoretisch weiter zu entwickeln und empirisch zu testen.

Eine klärende Debatte über die Potenziale und Grenzen der verschiedenen Diskursbegriffe gibt es bislang kaum. Zur eigenständigen Profession hat sich die Politikwissenschaft in den letzten Jahrzehnten bekanntlich entwickelt, indem sie sich von älteren Einflüssen der Philosophie sowie der Geschichts- und Rechtswissenschaften abgrenzte, sich zunehmend an angloamerikanischen Vorbildern orientierte und vor allem soziologische und kommunikationswissenschaftliche Prämissen integrierte (Bleek 2001; Münkler 2003). Im Zuge dieser Professionalisierung waren und sind offenbar einige Fragen offen geblieben, die nun unter dem Stichwort „Diskurs" zur Klärung drängen.

Da wäre zunächst die Frage nach der Leitdisziplin: Ist die Politikwissenschaft nun eine analytisch-empirische Sozialwissenschaft geworden, die ohne Philosophie, Geschichte und Recht auskommt? Oder ist die Politik etwas, das sich sinnvoll nur analysieren lässt, wenn Ideen, Wissen und Normen, Zeit und Raum

– nun innerhalb der neuen Disziplin – systematisch berücksichtigt werden? Genau diese Aspekte werden zumindest von einigen Varianten der Diskursanalyse ins Spiel gebracht, um einer gewissen Starre des systemischen oder funktionalistischen Denkens im empirischen Zweig der Politikwissenschaft dynamisch zu begegnen. So wird das Selbstverständnis des Faches derzeit durch einen *discursive turn* herausgefordert, in dem die Sprach- und Kulturwissenschaften ein Wort mitzureden haben.

Überdies scheint, wenn es darum geht, sich für ein spezifisches Diskurskonzept zu entscheiden, eine erneute theoretische Positionsbestimmung im Hinblick auf die Kategorien Handlung, System oder Struktur gefragt: Soll man den *handlungs*theoretischen Prämissen der Habermasschen Diskursethik folgend den „Diskurs" als einen Ort auffassen, an dem sich die Geltung politischer Argumente und die Legitimität von Normen und Entscheidungen überprüfen lässt? In der Analyse hätte man dann zu untersuchen, inwieweit Sprecher/*Aktoren* in aktuellen Sprech*akten* verständigungsorientiert oder strategisch argumentieren. Oder ist es ergiebiger, den ethischen Anspruch der Verständigung zurück zu stellen, um gemäß der angloamerikanischen Tradition der empirisch-analytischen *Political Sciences* Argumentations- und Verhandlungsprozesse ganz neutral im Hinblick auf ihre Funktionalität für das politische *System* zu beschreiben? Schließlich ließe sich mit Foucault kritisch nachfragen, welche überkommenen Denk- und Wissensordnungen eigentlich die Politik der Gegenwart *strukturieren*.

All das wäre „Diskursanalyse". Genauer besehen haben wir es allerdings nicht nur mit verschiedenen Diskursbegriffen, sondern auch mit unterschiedlichen Perspektiven auf Politik, Gesellschaft und Wirklichkeit zu tun. Und genau hier lässt sich eine weitere epistemologische Entscheidung treffen: Ist die Politikwissenschaft im Kern eine Demokratiewissenschaft? Oder ist sie dabei, sich von ethischen Begründungsanforderungen zu entlasten, um sich einem pragmatischen Wissenschaftsverständnis anzuschließen? Zur Klärung solcher Fragen scheint die Diskursanalyse zunächst einen widersprüchlichen Beitrag zu leisten: Manchen scheint sie für ein fast beiläufiges Absehen von normativen oder demokratietheoretischen Prinzipien zu stehen. Umgekehrt verbinden andere gerade mit dem Diskurskonzept eine besonders schlagkräftige Form der Kritik. Wie ist das zu erklären?

Im Folgenden geht es zunächst darum, einen ersten Überblick über die heterogene Forschungssituation zu gewinnen. Erkenntnisleitend sind die Fragen: Was wird in einschlägigen politikwissenschaftlichen Studien überhaupt unter „Diskurs" verstanden, auf welche Theorietraditionen wird jeweils rekurriert und welcher erkenntnistheoretische Standpunkt wird dabei eingenommen? Welche Vorschläge der Operationalisierung wurden bislang unterbreitet und welche diskursanalytischen Verfahren sind vielversprechend, wenn es darum geht, nicht nur wie bisher das Soziale (Honneth 2003: 20-25; Bublitz 1999; Schwab-Trapp 2001; Keller 2001a u. 2004a; 2004b) oder das Historische (Landwehr 2001; Sarasin 1996; 2001), sondern dezidiert das *Politische* in den Blick zu nehmen? Worin liegt gerade die Faszination des Foucaultschen Ansatzes und welchen Platz könnte sein Vorschlag einer historisch und struktural operierenden Aussagenanalyse im Spektrum einer politologischen Diskursforschung einnehmen?

Schon, ob es sich bei der Diskursanalyse um eine Theorie oder um eine Methode handelt, ist strittig. Während die einen die Unterscheidung für irrelevant halten (Angermüller 2001b), haben sich andere bemüht, sie fruchtbar zu machen: Sozialwissenschaftliche Diskurs*theorie*, so Reiner Keller u. a. einführend im ersten Band ihres „Handbuchs", befasse sich grundlegend mit dem „Stellenwert [...] von Diskursen im Prozess der gesellschaftlichen Wirklichkeitskonstitution". Dagegen thematisiere Diskursanalyse als *Methode* die „forschungspraktische Umsetzung", also die Ebene der konkreten „empirischen Untersuchung" (Keller 2001b: 15).

Folgt man dem einstweilen[1] und sieht die politikwissenschaftliche Literatur durch, so zeigt sich: Neben dem alltagssprachlichen Gebrauch, der auch in der Politikwissenschaft breit anzutreffen ist, scheinen sich die vielfältig kursierenden Diskursbegriffe tatsächlich am ehesten den eingangs genannten drei Strömungen zuordnen zu lassen.

1   Diskursethik und Diskurstheorie kommunikativen Handelns (*J. Habermas*)

Ausgehend vom Teilgebiet der Politischen Theorie gibt es in der Politikwissenschaft hierzulande zunächst eine breite Beschäftigung mit Diskursethik. Für Diskursethiker besteht zwischen Legitimität und Wahrheit ein systematischer Zusammenhang. Demnach weist der Legitimitätsglaube der Individuen, die Überzeugung von der moralisch-rechtlichen Güte der politischen Ordnung, in der sie leben, und von der verbindlichen Autorität ihrer Normen und Strukturen einen immanenten Wahrheitsbezug auf. Die Gründe, auf denen derartige empirisch zu ermittelnde Legitimitätsüberzeugungen beruhen, implizieren den Anspruch allgemeiner, rational verankerter Geltung, der auf seine Einlösbarkeit hin überprüft werden kann. Als Ort dieser Geltungsüberprüfung gilt der „Diskurs", und

---

[1] Diesen Vorschlag auf die Politikwissenschaft zu übertragen, ist nicht ganz einfach. Operiert wird hier nicht nur mit Theorien unterschiedlicher Reichweite, auch ist der Gegensatz von „normativer" und „empirischer Theorie" für das Fach konstitutiv; zudem konkurrieren die normativen wiederum mit systemtheoretischen oder strukturalistischen Theorieverständnissen, dazu zuletzt Pappi 2003.

dem kulturellen Rechtfertigungsniveau der Moderne angemessen erscheint der herrschaftsfreie Diskurs aller Betroffenen. In diesem Legitimations- und Normenbegründungstypus werden die herkömmlichen Legitimationsinstanzen Natur, Gott und Tradition durch formale Prozeduren einer vernünftigen Einigung gleichberechtigter Menschen ersetzt. Dabei ist vorausgesetzt, dass nach dem Zerfall der Traditionswelten normative Geltung nur auf dem Weg gemeinschaftlicher Zustimmung erzeugt werden kann. Es geht hier gerade nicht um bloße Kriterien und Gedankenexperimente, sondern um praktische Wahrheitsfindung in einem von Vernunft dominierten politischen Prozess, um unbeschränkte demokratische Deliberation (Kersting 1995; Nonhoff 2004: 67-75). Als Begründer der Diskursethik gelten Karl-Otto Apel und Jürgen Habermas. Während Apel (1988) und seine Schüler noch offensiv an Letztbegründungen festhielten, hat Habermas ([1981] 1995; 1991; 1992) die Diskursethik von jedem Letztbegründungsanspruch entlastet und sie zu einer pragmatischen Rationalitäts- und Handlungstheorie ausgebaut, die wiederum eine kritische Gesellschafts- und Rechtstheorie begründet.

Als Ausgangspunkt der Diskursethik dient die von den Sprachphilosophen John L. Austin ([1962] 2005) und John R. Searle ([1969] 1977) vertretene „Sprechakttheorie", die sich unter einer handlungstheoretischen Perspektive für die Voraussetzungen des Sprachgebrauchs interessiert (ausführlich Kerchner 2006). Nicht Symbole, Wörter oder Sätze bilden demnach die kleinsten Einheiten der sprachlichen Kommunikation, sondern „Sprechakte" und damit das „Hervorbringen" von Symbolen, Wörtern und Sätzen „im Vollzug" (Searle [1969] 1977: 29-34). Um die Wirksamkeit von Sprechakten (Performativität) zu prüfen, unterscheidet Austin ([1962] 2005: 110-120) drei Typen: Die erste Klasse umfasst Aussagesätze, mit denen der Sprecher *etwas* sagt und so einen Sachverhalt feststellt („lokutionär"); die zweite Sprechhandlungen, mit denen der Sprecher eine Handlung vollzieht, *indem* er etwas sagt („illokutionär"); die dritte Klasse von Sprechakten zeichnet sich dadurch aus, dass sich ein Effekt beim Hörer erzielen lässt; sie bewirken etwas, *dadurch dass* man handelt, indem man etwas sagt („perlokutionär"). Zudem wird zwischen gelingendem und unwirksamen, ernstem und „parasitärem" Sprechen unterschieden (43-45).

Die Sprechakttheorie aufgreifend und zugleich deren Wirklichkeitsbild kritisierend formuliert Habermas ([1981] 1995, Bd. 1, 388-395, 431-433) seine Diskursethik. Indem Austin und Searle, so die Kritik, die Welt noch ganz traditionell als „Gesamtheit existierender Sachverhalte" und den „Sprecher/Aktor" als „einsame" „Instanz außerhalb dieser Welt" auffassten, hätten diese die „Dynamik" übersehen, die entstehe, sobald sich Sprecher/Aktoren mit unterschiedlichen Sichtweisen über etwas in der Welt verständigen. Dagegen begreift Habermas

Kommunikation als verständigungsorientiertes Handeln, in dem „sprach- und handlungsfähige Subjekte" nicht mehr nur auf „eine Welt", sondern auf unterschiedliche „Ausschnitte" der Welt Bezug nehmen können (376-377). Dabei erscheint die kommunikative Arena in zwei Teile gespalten: Der gesellschaftliche Ort des erfolgsorientierten strategischen Handelns und der funktionalistischen Rationalität ist der Markt, die Verwaltung und die Politik. Der gesellschaftliche Ort des verständigungsorientierten kommunikativen Handelns, an dem kulturelle Sinnstiftung, Wissensfortschritt und soziale Integration ihren Platz haben, ist hingegen die Lebenswelt. Austins Klassifizierung modifizierend bezeichnet Habermas einen Sprachgebrauch, der offen und direkt an Verständigung orientiert ist, als „originär", als „parasitär" gelten dann Formen indirekter Verständigung, die, wie manche („perlokutiven") Sprechakte, latent auf eine strategische Intervention in die „objektive Welt" abzielen.

Bekanntlich ist die Diskurstheorie kommunikativen Handelns nicht unwidersprochen geblieben. So wurde Habermas etwa vorgeworfen, ein unangemessenes Ideal von Politik zu vertreten, das die normative Dimension verabsolutiere (Vollrath 1989). Oder es wurde umgekehrt argumentiert, Habermas habe mit der Theorie des kommunikativen Handelns seinen zuvor noch normativ anspruchsvollen Demokratie- und Politikbegriff selbst in Frage gestellt (McCarthy 1986), auch vom „performativen Selbstwiderspruch" war die Rede (Greven 1991). Diese Kontroversen waren insofern aufschlussreich, als sich hier verschiedene erkenntnistheoretische Standpunkte deutlicher artikulierten. So versteht sich die Diskursethik selbst keineswegs als ein klassisch normativer Ansatz, der vorgab, zu wissen, was dem Gemeinwohl entspricht. Als eine Kritische Theorie der Normativität zielt sie vielmehr darauf ab, Verfahren zu finden, die geeignet sind, immer wieder neu zu verbindlichen Entscheidungen darüber zu kommen, was in der Gesellschaft als Norm gelten soll. Ein weiterer Kritikpunkt betrifft die empirische Anschlussfähigkeit. Die Habermassche Diskurstheorie verfüge über keinen hinreichend komplexen Politikbegriff, heißt es dann. Ihre Instrumente seien nicht darauf angelegt, die „konkreten System-, Macht- und Institutionsfragen" der Politikwissenschaft zu bearbeiten (Kersting 1995: 62).

Entgegen diesen skeptischen Prognosen haben sich die Überlegungen von Habermas inzwischen durchaus empirisch niedergeschlagen und u. a. dazu beigetragen, spezielle Verfahren der *Argumentationsanalyse* zu entwickeln (vgl. S. 51 in diesem Band).

2 Der Diskursbegriff in der *Policy-* und *Governance*-Forschung

In Auseinandersetzung mit der Sprechakttheorie von Austin und Searle entwickelte sich seit den 70er Jahren mit der Gesprächs- oder Konversationsanalyse ein angloamerikanischer Zweig der *discourse analysis*, der unter dem Einfluss der Ethnomethodologie und dem Interaktionismus das Ziel formuliert, die gesprochene Sprache („Diskurs") authentisch aufzuzeichnen. Einflussreich wurde etwa der Verfahrensvorschlag des Amerikaners H. Paul Grice ([1975] 1979), der Postulate dafür aufstellte, wie sich die Sprache sinnvoll gebrauchen lässt, um ein Gespräch zu führen (kritisch Searle 1977, 68-78; sowie Habermas ([1981] 1995, Bd. 1: 371). In den daran anknüpfenden Untersuchungen geht es dann etwa darum, Sprecher- und Themenwechsel in Gesprächen zu erfassen und den Einfluss impliziten Referenzwissens sowie unterschiedlicher Situationsdefinitionen auf Aushandlungsprozesse zu analysieren (mit weiterer Literatur Bergmann 2000; Keller 2001b: 10-11). Offensichtlich kommt der hier dominierende Pragmatismus jenem Zweig der Politikwissenschaft entgegen, der etwa im Gefolge des systemischen Behaviorismus David Eastons den Anspruch erhebt, empirisch neutral zu verfahren. Und tatsächlich ist auch dort, wo der Diskursbegriff am weitesten verbreitet ist, wie in der *Policy-* oder in der Governanceforschung, vielfältig von *discourse analysis* die Rede. Genauer besehen zeigt sich aber, dass selten Grice oder andere Vertreter der amerikanischen Gesprächs- und Konversationsanalyse, also der *discourse analysis* im engeren Sinne, genannt werden. Offenkundig interessiert weniger die (sozio-)strukturelle Prägung einzelner Gespräche, als vielmehr der „Modus" der Kommunikation personalistisch gedachter individueller und kollektiver Akteure in öffentlichen Debatten oder politischen Verhandlungen. Von daher scheint es ebenso nahe liegend, auf die Theorien politischer Öffentlichkeit (Neidhardt 1994; Göhler 1995) die „Sprechakttheorie" von Austin und Searle sowie auf die „Theorie kommunikativen Handelns" von Habermas Bezug zu nehmen. So werden Versatzstücke verschiedener Kommunikations-, Öffentlichkeits- und Sprachtheorien aufgegriffen, um diese im Rahmen komplexer Forschungsstrategien je spezifisch zu einem analytisch-pragmatischen Diskursbegriff zuzuschneiden. Wie dies im Einzelnen geschieht, lässt sich am Beispiel der Policy Studies oder am Fall der Governance-Forschung noch genauer deutlich machen.

2.1 *Diskurs-Koalitionen in Politikfeldern (P. A. Sabatier)*

In Abwehr älterer, vor allem (neo-)institutionalistischer Ansätze ist in der Politikwissenschaft mit den expandierenden *Policy Studies* die Beobachtung von

„Diskurs-Koalitionen" zu einem etablierten Ansatz geworden, um Politikwandel zu erklären. Entsprechend hat sich in den letzten Jahrzehnten auch in der deutschen Politikwissenschaft die Politikfeldanalyse zu einer fruchtbaren Forschungsstrategie entwickelt. Insgesamt richtet sich das Erkenntnisinteresse der *Policy Studies* auf die Grundlagen und Möglichkeiten staatlicher Interventionen in Teilsysteme des gesamtgesellschaftlichen Systems. Dabei werden vor allem die Zusammenhänge zwischen sozioökonomischen und politisch-administrativen Faktoren und Politik*inhalten* thematisiert. Politik erscheint hier als ein Prozess, der sich in *vier Phasen* äußert: der Problemdefinition, der Politikformulierung, der Implementation sowie der Evaluation bzw. dem *Feedback-Loop*. Allerdings wurden seit den 80er Jahren die Kategorien und Verfahren der Politikfeldanalyse einer intensiven Kritik unterzogen, wobei man etwa ihr steuerungstheoretisches Erklärungspotenzial in Frage gestellt und demokratietheoretische Defizite bemängelt hat. Zudem zeigten empirische Studien, dass sich die im Modell konzipierten Phasen in der unordentlichen Wirklichkeit kaum je derart funktional getrennt wiederfinden, sich Politikinhalte (Policies) nicht immer klar erkennen und sich die Ziele der Akteure nicht unbedingt auf fixe Handlungsmotive reduzieren ließen. Die Kritik aufnehmend bemühten sich Neuansätze um eine konzeptionelle und theoretische Weiterung der Policy-Analyse (Héritier 1993). Dabei wird etwa die Verflechtung von Akteuren, die politische Entscheidungen treffen und öffentliche Maßnahmen produzieren, als Netzwerk in einer komplexen *Policy*-Landschaft untersucht (Mayntz 1993; Schneider 2004). Gerade die „Netzwerkanalyse" widerspricht auch dem stereotypen Bild einer klaren Trennung von Staat und Gesellschaft, hier wird der Staat selbst nicht länger als höchstes Steuerungszentrum betrachtet, sondern die Fragmentierung von Macht als für den politischen Prozess konstitutiv angesehen. Entsprechend wird der Begriff Policy (Politikinhalte) als Analysekategorie verwendet, die auf das Zusammenwirken von privatem und staatlichem Handeln anspielt. Zudem unternimmt die Policy-Forschung erhebliche Anstrengungen, den Zeitrahmen zu verlängern. So wurde etwa Luhmanns Konzept der Themen-Karrieren fortgeschrieben, um nun die Betrachtung „langer Wellen" in die Politikfeldanalyse integrieren zu können (Ruß-Mohl 1993). Anerkannt wurde zudem, dass bestimmte kulturelle Traditionen den Instrumenten, mit denen in einem Politischen System operiert wird, eine je unterschiedliche Bedeutung zu verleihen vermögen (Linder/Peters 1989).

Im Zuge dieser Bemühungen, die mit einer wachsenden Skepsis an rein quantitativen Methoden einhergehen, wird nun insgesamt den Ideen, Wertvorstellungen und Argumenten mehr Bedeutung zugemessen. Um die Entstehung von *Policies* zu erklären, entwickelte Paul J. Sabatier Ende der 80er Jahre den inzwischen vielfach angewandten Ansatz der *advocacy coalitions* (Sabatier 1993;

Sabatier/Jenkins-Smith 1999). Entscheidend ist dabei der Vorschlag, die Aggregation von Akteuren wahrzunehmen, die sich in *advocacy coalitions* verbinden, weil sie in der Auseinandersetzung um ein politisches Programm die gleichen handlungsleitenden Orientierungen, also einen Kern von Wertvorstellungen und Kausalannahmen über die Wirklichkeit (*belief systems*) sowie über die politischen Handlungsmöglichkeiten teilen. Gleichzeitig lassen sich innerhalb der Koalitionen neutrale Experten von eher ideologisch geprägten Advokaten unterscheiden. Policy-Wandel kommt demnach zustande, indem diese Koalitionen ihre Handlungsoptionen im politischen Prozess gegeneinander und vor allem quer zu den etablierten Parteien und Interessenverbänden zur Geltung bringen, bis eine von ihnen es ist, die die Politikinhalte in einem Politikfeld bestimmt. Advocacy-Koalitionen suchen also Macht, um ihre zentralen Wertvorstellungen in praktische Politik zu übersetzen. Und die Analyse von *„policy-oriented belief systems"* soll eine Klärung der Substanz politischer Lernprozesse eines Politik-Subsystems ermöglichen. Dabei werden nicht nur die formellen Institutionen des Politischen Systems berücksichtigt, sondern die Gesamtheit der Akteure, die aktiv oder latent in einem Politikfeld operieren.

Führte Sabatier den *Advocacy Coalitions*-Ansatz am Beispiel der Umweltpolitik in den USA ein, so überträgt Otto Singer (1993) ihn in modifizierter Form auf die Wirtschaftspolitik und spricht von „Diskurs-Koalitionen". Wieder geht es um *Policy Learning*, also um die Veränderungen von Politikinhalten im politischen Prozess, hier nun besonders um das Zusammenspiel von Experten und Expertise. *Singer* geht davon aus, dass politische Akteure bei der Wahrnehmung von Ereignissen, der Problemperzeption und bei der Bewertung von Handlungsalternativen neben ihren Glaubensüberzeugungen auch ganz entscheidend von ihrem jeweiligem Wissenshorizont beeinflusst werden. So variiere etwa das Ausmaß des argumentativen Einflusses wissenschaftlicher Wissensangebote auf die kognitive Scheidung wirtschaftspolitischer Probleme mit der jeweils gegebenen disziplinären Zuständigkeit. Doch warum sind manche „Ideen" erfolgreich, andere nicht? Um den Politik-Wechsel zu erklären, kommen „Diskurs-Koalitionen" ins Spiel: Demnach verbinden sich die relativ stabilen normativen Orientierungen von Akteurskoalitionen innerhalb von Policy-Debatten mit einem veränderbaren, durch wissenschaftliche Expertise gespeisten Set von Policy-Paradigmen. Erst im Zusammenspiel von normativ geprägten *belief systems* und den Wissensangeboten der Experten kommt es im „Diskurs" zu einem Wandel der Politikinhalte und damit zu einem Politikwechsel. So gesehen fungieren Diskurs-Koalitionen als „knowledge-based networks of individuals with a claim to policy-relevant knowledge based upon common professional beliefs and standards of judgment" (Bennett/Howlett 1992: 282). Und Diskurse selbst wären dabei öffentliche „Debatten", in denen die Wertvorstellungen politischer Akteure (*belief systems*) auf Expertenwissen (*knowledge systems*) treffen, wobei die spezifische Konstellation des Zusammentreffens den Anreiz gibt, sich für eine bestimmte politische Handlungsoption zu entscheiden (Singer 1993: 158). Inzwischen gibt es Versuche, die Konzepte des *Policy Learning*, der *advocacy coalitions* oder der Diskurs-Koalitionen neben der Umweltpolitik oder der Wirtschaftspolitik bei der Analyse weiterer Politikfelder anzuwenden, so etwa in Studien zur Gen- und Biopolitik (Bandelow 1999) oder der international vergleichenden Sozialpolitik (vgl. mit weiterer Literatur Lepperhoff in diesem Band).

Diese Impulse aufnehmend hat Frank Nullmeier (2001) die Frage aufgeworfen, ob die Diskursanalyse nicht einen Perspektivenwechsel in der Politikwissenschaft insgesamt signalisiere. Mit seinem Ansatz der „Wissenspolitologie" trägt er dazu nicht unerheblich bei. Wurden in der älteren Politikwissenschaft Wissen und Politik oft starr gegenüber gestellt und vor allem der instrumentelle Einsatz von Wissen kritisiert, so versteht der wissenspolitologische Ansatz den Begriff „Wissen" heute eher wertneutral als „Deutungsmuster", mit denen Annahmen über die Wirklichkeit gemacht werden, die dann politisch handlungsleitend werden. Veränderungen von Policies (Inhalten, Programmen) erscheinen nun als Veränderungen in Wissenssystemen, die von politischen Akteuren subjektiv interpretiert werden. In dieser Perspektive ist Wissen „wählbar", und politische Handlungsalternativen werden dann verwirklicht, wenn sich dafür die größte argumentativ-rhetorische Unterstützung innerhalb von Wissenssystemen mobilisieren lässt. Dabei vermag eine solche Perspektive auch auf langfristige und ungeplante Wirkungen im Sinne der *„enlightment function"* von Wissen aufmerksam zu machen. Um Policy-Wandel zu erklären, kann hier auch nach langsam sich verändernden Deutungsmustern gefragt werden, nach Ablagerungen sich historisch erstreckender Interpretationskämpfe, die das Wissen von Akteuren und damit politische Entscheidungen beeinflussen (Nullmeier 1993).

2.2 Discursive Politics auf inter- und transnationaler Ebene

Mit einem internationalen Vergleich der wirtschafts- und finanzpolitischen Strategien in Frankreich, England und der Bundesrepublik hat Vivien Schmidt jüngst versucht, die Abhängigkeit zwischen institutionellen bzw. staatlichen Rahmenbedingungen auf der einen und der Wirksamkeit von politischen Ideen und Wissensbeständen auf der anderen Seite regimeübergreifend nachzuweisen. Dabei bezieht ihr Konzept der *„discursive frameworks"* die kognitiven und normativen Dimensionen politischer Entscheidungen ebenso ein wie die Faktoren, die auf die

Erzeugung von Konsens und Legitimation gerichtet sind. Ihre Definition besagt: Ein „Politikdiskurs" „consists of whatever policy actors say to one another and to the public in their efforts to generate and legitimize a policy programme. As such, discourse encompasses both a set of policy ideas and values and an interactive process of policy construction and communication" (2002: 210).

Durch den Einfluss der Policy-Forschung sowie mit dem sozialkonstruktivistischen Ansatz in den „Internationalen Beziehungen" (Haas 1992; Risse 2000) etablieren sich seit Anfang der 90er Jahre mit der Governance-Forschung *insgesamt* wissens- und sprachbasierte Ansätze, die Akteurskonstellationen nicht länger als gegeben voraussetzen, sondern genauer nachfragen: Welche Prozesse des Lernens lassen eigentlich Individuen, Gruppen, Organisationen oder Staaten zu gemeinwohlorientierten oder interessegeleiteten Akteuren werden? So wird man auch hier aufmerksam für die Handlungswirksamkeit von Normen und Überzeugungen, von Wissen und Sprache (Maier 2001). Dabei werden unter dem Stichwort Governance „New patterns of interaction between government and society" (Kooiman 1993) identifiziert, also neue „Modi des Regierens" (Kohler-Koch), bei denen staatliche und gesellschaftliche Akteure in meist mehrere Ebenen übergreifenden Netzwerken teils kooperativ, teils konfliktiv zusammenwirken (Rosenau/Czempiel 1992; Benz 2003). Analog werden mit International bzw. *Global Governance* die Beziehungen zwischen Nationalstaaten erfasst sowie das Wechselverhältnis zwischen staatlicher Steuerung und gesellschaftlicher Selbstregelung auf trans- bzw. supranationaler Ebene. Bereits 1998 ruft Beate Kohler-Koch dazu auf, Politik nicht nur als rationales, sondern auch als interessen- und normorientiertes Handeln in „transnationalen Diskursarenen" zu begreifen. „Regieren" könne – etwa am Beispiel der Forschungs- und Technologiepolitik – heißen, mittels „diskursiver Prozesse" neue „Räume" zu „konstruieren" und die Vernetzung potenziell interessierter privater und staatlicher Akteure etwa auf europäischer Ebene voranzutreiben. Analytisch wäre dann zu klären, wie die vielfältigen „Ideen-" und „Interessenkoalitionen" transnational eine „diskursive Verständigung" und Interessenabstimmung erreichen (Kohler-Koch 1998: 16-18). Zugrunde liegt hier ein sozialkonstruktivistisches Verständnis von Politik. dass die Definition und Interpretation von Problemen seitens der „Ideenträger" betont und der „institutionellen Leitidee" eine maßgebliche Rolle bei der Gestaltung von Politik zuspricht (Kohler-Koch/Edler 1998: 176-179). Andere untersuchen – etwa am Beispiel der Finanz- und Wirtschaftspolitik – den „koordinierenden" Einfluss von „Politikdiskursen" in „*governance*-Systemen" (Busch 2003: 128-130). Gerade beim Regieren zwischen und/oder jenseits territorial definierter Staaten ist demnach nicht mehr der verordnende, sondern ein „kooperativer Staat" (Scharpf) gefragt, der gemeinsam mit anderen Akteuren einen horizontalen Politikstil pflegt. Was eine „gute Regierung" ist, bemisst sich hier nicht mehr unbedingt nach normativen Kriterien, sondern daran, ob in die Verhandlungen ein breites Spektrum von Akteuren eingebunden ist und in angemessener Zeit ein Ergebnis zustande kommt.

Methodisch wird hier der Diskursbegriff zentral. Da es im Kern darum geht, nationale, inter- und transnationale Argumentations- und Verhandlungsprozesse als neue Formen des Regierens zu begreifen, wird explizit auf die Theorien kommunikativen Handelns rekurriert, sei es nun auf die „Sprechakttheorie" von Austin und Searle, sei es auf die partiell daran anknüpfende „Diskursethik" von Habermas (Fischer 2003; Hajer/Wagenaar 2003). Ob eine eher affirmative oder eine kritische Perspektive gewählt wird, ist durch das Governance-Konzept selbst keineswegs vorentschieden. Häufig setzt sich jedoch ein Diskursverständnis durch, mit dem sich der Anspruch der empirisch-analytischen *Political Sciences*, wert- und interessenneutral zu verfahren, einlösen lässt. Wird etwa neben Habermas zugleich auf die dazu eigentlich in Kontrast stehende Spieltheorie (Scharpf 1997) zurück gegriffen, dann müssen das argumentative Überzeugen und das strategische Aushandeln von Interessen nicht länger in ihrer gegensätzlichen Logik bewertet, sondern können als neutrale Kommunikationsmodi aufgefasst werden, die beide sowohl im „Markt" als auch im „Forum" ihren Platz haben (aufschlussreich Holzinger 2001). Durch diese Art der Neutralisierung wird es auf der methodischen Ebene möglich, mit dem Habermasschen Diskursbegriff zu operieren, ohne die dort angelegten moralisch-praktischen Fragen der Legitimität aufzuwerfen und etwa Sprechakte, in denen extern sanktionierte Machtansprüche latent formuliert werden, als solche zu benennen und als „verzerrte Kommunikation" zu kritisieren (so noch Habermas 1995, Bd. 1, 18, 408-410, 446). So lässt sich also mit dem Vokabular der Diskursethik operieren, ohne die machtkritische Perspektive zu übernehmen. Und der verwendete Diskursbegriff beginnt zwischen dem emphatischen Sprachbegriff der Diskursethik und dem pragmatischen Politikverständnis der *discourse analysis* zu changieren.

Angesichts der Intensität, mit der die Policy- und Governance-Forschungen die Bedeutung von „Sprache" und „Wissen" für die Wahrnehmung und Lösung politischer Probleme betonen, wundert es nicht, dass zunehmend *Foucault* als Referenz an auftaucht. So liegen derzeit zwei Fragen in der Luft: Vermag möglicherweise der Foucaultsche Diskursbegriff zu einer vertieften Sicht in den *Policy Studies* beizutragen?[2] Ist der Foucaultsche Ansatz gar geeignet, die pragmatisch operierende (Global) Governance-Forschung stärker für eine kritische Perspektive zu öffnen (so Merlingen 2003; Lemke 2004; Larner/Walters 2004)?

---

[2] Dazu auch der Kommentar von Marianne Pieper in diesem Band.

3 Politische Diskursanalyse im Anschluss an die „französische Schule" des Strukturalismus

Gemeinhin wird der Ausgangspunkt des *linguistic* oder *cultural turn* auf jene intellektuelle Bewegung zurück geführt, die in den 60er Jahren des 20. Jahrhunderts von der „französischen Schule" des Strukturalismus ausging und sich dann im Zuge ihrer Rezeption an den amerikanischen Universitäten zur Variante des Post-Strukturalismus weiter entwickelte. Genauer besehen handelt es sich um ein „interdisziplinäres Geflecht" (Weiß 1995b) heterogener Theorien, Methoden und Ansätze (grundlegend Maingueneau 1994; 1995), das hier nur in wenigen Strichen skizziert werden kann. Was also macht den Strukturalismus aus, und welche Bestimmung des Politischen zeichnet sich dort ab?

Wegweisend für ein neues Verständnis von „Struktur" war bekanntlich die bereits um die Jahrhundertwende vom Genfer Linguisten Ferdinand de Saussure (1967) in die Linguistik eingeführte Unterscheidung von *langue* (als den Möglichkeiten des Sprachsystems) und *parole* (als dem konkret realisierten Sprechakt). Die Akzentuierung der *langue* setzte eine semiotische Auffassung von Sprache voraus, die diese als ein autonom organisiertes Zeichensystem verstand. Bezog man die mathematische Definition von „Struktur" als die „Menge der die Elemente eines Systems verbindenden Beziehungen" auf die Sprache, so bedeutete dies: Interessant war nicht mehr nur die historische Betrachtung der Gebrauchsweisen, also die *diachron* sich entfaltende Sprachgeschichte. Vielmehr ließ sich davon unabhängig nun jene „Struktur des Sprachsystems" analysieren, die auf der *synchronen* Ebene existierte. Das Zeichen selbst begriff der Linguistische Strukturalismus als Verbindung von *Ausdruck* und *Inhalt*; sein erkenntnisleitendes Interesse richtete er darauf, die Sprachzeichen sowohl in ihrer „abstrakten internen Verbindung von Ausdruck und Inhalt" zu untersuchen als auch in ihren gegenseitigen „Oppositionen" (Baumgärtner/Fritz 1976: 115-124).

Auf vielfältige Weise wurde dieses Modell von Sprache und Struktur in Frankreich von einzelnen Disziplinen aufgenommen. Begreift man eine „Struktur" abstrakt als „synchrone Dynamik im Moment des Seriellen" und zugleich als „Fundus koexistierender Möglichkeiten", so zielt die „strukturalistische Methode" allgemein gesprochen darauf ab, sichtbare Aktualisierungen als das Resultat einer selektiven Kombination von Elementen aufzufassen (Weiß 1995b: 619). Anschaulicher und bezogen auf Literatur und Geschichte beschrieb Roland Barthes (1966; kritisch Honneth 1994: 145) die „strukturalistische Tätigkeit" als ein zweistufiges Analyseverfahren. Es sieht vor, einen gegebenen Forschungsgegenstand in einem ersten Schritt in seine kleinsten Elemente zu zerlegen; im zweiten Schritt sollen dann die Formationsregeln gefunden werden, nach denen die

44

kleinsten Elemente miteinander verknüpft sind. Schließlich eröffnen die neu entdeckten Ordnungsgruppen die Möglichkeit, die unbewusst wirksame Struktur des analysierten Gegenstandsbereichs zu rekonstruieren.

Von diesem Vorgehen ließ sich auch der französische Philosoph Jacques Derrida inspirieren. Impulse Wittgensteins und Heideggers aufnehmend suchte Derrida ([1990] 1991) nach einer subversiven und destabilisierenden Strategie, mit der einem „Axiom" der „Kredit" entzogen (42), also der Geltungsanspruch traditioneller philosophischer Theorien und Paradigmen hinterfragt werden könne. Konkret schlägt Derridas Verfahren der „Dekonstruktion" vor, in einem ersten Schritt den gewohnten erkenntnistheoretischen Standort des Philosophen aufzugeben, um sich auf neue Weise an die Lektüre philosophischer Texte zu machen. Vorausgesetzt wird hier, dass die Texte mit Begriffen operieren, die etwas enthalten, das in dem, was ausdrücklich gesagt wird, nicht enthalten ist. Um zu diesem „Exorbitanten" vorzudringen, soll in einem zweiten Schritt durch Wiederholung der impliziten Annahmen von Begriffen und Themen, eine Art „Abbauarbeit von innen" stattfinden. Bei dieser „Abbauarbeit" kann dann zwar kein echtes Außen, also kein neues, gültiges Theoriemodell gewonnen werden, aber doch eine skeptische Perspektive auf die bisherige Philosophie (vgl. Weiß 1995a: 276-277; Kern/Menke 2002b: 7-8). Für die Politikanalyse bedeutsam wurde zudem der programmatische Vortrag über „Die *différance*". Die Saussuresche Unterscheidung von *langue* und *parole* kritisch reflektierend, schlägt Derrida hier vor, das Verhältnis von Sprach*system* (*langue*) und Sprechakt (*parole*) durch „Temporisation" und „Verräumlichung" neu zu bestimmen ([1968] 1999: 36-37). Zeichen und Zeichenverwendung gibt es für Derrida nur im generischen Gebrauch (Stekeler-Weithofer 2002: 22-25, 31-35). Entsprechend konfrontiert Derrida auch die Sprechakttheorie mit der Notwendigkeit, die geschichtlich bedingte Struktur jeden Sprachvermögens und -verstehens anzuerkennen. Dass „Sprache" sich „historisch" „konstituiert", besage, so Derrida ([1968] 1999: 41-42), dass sie sich als ein „Gewebe von Differenzen" in Raum und Zeit ausbreite, sich ohne Ursprung, Kausalität und Ziel „dynamisch" bewege. Statt Einheit und Logik der Zeichen voraus zu setzen, steht der hier formulierte Poststrukturalismus also im „Zeichen der Differenz". Die Folge ist eine Dezentrierung von Bedeutung, Realität und damit auch von Wahrheit und Erkenntnis. Statt die Identität von Subjekten, sozialen Gruppen, Gesellschaften und Nationen als gegeben hinzunehmen, wäre die „Pluralisierung von Lebenslagen und Identitäten", die „Vervielfältigung innerhalb bekannter Grenzen" wie die „Vielfalt dieser Grenzen und Rahmenvorstellungen" selbst zu reflektieren (Conrad/Kessel 1994: 16-17).

Indem er sich mit der „Funktion" des „Sprechens und der Sprache in der Psychoanalyse" auseinander setzt, kommt Jacques Lacan zu einer „Signifikantentheorie" (1973; 1991) die die französische Schule der Diskurstheorie stark beeinflusst. Nach großer Skepsis werden die Thesen Lacans in den letzten Jahren auch im deutschsprachigen Raum positiv rezipiert. War Saussure noch davon ausgegangen, zwischen Ausdruck (Signifikant) und Inhalt (Signifikat) eines Zeichens bestehe eine innere Beziehung, so wird dieser innere Zusammenhang im Zuge der Weiterentwicklung des französischen Strukturalismus mehr und mehr bestritten, so auch bei Lacan: Wenn ein Subjekt spricht, so lässt sich das Gemeinte demnach nicht mehr ohne weiteres aus dem Signifikanten erschließen, die Signifikanten als solche sind sinnlos. Vielmehr ergibt sich die Zeichenbedeutung allein aus der differenziellen Beziehung *zwischen* den Signifikanten. Welche weitreichenden Konsequenzen eine solche radikal am Signifikanten orientierte Konzeption von Sinn haben könnte, wurde von Philipp Sarasin (1996: 154-162) betont: *Erstens* seien Texte nicht länger als intentionale Äußerung eines Autors zu betrachten, sondern als eine „Oberfläche", ein Gewebe von Signifikanten; entsprechend gehe es nicht mehr um hermeneutisches Verstehen, sondern darum, die „Struktur der Signifikanten" zu beschreiben, etwa in scheinbar eindeutigen Texten einen gegenläufigen Sinn zu vermuten und die überindividuelle Eigensinnigkeit von Aussagen herauszuarbeiten. *Zweitens* seien die Dinge der Wirklichkeit nicht länger als der Sprache vorgängig anzunehmen; vielmehr werde die Ordnung der Dinge erst durch wissenschaftliche Klassifikationssysteme hergestellt. Folglich könne auch die soziale Realität als Wirkung der von Sprechern verwendeten sprachlichen Strukturen aufgefasst werden. *Drittens* wäre das Subjekt nicht länger als überzeitliche, konsistente Instanz aufzufassen, vielmehr interessiere, wie sprachliche Strukturen individuelle Erfahrung und Handeln organisieren, wie also Individuen von Diskursen zu Subjekten ihrer Erfahrung und ihres Handelns gemacht werden.

Auf eine semiotische Sicht von Realität und Wahrnehmung stützte sich partiell auch die Philosophie Louis Althussers ([1970] 1977). Neomarxistische und strukturalistische Elemente integrierend ging er dem Zusammenhang von Subjektbildung und Ideologieproduktion genauer nach. Hatte der Marxismus zuvor Ideologie unter dem Aspekt des wahren oder falschen Bewusstseins betrachtet, so begriff Althusser diese als eine überzeitliche Struktur, die sich in wandelnden historischen Situationen je unterschiedlich konkretisiere. Außerdem differenzierte er zwischen „repressiven" (Regierung, Militär, Polizei) und „ideologischen Staatsapparaten" (Religion, Bildung, Familie, Medien). Indem sie dazu beitragen, Individuen für gesellschaftliche Funktionen zu qualifizieren und in soziale Hierarchien einzupassen, wird gerade den „ideologischen Apparaten" eine zentrale Rolle im Prozess der Subjektbildung beigemessen. Ohne dass sie sich dessen bewusst sein müssen, können demnach Subjekte in alltäglichen Ritualen von subtil eingreifenden Institutionen geformt, mit einer bestimmten Identität versehen und so überhaupt erst „ins Leben gerufen" werden. All dies setzt voraus, dass das Bewusstsein weder die Realität an sich, noch deren Vorstellung repräsentiert. Anknüpfend an die psychologischen Ansatz Lacans fasste Althusser das im Bewusstsein Repräsentierte vielmehr als eine Imagination des Verhältnisses von Subjekt und gesellschaftlicher Realität auf. Aus seiner strukturalistischen Sicht hatten gegenüber den analytisch rekonstruierbaren „wahren Subjekten" die konkreten Individuen allenfalls den Status von Platzhaltern (Althusser/Balibar [1968] 1972: 242; vgl. Weiß 1995b: 620; Goehler/Roth 1995; Laugstien 1999; Hirseland/Schneider 2001: 382).

Eine Dynamisierung erfährt das Ideologiekonzept Althussers durch seinen Schüler Michel Pêcheux (1982). Aus linguistischer Perspektive formulierte Pêcheux eine diskurstheoretische Kritik, die das Problem von „Bedeutung" und „Subjekt" neu akzentuierte. Die „Bedeutung" eines Zeichens, eines Wortes oder Ausdrucks, existiert demnach nicht einfach so, sie war auch nicht auf die Intention des Aussagesubjekts zurück zu führen. „Bedeutung", so Pêcheux, sei als Effekt diskursiver Prozesse zu betrachten, sie werde stets sozial hergestellt. Das Ideologische erschien hier als ein beständig umkämpftes Feld, auf dem herrschaftskonforme und widerständige Bedeutungspraktiken immer wieder neu um Dominanz ringen. Eine Analyse der Subjektpositionen sollte dann zeigen, welches Verhältnis Individuen mit ihren Aussagen auf dem beweglichen Feld der Bedeutungspraktiken zur jeweils dominanten Ideologie einnehmen. Der gesamte Bereich des Ideologischen, die Formen und Effekte der Bedeutungsproduktion, wurden hier in ihrer Beweglichkeit und Verschiebbarkeit gesehen (Sarasin 1996: 144, 153; Hirseland/Schneider 2001: 386-388; Angermüller 2001b: 12-15). Durch die Thematisierung jener Machtbeziehungen und Widerstände, die für die permanente Transformation des ideologischen Feldes sorgen, zielte Pêcheux direkt auf das Politische.

Theoretisch einflussreich wurde im Weiteren die anti-essentialistische Diskurstheorie des Politischen, wie sie die Briten Ernesto Laclau und Chantal Mouffe ([1985] 1995) vertreten. Sich mit dem Ideologiebegriff von Althusser und Pêcheux auseinander setzend sowie im Rekurs auf Lacan, Derrida und Foucault rücken sie die Probleme von „Identität" und „Differenz" ins Zentrum (Laclau 1994a). Weil die Sprache als Medium der Artikulation von Identität mehrdeutig und buchstäblicher Sinn unmöglich sei, sei jede gesellschaftliche Identität und jede politische Position bruchstückhaft und offen für Veränderungen. Demnach können Gesellschaft und soziale Gruppen nicht mehr auf ihr Wesen oder Fundament zurück geführt, sondern allenfalls als „diskursiv strukturiert" beschrieben werden (vgl. Hirseland/Schneider 2001: 389; Sarasin 1996: 144-153; Angermüller 2001b: 12-15).

Konkret interessieren sich Laclau und Mouffe für die vielfältigen Selbstbeschreibungen (etwa Klasse, Nation, Ethnie, auch Rasse) auf dem „Feld der Differenzen", wobei sich einzelne Identitätsbehauptungen offenbar dann am besten durchsetzen können, wenn sie ein „ganz Anderes" postulieren, um sich genau davon abzugrenzen. In diesem Zusammenhang sprach Ernesto Laclau (1994b) vom „leeren Signifikanten". Gemeint sind Selbst- und Fremdzuschreibungen, die sich besonders gut zur Identitätsstiftung eignen, weil sie keine klare Bedeutung haben. Solche „leeren Signifikanten" können sich, wie etwa „Deutschland" oder „Volk", imaginär nach außen abschließen und positiv besetzt sein. Oder sie werden, wie „Juden", als Ausdruck dessen, was Deutschland vermeintlich nicht sei, negativ konnotiert (vgl. Torfing 1999).

Gerade das zeichentheoretische Konzept der *Empty Signifiers* wurde inzwischen breit rezipiert und zum Anlass, grundlegender über eine Diskurstheorie des Politischen nachzudenken. So hat der Politikwissenschaftler Martin Nonhoff (2001: 202; 2004:75-78) vorgeschlagen, bewährte programmatische Leitbilder, wie die „Soziale Marktwirtschaft", als „leeren Signifikanten" aufzufassen; die Rolle der „Politik" bestünde dann darin, dem inzwischen entleerten Ausdruck einen neuen Sinn zu verleihen. Parallel beriefen sich der Soziookonom Andreas Hirseland und der Soziologe Werner Schneider (neben Foucault) auf Laclau, um ihrerseits das „Politische" als eine „Ordnung" zu definieren, die „durch Diskurse hergestellt" werde (2001: 390-391). Fasst man derart die politische Ordnung als „Machteffekt vergangener Entscheidungen", so könnte eine Diskursanalyse darauf abzielen, die verdeckte historische Kontingenz der politischen Ordnung sichtbar, den vermeintlich unverrückbaren Deutungshorizont, der unser aktuelles Handeln prägt, fragwürdig werden und Alternativen aufscheinen zu lassen. Genau das sind bereits jene Impulse, wie sie vom historischen Diskursmodell Foucaults ausgehen.

Sich von der „Nachbarschaft" der Ideengeschichte, Logik, Grammatik, Linguistik sowie der Sprechakttheorie absetzend hat Michel Foucault in der „Archäologie des Wissens" ([1969] 1997) sein methodisches Vorgehen erstmals systematisch reflektiert und so seinen Begriff des Diskurses Schritt für Schritt eingekreist. Allgemein reagiert das Buch auf Nachfragen, die die frühen Monographien provoziert haben: Wie lässt sich eine Geschichte der Wissenschaften schreiben, die sich von der letztlich metaphysischen Spekulation der traditionellen Ideen- und Geistesgeschichte befreit und zugleich die Zeitvergessenheit überwindet, wie sie sich in Folge des Strukturalismus und Empirismus ausbreitet? Um hier einen nachvollziehbaren Analyseweg zu weisen, fasst Foucault das System des „Wissens" als eine Menge von Begriffen und Aussagen. Konkret interessiert er sich für die Art, in der sich aus der Vielfalt aller individuellen, spontanen

Äußerungen (énonciations) mit der Zeit Aussagen (*enoncés*) herauskristallisieren, die vor allem innerhalb bestimmter Wissenschaften als wahr akzeptiert werden. Folgt man dem, so ist man der Funktionsweise des Diskurses auf der Spur. Durch vier Merkmale ist diese Funktionsweise laut Foucault gekennzeichnet: 1. durch das Auftauchen einer Aussage an einem Ort und einem Zeitpunkt, 2. durch die Position des sprechenden Subjekts, 3. durch die Beziehungen zwischen den Aussagen, 4. durch die Wiederholung und Beständigkeit, die den Aussagen ihre materielle Existenz verleihen. Als „Diskurs" definiert Foucault schließlich jene „Menge von Aussagen, die einem gleichen Formationssystem angehören", wobei mit Formationssystem konkret die Regeln, Prozeduren und Institutionen etwa der medizinischen, ökonomischen, naturhistorischen oder psychiatrischen Disziplinen gemeint sind. Indem sich das Foucaultsche Diskursmodell auf die „Evidenz der effektiven Sprache" konzentriert, lenkt es die Aufmerksamkeit auf die „Bedingungen", die dazu führen, dass sich Dinge als wissenschaftliche Gegenstände und Aussagen als wissenschaftliche Wahrheiten konstituieren ([1969] 1997, 61-103). Dabei ist die historische Dimension zentral. Es sei eine „Tatsache", so Foucault ([1984] 2005: 738), dass wir in einer „geschichtlichen Welt" leben, in der die „gesagten Dinge" „Spuren" hinterlassen haben, „in einer Welt, die ganz mit Diskursen, das heißt mit Aussagen durchzogen und durchwirkt ist, die wirklich ausgesprochen wurden [...]". Wie die „bereits gesagte Sprache [...] bestimmt", „was man danach sagen kann", genaue diese sich in *Zeit* und *Raum* erstreckende Machtwirkung von Diskursen ist es, die Foucault ins Zentrum seiner Analytik stellt.

Diskursbegriffe in der Politikwissenschaft			
	normativ-kritisch	analytisch-pragmatisch	genealogisch-kritisch
Bezeichnung	„Diskursethik" (J. Habermas)	„Discourse Analysis"[3]	Diskursanalyse (M. Foucault)
Definition	Diskurs =	discourse =	discours =
	Geregeltes Verfahren, mit dem in strittigen Fragen durch gleichberechtigte TeilnehmerInnen die Geltung von Argumenten rational überprüft und ein Konsens erzielt werden kann.	a) Äußerungen im Gespräch (H. P. Grice); b) Feld komplexer sprachlicher und symbolischer Interaktion, auf dem (politische) Akteure ihr Verständnis von Wirklichkeit sowie die Logik ihres Handelns generieren.	Menge von Aussagen, die einem geregelten (wissenschaftlichen) Formationssystem angehören, dessen (historisch sich wandelnde) Strukturen das (heute) Sagbare ordnen.
Theorie- bzw. Empirietyp	Kritische Gesellschaftstheorie	Analytisch-pragmatische Empirie	(Post-) Strukturalismus
Kleinste Analyseeinheit	Argumente in der öffentlich-politischen Debatte.	Äußerungen u. Handlungslogiken im interaktiven Prozess politischer Meinungsbildung, Verhandlung und Entscheidung.	Aussagen in den Bedingungen ihres Auftauchens und ihrer Existenz.
Anwendung	Argumentationsanalyse	Analyse von Sprech- u. Handlungssituationen	(Historische) Aussagenanalyse

---

[3] Statt einzelne Repräsentanten dieser heterogenen Diskursvariante zu nennen, sei auf weiterführende Literatur verwiesen: van Dijk 1997; Brown/Yule 1998.

4   Diskursanalytische Schulen und Zentren

Abgesehen davon, ob man die Diskursanalyse nun als Theorie oder als Methode einstuft – nicht in der Theoriebildung, sondern in der forschungspraktischen Umsetzung liegt derzeit offenbar der größere „Klärungsbedarf" (Keller 2001b: 15). Indem sie unterschiedliche Versatzstücke aus dem Theoriereservoir aufgreifen und weiter entwickeln, haben verschiedene diskursanalytischen Schulen und Zentren eine überregionale und interdisziplinäre Ausstrahlung erlangt. Während sich in Frankreich eine im strengen Sinne quantifizierend-linguistische Tradition etabliert hat (Guilhaumou 1993; Maingueneau 1994; vgl. Wedl in diesem Band), ist diese Art der Sprachuntersuchung anderorts weniger ausgeprägt. Ohne die Vielfalt im Einzelnen darstellen zu können, seien im Folgenden zumindest jene Verfahrensvorschläge kurz genannt, die für die Politikwissenschaft attraktiv sind oder werden könnten.

Argumentationsanalysen. In den bereits fest etablierten *Argumentationsanalysen* (Perelman 1980; Kopperschmidt 1989) etwa über Geschichts- (Schwab-Trapp 1996) Sozial- (Bleses 1997; Bleses/Rose 1998), Umwelt- (von Prittwitz 1996; Holzinger 2001; Van den Daele 2000) oder Rechtspolitik geht es darum, die öffentliche Rechtfertigung staatlicher Maßnahmen empirisch zu untersuchen. Besonders typisch ist das Bemühen, sich in die klassischen Zentren der Politikherstellung bzw. Politikdarstellung (Meyer 2001) zu begeben und etwa parlamentarische Debatten zum Gegenstand der Untersuchung zu machen (Hofmann 1995; Lynen von Berg 2000; vgl. Holly 1990; Elster 1991; Marschall 2001; Siever 2001). Zuweilen wird aber auch breiter der öffentliche Meinungsstreit über aktuelle Themen, wie Abtreibung, anhand von Medienartikeln reflektiert (Gerhards 1998). Gemeinsam ist der explizite oder implizite Rekurs auf die Theorien politischer Öffentlichkeit (Neidhardt 1994; Göhler 1995) sowie auf die Sprechakttheorie und Diskursethik. Stets wird mit dem „Argument" eine themenbezogene, intentionale Aussage zum Gegenstand der Analyse; dabei interessiert, mit welchen Redeformen und –inhalten in strittigen Fragen für eine Überzeugung geworben, ein Konsens bzw. Kompromiss erzielt und eine Entscheidung legitimiert werden kann.

Inhaltsanalysen politischer Diskurse. Die aus den Kommunikationswissenschaften kommende Inhaltsanalyse als Verfahren zu wählen, ist in der Politikwissenschaft ebenfalls weit verbreitet. Mitunter werden schlicht alle in irgend einer Weise mit „Texten" befasste Untersuchungen als „Inhaltsanalysen" bezeichnet (von Prittwitz 1994: 220-221; von Alemann/Tönnesmann 1995: 120-124). Systematischer ließe sich zwischen einem weiten und einem engen Verständnis von Inhaltsanalyse unterscheiden. Bei einem weiten Verständnis wird die Inhaltsanalyse als eine „Methode der Datenerhebung" aufgefasst, bei der soziale Sachverhalte aufgedeckt werden, indem „durch die Analyse eines vorgegebenen Inhalts (z. B. Text, Bild) Aussagen über den Zusammenhang seiner Entstehung, über die Absicht des Senders, über die Wirkung auf den Empfänger und/oder auf die soziale Situation gemacht werden." (Attesländer 1995: 238) Dagegen bezweifeln Vertreter der Inhaltsanalyse im engeren Sinne, dass die Intentionen von Autoren oder die Wirkungen direkt aus dem Text erschlossen werden können. Ihr Interesse ist auf die Analyse von Medien konzentriert, wobei sie etwa die Strategien ermitteln, mit denen Medien Inhalte in der Öffentlichkeit platzieren. Hier ist die Inhaltsanalyse eine empirische Methode, zur systematischen, intersubjektiv nachvollziehbaren Beschreibung inhaltlicher und formaler Merkmale von Mitteilungen. Der Vorteil der quantitativen wie der qualitativen Inhaltsanalyse besteht darin, Texte und Daten nach einem festen Kategorienschema analysieren zu können (Früh 1998: 24, 46; 1991; vgl. Merten 1995; Kromrey 1991; Mayring 1991; 1993). Wird jedoch, wie mitunter in der Politikwissenschaft, der auf Medien zielende Einsatz nicht reflektiert, der Aufwand exakter Codierung gescheut und mit weiteren Methoden (Befragung, Akten- und Dokumentenanalyse, teilnehmende Beobachtung) freimütig kombiniert, bleibt offen, ob mit einem derartigen Methodenmix die anvisierten Erkenntnisziele noch erreicht werden können. Im Grunde können sich die Schwierigkeiten nur potenzieren, wenn zusätzlich der Anspruch erhoben wird, mit inhaltsanalytischen Verfahren an „politische Diskurse" heranzugehen (etwa Meyer 2000; 2001).

Die „Rahmenanalyse" politischer Diskurse. Die Impulse des Symbolischen Interaktionismus aufgreifend befassten sich Mitte der 80er Jahre erste Untersuchungen beim Studium von Artikulations- und Partizipationschancen von sozialen Bewegungen mit *frame alignment*-Prozessen (Snow 1986). Kurz darauf folgten etwa Gamson und Modigliani (1989) mit einem sozialkonstruktivistischen Ansatz, der die Aufmerksamkeit auf die Bedeutung interpretativer *frames* bei kontroversen politischen Themen, wie dem der Kernkraft richtete. Konkret interessiert sich der Ansatz dafür, wie etwa in Massenmedien aktuelle *issue packages, counter-themes* und tradierte *cultural packages* innerhalb komplexer Deutungsrahmen um Aufmerksamkeit und Interpretationshoheit ringen. Heute hat sich die *frame analysis* zu einem integrativen Konzept entwickelt, das handlungstheoretische, diskursethische und poststrukturalistische Elemente zu verbinden sucht. So betrachtet etwa der italienische Sozialwissenschaftler Paolo R. Donati anknüpfend an die Franzosen Pêcheux und Demonet Diskursanalyse als „moderne Form" der Ideologiekritik und entwickelt von daher eine „Rahmenanalyse politischer Diskurse".

„Diskurse" sind hier „sprachliche Ereignisse", „durch die ideelle und symbolische Konstrukte der sozialen Welt aktualisiert" werden; *frames* bezeichnen dann
standardisierte Muster, mit denen wir die Wirklichkeit wahrnehmen. Bilden
politische Themen das Terrain für konkurrierende Wirklichkeitsinterpretationen,
so untersucht die politische Rahmenanalyse, wie sprachliche Mittel auf den um-
kämpften Feldern der Politik, sei es zu Manipulationszwecken, sei es zur Konfrontation, sei es aus anderen „Intentionen", eingesetzt werden. Insgesamt versteht sich die Rahmenanalyse als kompatibel mit der Policy-Forschung, den Verfahren der Inhaltsanalyse sowie mit Analysen der Deliberation (Donati 2001: 147-
152, 161). In welchen *frames* politische Inhalte (*policies*) öffentlich thematisiert
werden und auf welche deliberativen Praktiken sich „Discursive Politics" stützen, wird inzwischen auch international vergleichend untersucht (Schmidt 2002;
Fischer 2003).

Kritische Diskursanalysen. Sich zwischen Diskursethik und französischem Strukturalismus bewegend haben sich international mehrere Zentren einer „kritischen" Diskursanalyse entwickelt. In Lancaster formuliert seit Mitte der 80er
Jahre der Sprachwissenschaftler Norman Fairclough sein Konzept einer „Critical
Discourse Analysis" in ideologiekritischer Absicht (dazu 2001). In enger Kooperation damit (Fairclough/Wodak 1997) entsteht die von Ruth Wodak vertretene
„Wiener Diskursanalyse". Vom soziolinguistischen Ansatz *Bernsteins* ausgehend
sucht Wodak die Tradition der Kritischen Theorie mit kulturwissenschaftlichen
Perspektiven zu verknüpfen und dabei u. a. Foucaultsche Elemente aufzuneh-
men. „Diskurs" wird hier als eine Form sozialer Praxis verstanden, und „diskursive Handlungen" werden demnach durch Situationen, Institutionen und soziale
Strukturen *eingerahmt*. Als „kritische" Disziplin setzt sich der Ansatz zum Ziel,
die „ideologisch durchwirkten" kompakten Formen der Machtausübung und
politischen Kontrolle sowie „diskriminierende" Unterdrückungsstrategien im
Sprachgebrauch sichtbar zu machen (Wodak 1998: 41-47). Dabei werden u. a. die
Habermasschen Kriterien verständigungsorientierter Kommunikation herangezogen (1996). Anschaulich umgesetzt wurde die Wiener Diskursanalyse u. a. in
Studien zur „nationalen Identität" Österreichs (1998).

Zeitlich parallel sucht an der Universität Amsterdam Teun A. van Dijk eine
interdisziplinär ausgerichtete *discourse analysis* zu etablieren. Geprüft wird hier,
inwiefern „Diskurse" als „structure and process" oder als „social interaction" zu
begreifen seien (1997). Das Politische erscheint dabei als ein Feld, auf dem Begriffe und Kategorien, Bilder und Symbole auf komplexe Weise interagieren und so
unsere Wahrnehmung der Wirklichkeit sowie unsere Optionen des Handelns
konstituieren. Zudem geht es darum, für die sprachlich-symbolische Eigendyna-

mik von Deutungsprozessen offen zu sein, die unabhängig von der Absicht einzelner Akteure auftreten können. Nach einführenden Handbüchern (1985; 1988; 1997; vgl. Brand 1998) hat van Dijk sein eigenes diskursanalytisches Programm jüngst am Beispiel einer international vergleichenden ideologiekritischen Analyse des Rassismus in Spanien und Lateinamerika umgesetzt (2005).

Ausdrücklich als „Kritische Diskursanalyse" versteht sich in Deutschland auch der methodische Vorschlag Siegfried Jägers (1999a; 1999b) vom „Duisburger Institut für Sprach- und Sozialforschung" (DISS). Hier werden linguistische Prinzipien mit dem marxistischen Arbeitsbegriff von Alexej N. Leontjew sowie ideologiekritischen Überlegungen kombiniert und zusätzlich Foucaultsche Theoreme integriert. Genauer besehen rekurriert der Duisburger „Diskursbegriff" stark auf die Vorstellung einer öffentlich-politischen „Debatte" im Sinne der Diskursethik. In jedem Fall hat der vom DISS entwickelte mehrstufige Leitfaden für eine konkrete Textanalyse in den 80er und 90er Jahren in die deutschsprachige Politikwissenschaft breiten Eingang gefunden (etwa Waldschmidt 1996).

Die genealogische Perspektive. Genauer besehen ist in all diesen Kritischen Diskursanalysen der Foucaultsche Einfluss weitaus marginaler als gedacht. Lange war es allenfalls dem Literaturwissenschaftler Jürgen Link vorbehalten, mit seiner Geschichte des „Normalismus" (1997) dezidierter an Foucault anzuknüpfen. Link begreift Diskurse als Akkumulationen von Aussagekomplexen in der Zeit. Zentral für seine „Generative Diskursanalyse" ist das Auffinden von „Kollektivsymbolen", also weit verbreiteten, stereotypen Redefiguren und Narrationsschemata. Einflussreich wurde auch Links Unterscheidung von „Spezial-" und „Interdiskursen". Während die ersteren Aussagen innerhalb eines Wissenssystems kumulieren und eindeutige Definitionen bevorzugen, zählen alltagssprachliche Redeweisen, Literatur und politische Äußerungen eher zu den „Interdiskursen", für die die Verknüpfung verschiedener Wissensbestände und Mehrdeutigkeit charakteristisch sei (Link 1983; 1999).

Allerdings beginnen sich poststrukturalistische Ansätze derzeit in spezifischen Politikfeldern durchzusetzen, am stärksten wohl im Bereich der internationalen Entwicklungspolitik. Angeregt durch die Studien Edward Saids (1978; kritisch Frank 2004) über diffamierende Konstruktionen von „Okzident" und „Orient" im 19. Jahrhundert wird seit den 80er Jahren der Begriff der „Entwicklung" hinterfragt (Escobar 1985; Ziai 2003b). In der Folge wurden etwa mit einer Diskursanalyse die Aussagen zu Afrika im Rahmen der WTO untersucht (Ghafele 2002). Oder man nahm zusätzlich Anregungen der *Governmentality Studies* auf, um die Entwicklungspolitik der rot-grünen Bundesregierung unter die Lupe zu nehmen (Ziai 2003a). Zuletzt hat Aram Ziai (2006) gezeigt, wie sowohl das Konzept der Global Governance als auch Ansätze des Post-Development aus einer an Foucault orientierten „diskursanalytischen Perspektive" kritisch gegenzulesen wären.

Analog zeichnen sich beim Thema Europäische Integration erste von Foucault inspirierte Studien ab. Ein Band mit dem Titel „Governing international spaces" umfasst neben der diskursanalytischen Kritik am Begriff der „Entwicklung" *Governementality Studies*, die von Foucault ausgehend die Prozesse der Europäischen Integration kritisch reflektieren (Larner/Walters 2004). Schließlich verstärken sich im Augenblick internationale Impulse, die Foucaultsche „Taktik" der „Genealogie" empirisch nutzbar zu machen (Pasquino 1991; Boltanski/Chiapello 2003; Keller 2004). So hat etwa beim Thema Europäische Integration William Walters (2004) der neofunktionalistischen These einer nahezu selbstverständlichen Ausdehnung des Integrations-Prozesses widersprochen und vorgeschlagen, die Betrachtung von Institutionen und Akteuren vorübergehend zurückzustellen und stärker auf die Weichenstellungen in der Geschichte sowie auf die sich verändernden politischen „Rationalitäten" des Regierens zu achten.

Das Ziel, sich über die vielfältigen Diskurskonzepte disziplinübergreifend zu verständigen, verfolgt seit einigen Jahren der „Augsburger Arbeitskreis Diskursanalyse" (Keller 2001b:14). Neben handbuchgerechten Überblicken (2001a/2004a) hat der Initiator Reiner Keller inzwischen ein eigenes empirisches „Forschungsprogramm" vorgestellt (2004b; 2005), das von wissenssoziologischen Prämissen ausgehend Diskurse als „Ordnungsmuster eingefrorener Prozesse" (2005: 309) begreift und für die an Foucault anschließenden Sozialwissenschaften forschungspraktische Anregungen bereit stellt.

5 Fazit

Insgesamt bestätigt die Skizze gängiger Theorien, Methoden und Schulen den eingangs formulierten Eindruck einer Disparität der Vorgehensweisen. Hier einen übergreifenden Diskursbegriff zu erkennen, wird schwierig sein. Dennoch gibt es Indizien, die auf so etwas wie einen „gemeinsamen Nenner" (Angermüller 2001b: 7-8; Keller 2001b) verweisen. Offenbar kreisen die Bemühungen darum, den Zusammenhang von *Sprache* und *Politik*, von *Wissen* und *Geltung*, von *Realität* und *Deutung* genauer zu erkunden. Welches dieser Spannungsverhältnisse jeweils in den Mittelpunkt rückt, welches Material herangezogen und welche Wege der Untersuchung im Einzelnen beschritten werden, ist dann sehr unterschiedlich. Interessant ist es, sich zu fragen, welches eigentlich präzise der Gegenstand ist, auf den sich der analytische Blick jeweils konzentriert. Auf Themen und Inhalte, auf Argumente, *belief systems* und Deutungsrahmen oder auf Äußerungen und Aussagen? So vielfältig die Antworten auch klingen mögen, – hier auf der Ebene der kleinsten Analyseeinheiten ist wohl am deutlichsten zu sehen, was Diskursforschung ausmacht. Stets erfolgt der Zugriff auf Material über „Äußerungen" und „Aussagen". Gerade hier zeigt sich aber auch ein epistemologischer Bruch, der die Diskursforschung insgesamt, aber auch einzelne Schulen durchzieht. Letztlich steht sich ein handlungstheoretischer und ein (post-)strukturalistischer Umgang mit Aussagen und Äußerungen gegenüber.

Diskursanalyse als Analyse von Sprechakten. Im Prozess rationaler Kommunikation, so erfahren wir aus der „Diskursethik", wird eine themenbezogene, intentionale Aussage zu einem Argument, mit dem in einer aktuellen Sprechsituation in strittigen Fragen für eine Überzeugung geworben, ein Konsens erzielt und eine Entscheidung legitimiert werden kann. Betrachtet man Diskursanalyse als Argumentationsanalyse, dann können folglich die Sprecher einer Debatte im Hinblick auf ihre Intentionen, die Gültigkeit ihrer Aussagen, auch auf ihre sprachlich-rhetorischen Mittel befragt werden. Zugrunde liegt eine Vorstellung von „Politik", die diese als Teilbereich eines sozialen Systems auffasst, das durch rationale Kommunikation über Argumente zu verbindlichen und gemeinwohlorientierten Entscheidungen kommt. Schaut man genauer hin, dann zeigt sich: Genau diese Vorstellung von Politik, die auf „Diskurse" als rationale und intentionale Kommunikation wert- bzw. interessegeleiteter Akteure setzt, ist kennzeichnend nicht nur für die Diskursethik selbst, sondern auch für weite Teile der empirischen Politik-Forschung. Faktisch operieren die meisten politikwissenschaftlichen „Inhaltsanalysen" ebenfalls mit diesem Konzept. Die Gewohnheit, nach Intentionen und Legitimationen von Akteuren zu fragen, durchzieht – trotz vielfältiger linguistischer Anklänge – selbst auch zahlreiche Varianten „Kritischer" Diskursanalyse. Von der Akteursperspektive rückt letztlich auch die neuere Policy- und Governance-Forschung nicht ab. Wenn hier – neben der Diskursethik oder Sprechakttheorie – unter dem Stichwort Discourse Analysis die ethnomethodologischen und interaktionistischen Prämissen der Gesprächs- und Konversationsanalyse fruchtbar gemacht werden, so lässt sich zunächst vor Augen führen, wie Äußerungen in Gesprächen authentisch registriert und strikt empirisch im Hinblick auf in die in sie eingeschriebenen konstitutiven Mechanismen untersucht werden können. Analog aufs Politische übertragen und sozialkonstruktivistisch gesprochen hieße das: Äußerungen und Handlungen in politischen Meinungsbildungs-, Entscheidungs- und Verhandlungsprozessen im Hinblick auf die in ihnen wirkenden Logiken zu untersuchen, also danach zu fragen, wie das Referenzwissen oder die Situationsdeutungen der Akteure eine spezifische Ordnung im ablaufenden Geschehen erzeugen (Bergmann 2000: 525).

Diskursanalyse als struktural operierende Aussagenanalyse. Dagegen ist die konsequente Anwendung semiotischer oder (post-)strukturalistischer Prinzipien zumindest in demjenigen Zweig der Diskursforschung, der sich mit dem Politischen befasst, relativ selten. Welche erkenntnistheoretischen Schritte wären notwendig, um einmal probehalber von der Akteursperspektive abzusehen und sich stattdessen „poststrukturalistisch" mit der Analyse von „Äußerungen" und „Aussagen" zu befassen? Zunächst hieße das, vom klassischen linguistischen Strukturalismus auszugehen und zwischen *langue* und *parole* zu unterscheiden. Statt sich jedoch, wie Saussure, auf der synchronen Ebene des Sprachsystems (Kompetenz) etwa mit dem Wort oder Satz zu befassen, müsste man sich der Summe aller Äußerungen, den tatsächlichen Ereignissen des Redens (Performanz) zuwenden. Indem man sich für die „Äußerung" als der sich beständig wiederholenden, variierenden Realisierung, also für das Gesagte, interessiert, hätte man einen weiteren Blickwechsel vollzogen. Die Unterscheidung von „Äußerung" und Aussage" setzt wiederum Einsichten voraus, die die Logik und Sprechakttheorie liefern (Searle [1969] 1977). Gleichwohl gehen deren Erkenntnisinteressen, wenn sie nach der Schlüssigkeit von Aussagen im Gespräch (Logik) oder nach der Wirksamkeit von sprachlichen Äußerungen in der Welt (Sprechakttheorie) fragen, in eine andere Richtung. „Post-strukturalistisch" verfahren meint dagegen: sich den tatsächlichen Redeäußerungen zuwenden, um in diesem Material danach zu suchen, welche davon sich zu Aussagen mit dauerhafter Geltung verdichten. Nicht die spontanen, kurzfristigen Äußerungen, sondern die Aussagen fungieren hier also als „Atome" des Diskurses; im weiteren käme es dann darauf an, die Beziehungen zwischen diesen „Atomen" zu finden und so den Diskurs als regelgeleitete Aussageordnung überhaupt erst sichtbar zu machen.Genau diese Schritte bezeichnen jedenfalls den Weg, den Michel Foucault in der „Archäologie des Wissens" (1969) beschreitet, um sein Diskursmodell auszuformulieren ([1969] 1997).

Literatur

Alemann, Ulrich von/Tönnesmann, Wolfgang, 1995: Grundriss: Methoden in der Politikwissenschaft, in: *Alemann, Ulrich von* (Hrsg.), Politikwissenschaftliche Methoden. Grundriss für Studium und Forschung. Opladen, 17-50.

Althusser, Louis, [1970] 1977: Ideologie und ideologische Staatsapparate. Hamburg, Berlin.

Althusser, Louis/Balibar, Etienne, [1968] 1972: Das Kapital lesen. Bd. 2 . Reinbek b. Hamburg.

Angermüller, Johannes/Bunzmann, Katharina/Nonhoff, Martin (Hrsg.), 2001a: Diskursanalyse: Theorien, Methoden, Anwendungen. Hamburg.

Angermüller, Johannes, 2001b: Diskursanalyse: Strömungen, Tendenzen, Perspektiven. Eine Einführung, in: *Ders./Bunzmann/Nonhoff* (Hrsg.), Diskursanalyse, 7-22.

Apel, Karl-Otto, 1988: Diskurs und Verantwortung. Frankfurt/M.

Ashenden, Samantha/Owen, David (Hrsg.), 1999: Foucault contra Habermas. Recasting the Dialogue between Genealogy and Critical Theory. London.

Atteslländer, Peter, 1995: Methoden der empirischen Sozialforschung. Berlin, New York.

Austin, John L., [1962] 2005: Zur Theorie der Sprechakte (How to do things with Words). Stuttgart.

Bandelow, Nils C., 1999: Lernende Politik: Advocacy-Koalitionen und politischer Wandel am Beispiel der Gentechnologiepolitik. Berlin.

Barry, Andrew/Osborne, Thomas/Rose, Nikolas (Hrsg.), 1996: Foucault and Political Reason. Liberalism. Neo-liberalism and Rationalities of Government. London.

Barthes, Roland, 1966: Die strukturalistische Tätigkeit, in: Kursbuch, 5, 190ff.

Baumgärtner, Klaus/Fritz, Gerd, 1976[6]: Einführung in die strukturalistische Methode, in: Funk-Kolleg Sprache. Bd. 1: Eine Einführung in die moderne Linguistik. Frankfurt/M., 115-124.

Bennett, C./Howlett, M., 1992: The Lessons of Learning: Reconciling Theories of Policy Learning and Policy Change, in: Policy Sciences 25, 275-294.

Benz, Arthur u. a., 2003: Governance. Eine Einführung. Kurs 3203 der Fern-Universität Hagen, Hagen.

Bergmann, Jörg R., 2000: Konversationsanalyse, in: *Flick, Uwe* et al (Hrsg.), Handbuch Qualitative Sozialforschung. München, 524-537.

Bleek, Wilhelm, 2001: Geschichte der Politikwissenschaft in Deutschland. München.

Bleses, Peter/Offe, Claus/Peter, Edgar, 1997: Öffentliche Rechtfertigungen auf dem parlamentarischen „Wissensmarkt" – Argumentationstypen und Rechtfertigungsstrategien in sozialpolitischen Bundestagsdebatten, in: PVS, 38, Nr. 3, 498-529.

Bleses, Peter/Rose, Edgar, 1998: Deutungswandel der Sozialpolitik: Die Arbeitsmarkt- und Familienpolitik im parlamentarischen Diskurs. Frankfurt/M., New York.

Boltanski, Luc/Chiapello, Eva, 2003: Der neue Geist des Kapitalismus. Konstanz.

Brand, Karl-Werner., 1998: Diskursanalyse, in: *Kriz, Jürgen/Nohlen, Dieter/Schulze, Rainer-Olaf.* (Hrsg.), Politikwissenschaftliche Methoden. Lexikon der Politik, Bd. 2. München, 85-87.

Bratich, Jack Z./Packer, Jeremy/ McCarthy, Cameron (Hrsg.), 2003: Foucault, Cultural Studies, and Governmentality. Albany.

Bröckling, Ulrich/Krasmann, Susanne/Lemke, Thomas (Hrsg.), 2000: Gouvernementalität der Gegenwart. Studien zur Ökonomisierung des Sozialen. Frankfurt/M.

Bröckling, Ulrich/Krasmann, Susanne/Lemke, Thomas (Hrsg.), 2004: Glossar der Gegenwart. Frankfurt/M.

Brown, Gillian/Yule, George, 1983: Discourse Analysis. Cambridge, New York, Melbourne.

Bublitz, Hannelore (Hrsg.), 1999: Foucaults Archäologie des kulturellen Unbewußten. Zum Wissensarchiv und Wissensbegehren moderner Gesellschaften. Frankfurt/M., New York.

Bublitz, Hannelore/Bührmann, Andrea D./Hanke, Christine/Seier, Andrea (Hrsg.), 1999: Das Wuchern der Diskurse. Perspektiven der Diskursanalyse Foucaults. Frankfurt/M., New York.

Burchell, Graham/Gordon, Colin/Miller, Peter (Hrsg.), 1991: The Foucault Effect. Studies in Governmentality. London u. a.

Burman, E./Parker, Ian (Hrsg.), 1993: Discourse Analytic Research: Repertoires and Readings of Texts in Action. London.

Busch, Andreas, 2003: Institutionen, Diskurse und policy change: Bankenregulierung in Großbritannien und der Bundesrepublik, in: PVS-SH 34. Opladen, 127-150.

Caruso, Paolo, 1969[5]: Gespräch mit Michel Foucault, in: *Foucault, Michel,* Von der Subversion des Wissens. Frankfurt/M. 2000, 7-27.

Conrad, Christoph/Kessel, Martina, 1994: Einleitung. Geschichte ohne Zentrum, in: *Dies.* (Hrsg.), Geschichte schreiben in der Postmoderne. Beiträge zur aktuellen Diskussion. Stuttgart, 9-36.

Dean, Mitchell, 1999: Gouvernmentality. Power and Rule in Modern Society. London.

Derrida, Jacques, [1968] 1999[2]: Die différance, in: *Ders.,* Randgänge der Philosophie. Frankfurt/M., Berlin, Wien, 31-56 u. 358-359.

Derrida, Jacques, [1990] 1991: Gesetzeskraft. Der „mystische Grund der Autorität". Frankfurt/M.

Diaz-Bone, Rainer, 1999: Probleme und Strategien der Operationalisierung des Diskursmodells im Anschluss an Michel Foucault, in: *Bublitz/Bührmann/Hanke/Seier* (Hrsg.), Das Wuchern der Diskurse, 119-135.

Donati, Paolo R., 2001: Die Rahmenanalyse politischer Diskurse, in: *Keller, Reiner/Hirseland, Andreas/Schneider, Werner/Viehöver, Willy* (Hrsg.), Handbuch Sozialwissenschaftliche Diskursanalyse. Bd. 1: Theoretische und methodische Grundlagen. Opladen, 145-175.

Easton, David, 1965: A Framework of Political Analysis. New York.

Ehlich, Konrad (Hrsg.), 1994: Diskursanalyse in Europa. Frankfurt.

Elster, Jon, 1991: Arguing and Bargaining in Two Constituent Assemblies. The Storrs Lectures. Chicago.

Escobar, Arturo, 1985: Discourse and Power in the Development: Michel Foucault and the Revelance of his Work to the Third World, in: Alternatives, Bd. 10, 377-400.

Evans, Richard J., 1998: Quellen und Diskurse, in: *Ders.,* Fakten und Fiktionen. Über die Grundlagen historischer Erkenntnis. Frankfurt, New York, 104-126.

Fairclough, Norman, 2001: Globaler Kapitalismus und kritisches Diskursbewusstsein, in: *Keller, Reiner/Hirseland, Andreas/Schneider, Werner/Viehöver, Willy* (Hrsg.), Handbuch, Bd. 1, 335-351.

Fairclough, Norman/Wodak, Ruth, 1997: Critical Discourse Analysis, in: *Van Dijk, Teun* (Hrsg.), Discourse as Social Interaction. A Multidisciplinary Introduction. Vol. 2. London, New Delhi, 258-284.

Feick, J./Jann, Werner, 1988: „Nations Matter" – Vom Eklektizismus zur Integration in der vergleichenden Policy-Forschung? In: *Schmidt, Manfred. G.* (Hrsg.), Staatstätigkeit. International und historisch vergleichende Analysen. Opladen, 196-220.

Fischer, Frank, 2003: Reframing Public Policy. Discursive Politics and Deliberative Practices. Oxford.

Fohrmann, Jürgen/Müller, Harro (Hrsg.), 1988: Diskurstheorien und Literaturwissenschaften. Frankfurt/M.

Foucault, Michel, [1975-76] 1999: In Verteidigung der Gesellschaft. Vorlesungen am Collège de France. Frankfurt/M.

Foucault, Michel, [1969] 1997[8]: Archäologie des Wissens. Frankfurt/M.

Foucault, Michel, [1970/1972] 2001[8]: Die Ordnung des Diskurses. Mit einem Essay von Ralf Konersmann. Frankfurt/M.

Foucault, Michel, [1972] 2002: Zur Geschichte zurückkehren, in: Dits et Ecrits. Schriften in vier Bänden, Bd. II, 1970-1975, hg. v. Defert, Daniel/Ewald, François u. Mitarb. v. Jacques Lagrange. Frankfurt/M., 331-347.

Foucault, Michel, [1982] 2005: Subjekt und Macht, in: Dits et Ecrits. Schriften in vier Bänden, Bd. IV, 1980-1988, hrsg. v. Daniel Defert/François Ewald u. Mitarb. v. Jacques Lagrange, Frankfurt/M., 269-294.

Foucault, Michel, [1984] 2005: Archäologie einer Leidenschaft, in: Dits et Ecrits, IV, 734-746.

Frank, Michael C., 2004: Kolonialismus und Diskurs. Michel Foucaults „Archäologie" in der postkolonialen Theorie, in: *Kollmann, Susanne/Schödel, Kathrin* (Hrsg.), Post-Moderne DeKonstruktionen. Münster, 139-155.

Früh, Werner, 1991: Medienwirkungen: Das dynamisch-transaktionale Modell. Theorie und empirische Forschung. Opladen.

Früh, Werner, 1998[4]: Inhaltsanalyse. Theorie und Praxis. Konstanz.

Funk-Kolleg Sprache 1, 1976[6]: Eine Einführung in die moderne Linguistik, Frankfurt/M.

Gee, James Paul, 1999: An introduction to discourse analysis. Theory and Method. London, New York.

Gerhards, Jürgen, 1992: Dimensionen und Strategien öffentlicher Diskurse, in: Journal für Sozialforschung, 32, 307-318.

Gerhards, Jürgen/Neidhardt, Friedhelm/Rucht, Dieter (Hrsg.), 1998: Zwischen Palaver und Diskurs. Strukturen öffentlicher Meinungsbildung am Beispiel der deutschen Diskussion zur Abtreibung. Opladen.

Ghafele, Roya, 2002: Globalisierung, frankophones Afrika und die WTO. Wien.

Goehler, Gerhard/Roth, Klaus, 1995: Marxismus, in: Nohlen, Dieter/Schultze, Rainer-Olaf (Hrsg.), Lexikon der Politik. Bd. 1. Politische Theorien. München, 321-331.

Göhler, Gerhard (Hrsg.), 1995: Macht der Öffentlichkeit – Öffentlichkeit der Macht. Baden-Baden 1995.

Gottweis, Herbert, 1998: Governing Molecules: The Discursive Politics of Genetic Engineering in Europe and the United States. Cambridge.

Greven, Michael Th., 1991: Macht und Politik in der „Theorie des kommunikativen Handelns", in: Ders. (Hrsg.), Macht in der Demokratie. Baden-Baden, 213-238.

Grice, H. Paul, [1975] 1979: Intendieren, Meinen, Bedeuten; Sprecher-Bedeutung und Intentionen, in: Meggle, Georg (Hrsg.), Handlung, Kommunikation, Bedeutung. Frankfurt/M.

Grosz, E., 1991: Jacques Lacan. A Feminist Introduction. London.

Guilhaumou, Jacques, 1993: A propos de l'analyse de discours: les historiens et le 'tournant linguistique', in: Langage et Société, 65, 5-38.

Haas, Peter M., 1992: Knowledge, Power, and Institutional Policy Coordination. Cambridge.

Habermas, Jürgen, [1981] 1995: Theorie des kommunikativen Handelns. Bd. 1-2. Frankfurt/M.

Habermas, Jürgen, 1991: Erläuterungen zur Diskursethik. Frankfurt/M.

Habermas, Jürgen, 1992: Faktizität und Geltung. Beiträge zu einer Diskurstheorie des Rechts und des demokratischen Rechtsstaats. Frankfurt/M.

Hajer, Maarten A./Wagenaar, Jan A. (Hrsg.), 2003: Deliberative Policy Analysis: Understanding Governance in the Network Society. Cambridge.

Héritier, Adrienne (Hrsg.), 1993: Policy-Analyse. Kritik und Neuorientierung (PVS-SH 24). Opladen.

Hirseland, Andreas/Schneider, Werner, 2001: Wahrheit, Ideologie und Diskurse. Zum Verhältnis von Diskursanalyse und Ideologiekritik, in: Keller, Reiner/Hirseland, Andreas/Schneider, Werner/Viehöver, Willy (Hrsg.), Handbuch, Bd. 1, 373-402.

Hofmann, Wilhelm, 1995: Repräsentative Diskurse: Untersuchungen zur sprachlich-reflexiven Dimension parlamentarischer Institutionen am Beispiel des englischen Parlamentarismus. Baden-Baden.

Holly, Werner, 1990: Politikersprache. Inszenierungen und Rollenkonflikte im informellen Sprachhandeln eines Bundestagsabgeordneten. Berlin.

Holzinger, Katharina, 2001: Verhandeln statt Argumentieren oder Verhandeln durch Argumentieren? Eine empirische Analyse auf der Basis der Sprechakttheorie, in: PVS 42, Nr. 3, 414-446.

Honneth, Axel, 1994[2]: Kritik der Macht. Reflexionsstufen einer kritischen Gesellschaftstheorie. Frankfurt/M.

Honneth, Axel, 2003: Foucault und die Humanwissenschaften. Zwischenbilanz einer Rezeption, in: *Ders./Saar, Martin* (Hrsg.), Michel Foucault. Zwischenbilanz einer Rezeption. Frankfurter Foucault-Konferenz 2001. Frankfurt/M., 15-26.

Hunt, Alan/Wickham, Gary, 1994: Foucault and Law. Towards a Sociology of Law as Governance. London.

Jäger, Siegfried, 1999[2]a: Kritische Diskursanalyse. Eine Einführung. Duisburg.

Jäger, Siegfried, 1999b: Einen Königsweg gibt es nicht. Bemerkungen zur Durchführung von Diskursanalysen, in: *Bublitz/Bührmann/Hanke/Seier* (Hrsg.), Das Wuchern der Diskurse, 136-147.

Keller, Reiner/Hirseland, Andreas/Schneider, Werner/Viehöver, Willy (Hrsg.), 2001a/2003: Handbuch Sozialwissenschaftliche Diskursanalyse. Bd. 1-2. Opladen.

Keller, Reiner/Hirseland, Andreas/Schneider, Werner/Viehöver, Willy 2001b: Zur Aktualität sozialwissenschaftlicher Diskursanalyse – Eine Einführung, in: *Dies.* (Hrsg.), Handbuch, Bd. 1, 7-27.

Keller, Reiner, 2004: Diskursforschung. Eine Einführung für SozialwissenschaftlerInnen. Opladen.

Keller, Reiner, 2005: Wissenssoziologische Diskursanalyse. Wiesbaden.

Kelly, Michael (Hrsg.), 1994: Critique and Power. Recasting the Foucault/Habermas Debate. Cambridge.

Kerchner, Brigitte, 2002: Politik als Diskurs. Diskurstheorien und Diskursbegriffe in der Politikwissenschaft. Ein Überblick. Berlin.

Kerchner, Brigitte, 2006: Genealogie und Performanz. Überlegungen zu einer kritischen Analyse des Regierens, in: Schulze, Detlef Georgia/Berghahn, Sabine/Wolf, Frieder Otto (Hrsg.), Politisierung und Ent-Politisierung als performative Praxis. Münster (i. E.).

Kern, Andrea/Menke, Christoph (Hrsg.): 2002a: Philosophie der Dekonstruktion. Zum Verhältnis von Normativität und Praxis. Frankfurt/M.

Kern, Andrea/Menke, Christoph, 2002b: Einleitung, in: *Dies.* (Hrsg.), Philosophie, 7-14.

Kersting, Wolfgang, 1995: Diskurstheorie kommunikativen Handelns, in: Nohlen/Schultze (Hrsg.), Politische Theorien. München, 56-63.

Kohler-Koch, Beate (Hrsg.), 1998: Regieren in entgrenzten Räumen. PVS-SH 29. Opladen.

Kooiman, Jan (Hrsg.), 1993: Modern Governance. New Government – Society Interactions, London.

Kopperschmidt, Josef, 1989: Methodik der Argumentationsanalyse. Stuttgart-Bad Cannstadt.

Krasmann, Susanne, 1995: Simultaneität von Körper und Sprache bei Michel Foucault, in: Leviathan, 23, Nr. 2, 240-262.

Kreuzer, Peter, 1996: Plädoyer für eine Renaissance der kulturellen Perspektive in der politikwissenschaftlichen Analyse, in: PVS 37, Nr. 2, 276-249.

Kromrey, Helmut, 1991[4]: Empirische Sozialforschung. Modelle und Methoden der Datenerhebung. Opladen.

Lacan, Jacques, 1973: Funktion und Feld des Sprechens und der Sprache in der Psychoanalyse, in: Schriften I, hrsg. von Norbert Haas, Olten, Freiburg i. Br., 143ff..

Lacan, Jacques, 1991[3]: Das Drängen des Buchstabens im Unbewussten oder die Vernunft seit Freud, in: Schriften II, hrsg. von Norbert Haas/H.-J. Metzger, Weinheim, 21-29.

Laclau, Ernesto/Mouffe, Chantal, [1985] 1995: Hegemonie und radikale Demokratie. Zur Dekonstruktion des Marxismus. Wien.

Laclau, Ernesto (Hrsg.), 1994a: The Making of Political Identities. London.

Laclau, Ernesto, 1994b: Why do Empty Signifiers Matter to Politics?, in: Weeks, Jeffrey (Hrsg.), The Lesser Evil and the Greater Good. London, 167-178.

Landwehr, Achim, 2001: Geschichte des Sagbaren. Einführung in die Historische Diskursanalyse. Tübingen 2001.

Lang, H., 1986: Die Sprache und das Unbewusste. J. Lacans Grundlegung der Psychoanalyse. Frankfurt/M.

Larner, Wendy/Walters, William, 2004: Governementality. Governing International Spaces. London.

Laugstien, Thomas, 1999[2]: Diskursanalyse, in: Historisch-Kritisches Wörterbuch des Marxismus, Bd. 2. Hrsg. von Wolfgang Fritz Haug. Hamburg, 727-743.

Lemke, Thomas, 2004: Governance, Gouvernementalität und die Dezentrierung der Ökonomie, in: *Reichert, Ramón* (Hrsg.), Analysen liberal-demokratischer Gesellschaften im Anschluss an Michel Foucault. Münster, 63-73.

Linder, Stephen H./Peters, B. Guy, 1989: Instruments of Government: Perception and Context, in: Journal of Public Policy 9, 35-58.

Link, Jürgen, 1983: Elementare Literatur und generative Diskursanalyse. Mehn. 1983.

Link, Jürgen, 1997: Versuch über den Normalismus. Wie Normalität produziert wird. Opladen.

Link, Jürgen, 1999: Diskursive Ereignisse, Diskurse, Interdiskurse: Sieben Thesen zur Operativität der Diskursanalyse am Beispiel des Normalismus, in: *Bublitz/Bührmann/Hanke/Seier* (Hrsg.), Das Wuchern der Diskurse, 148-161.

Luhmann, Niklas, 1981: Politische Theorie im Wohlfahrtsstaat. München, Wien 1981.

Luhmann, Niklas, 1996[6]: Soziale Systeme. Grundriß einer allgemeinen Theorie. Frankfurt/M.

Luhmann, Niklas, 2002: Die Politik der Gesellschaft. Frankfurt/M.

Lynen von Berg, Heinz, 2000: Politische Mitte und Rechtsextremismus. Diskurse zu fremdenfeindlicher Gewalt im 12. Deutschen Bundestag (1990-1994). Opladen.

Maier, M.-L., 2001: Ideen und Policies, Sammelrezension, in: PVS 42, Nr. 3, 523-548.

Maingueneau, Dominique, 1994: Die „französische Schule" der Diskursanalyse, in: *Ehlich, Konrad* (Hrsg.), Diskursanalyse in Europa. Frankfurt/M., 187-195.

Maingueneau, Dominique (Hrsg.), 1995: Les analyses du discours en France. = Langages, Nr. 17.

Manow, Philip/Plümper, Thomas, 1998: Die Erkenntnisgrenzen der Diskursanalyse. Ein Kommentar zu Elmar Rieger und Stephan Leibfried, in: PVS 39, Nr. 3, 590-601.

Marschall, Stefan, 2001: Das Parlament in der Mediengesellschaft – Verschränkungen zwischen parlamentarischer und massenmedialer Arena, in: PVS 42, Nr. 3, 388-413.

Mayntz, Renate, 1993: Policy-Netzwerke und die Logik von Verhandlungssystemen, in: *Héritier* (Hrsg.), Policy-Analyse, 39-56.

Mayring, Philipp, 1991: Qualitative Inhaltsanalyse, in: Flick, Uwe et al (Hrsg.), Handbuch Qualitative Sozialforschung. München, 209-213.

Mayring, Philipp, 1993[4]: Qualitative Inhaltsanalyse. Grundlagen und Techniken. Weinheim.

McCarthy, T., 1986: Komplexität und Demokratie – Die Versuchungen der Systemtheorie, in: *Honneth, Axel/Joas, H.* (Hrsg.), Kommunikatives Handeln. Frankfurt/M., 177-215.

Merlingen, Michael, 2003: Governmentality. Towards a Foucaultdian Framework for the Study of IGO's, in: Cooperation and Conflict. Journal of Nordic International Studies Association, Vol. 38 (4), 361-384.

Merten, Klaus, 1995[2]: Inhaltsanalyse. Einführung in Theorie, Methode und Praxis. Opladen.

Meyer, Thomas/Ontrup, R./Schicha, C. (Hrsg.), 2000: Die Inszenierung des Politischen: Zur Theatralität von Mediendiskursen. Opladen.

Meyer, Thomas/Schicha, Ch./Brosda, Carsten, 2001: Diskurs-Inszenierungen. Zur Struktur politischer Vermittlungsprozesse am Beispiel der „ökologischen Steuerreform". Wiesbaden.

Meyer, Thomas, 2000: Was ist Politik? Opladen.

Münkler, Herfried, 2003: Geschichte und Selbstverständnis der Politikwissenschaft in Deutschland, in: *Ders.,* (Hrsg.), Politikwissenschaft. Ein Grundkurs. Reinbek b. Hamburg, 13-54.

Neidhardt, Friedhelm (Hrsg.), 1994: Öffentlichkeit, Öffentliche Meinung, Soziale Bewegungen. = Kölner Zeitschrift für Soziologie und Sozialpsychologie, SH 34, Opladen.

Nohlen, Dieter/Schultze, Rainer-Olaf (Hrsg.), Politische Theorien. Lexikon der Politik. Bd. 1. München.

Nonhoff, Martin, 2001: Soziale Marktwirtschaft – ein leerer Signifikant? Überlegungen im Anschluss an die Diskurstheorie Ernesto Laclaus, in: *Angermüller/Bunzmann/Nonhoff* (Hrsg.), Diskursanalyse, 193-208.

Nonhoff, Martin, 2004: Diskurs, in: *Goehler, Gerhard/Iser, Matthias/Kerner, Ina* (Hrsg.), Politische Theorie. 22 umkämpfte Begriffe zur Einführung. Wiesbaden.

Nullmeier, Frank, 1993: Wissen und Policy-Forschung. Wissenspolitologische und rhetorisch-dialektisches Handlungsmodell, in: *Héritier* (Hrsg.), Policy-Analyse, 175-196.

Nullmeier, Frank, 2001: Politikwissenschaft auf dem Weg zur Diskursanalyse?, in: *Keller, Reiner/Hirseland, Andreas/Schneider, Werner/Viehöver, Willy* (Hrsg.), Handbuch Sozialwissenschaftliche Diskursanalyse, 285-311.

Pappi, Franz Urban, 1993: Policy-Netze: Erscheinungsform moderner Politiksteuerung oder methodischer Ansatz? in: *Héritier* (Hrsg.), Policy-Analyse, 84-94.

Pappi, Franz Urban, 2003: Theorien, Methoden und Forschungsansätze, in: *Münkler* (Hrsg.), Politikwissenschaft, 77-100.

Parker, Ian, 1993: Against Discursive Imperialism, Empiricism and Constructionism: Thirty two problems with discourse analysis, in: *Burman, E./Parker, Ian* (Hrsg.), Discourse Analytic Research: Repertoires and Readings of Texts in Action. London, 155-172.

Pasquino, Pasquale, 1991: Theatrum politicum. The Genealogy of Capital-Police and the State of Prosperity, in: *Burchell, Graham /Gordon, Colin/Miller, Peter* (Hrsg.), The Foucault-Effect. Studies in Governmentality. Hempstead, 105-118.

Pêcheux, Michel, 1982: Language, Semantics, and Ideology. Stating the Obvious. London.

Perelman, Ch., 1980: Das Reich der Rhetorik. Rhetorik und Argumentation. München.

Pieper, Marianne/Gutiérrez Rodriguez, Encarnación (Hrsg.), 2003: Gouvernementalität. Eine sozialwissenschaftliche Debatte im Anschluss an Foucault. Frankfurt/M., New York.

Prittwitz, Volker von (Hrsg.), 1996: Verhandeln und Argumentieren. Dialog, Interessen und Macht in der Umweltpolitik. Opladen.

Prittwitz, Volker von, 1994: Politikanalyse. Opladen.

Risse, Thomas, 2000: Let's argue! Communicative Action in World Politics, in: International Organization 54, Nr. 1, 1-39.

Rosenau, J. N./Czempiel, E.-O. (Hrsg.), 1992: Governance without Government. Cambridge.

Rucht, Dieter/Hocke, Peter/Oremus, Dieter, 1995: Quantitative Inhaltsanalyse: Warum, wo, wann und wie wurde in der Bundesrepublik protestiert? In: *von Alemann* (Hrsg.), Politikwissenschaftliche Methoden, 261-291.

Ruß-Mohl, Stephan, 1993: Konjunkturen und Zyklizität in der Politik. Themenkarrieren, Medienaufmerksamkeits-Zyklen und „lange Wellen", in: *Héritier* (Hrsg.), Policy-Analyse, 356-368.

Sabatier, Paul A., 1993: Advocacy-Koalitionen, Policy-Wandel und Policy-Lernen. Eine Alternative zur Phasenheuristik, in: *Héritier* (Hrsg.), Policy-Analyse, 116-148.

Sabatier Paul A./Jenkins-Smith, Hank C. (Hrsg.), 1999: The Advocacy Coalition Framework. An Assessment, in: *Sabatier, Paul A.* (Hrsg.), Theories of Policy Process. Boulder, Colorado, 117-166.

Sacks, Harvey, 1992, Lectures on Conversation. Volume 1-2. Hrsg. von *G. Jefferson* with Introductions by *E. A. Schegloff.* Oxford.

Said, Edward W., 1978: Orientalismus. London.

Sarasin, Philipp, 1996: Subjekte, Diskurse, Körper. Überlegungen zu einer diskursanalytischen Kulturgeschichte, in: *Hardtwig, Wolfgang/Wehler, Hans-Ulrich* (Hrsg.), Kulturgeschichte heute, Göttingen, 131-164.

Sarasin, Philipp, 2001: Diskurstheorie und Geschichtswissenschaft, in: *Keller, Reiner/Hirseland, Andreas/Schneider, Werner/Viehöver, Willy* (Hrsg.), Handbuch Sozialwissenschaftliche Diskursanalyse, 53-79.

Saussure, Ferdinand de, 1967: Grundfragen der allgemeinen Sprachwissenschaft, Berlin.

Scharpf, Fritz W., 1997: Games Real Actors play. Actor-Centered Institutionalism and Policy Research. Boulder, Colorado.

Schiffrin, D., 1994: Approaches to Discourse. Oxford.

Schmidt, Vivien, 2002: The Futures of European Capitalism. Oxford.

Schneider, V./Janning, F./Bähr, H. (Hrsg.) 2004: Politiknetzwerke, Policy-Diskurse und öffentliche Politik. Eine Einführung in die Politikfeldanalyse.

Schöttler, Peter, 1989: Mentalitäten, Ideologien, Diskurse. Zur sozialgeschichtlichen Thematisierung der "dritten Ebene", in: *Lüdtke, Alf* (Hrsg.), Alltagsgeschichte. Zur Rekonstruktion historischer Erfahrungen und Lebensweisen. Frankfurt/M., New York, 85-136.

Schwab-Trapp, Michael, 1996: Konflikt, Kultur und Interpretation. Eine Diskursanalyse des öffentlichen Umgangs mit dem Nationalsozialismus. Opladen.

Schwab-Trapp, Michael, 2001: Diskurs als soziologisches Konzept. Bausteine für eine soziologisch orientierte Diskursanalyse, in: *Keller, Reiner/Hirseland, Andreas/Schneider, Werner/Viehöver, Willy* (Hrsg.), Handbuch Sozialwissenschaftliche Diskursanalyse, 261-283.

Searle, John R., [1969] 1977: Sprechakte. Ein sprachphilosophischer Essay. Frankfurt/M.

Siever, Holger, 2001: Kommunikation und Verstehen. Der Fall Jenninger als Beispiel einer semiotischen Kommunikationsanalyse. Frankfurt/M.

Singer, Otto, 1993: Policy Communities und Diskurs-Koalitionen. Experten und Expertise in der Wirtschaftspolitik, in: *Héritier,* (Hrsg.), Policy-Analyse, 149-174.

Stekeler-Weithofer, Pirmin, 2002: Zur Dekonstruktion gegenstandsfixierter Seinsgeschichte bei Heidegger und Derrida, in: *Kern/Menke* (Hrsg.), Philosophie, 7-42.

Torfing, Jacob, 1999: New Theories of Discourse. Laclau, Mouffe and Zizek. Oxford.

Van den Daele, Wolfgang, 2001: Gewissen, Angst und radikale Reform – Wie starke Ansprüche an die Politik in diskursiven Arenen schwach werden, in: Politik und Technik. Analysen zum Verhältnis von technologischem, politischem und staatlichem Wandel am Anfang des 21. Jahrhunderts. PVS 41 (SH 31), Wiesbaden, 476-498.

Van Dijk, Teun A., 1985: Handbook of Discourse Analysis, Bd. 1-4. London.

Van Dijk, Teun A., 1997: Discourse Studies. Bd. 1: Discourse as Structure and Process; Bd. 2: Discourse as Social Interaction. London, New Delhi.

Van Dijk, Teun A., 2005: Racism and discourse in Spain and Latin America. Amsterdam.

Vollrath, E., 1989: Metapolis und Apolitie. Defizite der Wahrnehmung des Politischen in der Kritischen Theorie und bei Jürgen Habermas, in: Perspektiven der Philosophie 14, 1-26.

Waldschmidt, Anne, 1996: Das Subjekt in der Humangenetik. Expertendiskurse zu Programmatik und Konzeption der genetischen Beratung 1945 – 1990. Münster.

Walters, William, 2004: The political rationality of European integration, in: *Larner/Walters*, (Hrsg.), Governmentality.

Wehler, Hans-Ulrich, 1998: Die Herausforderung der Kulturgeschichte. München, 45-95.

Weiß, Ulrich, 1995a: Konstruktivismus – Dekonstruktivismus, in: *Nohlen/Schultze* (Hrsg.), Politische Theorien, 276-279.

Weiß, Ulrich, 1995b: Strukturalismus, in: *Nohlen/Schultze* (Hrsg.) Politische Theorien, 619-621.

Wittrock, Björn/Wagner, Peter, 1992: Policy Constitution Through Discourse: Discourse Transformations and the Modern State in Central Europe, in: *Douglas, E. Ashford* (Hrsg.), History and Context in Comparative Public Policy. Pittsburgh, London, 227-246.

Wodak, Ruth, 1996: Disorders of Discourse. London.

Wodak, Ruth/de Cillia, Rudolf/Reisigl, Martin/Liebhart, Karin/Hofstätter, Klaus/Kargl, Maria, 1998: Zur diskursiven Konstruktion nationaler Identität. Frankfurt/M.

Ziai, Aram, 2003a: Globale Strukturpolitik oder nachhaltiger Neoliberalismus? – Anmerkungen zum Entwicklungsdiskurs des BMZ unter der rot-grünen Bundesregierung, in: Peripherie. Zeitschrift für Politik und Ökonomie der Dritten Welt, 23, Nr. 90/91, 152-170.

Ziai, Aram, 2003b: Foucault in der Entwicklungstheorie, in: Peripherie. Zeitschrift für Politik und Ökonomie der Dritten Welt, 23, Nr. 92, 406-429.

Ziai, Aram, 2006: Zwischen Global Governance und Post-Development. Entwicklungspolitik aus diskursanalytischer Perspektive. Münster.

Rainer Diaz-Bone

Die interpretative Analytik als methodologische Position

1 Einleitung: Michel Foucault – *Der maskierte Strukturalist*

Zeitlebens hat Michel Foucault mit den philosophischen Kategorien und den Kategorisierungen des französischen Feldes der Philosophie und der Geisteswissenschaften gespielt. Zuschreibungen, die als Positionierungsversuche an ihn herangetragen wurden, hat er oftmals entweder destruierend aufgegriffen oder sie einfach negiert.

> „Ja glauben Sie denn, daß ich mir soviel Mühe machen würde und es mir soviel Spaß machen würde zu schreiben, glauben Sie, daß ich mit solcher Hartnäckigkeit den Kopf gesenkt hätte, wenn ich nicht mit etwas fiebriger Hand das Labyrinth bereitete, wo ich umherirre, meine Worte verlagere, ihm ein Souterrain öffne, es fern von ihm selbst einstürze, an ihm Vorkragungen finde, die seine Bahn zusammenfassen und deformieren, wo ich mich verliere und schließlich vor Augen auftauche, die ich nie wieder treffen werde? (...) Man frage mich nicht wer ich bin, man sage mir nicht ich solle der gleiche bleiben: das ist eine Moral des Personenstandes; sie beherrscht unsere Papiere. Sie soll uns frei lassen, wenn es sich darum handelt, zu schreiben." (Foucault [1969] 1973: 30)

In einen Interview bat er darum, nicht namentlich genannt zu werden, um sich den Kategorisierungen und diskursiven Einordnungen entziehen zu können, so als ob ein anonymer Diskurs möglich wäre, der sich dem Spiel der diskursiven Macht in einem Diskursraum entziehen könne. Betitelt wurde das Interview mit „Der maskierte Philosoph".[1] Obwohl der zunächst als Philosoph ausgebildete Foucault die Bildungsinstitutionen der französischen akademischen Elite durchlaufen hatte, sah es bald – zumindest für die Außenwahrnehmung – so aus, als ob Foucault auch ein „peripherer Philosoph" sei, der lange nicht in Paris als dem geographischen Zentrum des französischen Geisteslebens tätig war, sondern der

---

[1] „Le philosope masqué" Interview mit Christian Delacampagne in Le Monde 06.04.1980.

zuerst einmal eine langjährige Odyssee durchlaufen musste bevor er dann doch 1970 an das Collège de France, den Olymp der französischen Geisteselite in Paris, berufen wurde, wo für ihn der Lehrstuhl für die Geschichte der Denksysteme eingerichtet worden war.[2] Einige der Thematiken seiner materialen sozio-historischen Untersuchungen, wie die zur Konstruktion des Wahnsinns, zur Entstehung des klinischen Komplexes, zur Transformation des Strafsystems, den Sexualitätspraktiken in verschiedenen Epochen haben zu dem Bild eines Philosophen beigetragen, das fast schon dissidente Züge trägt. All dies hat aber seine internationale Rezeption eher befördert und auch eine Rezeptionsweise unterstützt, die seit dem Erodieren eines philosophischen Mainstreams zunächst an einzelnen Thematiken orientiert war und von interdisziplinären Strömungen und Interessen gespeist wurde. Foucault ist heute damit einerseits für einen großen Teil der Rezeption ein populärer Denker der Einzelthemen: Philosoph der Macht, der Sexualität, des Diskurses, des Regierungswissens usw. und wird gegen Systematisierungs- und Einordnungs-, also im Wortsinne: Disziplinierungsversuche verteidigt. Andererseits wird die Einheit des „Werks" des „Autors" Foucault in der Rezeption mit Strategien rekonstruiert, die zu destruieren sich dieser Autor gerade vorgenommen hatte, wie der Biografie, oder gar seinen sexuellen Präferenzen.[3] Da passt es dann gut ins Bild, wenn es den Anschein hat, als ob den Arbeiten Foucaults keine systematische und insbesondere: nicht verortbare Methode unterliegt und das Label *Diskursanalyse* im Grunde eine dissidente und dekonstruktive Lektürehaltung bezeichne, mit dem für jeden die eigenen Versionen einer *Diskursanalyse* einen Freibrief erhalten. Und Foucaults Rede von dem Ensemble seiner Theoreme als einer Werkzeugkiste hat genau diese wenig verständige Vorstellung von Diskursanalyse bedient.

Dagegen stehen die Arbeiten im Anschluss an Foucault, die versucht haben, die Foucaultschen Arbeiten selber und die Tätigkeit des Sozialforschers Foucault auch feldanalytisch zu positionieren und zu rekonstruieren, nicht nur um ihre besondere methodologische Position und ihren epochalen Gehalt freizulegen, sondern auch, um eine Praxis der Diskursanalyse aufzugreifen und zu entwickeln. Wenn die Diskursanalyse eine Form der qualitativen Sozialforschung werden soll, dann kann sie keine einfachen Strategien einsetzen, die ad hoc der Philosophie, den Literaturwissenschaften oder gar dem Alltagsverstehen entlehnt sind („verständiges Lesen", „phänomenologische Interpretation").[4]

---

[2] Bekanntlich waren die Stationen Uppsala, Warschau, Hamburg, Clermont-Ferrand und Tunis wo er überall verschiedene Positionen inne hatte (Eribon 1991).
[3] Ein solch extrem biografistisches Beispiel wäre das Buch von Miller (1995), der in Foucaults Homosexualität den Schlüssel für das Werk sucht.
[4] Siehe die Beiträge in Bublitz u.a. (1999) und Keller u. a. (2001, 2003).

Um Missverständnissen vorzubeugen: es ist schon richtig, dass es nicht das *eine* Set von Techniken und Methoden für Diskursanalysen gibt, und auch dass Foucault keine Schrittfolge für die Diskursanalyse vorgelegt hat, die als einfache Abfolge von Schritten im „Werk" enthalten und nach Freilegung nur richtig zu befolgen sei (Keller 2003). Eine sozialwissenschaftliche methodologische Rekonstruktion der Analyseperspektive und der Analysestrategien Foucaults sowie eine daran anschließende Weiterentwicklung von Diskursanalysen können sich also nicht darauf berufen, dass es eine verbindliche Methodik geben könne. Aber – und dies soll hier stark gemacht werden, indem zwischen Methode und Methodologie unterschieden wird – was im englischsprachigen Raum zunächst mit den Arbeiten von Hubert Dreyfuß und Paul Rabinow (1987) und in Frankreich mit denen des Diskursanalytikers Michel Pêcheux (1982, 1995) aufgezeigt wurde, ist, dass den Arbeiten Foucaults eine *methodologische* Position unterliegt, die sich in Abgrenzung zu anderen Methodologien identifizieren lässt und die die reflexive Grundlage für Diskursanalysen als historischer, dabei sowohl dekonstruktiver als auch konstruktiver Sozialforschung, bildet. Dreyfuß und Rabinow haben diese methodologische Position „interpretative Analytik" genannt und dieser Begriff wird seitdem herangezogen.[5]

Die „interpretative Analytik" kann dabei als die methodologische Praxis verstanden werden, die sich in den Arbeiten Foucaults und seinen Haltungen manifestiert, die aber Resultat des französischen Feldes der Geistes- und Sozialwissenschaften in den 1960er und dann 1970er Jahren ist, in welches Foucault eingebettet war und in dem das „Phänomen Foucault" möglich war. Wenn man die interpretative Analytik rekonstruiert, dann geht es also nicht um einen neuen (nun nur methodologisch interessierten) „Biografismus", sondern um eine Berücksichtigung des Diskursraumes, in dem und mit dem die Autorfunktion „Foucault" gearbeitet hat und möglich geworden ist und damit um eine Berücksichtigung des intellektuellen Feldes, in dem Foucault immer dicht vernetzt und integriert war (Eribon 1998) – entgegen einer möglichen anderen Außenwahrnehmung.

Hier wird die These vertreten, dass die methodologische Position Foucaults sich als eine fortgeschrittene Form des französischen Strukturalismus verstehen lässt, nicht als dessen Überwindung. Der Strukturalismus ist – entgegen seiner insbesondere deutschen Rezeption – nur anfänglich eine Metaphysik geschlossener und universeller Strukturen.[6]

---

[5] Siehe für die Bedeutung der Arbeiten von Michel Pêcheux für die an Foucault anschließende Ausarbeitung der diskursanalytischen Perspektive die Überblicksbeiträge in Hak/Helsloot (Hrsg.), 1995.

[6] Man kann argumentieren, dass eigentlich nur in der Linguistik die konsequent verfolgte Idee einer Strukturmetaphysik Bestand hatte. Aber bereits hier ist mit dem Gründungsmanifest von Saussure

Bereits die späten Arbeiten von Lévi-Strauss öffnen das Strukturdenken, um die Strukturen nicht nur als in Bewegung zu theoretisieren und zu analysieren, sondern um sie als nur virtuell geschlossene Strukturen zu erkennen (Lévi-Strauss 1971). Die 1960er Jahre, die als die Blütezeit des Strukturalismus gelten und die dem Strukturalismus zum Durchbruch als einem Mega-Paradigma in den Sozial- und Geisteswissenschaften verhelfen, sind gerade dadurch gekennzeichnet, dass sie die von Beginn an im Strukturalismus enthaltenen Paradoxien offen zu Tage treten lassen (Dosse 1996 und 1997, Frank 1983).[7] Strukturen sind hier mit den Arbeiten von Jacques Derrida (1974, 1986) und Michel Foucault *keine* historisch universellen menschlichen Kategorien, sie sind Resultat von Praxisformen, aber sie strukturieren auch Praxisformen, d. h. sie sind in Praxisformen als Regelmäßigkeiten enthalten. Der für die Sozialwissenschaften heute in der Theorie so prominent geforderte wechselseitige Ermöglichungszusammenhang von Struktur und Praxis (nicht deren Dualismus) ist also auch im angewandten Strukturalismus seit fast vier Jahrzehnten angelegt.[8]

Die Brechungen und Verwerfungen des Strukturalismus sind bereits seit den 1960er Jahren Teil des Diskursraums, in dem die materialen Arbeiten Foucaults entstanden sind. Die heutigen Bezeichnungen für die aktuellen Versionen des sozialwissenschaftlichen Strukturalismus wie konstruktiver oder genetischer Strukturalismus (Bourdieu)[9] oder interpretative Analytik (Foucault) sind nur verständlich, wenn man die französische Konstellation aus den Strukturalismen der Linguistik und Anthropologie, dem Einfluss der französischen Epistemologie (Bachelard, Canguilhem) und der französischen Historikerschule, die nach ihrer Zeitschrift „Annales" bezeichnet (Lefebvre, Bloch, Braudel) wird sowie den Theoretikern, die den Strukturalismus vermittelt, vorbereitet, gefördert und geöffnet haben (wie Merleau-Ponty und Dumézil), als komplizierte aber auch reichhaltige

---

(1967) der Sprechakt (parole) und den Arbeiten von Noam Chomsky die Sprechtätigkeit nicht nur der materielle Bezug für die Analyse, sondern die materielle Existenz der Struktur selbst: ohne die Sprechpraxis hat die Struktur keine Existenz.

[7] Man könnte bei der Foucaultschen Position auch von „spätstrukturalistisch" sprechen. Frank (1983) hat zutreffend auch von „Neostrukturalismus" gesprochen, um diese Entwicklung des Strukturalismus, die aus ihm heraus erklärlich wird, zu bezeichnen. Leider hat sich diese Begrifflichkeit nicht durchgesetzt. Die verbreitete Kennzeichnung „poststrukturalistisch" ist insofern unzutreffend, da sie nahe legt, es handele sich um einen vollständigen Bruch mit dem frühen Strukturalismus.

[8] Siehe beispielsweise den Begriff der Dualität der Struktur bei Anthony Giddens (1992), der die Gleichzeitigkeit von Struktur und Handlung, nicht deren Opposition bezeichnet. Demnach existieren Strukturmomente sozialer Realitäten (wie die Regelmäßigkeiten der Diskurse) nicht außerhalb der diskursiven Praxis.

[9] Zur Kennzeichnung des bourdieuschen Programms als „genetischem Strukturalismus" siehe Schultheis (1997: 835), der darin gar ein entstehendes neues soziologisches Paradigma sieht. Siehe auch Bourdieu/Wacquant (1996).

Diskurslandschaft berücksichtigt. Der „maskierte Philosoph" hatte mit seiner Maskierungsabsicht den richtigen sozio-analytischen Instinkt: sich nicht als einzelner Erfinder und Genius zu verstehen, sondern als Element in einem soziohistorisch bestimmbaren und strukturierten Diskursraum. Den „maskierten Philosophen" als dissidenten oder nicht sozio-historisch situierten Autor zu deuten, wäre dagegen eine Verkennung von Feldposition und den Einflüssen, denen der strukturalistische Sozialforscher Foucault auch dann unterlag, als er zur Öffnung, zur praxeologischen[10] Wendung des Strukturalismus und zur Aufnahme einer nicht-teleologischen (genealogischen) Geschichtsperspektive in den Strukturalismus mit beigetragen hat.

Im deutschsprachigen Raum kann man seit ungefähr zehn bis fünfzehn Jahren von einer Art „nachholenden Rezeption" sprechen, da sich verhältnismäßig spät die Aufmerksamkeit nach und nach von der Theorierezeption (der Diskurs*theorie*) auch auf die Rezeption der Methodologie (der Diskurs*analyse*) ausgeweitet hat. Hier hat sich nach und nach ein interdisziplinäres Feld verschiedener Forschergruppen herauskristallisiert, die die Foucaultsche Diskurstheorie in verschiedene Formen sozialwissenschaftlicher Diskursanalyse übersetzt haben, die einen diskurstheoretischen Grundkonsens (mit Bezug auf Foucault) teilen, dabei allerdings verschiedene zusätzliche sozialwissenschaftliche Theorien und Methodiken für die Operationalisierungen in Forschungsprojekten heranziehen.[11]

2 Diskurs als strukturierte und strukturierende Praxis

Zunächst gilt es das Konzept von „Diskurs" der Foucaultschen Diskursforschung kurz zu skizzieren. In der Diskursforschung ist ein Diskurs sowohl eine Wissensordnung als auch eine Wissenspraxis, die in einem sachlich, zeitlich und sozial identifizierbaren Bereich methodisch abgrenzbar und wirkmächtig ist. „Wirkmächtig" heißt dabei, dass durch den Diskurs als Praxisform die Ordnung im Wissen hergestellt wird, dass mit dem Begriff „Diskurs" aber auch die Wissensordnung selbst bezeichnet wird und weiter, dass ein Diskurs ursächlich auf andere, so genannte nicht-diskursive Bereiche (wie institutionelle Praktiken) einwirkt. Foucault hat statt des Begriffs „Diskurs" auch den der diskursiven Praxis verwendet. Die diskursive Praxis ist nicht das Sprechen oder die Konversation zwi-

---

[10] Mit dem Begriff „Praxeologie" bezeichnet Bourdieu genau diesen wechselseitigen Ermöglichungszusammenhang von Struktur und Konstruktion durch Praxisformen, die als eine Überwindung des *Dualismus* Struktur versus Praxis zu verstehen ist (Bourdieu/Wacqant 1996: 17ff).

[11] Siehe dafür die Beiträge Diaz-Bone (2003), die Beiträge in den Sammelbänden Bublitz u. a. (Hrsg.) (1999), Keller u. a. (Hrsg.) (2005), sowie die beiden Handbücher Keller u. a. (Hrsg.) (2001, 2003).

schen sprachkompetenten und in ihrem Sprechen allein durch Intentionalität ausgezeichneten Sprechern. Die diskursive Praxis ist die anonyme, d. h. überindividuelle Praxis, die in einem Feld die Begriffe mit Bedeutung füllt, die Objekte bezeichnet, diese damit erst sozial wahrnehmbar macht. Und noch mehr: die diskursive Praxis stellt die Beziehungen zwischen so genannten *Begriffen* und so genannten *Objekten* her, sie formiert die Diskurselemente (daher das Konzept der diskursiven Formation als Bezeichnung für diskursive Wissensordnungen), sie gibt die Weise der Aussageformen vor und richtet die Denkperspektiven, die Strategien – Foucault spricht von den „thematischen Wahlen" in einem Feld – ein.

Die diskursive Praxis ist im Wortsinne eine konstruierende Praxis und ihre konstruierende Tätigkeit ist sozialwissenschaftlich gesehen notwendig, soll es sozialen Sinn geben. Diskurstheoretisch gesehen wären in einer vordiskursiven Welt (die es nicht geben kann, die man in einem Gedankenmodell aber einmal andenken kann) die Sachverhalte der Welt noch ohne sozialen Sinn, hätten die Worte keine Bedeutung und wären die Dinge und die Worte noch ohne Beziehung zueinander, das heißt die Welt wäre noch nicht semantisiert, nicht klassifiziert, die Dinge und die Worte, aber auch die Akteure wären nicht relationiert. Radikal diskurstheoretisch formuliert, wäre die Welt nicht erfahrbar, sie wäre unstrukturiert und unverständlich, denn nicht nur der semantische Sinn von Konzepten, sondern fundamentaler auch der soziale Sinn von Beziehungen, Wertungen, Klassifikationen sind Resultat diskursiver Praxis. Die diskursive Praxis formuliert im Wissen die Dinge, die Worte, die Modalitäten des Sprechens und die Denkperspektiven. Die diskursive Praxis bewirkt aber auch, dass die Individuen in einem Feld eben dieses Feld selbst, seine Realität und Ordnung als selbstverständlich, naturgegeben und evident, als vorreflexiv erleben. Diskurstheoretisch gesehen ist noch die scheinbar unmittelbarste und sinnlichste Erfahrung bereits durch die diskursive Praxis organisiert (Foucault [1966] 1971). Diskurse sind keine Abbildung anderer realer Ordnungen, sondern eigene Realitäten, Realitäten *sui generis*, mit Durkheim (1984) gesprochen: soziale Tatbestände. Und sie sind auch keine psychischen Sachverhalte; wenn hier von Diskursen als Wissensordnungen gesprochen wird, muss man hervorheben, dass der Wissensbegriff nicht das Wissen von Individuen bezeichnet, dass ihnen vor Augen steht, dessen sie sich bewusst sind, das sie *haben*. Es ist im Gegenteil so, dass Diskurse eine eigene diskursive Materialität haben, die in einem Feld und nicht in den Psychen von Individuen angesiedelt ist. Zudem ist die Realität dieses „Wissens" einem organisierten und kollektiven Unbewussten ähnlicher als einem expliziten Wissensbestand. Wo findet man diese ominöse diskursive Praxis nun konkret an, wo ist sie „am Werk"? Foucault hat davon gesprochen, dass Diskurse Aussagensysteme sind. Die diskursive Praxis hat keinen Ort und keine Substanz außerhalb des Aussagensystems selbst, es ist sozusagen einerseits seine eigene Materialität, andererseits seine eigene innere Ordnung, das heißt sein eigenes Bildungs- und Reproduktionsprinzip. Mit Luhmann könnte man sagen, Diskurse sind als Aussagensystem „autopoietisch" (selbstorganisierend, selbsterzeugend und selbstreproduzierend) – zumindest für eine relative Zeit und mit einer gewissen inneren Kohärenz. Damit soll deutlich werden, dass Diskurstheoretiker davon ausgehen, dass das diskursive Wissen in einer Zeit nicht nur keine Widerspiegelung einer vermeintlich objektiven und vordiskursiven Realität ist, die nur noch sprachlich abzubilden wäre, sondern dass diese auch eine Art Eigengesetzlichkeit aufweisen. Mit einer Bourdieuschen Wendung kann man sagen: die diskursive Praxis ist eine strukturierte und strukturierende Praxis. Was heißt diese Wendung genauer? Die diskursive Praxis ist insofern strukturiert, insofern man in einer Menge zusammengehöriger Aussagen ein System von Bildungsregeln in vier Hinsichten finden und methodisch rekonstruieren kann. Die diskursive Praxis ist insofern eine strukturierende Praxis, als für jede neue Aussage, die diesem Diskurs zugehören wird, gilt, dass sie die bereits vorhandenen Aussagen als Bedingungs- und Ermöglichungskontext vorfindet und deren inneres Gesetz sich auf die neue Aussage damit bildend auswirkt. Wenn Foucault von der Formation der Dinge, der Formation der Objekte, der Formation der Sprecherpositionen und der Formationen der Strategien/thematischen Wahlen spricht, muss man einmal sehen, dass damit gemeint ist, dass nicht nur einzelne Begriffe mit Sinn gefüllt werden, einzelne Objekte im Wissen auftreten und so in ihre soziale Existenz treten etc., sondern dass diese Diskursbestandteile jeweils vernetzt auftreten, zum Beispiel in Klassifikationen von Objekten, in Systemen von Begriffen etc. (Foucault [1969] 1973: 106). Zum zweiten muss man weiter sehen, dass diese vier Formationsbereiche untereinander ebenso aufeinander bezogen und vernetzt sind. Es gibt einen Zusammenhang in der Diskursordnung insgesamt, tiefer liegende semantische Prinzipien und Diskursstrukturen, die erklären, warum bestimmte Begriffskonstellationen mit bestimmten Objektklassifikationen, bestimmten Sprechermodalitäten und bestimmten Denkperspektiven bzw. thematischen Wahlen einen semantischen Zusammenhang bilden.

In Diskursen findet sich der Zusammenhang zwischen den vier Formationsbereichen als eine semantische Tiefenstruktur wieder, die sich der Analyse als die innere Ordnung von Diskursen zeigt und die ihre Intelligibilität ausmacht. In den frühen Untersuchungen (insbesondere Foucault [1966] 1971) hat Foucault von dieser Tiefenstruktur als von der episteme gesprochen. Man könnte von der episteme auch als einer Art „gemeinsamen Nenner" der Regeln sprechen, wobei dieser gemeinsame Nenner nicht ein außerdiskursives Prinzip ist, wie „Logik des Kapitals", „technischer Fortschritt" oder „Herrschaft" etc. Damit würde hinter dem Diskurs eine Logik gesucht werden, die ihn zu erklären versuchte. Ein solcher Nenner können Grundoppositionen, Metaphoriken oder grundlegende Denkschemata sein, die eine diskursive Praxis erklärlich machen. In der Diskursforschung wird untersucht, wie verschiedene Diskursordnungen sich als unterschiedliche Tiefenstrukturen identifizieren lassen, wie diese Grundordnungen von Diskursen zusammenhängen mit anderen, nicht-diskursiven Praktiken und Ordnungen (wie z. B. dem Aufbau von Institutionen, den Differenzierungslinien des sozialen Raums insgesamt) und wie diese Tiefenstrukturen als soziokognitive Schemata fungieren. Die Wirkmächtigkeit der diskursiven Praxis besteht demnach nicht nur in der Herstellung der Wissensbeziehungen zwischen diskursiv formierten Objekten und Begriffen, sondern auch in der vorbewussten Vermittlung einer scheinbar natürlich gegebenen *Ordnung der Dinge* (der Sozialwelt). Die kollektivistische Realität der diskursiven Praxis besteht demnach nicht nur in den Regeln der diskursiven Praxis (in einem Feld), sondern auch in der vorbewussten Ordnung der Wissensordnung, die eher als ein kollektives Unbewusstes als ein kollektives Bewusstsein (Bourdieu) zu denken ist.[12]

3   Die Position der interpretativen Analytik

Was macht nun die Eigenheit der *interpretativen Analytik* aus? Diese methodologische Position ist einmal die besondere Form der spätstrukturalistischen Hermeneutik. In diesem Sinne ist die interpretative Analytik eine Hermeneutik kollektiver Praxisformen und Strukturen, man könnte daher von einer „Hermeneutik zweiter Ordnung" sprechen (Diaz-Bone 1999). Die interpretative Analytik ist zum anderen aber auch die Reflexions- und Steuerungsinstanz für die verschiedenen Phasen von Diskursanalysen als empirischen Forschungsprozessen. In diesem Sinne ist sie die methodenpolitische Position, die die Diskursanalyse als Prozess forschungsstrategisch organisiert. Die interpretative Analytik ist als Methodologie für die Art und den Zuschnitt von Techniken und Methoden instruktiv zuständig und setzt sich gegen subjektphilosophische (phänomenologische) und quantifizierende Analyseverfahren (Inhaltsanalyse) gleichermaßen ab. Ihre Position sei stichpunktartig umrissen

---

[12] In diesem Sinne kann man soziologisch von der Tiefenstruktur als einer *sozio-episteme* sprechen, wenn Sozialstrukturen als Erkenntnisstrukturen fungieren und sich ein wechselseitiger Reproduktionszusammenhang ergibt (Diaz-Bone 2002, Bublitz 1999).

Die Notwendigkeit des epistemologischen Bruchs. Die Ablösung der strukturalistischen Methodologien von den Vorgaben der Philosophie hat der Epistemologe Gaston Bachelard (1978, 1988) ermöglicht. Für ihn sind die einzelnen angewandten Wissenschaften selbst zuständig für die wissenschaftliche Konstruktion ihrer Objekte. Voraussetzung für eine wissenschaftliche Konstruktion ist Bachelard zufolge der „epistemologische Bruch" mit den Alltagskonzepten (dem a priori der Alltagserfahrung), ohne welchen die wissenschaftliche Beobachtung keine eigene Beobachterperspektive erlangen und einen Raum der „wissenschaftlichen", d.h. der kontraintuitiven Erfahrung erlangen kann. Richtet die Diskursanalyse den epistemologischen Bruch mit der Alltagserfahrung nicht ein, riskiert sie eine Nacherzählung des „vorher Gewussten" und damit der vorbewussten Wissensordnungen zu bleiben. Übernimmt sie die philosophischen und alltäglich verwendeten Vorkonstrukte (wie das Subjektmodell, s. u.) werden diese zu epistemologischen Hindernissen für die Dekonstruktion der (diskursiv konstruierten) Evidenz. Erst der Bruch ermöglicht die Distanzierung zur „Empirie" und damit nicht nur die Möglichkeit der Beobachtung, sondern auch die Möglichkeit der Reflexion auf die Art und Weise der Beobachtung. Diskursanalysen sind dann reflexive *Diskurse über Diskurse.* Notwendig ist in dieser Reflexion der kontinuierliche Selbstverdacht, dass die eigene Sichtweise in der Analyse „untergeschoben" werden könnte („Ideologieproblem"), damit verbunden ist gleichzeitig der Versuch immer wieder eine Außenposition zu erlangen, die sich gegen die Evidenzen des zu analysierenden Diskurses immunisiert, die dennoch als Außenposition eine deswegen distanzierte Außenansicht der Innenansicht von Diskursen ermöglichen soll.

Methodologische Ausklammerung des subjektiven Sinns. Diskurse werden von Alltagsakteuren nicht „verstanden" und bestehen nicht aus dem subjektiv Gemeinten und befinden sich nicht „in den Köpfen" der Akteure, sondern haben eine eigene (inter)diskursive (und nicht: psychische) Materialität. Schlussfolgerungen auf Interessen oder Mentalitäten von Akteuren klammert die interpretative Analytik aus; Aussagen sind keine (austinschen) Sprechakte; auch die Analyseperspektive ist betroffen: das „Verstehen-wollen" subjektiver Intentionen kann sich in der Analyse als Erkenntnishindernis auswirken. Dementsprechend können Diskurse von Diskursforscherinnen und Diskursforschern nicht einfach „gelesen" werden, sondern müssen systematisch, d. h. unter Zwischenschaltung methodischer Techniken und Strategien (re)konstruiert werden.

Die Diskursanalyse ist keine Textanalyse von manifesten Texteigenschaften. Die Diskursforschung versucht nach und nach rekonstruierend (*abduktiv*) von einer (theoriegeleitet zusammengestellten) Materialmenge auf eine latente und sozio-historische, systematische Wissenspraxis zu schließen und eine Nacherzählung der Inhalte oder der Narrationen zu vermeiden. Die Betonung des Schlusses auf Praxisformen ist dabei zentral, denn damit verbunden ist die Ablehnung eines Referenzdenkens. Diskursanalytisch betrachtet sind die „Dinge und die Wörter" nicht gegeben, sondern kontingent und durch Praxisformen verkoppelt. Erst an der Wissensoberfläche treten Diskurselemente hervor: ihr semantischer Gehalt, ihre Vernetzung untereinander und ihr Verweisungsgehalt sind Resultat der diskursiven Praxis. Die zentrale Kritik der Diskursanalyse an der Inhaltsanalyse ist, dass es der Inhaltsanalyse nicht um die Analyse der Inhalte (Semantiken), sondern um die Häufigkeitsverteilungen von Wörtern gehe, die dann als numerische Informationen ex post semantisch interpretiert würden (Pêcheux 1969).

Herstellung und Respektierung des methodologischen Holismus. Die interpretative Analytik ist als Methodologie für die Art der Verwendung und den Zuschnitt von Techniken und Methoden instruktiv. Techniken werden erst zu wissenschaftlichen, wenn in ihre Entwicklung und Handhabung die Vortheorie als Metaphysik eingeht.[13] Trennt man die Instrumente von ihren Entstehungskontexten (die immer auch Theoriekontexte und theoriegeleitete Problematisierungen sind) und reglementiert keine methodologische Position ihre Anwendungsbedingungen (Bachelard), so handelt es sich im Grunde nicht um ein sozialwissenschaftliches Instrument.[14] Die Metapher der Foucaultschen „Methoden" als einer Sammlung von Instrumenten, einer Werkzeugkiste, aus der man „Werkzeuge" für andere Zwecke einsetzen könne, ist insofern irreführend (Foucault [1980] 1996: 25). Eine so missverstandene Diskursanalyse wäre instrumentalistisch. Foucault hat seine Vorgehensweisen auch im Nachhinein immer weiter reflektiert und verändert, aber sie immer im Lichte seiner Methodologie eingesetzt, die nicht nur die Zwecke und Zielsetzungen ihrer Anwendung und damit die *Gebrauchsanweisung* für die Instrumente liefert, sondern die erst den Status eines wissenschaftlichen *Werkzeugs*, also von *Instrument* und *Methode* klärt. Um die Werkzeugmetaphorik zu

---

[13] „In der Tat sind ja selbst durch und durch ‚empirische' technische Entscheidungen niemals von eminent ‚theoretischen' Entscheidungen der Objektkonstruktion zu trennen. Nur aufgrund einer bestimmten Objektkonstruktion erscheint eine bestimmte Methode der Stichprobenbildung, ein bestimmtes Verfahren der Datenerhebung oder -analyse usw. zwingend." (Bourdieu 1996: 259).

[14] „Will man zu neuen experimentellen Beweisen kommen, so ist es erforderlich, die ursprünglichen Konzepte erst einmal zu *deformieren*, die Anwendungsbedingungen dieser Konzepte zu untersuchen, vor allem aber, *die Anwendungsbedingungen in den Bedeutungsumfang des Konzeptes selbst hineinzubringen.* (...) Die klassische Trennung der Theorie von ihrer Anwendungen mißachtete diese Notwendigkeit, die Anwendungsbedingungen in das Wesen der Theorie selbst einzubringen." (Bachelard 1978: 110f; Herv.i.Orig.)

verwenden: Die *Ordnung in der diskursanalytischen Werkzeugkiste* entsteht durch die interpretative Analytik als deren Gebrauchsanweisung und Gebrauchsstrategie.

Dekonstruktion und Rekonstruktion. Unterstellt wird in einem Diskursraum zwar nicht mehr die Existenz einer geschlossenen, a-historischen, universalen Struktur (Kritik der Strukturmetaphysik des frühen Strukturalismus), aber unterstellt wird zumindest die Existenz eines durch diskursive Regeln strukturierten Aussagenzusammenhangs (Strukturalität), der als Ermöglichungskontext der Aussagenproduktion in jedem Moment wirkmächtig ist. Die Diskursanalyse ist in der Exploration zunächst der diskursiven Regelmäßigkeiten und Formationen dekonstruktiv eingestellt. Die Diskursanalyse versucht, die Selbstevidenz von Wissenseinheiten zu dekonstruieren, um nach der unterliegenden diskursiven Praxis zu fragen, die die Selbstevidenz ermöglicht.[15] Es gibt für den diskursanalytischen Blick also kein positiv gegebenes Wissen, keine a priori Evidenz, die nicht Resultat einer diskursiven Praxis wäre. Die Vorgehensweise ist aber dann rekonstruktiv, wenn im Material nach und nach die diskursiven Regeln (s. u.) erarbeitet werden. In diesem Material wird die Rekonstruktion wie in einer archäologischen Ausgrabung vorgenommen, um auf die diskursiven Regeln zu schließen. Die rekonstruierten Regeln behalten aber immer den Status von analytischen Hypothesen, ihre Abgeschlossenheit ist projektiv. Man muss sich auch darüber klar sein, dass eigentlich nicht zu erwarten ist, dass man nur einen Diskurs im Material vor sich liegen hat. Hier gilt es, zu entscheiden, wie weit ein Diskurs reicht und was zu anderen Diskursen gehört. (Es kann andererseits sein, dass Regelmäßigkeiten noch nicht ausreichend im Material enthalten sind, dass man also noch weiteres Materialien heranziehen muss, um diese Phase der Rekonstruktion abschließen zu können.) Es gilt die (dann berechtigte) Kritik an einem *Strukturalismus erstarrter Strukturen*, der die Realität universeller Strukturen überhöhe und

---

[15] In der „Archäologie des Wissens" hat Michel Foucault die analytische Einstellung gegenüber einer vorgefunden Wissensordnung formuliert. (Der Bezug ist die Einheit wissenschaftlicher Disziplinen.): „Ich werde mich nur für die Zeit auf sie stützen, die ich brauche, um mich zu fragen, welche Einheiten sie bilden; mit welchem Recht sie ein Gebiet, das sie im Raum spezifiziert, und eine Kontinuität in Anspruch nehmen können, die sie in der Zeit individualisiert; nach welchen Gesetzen sie sich bilden; auf dem Hintergrund welcher diskursiven Ereignisse sie sich zerlegen; und ob sie schließlich nicht in ihrer akzeptierten und quasi institutionellen Individualität die Oberflächenwirkung von konsistenteren Einheiten sind. Ich werde die Gesamtheiten, die mir die Geschichte anbietet, nur akzeptieren, um sie sogleich der Frage zu unterziehen; um sie zu entknüpfen und um zu erfahren, ob man sie legitimerweise rekomponieren kann; um zu erfahren, ob man daraus nicht andere rekonstruieren muß; um sie in einen allgemeinen Raum zu stellen, der, indem er ihre scheinbare Vertrautheit auflöst, erlaubt, ihre Theorie zu bilden." (Foucault [1969] 1973: 41)

als alleiniges Erklärungsprinzip heranziehe, methodologisch einzulösen. Denn wenn im Fortgang der Analyse nach und nach erste Regelmäßigkeiten rekonstruiert wurden, wird damit (wie in einer Münchhauseniade) aus der Analyse selbst der interpretative Rahmen errichtet, der nun sichtbar machen kann, was Ereignisse und Dynamiken sind, welche Diskursstrategien möglich waren, wie *Akteure* mit welchen Handlungsraum (agency) hervortreten konnten. Praxisformen und *Handlungen* stehen also nicht am Anfang, sondern werden möglich (und methodisch sichtbar), wenn sie in Diskursräumen situiert worden sind. Eine Diskursanalyse, die bei einzelnen Aussagen, einzelnen Akteuren oder Institutionen ansetzt, wäre diskursanalytisch sinnlos, da sie die systemische Ebene verfehlt, auf der die diskursive Praxis als kollektive Praxis in einem Feld ihre Realität hat.

Notwendige Zirkularität der Analyse. Die interpretative Analytik beansprucht, eine systematische Analyse zu sein, gleichzeitig ist sie eine zirkuläre Rekonstruktion ohne sicheren Grund: sie nimmt die Rekonstruktion der Grundlogik im Material auf und vergewissert sich der Zwischenstände am selben Material; keine deduktive Thesenprüfung, keine Induktion sondern ein *fitting*-Prozess, der immer wieder die Zwischenresultate zu korrigieren bereit ist. Damit unterliegt der empirischen Analyse eine Realisierungsperspektive: den Anfang bildet der theoriegeleitet zusammengestellte Korpus, dann wird unterstellt, dass dieser eine kohärente Wissenspraxis beinhaltet, die interpretative Analytik versucht diese methodologische Unterstellung zu *realisieren*. Dass es sich nicht um eine Oktroyierung handelt, erfährt man, da die *Empirie* sich dem provisorischen diskursanalytischen Erkenntnisstand immer widersetzt und letzteren kontinuierlich korrigiert.

4 Interpretative Analytik als Prozess

Diskursanalysen werden nicht unternommen, um Diskurse zu analysieren. Hierin unterscheidet sich die sozialwissenschaftliche Diskursforschung von der linguistischen. Erst wenn eine vorangehende sozialwissenschaftliche Problemstellung diskursive Praktiken und Diskursordnungen als Teil eines Problemzusammenhangs annimmt, eröffnet sich die diskursanalytische Dimension.

Die interpretative Analytik als reflexive Instanz bezieht sich auf den gesamten diskursanalytischen Forschungsprozess, beginnend mit der Formierung der Fragestellung bis hin zur Beantwortung der Frage, was denn eine diskursanalytische Erklärung ist. Diese Aspekte lassen sich allein diskurstheoretisch nicht bearbeiten. Die genealogische Perspektive bettet die diskursive Praxis ein in das Netz anderer Praxisformen. Die Genealogie fragt in historischer Perspektive nach der gemeinsamen Evolution: der *Ko-Evolution* von Praxis-Konstellationen. Solche Konstellationen von verschiedenen Praxisformen hat die Foucault ([1975] 1976, [1976] 1977) „Dispositive" genannt.[16] Als sozio-ontologische (soziale Wirklichkeit und die Ordnung des Sozialen hervorbringende) Prinzipien werden nun neben der diskursiven Praxis auch nicht-diskursive Praktiken hinzugezogen. Dabei findet keine kausale Einordnung in der Weise statt, dass ein materialistisches oder idealistisches Bedingungsverhältnis zwischen den verschiedenen Praxisformen eingeführt würde. Die Dispositive sind zwar Konstellationen, die „der Macht" dienlich sein können, aber deren „Organisation" nicht geplant war (selbst das viktorianische Bürgertum hatte für die Formierung des Sexualitätsdispositivs (Foucault [1976] 1977) keinen *Masterplan* und war nicht dessen Autor, etwa in der Art, dass es sich vorgenommen hatte sich anhand der Selbstregulierung von Sexualitäten zunächst als „Klasse" selbst zu formieren, um dann andere „Klassen" unterwerfen zu können und so in der viktorianischen Gesellschaft zur herrschenden Klasse werden zu können.)

Die Diskursanalyse ist also von Beginn an schon auf eine Vermittlung von diskurstheoretischen Konzepten mit weiteren sozialwissenschaftlichen Konzepten hin orientiert, weil sie in der sozialwissenschaftlichen Anwendung dazu gezwungen wird. In der angewandten Diskursforschung hat sich für viele der Diskursforschrinnen und Diskursforscher erwiesen, dass die Foucaultsche Theorie alleine als Theoriegrundlage für die soziologische Anwendung nicht ausreicht.[17] Die Foucaultsche Diskurstheorie wird daher zumeist mit sozialkonstruktivistischen Theorien wie der Wissenssoziologie von Berger/Luckmann (Keller 2003) oder – was aufgrund geteilter Theoriegrundlagen näher liegt – mit anderen spätstrukturalistischen Theorien wie der Pierre Bourdieus (Bublitz 1999, Schwab-Trapp 2001, Diaz-Bone 2002, 2004) synthetisiert.

Erst von einer solchen Theoriesynthese aus kann sich das diskursanalytische Erklärungspotential für die Sozialforschung entfalten und die Frage zum Ende hin beantwortet werden, was eine diskursanalytische Erklärung ausmacht: näm-

---

[16] Der Koevolutions-Begriff soll ermöglichen, dass damit nicht nur die kontinuierliche Veränderung erfasst wird, sondern auch die relative Dauer stabiler Formationen sowie ihre bruchhafte Reorganisation. Der Begriff hebt zudem hervor, dass diskursive Praktiken in einem wechselseitigem Ermöglichungszusammenhang mit andern Praxisformen und Strukturen/Techniken stehen und dass die Emergenz neuer diskursiver Praktiken nicht auf die Intentionen einzelner Akteure zurückzuführen sind, sondern auf das nicht-intentionale Zusammenwirken vieler Akteure aber auch vieler überindividueller Realitäten (Diaz-Bone 2005a).

[17] Dabei zählt die Theorie Foucaults mittlerweile zu den modernen Klassikern der Soziologie. Siehe beispielhaft dafür den Band moderner soziologischer Theorien von Kaesler (Hrsg.) (2005).

lich den empirischen Nachweis zu erbringen, dass und wie (!) diskursive Praktiken als wirkmächtige soziale Praxisformen das *movens* sozialer Konstruktionen sind. Die Diskursforschung will die Mikrophysik der sozialen Konstruktion untersuchen. Dass alles Soziale konstruiert sei, bleibt so lange ein Bonmot, so lange die Transformation von „Kontingenzen in Evidenzen" (so erscheinen sie zumindest in der sozialen Wirklichkeit, wo sie nicht als Konstruktionen wahrgenommen werden) nicht *en detail* nach gehalten wird. Eine Diskursanalyse sollte hinterfragen bzw. sollte versuchen zu belegen: Was waren die Momente des Zusammenwirkens, in denen diskursive Praktiken anderen Praktiken unterlagen oder mit ihnen zusammenwirkten, so dass sich Ereignisse und Resultate (Ordnungen Institutionen, Politiken) eingestellt haben und Kontingenzen (Unsicherheiten, offene Situationen) so zu Notwendigkeiten (Evidenzen) transformiert wurden? Warum sind eingrenzbare soziale Prozesse aufgrund der (konstitutiv oder bedingenden) diskursiven Praktiken so und nicht anders erfolgt?

Damit diese Erklärungsleistung zustande kommen kann, scheint die vergleichende Methode auch für die sozialwissenschaftliche Diskursforschung eine wichtige Untersuchungsanlage zu sein.[18] Das heißt konkret, dass es nicht reicht, einzelne Diskursordnungen und einzelne diskursive Praktiken zu untersuchen, sondern dass diskursive Praktiken im Vergleich besser sichtbar werden. Dabei kann man synchron angelegte Vergleiche einrichten, wenn zum Beispiel Diskurse in verschiedenen sozialen Feldern untersucht werden können, wie dies bei einer vergleichenden Policy-Analyse möglich ist, etwa wenn man international vergleichend forscht.[19]

Zu der synchronen Vergleichsperspektive sollte eine zeitliche (diachrone) Vergleichsperspektive hinzukommen. Im Grunde lassen sich diskursive Praktiken nur historisch verstehen. Die Vorher-Nachherperspektive kann den analytischen Blick auf die Reorganisation der Diskursordnungen ermöglichen, da sich die Unterschiedlichkeit der diskursiven Regeln als Dynamik von Diskursen (wenn auch nur komparativ-statisch) zeigt.

Als viel versprechend sowohl für politikwissenschaftliche, aber auch wirtschaftswissenschaftliche und allgemein sozialwissenschaftliche Analysen erscheint die (im kritischen Anschluss an Bourdieu und zunächst nicht an Foucault) durch Luc Boltanksi und Laurent Thévenot entwickelte Analyse von Rechtferti-

---

[18] Diese hatte bereits Emile Durkheim ([1895] 1984) Ende des 19. Jahrhunderts als die soziologische Methode benannt (Diaz-Bone 1999).

[19] In dem Band von Lamont/Thévenot (2000) finden sich für eine politikwissenschaftliche, international vergleichende Analyse von Wissensordnungen wertvolle Hinweise. Ohne explizit eine Foucaultsche Perspektive anzugeben, findet man hier die Analyse unterschiedlicher Diskursordnungen. Auch hier werden diskursive Tiefenstrukturen in der Wissensordnung rekonstruiert.

gungsregimen oder „Konventionen" (Boltanksi/Thévenot 1983, 1991). Diese beiden Sozialforscher haben in verschiedenen Arbeiten die evaluative Grundordnung in verschiedenen sozialen Sphären (die sie „Welten" nennen) rekonstruiert, um in synchroner Perspektive zu zeigen, wie in verschiedenen Situationen solche Diskurskonventionen wirksam sind.[20] Boltanksi und Chiapello (2003) haben auch in diachroner Perspektive zu zeigen versucht, wie sich die Rechtfertigungslogik aktueller Formen des Kapitalismus nach und nach herausgebildet hat und so der „neue Geist des Kapitalismus" als neue diskursive Ordnung entstanden ist.

Literatur

Bachelard, Gaston, 1978: Die Bildung des wissenschaftlichen Geistes. Beitrag zu einer Psychoanalyse der objektiven Erkenntnis. Frankfurt/M.

Bachelard, Gaston, 1988: Der neue wissenschaftliche Geist. Frankfurt/M.

Boltanski, Luc/Chiapello, Eva, 2003: Der neue Geist des Kapitalismus. Konstanz.

Boltanski, Luc/Thévenot, Laurent, 1983: Finding one's way in social space: A study based on games, in: Social Science Information, Vol. 22 (4/5), 631-680.

Boltanski, Luc/Thévenot, Laurent, 1991: De la justification. Lés économies de la grandeur. Paris.

Bourdieu, Pierre, 1996 : Die Praxis der reflexiven Anthropologie, in: *Ders./Wacquant, Loïc J. D.*, Reflexive Anthropologie. Frankfurt/M., 251-294.

Bourdieu, Pierre/Wacquant, Loïc J. D., 1996: Reflexive Anthropologie. Frankfurt/M.

Bublitz, Hannelore, 1999: Foucaults Archäologie des kulturellen Unbewußten. Zum Wissensarchiv und Wissensbegehren moderner Gesellschaften. Frankfurt/M.

Bublitz, Hannelore/Bührmann, Andrea/Hanke, Christine/Seier, Andrea (Hrsg.), 1999: Das Wuchern der Diskurse. Perspektiven der Diskursanalyse Foucaults. Frankfurt/M.

Derrida, Jacques, 1974: Grammatologie. Frankfurt/M.

Derrida. Jacques, 1986: Positionen. Wien.

Diaz-Bone, Rainer, 1999: Probleme und Strategien der Operationalisierung des Diskursmodells im Anschluß an Michel Foucault, in: *Bublitz, Hannelore/Bührmann, Andrea/Hanke, Christine/Seier, Andrea* (Hrsg.), Das Wuchern der Diskurse. Perspektiven der Diskursanalyse Foucaults. Frankfurt/M., 119-135.

Diaz-Bone, Rainer, 2002: Kulturwelt, Diskurs und Lebensstil. Eine diskurstheoretische Erweiterung der bourdieuschen Distinktionstheorie. Opladen.

---

[20] Boltanski/Thévenot haben verschiedene Begriffe für diese Konventionen und die Regionen, in denen sie zu finden sind, verwenden wie „worlds of justification" oder „orders of justification". Für eine Anwendung dieser Analyse von Rechtfertigungsregimen oder Konventionen aus diskursanalytischer Sicht siehe Diaz-Bone (2005b).

Diaz-Bone, Rainer, 2003: Entwicklungen im Feld der foucaultschen Diskursanalyse, in: Historical Social Research/Historische Sozialforschung, Vol. 28, (4), 60-102.

Diaz-Bone, Rainer, 2004: Diskursive Kulturproduktion, in: Sociologia Internationalis, Bd. 42 (1), 37-70.

Diaz-Bone, Rainer, 2005a: Die "interpretative Analytik" als rekonstruktiv-strukturalistische Methodologie. Bemerkungen zur Eigenlogik und strukturalistischen Öffnung der Foucaultschen Diskursanalyse, in: Keller, Reiner/Hirseland, Andreas/Schneider, Werner/Viehöfer, Willy (Hrsg.), Die diskursive Konstruktion von Wirklichkeit. Zum Verhältnis von Wissenssoziologie und Diskursforschung. Konstanz, 179-197.

Diaz-Bone, Rainer, 2005b: Strukturen der Weinwelt und der Weinerfahrung, in: Sociologia Internationalis, Bd. 43 (1/2), 25-57.

Dosse, François, 1996: Geschichte des Strukturalismus. Band 1: Das Feld des Zeichens (1945-1966). Hamburg.

Dosse, François, 1997: Geschichte des Strukturalismus. Band 2: Die Zeichen der Zeit (1967-1991). Hamburg.

Dreyfuß, Hubert L./Rabinow, Paul, 1987: Michel Foucault. Jenseits von Strukturalismus und Hermeneutik. Frankfurt/M.

Durkheim, Emile, [1895] 1984: Die Regeln der soziologischen Methode. Frankfurt/M.

Eribon, Didier, 1991: Michel Foucault. Eine Biographie. Frankfurt/M.

Eribon, Didier, 1998: Michel Foucault und seine Zeitgenossen. München.

Foucault, Michel, [1966] 1971: Die Ordnung der Dinge. Frankfurt/M.

Foucault, Michel, [1969] 1973: Archäologie des Wissens. Frankfurt/M.

Foucault, Michel, [1975] 1976: Überwachen und Strafen. Die Geburt des Gefängnisses. Frankfurt/M.

Foucault, Michel, [1976] 1977: Sexualität und Wahrheit, Bd. 1: Der Wille zum Wissen. Frankfurt/M.

Foucault, Michel, [1970] 1991: Die Ordnung des Diskurses. Frankfurt/M.

Foucault, Michel, [1980] 1996: Der Mensch ist ein Erfahrungstier. Frankfurt/M.

Frank, Manfred, 1983: Was ist Neostrukturalismus? Frankfurt/M.

Giddens, Anthony, 1992: Die Konstitution der Gesellschaft. Grundzüge einer Theorie der Strukturierung. Frankfurt/M.

Hak, Tony/Helsloot, Niels (Hrsg.), 1995: Michel Pêcheux. Automatic discourse analysis. Amsterdam.

Kaesler, Dirk (Hrsg.), 2005: Aktuelle Theorien der Soziologie. Von Shmuel N. Eisenstadt bis zur Postmoderne. München.

Keller, Reiner 2003: Diskursforschung. Eine Einführung für SozialwissenschaftlerInnen. Opladen.

Keller, Reiner/Hirseland, Andreas/Schneider, Werner/Viehöfer, Willy (Hrsg.), 2001: Handbuch Sozialwissenschaftliche Diskursanalyse. Band 1: Theorien und Methoden. Opladen.

Keller, Reiner/Hirseland, Andreas/Schneider, Werner/Viehöfer, Willy (Hrsg.), 2003: Handbuch Sozialwissenschaftliche Diskursanalyse. Band 2: Forschungspraxis. Opladen.

Keller, Reiner/Hirseland, Andreas/Schneider, Werner/Viehöfer, Willy (Hrsg.), 2005: Die diskursive Konstruktion von Wirklichkeit. Zum Verhältnis von Wissenssoziologie und Diskursforschung. Konstanz.

Lamont, Michèle/Thévenot, Laurent (Hrsg.), 2000: Rethinking comparative cultural sociology. Repertoires of evaluation in France and the United States. Cambridge.

Lévi-Strauss, Claude, 1971: Mythologica I. Das Rohe und das Gekochte. Frankfurt/M.

Miller, James, 1995: Die Leidenschaften des Michel Foucault. Köln.

Pêcheux, Michel, 1969: Analyse automatique du discours. Paris.

Pêcheux, Michel, 1982: Language, semantics and ideology. Stating the obvious. London.

Pêcheux, Michel, 1995: Three stages of discourse analysis, in: *Hak, Tony /Helsloot, Niels* (Hrsg.), Michel Pêcheux. Automatic discourse analysis. Amsterdam, 235-241.

Saussure, Ferdinand de, 1967: Grundfragen der allgemeinen Sprachwissenschaft. Berlin.

Schultheis, Franz, 1997: Deutsche Zustände im Spiegel französischer Verhältnisse, in: Bourdieu, Pierre (Hrsg.), Das Elend der Welt. Zeugnisse und Diagnosen alltäglichen Leidens an der Gesellschaft. Konstanz, 827-838.

Schwab-Trapp, Michael, 2001: Diskurs als soziologisches Konzept. Bausteine für eine soziologisch orientierte Diskursanalyse, in: *Keller, Reiner/Hirseland, Andreas/Schneider, Werner/Viehöfer, Willy* (Hrsg.), Handbuch Sozialwissenschaftliche Diskursanalyse. Bd. 1: Theorien und Methoden. Opladen, 261-283.

Martin Reisigl

Sprachkritische Beobachtungen zu Foucaults Diskursanalyse

1 Einleitung

Foucaults außerordentliche Resonanz verdankt sich nicht selten einer modischen Anrufung bei weitgehender Unkenntnis des Werks. Einführungen in das Denken Foucaults erwecken zuweilen den Eindruck, Foucaults diskursanalytischer Ansatz sei durch begriffliche und terminologische Klarheit und Eindeutigkeit charakterisiert. Dieser Anschein verflüchtigt sich rasch, sobald das Sieb sekundärer Textrezeption beiseite gelegt und Foucaults Texte selbst zur Hand genommen werden. Das sei im Folgenden am Beispiel der „Archäologie des Wissen" [1969] aufgezeigt, die in der einschlägigen Literatur über Foucault oft als stringentes und in sich schlüssiges Methodenbuch zur Diskursanalyse gehandelt wird. Der Eindruck begrifflicher Disparität Foucaultscher Diskursbestimmungen ließe sich auch am Beispiel anderer Arbeiten Foucaults bestätigen, etwa mit Blick auf „Die Ordnung des Diskurses" ([1971] 1991a). Eine diesbezügliche Dokumentation muss jedoch an anderem Ort erfolgen, da sie den gegebenen Rahmen sprengen würde. Aus der spezifischen Auseinandersetzung mit der „Archäologie" sollen am Ende meines Beitrags einige allgemeine Schlussfolgerungen gezogen werden, die den analytischen Wert des Konzepts „Diskurs" in Anbetracht seines verwirrenden Bestimmungsreichtums problematisieren.[1]

---

[1] Für wertvolle Anmerkungen zum vorliegenden Artikel bin ich Christina Kleiser sehr dankbar. Als Forschungsstipendiat der Alexander von Humboldt-Stiftung und als APART-Stipendiat der Österreichischen Akademie der Wissenschaften danke ich den beiden Institutionen für die finanzielle Unterstützung meiner Arbeit.

2 Theoretische Diskursbestimmungen in Foucaults Arbeiten, unter besonderer Berücksichtigung der „Archäologie des Wissens"

Am Beginn des dritten Teils der „Archäologie des Wissens", der die beiden Konzepte der „Aussage" und des „Archivs" theoretisch und methodisch in den Blick nimmt, fasst Foucault den Gebrauch des Ausdrucks „Diskurs" in seinen bisherigen Arbeiten folgendermaßen zusammen:

> „Schließlich glaube ich, daß ich, statt allmählich die so schwimmende Bedeutung des Wortes ‚Diskurs' verengt zu haben, seine Bedeutung vervielfacht habe: einmal allgemeines Gebiet aller Aussagen, dann individualisierbare Gruppe von Aussagen, schließlich regulierte Praxis, die von einer bestimmten Zahl von Aussagen berichtet; und habe ich nicht das gleiche Wort Diskurs, das als Grenze und als Hülle für den Terminus Aussage hätte dienen sollen, variieren lassen, je nachdem ich meine Analyse oder ihren Anwendungspunkt verlagerte und die Aussage selbst aus dem Blick verlor?" (Foucault [1969] 1992: 116 bzw. 2004: 106)[2]

Diese semantische Aufschlüsselung, die dem Substantiv drei Bedeutungen zuweist, bestimmt „Diskurs" jeweils über das Konzept der Aussage. Folgerichtig haben wir Foucaults „Diskursanalyse" als Analyse von Aussagen zu verstehen.[3]

2.1 Diskurs als allgemeines Gebiet aller Aussagen

Die erste Bedeutungsexplikation im vorangehenden Zitat ist die allgemeinste. Ihr gemäß wäre „Diskurs" *allgemeines Gebiet* bzw. *generelle Domäne aller Aussagen* (I). Das quantifizierende Fürwort „alle" in dieser Begriffsbestimmung macht den „Diskurs" zu einer Totalität. Eine Diskursanalyse, welche diesen „Diskurs" zu analysieren beabsichtigte, hätte *alle* Aussagen einer Domäne zu analysieren – ein Anspruch, den Foucault auch selbst erhob, der gleichwohl eine Forderung der Unmöglichkeit bleiben musste (vgl. dazu Gehring 2004: 155).

Worauf sich die Raummetapher der „allgemeinen Domäne" – also des allgemeinen Gebiets oder Bereichs, in dem jemand oder etwas dominiert – bezieht,

---

[2] Wegen des begrenzten Textraums muss ich leider darauf verzichten, auch die französischen Originalzitate wiederzugeben, obwohl die zum Teil schlechten deutschen Übersetzungen einen Rückgriff auf das französische Original nahe legen.

[3] Um die Bandbreite an unterschiedlichen Diskursbestimmungen in Foucaults Arbeiten besser erkennbar werden zu lassen, setze ich die meines Erachtens wichtigsten Begriffsbestimmungen von „Diskurs" im fortlaufenden Text kursiv und indiziere ich sie in der Reihenfolge ihrer Thematisierung mit nachgestellten römischen Nummerierungen.

wäre zu klären, und zwar schon deswegen, weil Foucault in der „Archäologie des Wissens" eine weitere räumliche Metapher, nämlich die des „Feldes", sowohl auf „Diskurs" als auch auf „Aussage" bezieht. So ist zum einen vom „Feld des Diskurses", von „Aussagen im Feld des Diskurses" oder beispielsweise vom Diskurs als „Feld von Regelmäßigkeit für verschiedene Positionen der Subjektivität" (siehe z.B. Foucault [1969] 1992: 36, 40, 48, 82 bzw. 2004: 34, 38, 44, 74), zum anderen vom „Aussagefeld" ([1969] 1992: 145 bzw. 2004: 131) zu lesen. In welchem begrifflichen Zusammenhang der als allgemeines Gebiet aller Aussagen bestimmte Diskurs zu diesen „Feldern" und insbesondere zum „Aussagefeld" steht, wäre zu enträtseln. Ob das „Aussagefeld", das Foucault unter anderem als „das Gebiet der Koexistenz" (z.B. geäußerter Sätze; Foucault [1969] 1992: 145), als „le domaine de coexistence" (2004: 131) charakterisiert, mehr oder weniger synonym mit „Diskurs" in dieser ersten Bedeutung werden kann, bedürfte einer näheren Prüfung. Zudem stellt sich in Anbetracht der ersten Foucaultschen Diskursbestimmung die Frage, was unter einem „allgemeinen Gebiet" im Unterschied zu einem „besonderen" oder „spezifischen Gebiet" vorzustellen sei und ob die Idee eines allgemeinen Gebiets von Aussagen mit der Charakterisierung konsistent ist, dass Aussagen mit einem singulären Verhältnis zu tun hätten (z.B. Foucault [1969] 1992: 130 bzw. 2004: 118), inwiefern also mehrere Singularitäten etwas Allgemeines bilden können. Wenn Foucault diese allgemeine erste Bedeutung des Wortes „Diskurs" vorschwebt, scheint er dazu zu neigen, den Ausdruck als Kollektivsingular zu verwenden.

Die zweite und dritte Begriffsbestimmung im obigen Zitat heben auf das Kriterium der Besonderheit im Gegensatz zur Allgemeinheit ab. Aus der Distinktion zwischen Allgemeinem und Besonderem ist abzuleiten, dass Foucault Diskurse auf verschiedenen „Stufen" der Generalisierung und Spezifität angesiedelt sieht. Und in der Tat lesen wir in der „Archäologie", dass es Diskurse von höherem Abstraktionsniveau (wie z.B. die allgemeine Grammatik im 17. und 18. Jahrhundert als besonderes Modell einer allgemeinen Zeichentheorie) gebe, die sich von konkreteren Diskursen unterscheiden (Foucault [1969] 1992: 97-98 bzw. 2004: 88).

2.2 Diskurs als individualisierbare Gruppe von Aussagen

In seiner zweiten archäologischen Bestimmung bezieht Foucault „Diskurs" auf *eine individualisierbare Gruppe von Aussagen* (II). Dass ein „Diskurs" eine Gruppe von Aussagen sei, soll heißen, dass er als komplexe Einheit, als Pluralität zusammenhängender Elemente zu verstehen sei. Dass die Gruppe von Aussagen, die einen Diskurs ausmacht, „individualisierbar" sei, meint, dass es möglich sein sollte, die Individualität, das Singuläre, eines Objekts – in unserem Fall einer bestimmten Gruppe von Aussagen – zu bestimmen. Eine ähnliche, zum Teil noch genauere begriffliche Bestimmung von „Diskurs" in dieser zweiten Bedeutung liefert Foucault in seiner „Archäologie", wenn er schreibt:

> „Diskurs wird man eine Menge von Aussagen nennen, insoweit sie zur selben diskursiven Formation gehören. Er bildet keine rhetorische oder formale, unbeschränkt wiederholbare Einheit, deren Auftauchen oder Verwendung in der Geschichte man signalisieren (und gegebenenfalls erklären) könnte. Er wird durch eine begrenzte Zahl von Aussagen konstituiert, für die man eine Menge von Existenzbedingungen definieren kann. Der so verstandene Diskurs ist keine ideale zeitlose Form, die obendrein eine Geschichte hätte. [...] Er ist durch und durch historisch: Fragment der Geschichte, Einheit und Diskontinuität in der Geschichte selbst [...]." (Foucault [1969] 1992: 170 bzw. 2004: 153)

Mindestens sieben Besonderheiten erscheinen mir an dieser Charakterisierung bemerkenswert: (1) Ein Diskurs setzt sich aus einer begrenzten Menge bzw. Anzahl von Aussagen zusammen. (2) Die Aussagen, die einen Diskurs konstituieren, gehören zur selben diskursiven Formation. (3) Ein Diskurs ist keine rhetorische Einheit. (4) Ein Diskurs ist keine formale Einheit. (5) Ein Diskurs ist keine unbeschränkt wiederholbare Einheit. (6) Ein Diskurs kann über eine Menge von Existenzbedingungen bestimmt werden. (7) Ein Diskurs ist durch und durch historisch situiert, also weder ideal noch zeitlos.

Ad (1): Die mengenbezogene Bestimmung von „Diskurs", die das quantitative Kriterium der Zählbarkeit einführt, war und ist – jedenfalls in mancher Hinsicht und bei entsprechender Umdeutung der „Aussage" in eine linguistisch oder argumentationstheoretisch leichter fassbare Kategorie – für eine korpuslinguistische Diskursanalyse attraktiv, welche sich anschickt, Diskursanalyse vornehmlich als quantitative Analyse größerer Textkorpora bzw. Aussagekorpora zu betreiben. In lockerem Anschluss an diese Diskursbestimmung Foucaults begreifen etwa Böke, Jung, Niehr und Wengeler (2000: 12) „Diskurs" als ein Geflecht von thematisch zusammengehörigen Aussagen, die über Textkorpora quantitativ zu erschließen seien. Jung (2001: 38, 47, 48) bestimmt einen Diskurs als Aussagennetz bzw. als verknüpfte Menge von Aussagen-Einheiten mehrerer SprecherInnen zum gleichen Thema. Dabei versteht er unter „Aussage" eine thematisch definierte Behauptung (Jung 2001: 38). Wengeler (2003: 169 f.) schlägt vor, unter anderem auch Argumentationen respektive Argumentationsmuster, so genannte „Topoi", als „Aussagen" aufzufassen.

Ad (2): Im obigen Zitat expliziert Foucault „Diskurs" nicht nur über den Begriff der Aussage, sondern auch über den Begriff der „diskursiven Formation". Die Einheit der diskursiven Formation betrachtet er als eine Aussagegesamtheit, als eine Verteilung bzw. Streuung von Aussagen, die mehrere Diskurse (im Sinne singulärer Aussagegruppen) übergreife. Die Herausbildung dieser Aussageverteilung, d.h. die Formation, sieht Foucault vier Arten von Regeln unterworfen (Foucault [1969] 1992: 58, 116). Folgt man dieser Begriffsexplikation, dann handelt es sich bei einer „diskursiven Formation" um eine Ganzheit, „oberhalb" der Einheit des Diskurses, um eine Gesamtheit von Diskursen, die nach ähnlichen oder gleichen Regeln konstituiert werden, die über vergleichbare Regularitäten zusammenhängen. Weitgehend konsistent mit dieser begrifflichen Bestimmung charakterisiert Foucault ([1969]1992: 168 bzw. 2004: 151) eine „diskursive Formation" auch als Entität, die aus Aussagegruppen bestehe. Wenn Foucault eine „diskursive Formation" zudem als Menge verbaler bzw. sprachlicher Performanzen kennzeichnet, die auf der Ebene der Aussagen, nicht jedoch auf der Ebene der Sätze, Propositionen und Formulierungen, miteinander verbunden seien (Foucault [1969] 1992: 168 bzw. 2004: 151), und wenn er sie außerdem als Verbreitungs- und Verteilungsprinzip von Aussagen, als Gesetz einer Serie von Zeichen (Foucault [1969] 1992: 156 bzw. 2004: 141) und als allgemeines Aussagesystem, dem eine Gruppe verbaler bzw. sprachlicher Performanzen gehorche, charakterisiert (Foucault [1969] 1992: 169 bzw. 2004: 152), dann stiftet diese semantische Vervielfältigung Verwirrung, die sich auch dann nicht auflöst, wenn man die jeweiligen Kontexte dieser unterschiedlichen Charakterisierungen zu Rate zieht. Wie kann etwas gleichzeitig eine Gruppe sprachlicher Performanzen, eine Gruppe von Aussagegruppen und ein allgemeines System bzw. ein Prinzip sein, dem eine Gruppe von Performanzen gehorcht? Lässt sich der Umstand, dass Foucault „Diskurs" und „diskursive Formation" gleichermaßen als Menge verbaler bzw. sprachlicher Performanzen bestimmt (vgl. dazu Foucault [1969] 1992: 156 und 168 bzw. 2004: 141 und 151), als lediglich vermeintliche Synonymie interpretieren, wenn wir – um im mengentheoretischen Bild zu bleiben – eine „diskursive Formation" als eine „Menge von Mengen sprachlicher Performanzen" beschreiben?

Lassen sich all die verschiedenen Kennzeichnungen als konsistente Bedeutungsexplikationen begreifen, wenn erst einmal geklärt ist, was Foucault unter „Aussage" im Unterschied zu „Performanz" und zu „Äußerung" (sie sei bekanntlich ein nicht wiederholbares semiotisches Ereignis; Foucault [1969] 1992: 148 bzw. 2004: 133) versteht? Ich bin mir dessen nicht sicher. Der Eindruck, dass Foucault „Diskurs" und „diskursive Formation" mitunter gleichbedeutend verwendet, stützt sich jedenfalls nicht nur auf die besagten gleichlautenden theoretischen Diskursbestimmungen, sondern auch auf die Schwierigkeit, die erste Bestimmung von „Diskurs" als allgemeines Gebiet aller Aussagen von der Kennzeichnung der „diskursiven Formation" als Aussagegesamtheit abzugrenzen, und darüber hinaus auf die Beobachtung, dass Foucaults Sprachgebrauch manchmal in eine Richtung zu gehen scheint, in der diskursive Formationen und Diskurse, die wohl diesen Formationen zuzuordnen wären, unterschiedslos als „Diskurse" apostrophiert werden. Sollte die in Foucaults Arbeiten immer wieder vorzufindende kollektivsingularische Rede vom „medizinischen Diskurs" oder „politischen Diskurs" gemäß der obigen Erklärungen des Terminus „diskursive Formation" vielleicht sinnvoller Weise durch die Rede von der „medizinischen Diskursformation" bzw. den „medizinischen Diskursformationen" oder von der „politischen Diskursformation" bzw. den „politischen Diskursformationen" ersetzt werden, um von den diesen Formationen zuzurechnenden Diskursen dann als bestimmten „medizinischen Diskursen" oder bestimmten „politischen Diskursen" in einem spezifischeren Sinne sprechen oder schreiben zu können? Sein archäologisches Projekt, im eigenen „Diskurs über Diskurse" unaufhörlich Differenzierungen von diagnostischer Relevanz vorzunehmen (Foucault [1969] 1992: 293 bzw. 2004: 268), scheint Foucault meines Erachtens jedenfalls zu unterminieren, indem er die terminologisch – wenngleich nicht trennscharf – eingeführte Differenzierung zwischen „Diskursen" und „diskursiven Formationen" durch die nivellierende Benennung von Phänomenen, die der einen oder der anderen der beiden Diskurseinheiten zuzuweisen wären, wieder einzieht.

Ad (3): Wenn Foucault „Diskurs" als nicht-rhetorische Einheit bestimmt, gilt es zu fragen, ob er sich damit nicht in Widerspruch zu anderen seiner Charakterisierungen von Diskursen begibt. Foucaults Auffassung von Rhetorik weist in Richtung eines Verständnisses, das mit rhetorischer Analyse vor allem das Studium rhetorischer Gattungen bzw. Genres, die Untersuchung sprachlicher Mittel zur Erreichung rhetorischer Wirkziele wie die Überzeugung und Überredung (also argumentative Beweisverfahren), Stilanalysen sowie die Analyse rhetorischer Figuren zu verbinden scheint (vgl. Foucault 2001b: 874, 2002: 707 und 727). Einem solchen Verständnis zufolge ist Foucaults Diskursanalyse weder Argumentationsanalyse noch Analyse rhetorischer Gattungen, rhetorischer Figuren und stilistischer Mittel.

Von der These der Arhetorizität des Diskurses scheint sich Foucault zu entfernen, wenn er 1974, also fünf Jahre nach der Publikation der „Archäologie", in einem Interview sein Verständnis von „Diskurs" auseinandersetzt und dabei in kritischer Wendung gegen die strikte Opposition von Philosophie und Rhetorik

Folgendes postuliert (auf die Abweichungen zwischen dem französischen und dem deutschen Wortlaut gehe ich hier nicht ein):

> „Es geht darum, die Rhetorik, den Redner, den Redestreit wieder in das Feld der Analyse einzubringen; nicht um die rhetorischen Verfahren systematisch zu analysieren, wie es die Linguisten tun, sondern um den Diskurs und selbst den um Wahrheit geführten Diskurs als Ensemble rhetorischer Verfahren zu untersuchen, bei denen es darum geht, zu gewinnen, Ereignisse, Entscheidungen, Kämpfe, Siege zu produzieren. Es geht also darum, die Philosophie zu ‚rhetorisieren'."
> (Foucault 2002: 779 bzw. Foucault 2001a: 1502)

Zwar schwebt Foucault hier keine systematische rhetorische (oder linguistische) Analyse vor. Doch plädiert er für eine Analyse des *Diskurses als Komplex rhetorischer Verfahren der Persuasion* (III), mithin für eine Annäherung von Diskurs- und Argumentationsanalyse. Im diachronen Vergleich vermittelt er so den Eindruck, dass das Kriterium der (Schein)Argumentativität für sein Diskursverständnis im Laufe der Zeit wichtiger wird – ein Eindruck, den etwa auch Foucaults letzte Vorlesungen über Parrhesia verstärken (Foucault [1983] 1996).

Zur Behauptung, dass der Diskurs keine rhetorische Einheit sei, ebenso wie zu Foucaults Konzeption von „Diskurs" als Gruppe von Aussagen will auch die folgende begriffliche Bestimmung von „Diskurs" nicht so recht passen, die Foucault 1968, also kurz vor dem Erscheinen der „Archäologie", mit dem Bestreben vornimmt, zwischen Sprachanalyse („analyse de la langue") und Diskursanalyse zu unterscheiden (auf die schlechte deutsche Übersetzung von „séquences linguistiques" als „linguistische Sequenzen" anstatt „sprachliche Sequenzen" sei hier en passant hingewiesen):

> „Der Diskurs dagegen ist die stets endliche und zeitlich begrenzte Menge allein der linguistischen Sequenzen, die formuliert worden sind; sie können durchaus zahllos sein, sie können durch ihre Masse jede Kapazität der Aufnahme-, Gedächtnis- oder der Lesekapazität überschreiten: Sie bilden dennoch eine endliche Menge." (Foucault 2001b: 899 bzw. Foucault 2001a: 733)

Wenn ein *Diskurs eine begrenzte Menge sprachlicher Sequenzen ist, die formuliert worden sind* (IV), dann muss ein Diskurs zwar vielleicht nicht als Ganzes eine rhetorische „Einheit" sein. Die „sprachlichen Sequenzen", die einen Diskurs angeblich ausmachen, lassen sich aber durchaus als rhetorische Einheiten analysieren. Wenn es zudem so sein sollte, dass „Diskurse" etwas sind, was man hören und in Textform lesen kann (Foucault [1969] 1992: 74 bzw. 2004: 66), dass der

Diskurs etwas ist, was von Menschen in einem bestimmten Augenblick vorgetragen wird (Foucault [1969] 1992: 199 bzw. 2004: 183), dann würde dies ebenfalls dafür sprechen, dass eine rhetorische Analyse von Diskursen wenigstens der Möglichkeit nach eine analytische Option ist (dass Foucault in seiner Behauptung der Hör- und Lesbarkeit des Diskurses das Wort „Diskurs" in Anführungszeichen setzt, sollte allerdings nicht übersehen werden).[4]

Trotz aller expliziten Beteuerungen Foucaults, keinen rhetorischen, linguistischen und logischen Begriff von „Diskurs" zu vertreten (siehe auch Foucault [1969] 1992: 156 bzw. 2004: 141), sind die LeserInnen der „Archäologie" mit Textstellen wie der folgenden konfrontiert:

„Hinsichtlich des Terminus *Diskurs*, den wir hier mit verschiedenen Bedeutungen benutzt und abgenutzt haben, kann man jetzt den Grund seiner Uneindeutigkeit verstehen: auf die allgemeinste und unentschiedenste Weise bezeichnete er eine Menge von sprachlichen Performanzen. Wir verstanden unter Diskurs einmal, was (eventuell sogar alles, was) an Zeichenmengen produziert worden war. Aber wir verstanden darunter auch eine Menge von Formulierungsakten, eine Folge von Sätzen oder Propositionen. Schließlich – und diese Bedeutung hat schließlich überwogen (zusammen mit der ersten, die ihr als Horizont dient), wird der Diskurs durch eine Menge von Zeichenfolgen konstituiert, insoweit sie Aussagen sind, das heißt insoweit man ihnen besondere Existenzmodalitäten zuweisen kann. Wenn es mir zu zeigen gelingt, wie ich es gleich versuchen werde, daß das Gesetz einer solchen Serie genau das ist, was ich bisher eine *diskursive Formation* genannt habe, wenn es mir zu zeigen gelingt, daß diese das Verbreitungs- und Verteilungsprinzip ist, und zwar nicht der Formulierungen, nicht der Sätze, nicht der Propositionen, sondern der Aussagen (in dem Sinne, den ich diesem Wort gegeben habe), wird der Terminus Diskurs bestimmt werden können: eine Menge von Aussagen, die einem gleichen Formationssystem zugehören. Und so werde ich von dem klinischen Diskurs, von dem ökonomischen Diskurs, von dem Diskurs der Naturgeschichte, vom psychiatrischen Diskurs sprechen können." (Foucault [1969] 1992: 156 bzw. 2004: 141)

Mindestens sechs seiner Konzeptionen von „Diskurs" fasst Foucault in dieser Textstelle zusammen, nämlich die Auffassung von *Diskurs als Menge sprachlicher*

---

[4] Dass ein Diskurs auch eine rhetorische Einheit sein kann, suggeriert Foucault zudem sehr deutlich im allerersten Satz der Vorlesung „Die Ordnung des Diskurses": „In den Diskurs, den ich heute zu halten habe, und in die Diskurse, die ich vielleicht durch Jahre hindurch hier werde halten müssen, hätte ich mich gern verstohlen eingeschlichen." (Foucault [1970] 1991: 9). Hier bezieht Foucault das Wort weitgehend alltagssprachlich auf die rhetorische Einheit der Vorlesung als einer langen universitären Rede über ein bestimmtes Thema.

Performanzen (V), *als produzierte Zeichenmengen* bzw. *alle produzierten Zeichenmengen* (VI), *als Menge von Formulierungsakten* (VII), *als Folge von Sätzen* (VIII), *als Folge von Propositionen* (IX) und *als Menge von Zeichenfolgen, die aus Aussagen bestehen und bestimmte Existenzmodalitäten aufweisen* (X). Im Vergleich zu den bisher diskutierten Diskurskonzeptionen ist an diesen Bestimmungen neu, dass Foucault jetzt auch ein satz- und propositionsbezogenes Diskursverständnis akzeptiert und darüber hinaus sowohl eine semiotische als auch eine performative bzw. sprechaktbezogene Akzentuierung unternimmt (die Konzeption von Diskurs als Menge sprachlicher Performanzen kam bereits kurz zur Sprache). Auch wenn Foucault die performative und aussagenbezogene Lesart – letztere verbindet er im gegebenen Fall mit einer semiologischen Charakterisierung – prioritär setzt und auch wenn manche der sechs Bestimmungen gut miteinander verbunden werden können, so etwa die Bestimmung VI und Bestimmung X, erscheint mir der Versuch mancher AdeptInnen und ExegetInnen Foucaults doch als fraglich, die gesamte begriffliche Disparität in Foucaults Arbeiten durch verknappende Zurichtung auf die aussagenbezogene Diskurskonzeption zu eskamotieren – umso mehr, als Foucault am Ende der eingangs zitierten Textstelle selbst zugibt, dass er beim Analysieren das Konzept der Aussage bisweilen aus dem Blick verloren und damit auch das Konzept des Diskurses verändert habe.

Auch wenn Foucault herausstreicht, dass seine Art von Diskursanalyse im Sinne einer Aussageanalyse „keine totale, erschöpfende Deskription der ‚Sprache' oder dessen, ‚was gesagt worden ist' zu sein vorgibt" (Foucault [1969] 1992: 157 bzw. 2004: 142), dass Diskurse nicht auf das Sprechen und die Sprache reduzierbar seien (Foucault [1969] 1992: 74 bzw. 2004: 67), so legen unter anderem die semiotische, die satzbezogene, die performanzzentrierte und die rhetorische Diskursbestimmung – von denen Foucault sich keineswegs konsequent distanziert – nahe, dass eine linguistische Diskursanalyse wenigstens bis zu einem gewissen Grad mit Foucaults Diskursanalyse kompatibel ist, dieser auf alle Fälle zuzuarbeiten vermag.

Ad (4) und (5): Foucaults (partielle) Verneinung des rhetorischen Charakters von Diskursen rührt zum Teil von seiner antistrukturalistischen Haltung her,[5] die sich unter anderem auch in der dezidierten Ablehnung der Auffassung des „Diskurses" als formale Einheit, aber auch in der Zurückweisung der Vorstellung ausdrückt, dass Diskurse unbeschränkt wiederholbare Einheiten wären. Einmal davon abgesehen, dass „Wiederholung" nie im Sinne einer völligen Identität von

---

[5] Die Vehemenz, mit der Foucault die Etikettierung als Strukturalist ablehnt, kann nicht darüber hinwegtäuschen, dass Foucault mehr strukturalistisches Gedankengut absorbiert hat, als er zugeben möchte – weshalb ihn Manfred Frank (1988: 364), zugegebenermaßen zögerlich, als französischen Neostrukturalisten apostrophiert.

Vorkommnissen, von semiotischen Tokens, verstanden werden kann, dass die Historizität diskursiver Phänomene eine solche Wiederholbarkeit klarerweise ausschließt, richtet sich Foucaults Negation nicht gegen Wiederholbarkeit schlechthin, sondern gegen die Möglichkeit unbegrenzter Repetition. Dass eine jede Analyse, sei sie formal, rhetorisch oder diskursanalytisch, im Grunde immer darauf aufbaut, dass irgend etwas auf eine gewisse Art wiederholt wird, so dass es identifiziert, das heißt „wiedererkannt" werden kann, würde Foucault keineswegs in Abrede stellen. Zwar verwirft auch er die vollständige Identität als Kriterium der Analyse. Gleichwohl stellt er die Archäologie unter anderem vor die Aufgabe, Analogien zwischen Diskursen, Regelmäßigkeiten von Aussagen sowie „Aussagehomogenitäten" zu erkennen (Foucault [1969] 1992: 204 ff. bzw. 2004: 187 ff.).

Ad (6): Unter den für Aussagen konstitutiven Existenzbedingungen versteht Foucault Regeln, welche die Herausbildung einer bestimmten Verteilung von Elementen einer diskursiven Formation regulieren. Vier Arten solcher Formationsregeln unterscheidet Foucault ([1969] 1992: 58-103 bzw. 2004: 53-93) in der „Archäologie", nämlich Regeln (1) der Formation von Objekten, (2) der Formation von Äußerungsmodalitäten, (3) der Formation von Begriffen, und (4) der Formation von Strategien. Eine Erörterung dieser vier Arten von Regeln ist im gegebenen Rahmen nicht möglich.

Ad (7): Das siebte und letzte Charakteristikum von Diskursen, das dem obigen Zitat entnommen werden kann, ist ihre durchgehende Historizität, ihre räumliche und zeitliche Einbettung und Dispersion (Foucault [1969] 1992: 199 bzw. 2004: 183). Das Foucaultsche Projekt der „historischen Diskursanalyse" verdankt sich der Betonung der geschichtlichen Dimension von Diskursen. Es versteht sich allerdings nicht als geschichtswissenschaftliche Analyse, die dokumentarisch überlieferte *res gestae* mit dem roten Faden einer kausalen Verkettung von Sukzessionen zu einer kontinuierlichen oder gar teleologischen Geschichte auffädeln will. Vielmehr begreift es sich als „Archäologie", die mit differenzierendem statt vereinheitlichendem Blick nach Verstreutem, Diskontinuierlichem und Bruchstückhaftem schürfen will, um anhand der aufgefundenen Überreste von Gesagtem, das heißt anhand einer vergleichenden Analyse von Aussagen bzw. Aussageereignissen, „den Stammbaum eines Diskurses" zu erstellen Foucault [1969] 1992: 210 bzw. 2004: 192). Dieser soll zeitliche Vektoren der Ableitung und Transformation (vgl. Foucault [1969] 1992: 240 bzw. 2004: 220) ebenso wie Korrelationen von Gleichzeitigkeit erfassen. Ein derartiges Unterfangen konzipiert Foucault ([5]1992: 198 bzw. 2004: 182) als nicht-interpretative und nicht-„allegorisierende" Erforschung von Diskursen. Dabei will er Diskurse in Abgrenzung von geschichtswissenschaftlichen Zugängen nicht als „Dokumente", die

Zeichen für etwas anderes seien, sondern als „Monumente" begriffen wissen. Wie schlüssig und tragfähig Foucaults Metapher vom Diskurs als Monument ist, lässt sich nicht nur unter Rückgriff auf Nietzsches (1985: 24) kritische Ausführungen zu dem fragen, was Nietzsche – der für Foucault eine wichtige Referenzfigur war – „monumentale" oder „monumentalische Historie" nannte:

> „Die monumentale Historie täuscht durch Analogien; sie reizt mit verführerischen Ähnlichkeiten den Mutigen zur Verwegenheit, den Begeisterten zum Fanatismus; und denkt man sich gar die Historie in den Händen und Köpfen der begabten Egoisten und der schwärmerischen Bösewichter, so werden Reiche zerstört, Fürsten ermordet, Kriege und Revolutionen angestiftet und die Zahl der geschichtlichen ‚Effekte an sich', das heißt der Wirkungen ohne zureichende Ursachen, von neuem vermehrt."

Die Metapher des Monuments erscheint mir auch eingedenk der Etymologie des Wortes und – damit zusammenhängend – mit Blick auf die memorialindexikalische Funktion von Monumenten hinterfragbar. Lat. „monumentum" leitet sich von lat. „monēre", „erinnern", „mahnen" her. Ein Monument wäre demnach ein „Denkmal" oder „Erinnerungszeichen", das im Namen einer „Gedenkgemeinschaft" intentional und artifiziell errichtet wurde, um, mehr oder weniger offiziell hegemonial und (vermeintlich) konsensuell, an etwas – in der Regel an einen Sieg, an eine Niederlage oder an erlittenes Leid, glorifizierend, mahnend oder empathisch zu erinnern und zum Nachdenken anzuregen. Diese Interpretation von „Monument" würde die Adäquanz der Metapher Foucaults in Frage stellen. Einmal davon abgesehen, dass der semiotische Verweischarakter, den Foucault dem „Dokument" zuschreibt, um es als „Quelle" bzw. „Untersuchungsmaterial" abzulehnen, dem Monument noch ungleich stärker eingeschrieben ist als dem Dokument.

2.3 *Diskurs als regulierte Praxis, die über eine bestimmte Anzahl von Aussagen berichtet*

Die dritte Bedeutungsangabe des Ausgangszitats aus der „Archäologie" betont den Handlungs- bzw. Verfahrenscharakter von Diskursen und bestimmt „Diskurs" als *regulierte Praxis, die über eine bestimmte Anzahl von Aussagen berichtet bzw. Rechenschaft ablegt* (XI). Diese Konzeption steht der fünften Diskursbestimmung nahe, die Diskurs als Menge verbaler bzw. sprachlicher Performanzen charakterisiert. Die verschiedenen Varianten der Kritischen Diskursanalyse schließen an dieses Diskursverständnis an, wenn sie Diskurs als soziale Praxis kennzeichnen. Allerdings vernachlässigen sie zumeist die im Relativsatz dieser Diskurskonzeption formulierte Bezugnahme auf die Aussage.[6]

In der „Archäologie" finden sich etliche Passagen, in denen Foucault eine praxisbezogene Charakterisierung von „Diskurs" vornimmt. Im gegebenen Rahmen will ich nur auf eine der auffälligsten eingehen: Im Zuge seiner Ausführungen zur gegenstandskonstitutiven Funktion von Diskursen „transzendiert" Foucault mit Hilfe der praxisbezogenen Diskursbestimmung das zeichenzentrierte Diskursverständnis, wenn er eine der Aufgaben der Diskursanalyse mit den Worten umreißt:

> „Eine Aufgabe, die darin besteht, nicht – nicht mehr – die Diskurse als Gesamtheiten von Zeichen (von bedeutungstragenden Elementen, die auf Inhalte oder Repräsentationen verweisen), sondern als Praktiken zu behandeln, die systematisch die Gegenstände bilden, von denen sie sprechen. Zwar bestehen diese Diskurse aus Zeichen; aber sie benutzen diese Zeichen für mehr als nur zur Bezeichnung der Sachen. Dieses *mehr* macht sie irreduzibel auf das Sprechen und die Sprache. Dieses *mehr* muß man ans Licht bringen und beschreiben." (Foucault [1969] 1992: 74 bzw. 2004: 66 f.)

Diskurse sind dieser Auffassung nach also „mehr" als nur Einheiten der Langue (im Sinne des Sprachsystems) oder der Parole (im Sinne des flüchtigen aktuellen Sprachgebrauchs). Sie sind nicht lediglich gegenstandsrepräsentierende und bedeutungstragende Zeichenkomplexe, sondern gegenstandsformierende Praktiken. Unter „Praxis" versteht Foucault dabei bekanntlich kein individuelles Handeln autonom agierender Individuen, sondern das historisch determinierte, sozial eingeübte, regelgeleitete Hervorbringen einer bestimmten Materialität durch „Subjekte" (im Sinne von Unterworfenen bzw. Untergeordneten).

Eine solche Auffassung von „Praxis" liegt auch Foucaults Erläuterung dessen zugrunde, was er als „diskursive Praxis" bezeichnet:

> „Schließlich kann jetzt präzisiert werden, was man ‚diskursive Praxis' nennt. Man kann sie nicht mit dem expressiven Tun verwechseln, durch das ein Individuum eine Idee, ein Verlangen, ein Bild formuliert, noch mit der rationalen Akti-

---

[6] Mein eigenes Diskursverständnis steht im gegebenen Zusammenhang nicht zur Debatte. Es ist linguistischer und semiotischer als das Foucaults, wenngleich es an die Konzeption von Diskurs als regulierte soziale Praxis anschließt – allerdings ohne die „Aussage" zu einem bestimmenden Moment des Konzepts zu machen. Drei konstitutive Elemente meiner Diskursbestimmung sind die Themenbezogenheit, die Argumentativität und die Pluriperspektivität.

vität, die in einem System von Schlußfolgerungen verwandt wird; noch mit der ‚Kompetenz' eines sprechenden Subjekts, wenn es grammatische Sätze bildet. Sie ist eine Gesamtheit von anonymen, historischen, stets im Raum und in der Zeit determinierten Regeln, die in einer gegebenen Epoche und für eine gegebene soziale, ökonomische, geographische oder sprachliche Umgebung die Wirkungsbedingungen der Aussagefunktion definiert haben." (Foucault [1969] 1992: 171 bzw. 2004: 153)

Foucault, der seine Begriffe gerne ex negativo bestimmt, nähert sich dem Konzept der „diskursiven Praxis" hier mit drei Verneinungen, ehe er es positiv als Ensemble historisch determinierter Regeln charakterisiert, das die Bedingungen der Erfüllung der Aussagefunktion definiere.

Bevor ich auf die drei Verneinungen eingehe, drängen sich drei sprachkritische Anmerkungen auf: (1) Dass eine Praxis ein Ensemble von Regeln und nicht vielmehr von Regelanwendungen bzw. von Regelbefolgungen sein soll, will mir nicht einleuchten. (2) Die Konzeption der „diskursiven Praxis" als Ensemble anonymer Regeln ist meines Erachtens kaum von manchen Erläuterungen des Ausdrucks „diskursive Formation", wie sie in der „Archäologie" niedergelegt sind, zu unterscheiden. Mithin müssen beide Termini teilweise gleichbedeutend erscheinen. (3) Dass sich „Diskurs" im Sinne einer regulierten Praxis von der „diskursiven Praxis" durchweg unterscheiden lässt, muss angesichts mancher begrifflicher Nähe zwischen den beiden Konzepten in der „Archäologie" zum Teil in Zweifel gezogen werden, auch wenn einige der Foucaultschen Begriffsbestimmungen eine Unterscheidung nahe legen.

Doch zurück zu den drei Negationen. Die diskursive Praxis sei kein der sprachlichen Ausdrucksfunktion zugehöriges expressives Handeln Einzelner. Diese Verneinung verdankt sich Foucaults antisubjektivistischer Haltung. Die diskursive Praxis sei auch kein logisch schlussfolgerndes Handeln. Dieser Negation steht teilweise entgegen, dass Argumentation und damit auch Rationalität in späteren Arbeiten Foucaults für „diskurstauglich" gehalten werden. In seinen 1983 in Berkeley vorgetragenen Vorlesungen über das „Wahrsprechen" qualifiziert Foucault den *logos* als „vernünftigen Diskurs", der ein Mittel sei, Zugang zur Wahrheit zu bekommen (Foucault [1983] 1996: 66 und 98); aber auch in „Der Wille zum Wissen" (z.B. Foucault [1976] 1991b: 35, 42, 47, 71) ist immer wieder vom „rationalen" oder „vernünftigen Diskurs" zu lesen. Außerdem sei die diskursive Praxis kein von einer „Sprachfähigkeit" angeleitetes Sprachhandeln des die Grammatik beherrschenden Subjekts. In dieser dritten Verneinung spielt Foucault auf die in der generativen Grammatik Chomskyscher Provenienz getroffene Unterscheidung zwischen „Performanz" und „Kompetenz" an. Während

„Kompetenz" bei Chomsky das idealisierte dynamische Sprachvermögen bezeichnen soll, welches die Generierung und Beurteilung unendlich vieler gram-
matikalischer Konstruktionen ermögliche (in diesem Sinne wäre „Kompetenz"
begriffliches Pendant zu Saussures statischem Konzept des abstrakten Sprachsystems der *langue*), ist „Performanz" von Chomsky als individuelle bzw. konkrete
Sprachverwendung gefasst, welche in mancher Hinsicht von den Strukturen, die
das abstrakte grammatische System „fordere", abweiche (in diesem Sinne entspricht „Performanz" weitgehend dem Saussureschen Konzept der *parole*).

Aus Foucaults Ablehnung der Identifikation der „diskursiven Praxis" mit
der „Kompetenz" lässt sich nicht der Umkehrschluss ziehen, dass die „diskursive
Praxis" als Performanz im Sinne der generativen Grammatik zu verstehen sei –
eine Folgerung, die vielleicht umso naheliegender erscheinen könnte, als Foucault
ja auch „Diskurs" und „diskursive Formation" als Menge von verbalen bzw.
sprachlichen Performanzen zu charakterisieren vorschlägt. Dieser Trugschluss
verbietet sich schon allein wegen Foucaults begrifflicher Bestimmung von „Diskurs" als Gruppe von Aussagen, vor allem aber auch wegen Foucaults Anfech-
tung der Sicht, wonach Diskurse schlicht Einheiten der Parole seien. Was Foucault unter „Performanz" versteht, ist einer Stelle in der „Archäologie" zu entnehmen, in der er kryptisch festlegt, dass jede Menge von Zeichen, die wirklich
ausgehend von einer natürlichen oder künstlichen Sprache produziert seien,
„verbale" bzw. „sprachliche Performanz" genannt werden möge, während der
individuelle oder kollektive Akt, der auf einem beliebigen Material und gemäß
einer determinierten Form diese Gruppe von Zeichen erscheinen lasse, auch
„Formulierung" genannt werden könne (Foucault [1969] 1992: 155 bzw. 2004:
140). Gewisse Anklänge des Ausdrucks „Performanz" an die Sprechakttheorie
scheinen von Foucault zwar gewollt, wenn er Diskurse als Mengen von verbalen
bzw. sprachlichen Performanzen kennzeichnet. Jedoch dürfen derartige Anklänge nicht überschätzt werden, hatte Foucault in der „Archäologie" doch auch
betont, dass „Aussagen" als Bestandteile von Diskursen weder Sätze noch Propositionen noch Sprechakte seien (Foucault [1969] 1992: 117-127 bzw. 2004: 107-115).
Allerdings wird Foucault diese Sicht spätestens 1979 in einem Briefwechsel mit
John Searle revidieren und auf Searles Hinweis, dass die Sprechakttheorie durchaus die Möglichkeit einräume, dass ein bestimmter Sprechakt, z.B. eine Feststellung, Teil eines anderen Sprechakts, z.B. eines Versprechens, sein könne, antworten:

„Hinsichtlich der Analyse von Sprechakten stimme ich voll mit ihren [sic!] Bemerkungen überein. Ich hatte unrecht, als ich sagte, daß Aussagen keine Sprechakte seien, aber ich wollte damit deutlich machen, daß ich sie unter einem ande-

ren Gesichtspunkt sah, der sich von Ihrem unterschied." (Foucault in einem Brief an Searle, 15. Mai 1979, zitiert in Dreyfus/Rabinov 1987: 314)

In der „Archäologie" war Foucault der Meinung gewesen, dass oftmals mehrere Aussagen erforderlich seien, damit ein Sprechakt vollzogen werde (Foucault [1969] 1992: 121 bzw. 2004: 110). Um diese Behauptung durch Exempla zu stützen, führte er – wohl als Beispiele für Sprechakte – den Schwur („serment"), die (inständige) Bitte bzw. das Gebet („prière"), den Vertrag („contrat"), das Versprechen („promesse") und die Demonstration („démonstration") an. Diese Liste beherbergt neben Sprechakten wie dem Versprechen oder dem Schwur auch ganze Textarten wie einen Vertrag oder ein Gebet. Mit bzw. in ihnen wird in der Regel nicht nur ein einziger, sondern werden mehrere Sprechakte von verschiedener illokutiver Qualität vollzogen. Keineswegs verhält es sich also so, wie Foucault behauptet, dass alle „Aussagen", aus denen sich diese (angeblichen) „Sprechakte" zusammensetzen, von ein und demselben illokutionären Akt durchquert würden: Ein Gebet kann zusätzlich zur Bitte sehr unterschiedliche Sprechakte enthalten. Foucaults Aufzählung enthält darüber hinaus auch ein hinsichtlich des linguistischen und sprechakttheoretischen Status höchst unbestimmtes Etwas wie die „Demonstration". Meint das Wort eine nachdrückliche Bekundung, eine Darlegung, eine Beweisführung, eine Veranschaulichung, einen Hinweis oder etwas anderes? Solche und andere Behauptungen in der „Archäologie" werfen die im gegebenen Rahmen nicht zu klärende Frage auf, wie sprechakttheoretisch Foucaults Verständnis von „speech act" Ende der 1960er Jahre eigentlich war.

Eine brisante Frage, die hier ebenfalls nur angeschnitten werden kann, obwohl ihre Beantwortung für eine Foucaultsche Diskursanalyse von größter Bedeutung ist, ist die Frage, was unter einer „Aussage" zu verstehen sei. Da „Aussage" in den drei eingangs zitierten archäologischen Diskursbestimmungen das entscheidende Determinans von „Diskurs" ist, stehen und fallen bzw. „schweben" diese Diskursbestimmungen mit dem Konzept der Aussage. Durch Foucaults Revision aus dem Jahre 1979 scheinen viele der Ausführungen zu diesem Konzept gleichsam durchgestrichen. Diese sind so unterschiedlich, dunkel und paradox (siehe Foucault [1969] 1992: 117-182 bzw. 2004: 107-165), dass das Konzept kaum „greifbar" wird.

Dabei beginnen die Darlegungen einigermaßen nachvollziehbar. Den Unterschied zwischen einer Aussage und einer Proposition erläutert Foucault zum einen am Beispiel der beiden Formulierungen „Niemand hat gehört" und „es stimmt, dass niemand gehört hat". Diese Formulierungen seien zwei verschiedene Aussagen mit unterschiedlichen Äußerungsmerkmalen, würden aber dieselbe

Proposition bilden (man notiere hier, dass Formulierungen Aussagen sein können). Zum anderen exemplifiziert Foucault den Unterschied am Beispiel der Formulierung „Der gegenwärtige König von Frankreich ist kahl." Hier hätten wir es mit einer Aussage, aber zwei Propositionen mit eigenen Wahrheitswerten zu tun.

Dass eine Aussage nicht mit einem Satz gleichgesetzt werden könne und dass eine Aussage überhaupt nicht durch grammatikalische Merkmale zu bestimmen sei, erklärt Foucault unter anderem damit, dass zwar jeder isolierte Satz eine unabhängige Aussage darstelle, eine Aussage aber keine Satzform aufweisen müsse, wie unter anderem an verschiedensten „Ellipsen", einer Flexionsreihe wie „amo, amas, amat", einer klassifkatorischen Tabelle, einem Stammbaum, einer Gleichung, einer mathematischen Formel, einer Graphik, einer Wachstumskurve oder einer Alterspyramide erkennbar werde, die alle Beispiele für Aussagen seien (zum Teil bleibt offen, ob die angeführten Beispiele jeweils nur eine Aussage oder Komplexe von Aussagen sein sollen).

So leidlich klar die mit Beispielen gespickten Erläuterungen zumindest prima facie scheinen, so schwer verständlich sind die von konkreten Beispielen abstrahierten Erklärungen. Eine Aussage sei weder völlig sprachlich noch ausschließlich materiell, auch wenn sie auf eine sprachliche und materielle Existenzweise angewiesen sei. Eine Aussage sei etwas Seltenes. Sie sei keine lange oder kurze, keine stark oder schwach strukturierte Einheit, sondern etwas, das in einer bestimmten (z.B. logischen, grammatischen oder pragmatischen) Verflechtung erfasst werde. Überhaupt sei sie weniger eine analytisch isolierbare Einheit als vielmehr eine Funktion, die es ermögliche, aus einer bestimmten analytischen Perspektive (z.B. einer logischen, grammatischen oder pragmatischen Betrachtungsweise) mit Blick auf bestimmte Serien von Zeichen festzustellen, ob bestimmte Einheiten (wie etwa Propositionen, Sätze oder Sprechakte) vorhanden seien. Die Aussage sei keine Struktur im Sinne einer Menge von Beziehungen zwischen variablen Elementen, sondern eine gebiets- bzw. feldabhängige Existenzfunktion, die den Zeichen selbst eigne. Mithin sei eine Aussage etwas Variables, gleichzeitig nicht Sichtbares und nicht Verborgenes, dessen Individualisierung unter anderem vom jeweiligen analytischen Fokus abhänge.

Die Vielfalt und Disparität an begrifflichen Bestimmungen der Aussage macht es denen, die Foucault folgen möchten, schwer, mit dem Konzept forschungspraktisch umzugehen, wenn sie Diskursanalyse als Aussageanalyse betreiben möchten. Forschende sehen sich vor das heuristische Problem gestellt, die „Aussage" ad hoc als analytisches Werkzeug differenzieren und fixieren zu sollen, ohne über klare Kriterien der Spezifikation zu verfügen. So werden Aussagen das eine Mal als argumentative Muster bzw. Topoi, ein weiteres Mal als

Metaphern, ein drittes Mal als Kollektivsymbole usw. aufgefasst. Und auch wenn diese Variabilität des Konzepts durchaus in Sinne Foucaults sein mag, läuft sie doch Gefahr, bis zur Unkenntlichkeit ausdifferenziert zu werden.

Reiner Keller (2005: 114) konstatiert, dass Foucault die in der „Archäologie" dargelegten Konzepte einer Diskursanalyse in den späteren Arbeiten weniger streng eingesetzt habe. Wie ich zu zeigen versucht habe, wurden die diskursanalytischen Konzepte bereits in der „Archäologie" nicht wirklich konsistent bestimmt und angewandt.

Eine Weiterentwicklung des Diskursverständnisses, die sich in den 1970er Jahren abzeichnet, geht in Richtung einer Öffnung Foucaults gegenüber anglo-amerikanischen Ansätzen der Sprachanalyse. Dies wird nicht erst an seiner Korrektur der Konzeption der „Aussage" im Jahre 1979 erkennbar. 1974 konstatiert Foucault (2002: 671 bzw. Foucault 2001a: 1407), dass es jetzt, wo es bereits eine universitäre Tradition gebe, die den Diskurs als ein Ensemble sprachlicher Tatsachen behandle, welche über syntaktische Konstruktionsregeln miteinander verbunden seien, an der Zeit wäre, dazu überzugehen, Diskursphänomene nicht mehr lediglich unter sprachlichem Aspekt zu betrachten, sondern als strategische Spiele aus Handlungen und Reaktionen, Fragen und Antworten, Beherrschungsversuchen und Ausweichmanövern, das heißt als Kampf anzusehen. Nunmehr schlägt Foucault vor, Diskurs als regelmäßiges Ensemble zu begreifen, das sich auf einer Ebene aus sprachlichen Phänomenen und auf einer anderen Ebene aus Polemik und Strategien konstituiere. Foucault begreift „Diskurs" somit *als zweidimensionales, sprachlich-strategisches Spiel, als interaktionales und agonistisches Wechselspiel* (XII).

3 Schlussfolgerungen

Die zwölf theoretischen Distinktionen, die in Abschnitt 2 aufgefächert sind, lassen sich nicht alle auf eine aussagenbezogene Diskursbestimmung reduzieren, wie dies in der Literatur zu Foucault manchmal suggeriert wird. Einige der Foucaultschen Diskurskonzeptionen sind gut miteinander vereinbar, manche weniger. Teilweise kann man sich des Eindrucks nicht erwehren, dass die Termini „Diskurs", „diskursive Formation" und „diskursive Praxis" von Foucault partiell synonym verwendet werden.

Auch an vielen anderen diskursanalytischen Ansätzen lässt sich ähnlich Sprachkritik üben wie an Foucaults Diskursanalyse, so etwa an den verschiedenen Spielarten einer Kritischen Diskursanalyse, zu der ich selbst ein Nahverhältnis unterhalte. Die relative Eindeutigkeit mancher theoretischer Diskursbestimmungen wird in vielen dieser Ansätze dadurch untergraben, dass ihre VertreterInnen unterschiedliche Diskurseinheiten gleichermaßen als „Diskurse" apostrophieren. Darunter muss der analytische Wert der Diskurskategorien leiden. Aus diesem Befund leitet sich der programmatische Wunsch ab, dass diskursanalytische Ansätze stärker selbstreflexiv vorgehen und versuchen mögen, offen zu legen, welche konkreten Unterscheidungsmerkmale jeweils herangezogen werden, wenn etwas als „Diskurs" identifiziert, bezeichnet, rekonstruiert oder konstruiert wird. Diskursbezogene Benennungs- und Einteilungskriterien wären mithin weit klarer zu explizieren und stringenter zu befolgen, als es bisher der Fall ist. Die Frage, ob es möglich sein wird, bestimmte Kriterien einzuführen, die nachvollziehbarere konzeptuelle Differenzierungen zwischen verschiedenen diskursanalytischen Kategorien (wie „Diskursen", „Diskursarten", „Diskurstypen", „Diskursmustern" und „Diskursformen" respektive „Diskursgattungen") als bisher erlauben und die methodisch klarere Wege von der Theoriebildung zur Praxis der Diskursbenennung vorzeichnen, muss zum gegenwärtigen Zeitpunkt offen bleiben. Inwiefern die explizite Berücksichtigung von Distinktionsmerkmalen wie etwa

- sprachlichen Funktionen, sprachlichen Formen und anderen semiotischen Aspekten,
- sozialen Funktionen,
- sozialen Handlungsfeldern,
- disziplinären oder subdisziplinären Rahmen, innerhalb derer oder quer zu denen ein Diskurs geführt wird,
- DiskursteilnehmerInnen,
- Themenbezügen etc.

zu größerer methodischer Schlüssigkeit und weniger Arbitrarität führen kann, soll sich weisen.

Nach mehreren Jahrzehnten florierender Diskursforschung wäre es wohl an der Zeit, in eine Arbeitsphase einzutreten, in der man die jeweiligen theoretischen Diskurskonzeptionen der einzelnen Ansätze so zu fassen versucht, dass theorieintern ein erkennbarer Weg zu den im Einzelnen vergebenen Namen von Diskursen führt und damit der nominatorischen Willkür, die zu Lasten von analytischer Klarheit und Differenzierung geht, besser vorgebeugt wird. Mithin plädiere ich für weniger *Ad hoc* und mehr *Ad lineam*, wiewohl die eingeforderte Präzisierung keineswegs zu Lasten forscherischer Kreativität und Innovation gehen soll.

Literatur

Böke, Karin, Jung, Matthias, Niehr, Thomas, 2000: Vergleichende Diskurslinguistik. Überlegungen zur Analyse internationaler und intralingualer Textkorpora, in: *Niehr, Thomas, Böke, Karin* (Hrsg.), Einwanderungsdiskurse. Vergleichende diskurslinguistische Studien. Opladen, 11-36.

Dreyfus, Hubert L., Rabinow, Paul, 1994²: Michel Foucault. Jenseits von Strukturalismus und Hermeneutik. Weinheim.

Foucault, Michel, 1971: L'ordre du discours. Leçon inaugurale au Collège de France prononcée le 2 décembre 1970.

Foucault, Michel, [1970] 1991a: Die Ordnung des Diskurses. Frankfurt/M.

Foucault, Michel, [1976] 1991b: Sexualität und Wahrheit. Band 1: Der Wille zum Wissen. Frankfurt/M.

Foucault, Michel, [1969] 1992⁵: Archäologie des Wissens. Frankfurt/M.

Foucault, Michel, [1983] 1996: Diskurs und Wahrheit. Die Problematisierung der Parrhesia. Berkeley-Vorlesungen 1983. Berlin.

Foucault, Michel, 2001a: Dits et Écrits 1954-1988: 1: 1954-1975. Èdition établie sous la direction de Daniel Defert et François Ewald. Paris.

Foucault, Michel, 2001b: Schriften in vier Bänden. Dits et Écrits. Band 1: 1954-1969. Herausgegeben von Daniel Defert und François Ewald. Frankfurt/M.

Foucault, Michel, 2002: Schriften in vier Bänden. Dits et Écrits. Band 2: 1970-1975. Herausgegeben von Daniel Defert und François Ewald. Frankfurt/M.

Foucault, Michel, 2004: L'archéologie du savoir. Paris.

Foucault, Michel, 2005: Schriften in vier Bänden. Dits et Écrits. Band 4: 1980-1988. Herausgegeben von Daniel Defert und François Ewald. Frankfurt/M.

Frank, Manfred, 1988: Das Sagbare und das Unsagbare. Studien zur deutsch-französischen Hermeneutik und Texttheorie. Frankfurt/M.

Gehring, Petra, 2004: Foucault – Die Philosophie im Archiv. Frankfurt/M., New York.

Jung, Matthias, 2001: Diskurshistorische Analyse – eine linguistische Perspektive, in: *Keller, Reiner, Hirseland, Andreas, Schneider, Werner, Viehöver, Willy* (Hrsg.), Handbuch Sozialwissenschaftliche Diskursanalyse. Band 1: Theorien und Methoden. Opladen, 29-51.

Keller, Reiner, 2005: Wissensoziologische Diskursanalyse. Grundlegung eines Forschungsprogramms. Wiesbaden.

Nietzsche, Friedrich, 1985: Vom Nutzen und Nachteil der Historie für das Leben. Stuttgart.

Wengeler, Martin, 2003: Topos und Diskurs. Begründung einer argumentationstheoretischen Methode und ihre Anwendung auf den Migrationsdiskurs (1960-1985). Tübingen.

Achim Landwehr

Diskursgeschichte als Geschichte des Politischen

1 Aussagemöglichkeiten über die Welt

Was ist ein Diskurs? Was ist Diskursgeschichte? Und welchen Nutzen hat ein diskurshistorisches Vorgehen für die Untersuchung des Politischen? Diese Fragen sollen, soweit es der gewöhnliche Umfang eines wissenschaftlichen Aufsatzes zulässt, in diesem Beitrag geklärt werden. Doch bevor wir uns der Diskursgeschichte und ihrem möglichen Nutzen für die Untersuchung des Politischen widmen, muss zunächst eine allgemeinere Frage beantwortet werden, nämlich diejenige nach der Berechtigung eines diskurshistorischen Ansatzes. Indem man zu klären versucht, wie das spezifische Problem beschaffen ist, auf das die Diskursgeschichte zu reagieren versucht und das von etablierten Forschungsrichtungen offensichtlich nicht in hinreichender Weise angegangen werden konnte, lassen sich unter Umständen auch einige Missverständnisse aus dem Weg räumen, mit denen diskursanalytische Ansätze im Allgemeinen sowie diskurshistorische Zugänge im Speziellen immer wieder konfrontiert werden.

Betrachten wir dazu näher ein kurzes Exempel: Wendet man sich dem Bild zu, das sich in der Allgemeinheit über die historische Bedeutung Galileo Galileis etabliert hat, dann wird dort ein Wissenschaftler präsentiert, der grundstürzende Erkenntnisse zu Tage förderte, gemeinsam mit Johannes Kepler das heliozentrische Weltbild begründete und für diese und andere wissenschaftliche Wahrheiten auch den Kampf gegen Autoritäten und Dogmen aufnahm. Diese Darstellung hat fraglos einiges für sich, offenbart aber bei näherem Hinsehen, dass sie in nicht unwesentlichem Maß einer Perspektive geschuldet ist, die sich allzu einseitig auf Fragen der Modernisierung und Säkularisierung in der Neuzeit kapriziert und Galilei als einen der Säulenheiligen dieses Prozesses auserkoren hat. Diese etablierte Vorstellung von Galilei ist jedoch unvollständig. War es tatsächlich nur die hehre Suche nach der rationalen und wertfreien wissenschaftlichen Wahrheit, die ihn antrieb und die ihn gegen alle Widerstände und Repressionen an seinen Erkenntnissen festhalten ließ? Wohl kaum, denn wie Mario Biagioli in einer eindrücklichen Studie darlegte, war Galilei nicht nur Wissenschaftler, sondern auch Höfling. So suchte sich Galilei beispielsweise sehr geschickt die jeweiligen Universitäten und Fürstenhöfe aus, an denen er lehrte und arbeitete, um als Klient sukzessive von immer einflussreicheren Patronen gefördert zu werden. Er absolvierte in diesem Patronagesystem eine beeindruckende Karriere, die ihn zunächst über die Universitäten von Pisa und Padua zu einer Anstellung am Medici-Hof in Florenz führte, um von dort schließlich an den einflussreichsten Hof Italiens zu gelangen, denjenigen des Papstes in Rom. Von Bedeutung ist dies vor allem, weil die Institution des Hofes für die kognitive Legitimation von Galileis neuer Wissenschaft eine entscheidende Funktion übernahm, indem sie den Ort für die soziale Legitimation des Gelehrten bereit stellte und dies dem epistemologischen Status der wissenschaftlichen Ergebnisse zugute kam. Politische Macht und wissenschaftliche Erkenntnis gingen auf diese Weise eine untrennbare Verbindung ein (Biagioli 1999).

Die Wissenschaftsgeschichte ist neben Debatten in der Philosophie und der Erkenntnistheorie ohne Frage eine der wichtigsten Wurzeln der Diskursgeschichte. Hier stellte sich – mit Berücksichtigung bedeutender Vorläufer – nach dem Zweiten Weltkrieg in der Tat eine unübersehbare Unzufriedenheit mit der Nacherzählung eines konsekutiven Fortschritts in der menschlichen Erkenntnis ein. Eine solche historische Umgangsweise mit dem Gegenstand der Wissenschaft konnte auf der einen Seite Brüche und Diskontinuitäten nicht in zufrieden stellender Weise erklären, auf der anderen Seite zeichnete sie ein zu positives Bild von der Entwicklung der wissenschaftlichen Moderne und unterschlug deren Verluste und negative Konsequenzen. Diese wurden dann vor allem seit den 1960er Jahren in den Vordergrund gerückt (Canguilhem 1979; Hagner 2001; Fleck 1999).

Die grundlegenden Fragen, die in diesem Zusammenhang gestellt wurden, lauteten: Wie wird eine bestimmte Form des Wissens als Wissen etabliert und warum kommen alternative Erklärungsansätze nicht zum Zug oder werden abgedrängt? Hat dies tatsächlich nur mit wissenschaftsinternen Gründen des besseren Arguments zu tun oder spielen hierbei noch andere Faktoren eine Rolle? Warum taucht eine Wissensform ausgerechnet zu einem bestimmten Zeitpunkt in einem bestimmten Raum auf? Wer ist daran beteiligt, eine Wissensform als solche durchzusetzen?

Dabei wurden in der Wissenschaftsgeschichte auch Überlegungen aus einem anderen Diskussionsstrang aufgenommen, der für die Entwicklung von Diskurstheorie und Diskursgeschichte fraglos von großer, wenn nicht gar entscheidender Bedeutung wurde, nämlich die weit gefächerte Beschäftigung mit dem Phänomen der Sprache, wie sie im 20. Jahrhundert beispielsweise prominent vertreten wurde durch die Linguistik Ferdinand de Saussures, die Philosophie Ludwig Wittgensteins und Jacques Derridas oder den *linguistic turn*. Es war vor allem das

Stichwort des *linguistic turn* (Rorty 1967), das sich als begriffliches Dach entsprechender Diskussionen etablierte und dem es gelang, eine nicht unerhebliche Verunsicherung innerhalb der Geschichtswissenschaften auszulösen (Vernon 1994; Spiegel 1997; Schöttler 1997). In aller Knappheit lässt sich sein zentrales Anliegen dahingehend zusammenfassen, dass Sprache nicht mehr einfach nur als Mittel angesehen wird, um Wirklichkeit abzubilden, sondern dass der Sprache vielmehr eine wirklichkeitstragende und wirklichkeitsproduzierende Rolle zukommt. Verfolgt man vor diesem Hintergrund die bis in die Gegenwart andauernden Diskussionen, die sich in historischen Fachzeitschriften am Gegenstand des *linguistic turn* entzünden, dann geht es in diesem Kontext um nicht weniger als die Grundlagen der Disziplin Geschichte (Kiesow/Simon 2000). Denn durch den *linguistic turn* sahen nicht wenige Historikerinnen und Historiker die Wissenschaftlichkeit historischen Arbeitens gefährdet, da damit vermeintlich die Behauptung einherging – wie Derrida immer wieder verkürzend zitiert wurde –, dass es kein Außerhalb des Textes gäbe (Derrida 1996: 274). Das grundlegende Problem, das nicht wenige dadurch heraufziehen sahen, hörte auf den Namen Fiktionalisierung: Wenn es außerhalb des Textes nichts mehr gäbe, Geschichtswissenschaft sich nur noch in einem Kosmos von Texten abspielte, dann wäre nicht nur die Realität der Außenwelt (inklusive ihrer Vergangenheit) aufgegeben, sondern dann ließen sich auch beliebig Vergangenheiten erfinden (Evans 1997).

Verwunderlich ist, dass der *linguistic turn* gerade in den Geschichtswissenschaften zum Teil so heftige Reaktionen hervorrufen konnte, denn wenn er auf einen Bereich weit gehend applizierbar ist, dann gerade auf die Gegenstände historischer Forschung. Schließlich gehört es zu den Binsenweisheiten der Geschichtswissenschaft, dass sie sich fraglos für die Vergangenheit interessiert, dass die Vergangenheit aber nicht ihr eigentlicher Gegenstand sein kann, da sie schließlich vergangen ist. Gegenstand historischen Arbeitens sind vielmehr Texte, Bilder sowie andere Medien und Materialien, die an sich aber nicht die Vergangenheit sind, sondern aus denen Geschichte konstruiert wird (Goertz 1995; Veyne 1990). Daher ist der Satz Derridas, dass es außerhalb des Textes (Bildes, Monuments etc.) keine Realität gibt, für die Geschichtswissenschaften durchaus zutreffend. Die Frage ist nur, welche Konsequenzen man daraus zu ziehen gedenkt. Die radikale Variante der Fiktionalisierung scheint mir eher den düsteren Phantasien einer tief sitzenden Verunsicherung entsprungen zu sein, denn konsequent zu Ende gedacht, bedeutet die nicht zu leugnende Unhintergehbarkeit der textlichen Ebene für die historischen Wissenschaften nicht nur, dass es keine historische Realität außerhalb solcher zeichenhaften Formen gibt, sondern dass es auch keine Geschichte gegen diese Texte geben kann. Das alt bekannte Vetorecht der Quellen (Koselleck 1989: 206) wird durch den *linguistic turn* also nicht nur nicht angetastet, sondern vielmehr gestärkt. All dies ist aber selbstredend keine Gewähr gegen einen gewissen fiktionalen Anteil an der historischen Arbeit. Es wäre im Gegenteil naiv, einen solchen gänzlich negieren zu wollen, denn es besteht nicht nur die Gefahr, dass Erfindungen aus der Vergangenheit zur Geschichte werden, wie zahlreiche erfolgreiche Fälschungen von Quellen immer wieder belegen, sondern eine gewisse Erfindungsgabe gehört zum täglichen Geschäft historischen Arbeitens, wenn beispielsweise Kausalitäten hergestellt werden, die keineswegs direkt den Quellen zu entnehmen sind, um auf diesem Weg sinnhafte und in sich geschlossene „Geschichten" zu erzählen.

Folgt man demnach der Prämisse, dass der Sprache gemeinsam mit anderen Zeichensystemen bei der Konstruktion von Geschichte (und von Wirklichkeit überhaupt) eine herausragende Bedeutung zukommt – so ließe sich zumindest ein zentrales Problem der Diskursgeschichte benennen –, dann steht dies in enger Verbindung mit einer anderen, auf den ersten Blick möglicherweise naiv anmutenden Beobachtung. Wendet man sich nämlich den Inhalten zu, die in diesen Zeichensystemen erfasst werden, dann lässt sich nicht übersehen, dass nicht zu allen Zeiten oder in allen Situationen all das sprachlich zum Ausdruck gebracht werden kann, was grammatikalisch möglich ist (Foucault 1991b: 63; Bourdieu 1993a: 69). Dieser Umstand ist nur allzu bekannt. Es gibt gesellschaftliche Anlässe, in denen bestimmte Worte besser nicht ausgesprochen und bestimmte Themen besser nicht angeschnitten werden sollten, es gibt gewisse Meinungen, die zu äußern man besser unterlässt, möchte man sich von den Umstehenden keine verwunderten Seitenblicke einfangen, und es gibt immer wieder Gelegenheiten, in denen man die Sprache wechseln muss (ohne dass damit Fremdsprachen gemeint sind), weil man mit einem Arzt anders spricht als mit dem Kind aus der Nachbarschaft oder mit einem Fahrkartenkontrolleur. Mit anderen Worten: Es gibt Regeln, die darüber befinden, was in einem bestimmten Zusammenhang als sprachlich passend angesehen wird und was nicht. So ist beispielsweise der Satz „Der erste Mensch wurde aus einem Klumpen Erde geformt" grammatikalisch zwar durchaus korrekt und auch formulierbar, allerdings ist von seiner Verwendung auf einem Medizinerkongress eher abzuraten, wenn man ihn nicht als Scherz, sondern als ernsthafte Behauptung vorbringt.

Im Kontext sozialer Verhaltensnormen mögen solche Beobachtungen eher trivial wirken, da sie verhältnismäßig leicht zu durchschauen sind. Allerdings setzen sie sich mit einem höheren Komplexitäts- und Abstraktionsgrad auch in weiteren Zusammenhängen fort und betreffen – das Beispiel der Erschaffung des Menschen deutet es bereits an – ganz grundlegende Wissensformen. Auf dieser Ebene lassen sich entsprechende Mechanismen wesentlich weniger leicht durchschauen und benennen. Nimmt man daher in dem bereits ausgeführten Sinn die

Bedeutung von Sprache in vollem Umfang zur Kenntnis, dann kann die Tragweite solcher Beobachtungen kaum überschätzt werden. Denn wenn Sprache in entscheidender Weise unsere Welt konstituiert, dann ist offensichtlich nicht jede beliebige Welt möglich. Bei näherem Hinsehen gilt dies selbst für fiktive Welten, die – wie fantastisch sie auch immer sein mögen – immer noch den Anschluss an die Wirklichkeit ihrer Rezipienten erhalten müssen, da sie ansonsten unverständlich bleiben.

Die Beobachtung lässt sich derart zusammenfassen, dass es zu einer offensichtlichen Verknappung von Aussagemöglichkeiten über die Welt kommt (Foucault [1970] 1991a). Und hiermit ist eines der zentralen Probleme benannt, auf das die Diskursgeschichte eine Antwort zu geben versucht und die in anderen wissenschaftlichen Ausrichtungen offensichtlich nicht zu finden war: Wie kommt es zu dieser Verknappung von Aussagemöglichkeiten über die Welt, wer oder was zeichnet dafür verantwortlich, wie gestaltet sich die räumliche und gesellschaftliche Verteilung von Aussagemöglichkeiten und nach welchen Regeln geht ihre Verknappung vonstatten? Mit einer solchen Benennung des grundlegenden Problems, das die Diskursgeschichte umtreibt, verbindet sich zugleich die Hoffnung, dass es möglich sein müsste, auf einer empirischen Basis die Prozesse zu identifizieren, die zu dieser Verknappung führen, sowie die Regeln aufzudecken, nach denen die Konstruktion von Wirklichkeit vonstatten geht.

Ein solches Unterfangen kann sich konsequenterweise nicht auf sprachliche Äußerungen beschränken, sondern muss ebenso andere Praktiken berücksichtigen. Organisiert wird auf diesem Weg also nicht nur das Sagbare, sondern ebenso das Machbare und Denkbare. Es lässt sich nicht nur an Situationen denken, in denen bestimmte Äußerungen getätigt werden müssen oder besser unterbleiben sollten, sondern von der angesprochenen Verknappung sind ebenso Handlungsmöglichkeiten betroffen. Man sollte also besser nicht beim Abendessen in das Tischtuch schnäuzen, Mädchen eher Puppen als Rennautos zum Geburtstag schenken oder zur Begrüßung anderer Menschen nicht am Ohr ziehen. Und auch wenn man es angesichts des aufklärerischen Mottos, dass die Gedanken frei seien, möglicherweise nicht wahr haben möchte, so sind doch selbst Denkmöglichkeiten von dieser Verknappung betroffen. Stellt man sich beispielsweise einen Franzosen vor – was sieht man? Möglicherweise einen Baskenmütze tragenden und Baguette knabbernden Menschen, der mit einer Zigarette im Mund über einen Boulevard schlendert. Man denkt aber wohl kaum an einen Menschen, der eine Baseballmütze trägt und einen Hamburger isst, auch wenn sich möglicherweise in den USA ähnlich viele Baskenmützenträger finden lassen wie Menschen in Frankreich, die Hamburger essen.

2   Die diskursive Produktion von Wirklichkeit

Versucht man vor diesem Hintergrund zu bestimmen, was ein Diskurs ist, so lässt sich zunächst eine negative oder ausschließende Eigenschaft festhalten, die darin besteht, dass ein Diskurs bestimmte Möglichkeiten des Redens, Denkens und Handelns über die Welt verunmöglicht. So erscheint es uns völlig selbstverständlich, grundlegende Unterschiede zwischen Männern und Frauen oder zwischen Menschen von unterschiedlichen Kontinenten anzunehmen, während ähnliche Differenzen zwischen kleinen und großen Menschen oder zwischen Weintrinkern und Biertrinkern nicht angenommen werden. Eine Teilung der Menschheit aufgrund der Körpergröße oder des bevorzugten alkoholischen Getränks erscheint uns unsinnig – aber muss das so bleiben? Lässt sich eine (wenn auch fiktive) Welt denken, in der eine solche Unterscheidung eine konstitutive Rolle einnimmt? Und wäre diese Welt so viel unsinniger als diejenige, die wir selbstverständlich hinnehmen?[1]

Doch die Beschäftigung mit Diskursen besteht nicht vor allem darin, sich mögliche Welten auszudenken. Dieser Blick auf die Negativfolie der gegebenen Welt hat vor allem die heuristische Funktion, die Konstitution der eigenen soziokulturellen Wirklichkeit besser zu verstehen. Daher lässt sich in positiver Hinsicht ein Diskurs dahingehend bestimmen, dass er mit dem Ausschluss bestimmter Möglichkeiten von Wirklichkeit zugleich eine bestimmte Version von Welt (oder besser: eine geringe Spannbreite möglicher Welten) zulässt und etabliert (Laclau 1993). Woran aber kann man erkennen, dass es sich hierbei um Diskurse und nicht um eine unhintergehbare Naturnotwendigkeit handelt? Auch hierfür hält die Negativfolie einen einfachen Test bereit: Würden im Falle eines Diskurses alle Menschen beschließen, das exakte Gegenteil der bisher geübten Praxis zu tun, das heißt den Mädchen die Rennautos zu schenken und den Jungen die Puppen, würde die Welt nicht in sich zusammenstürzen. Es wäre einfach nur eine neue Regel – ein anderer Diskurs. In eben diesem Sinn war es ja auch möglich, dass Frauen sich im Verlauf des 20. Jahrhunderts in vielen Bereichen des sozialen Lebens eine verbesserte Position erkämpfen konnten, Universitäten besuchen durften oder das Wahlrecht erhielten, obwohl es im 19. Jahrhundert noch feste Überzeugungen gab, dass sie dazu aufgrund ihrer intellektuellen und biologischen Konstitution nicht in der Lage seien. Die Physis der Frau hat sich seither nicht verändert – der Diskurs sehr wohl.

---

[1] In der Literatur von Jorge Luis Borges finden sich immer wieder Beispiele dafür, solche unmöglichen und zugleich realistischen Welten zu denken.

Da es kaum dem Zufall zuzuschreiben sein dürfte, welche Elemente durch einen Diskurs ein- oder ausgeschlossen werden, müssten sich die Regeln beschreiben lassen, nach denen diese Mechanismen der Inklusion und Exklusion funktionieren. Und damit sind wir bereits inmitten der täglichen Arbeit, die Diskurshistorikerinnen und -historiker umtreibt. Denn eben um die Identifizierung solcher Diskurse und die Beschreibung ihrer Wirkungsweise geht es der Diskursgeschichte: Welche diskursiv produzierten Wirklichkeiten lassen sich in einem bestimmten Raum und zu einer bestimmten Zeit beobachten? Welche Varianten und Alternativen wurden dadurch möglicherweise ausgeschlossen? Welche Wirkungen hatte die Etablierung solcher Diskurse und nach welchen Regeln sind sie organisiert?

Nun bestehen bei der Beschäftigung mit Diskursen einige nicht zu übersehende Schwierigkeiten, die nicht zuletzt auf das Wort Diskurs selbst zurückzuführen sind. Denn als müsste der ohnehin schon nicht ganz einfache Diskussionsstand nochmals an Komplexität gewinnen, existieren mehrere Varianten des Diskursbegriffs nebeneinander, die erhebliche Bedeutungsunterschiede aufweisen (Schalk 1997/98; Maingueneau 1991: 14-16; Sawyer 2002). So findet vor allem in der Sprachwissenschaft ein Diskursbegriff Verwendung, der auf konkrete kommunikative Situationen Bezug nimmt, enge Verbindungen mit *discourse* im Englischen beziehungsweise *discours* im Französischen in der Bedeutung von „Darlegung", „Gespräch" oder „Rede" aufweist und vornehmlich die tatsächliche Verwendung von Sprache, meist mit einer klaren Betonung der Mündlichkeit bezeichnet (Gee 1999; Schiffrin 1994; Renkema 2004). Auf diesen Grundüberlegungen ruht auch die Forschungsrichtung der *Critical Discourse Analysis* auf, die allerdings im Gegensatz zur sonstigen Verwendung von „Diskurs" in der Linguistik ein noch stärkeres Gewicht auf die sozialen Grundlagen von Sprache legt (Fairclough 1995; Dijk 1993; Wodak 1996). Ein zweiter bedeutender Diskursbegriff wird im Rahmen einer Diskursethik am prominentesten von Jürgen Habermas vertreten, wobei hier vor allem ethisch-philosophische Problemstellungen im Vordergrund stehen. Angesiedelt in einem fortgesetzten Projekt der Aufklärung geht es der Diskursethik darum, die Wahrheitsfähigkeit praktischer Fragen zu erweisen und moralische Normen und Werte zu begründen. In Diskursen, die auf intersubjektiv anerkannten Geltungsansprüchen wie Wahrheit, Richtigkeit und Verständlichkeit beruhen, sollen solche Normen entwickelt werden, die allgemeine Gültigkeit beanspruchen und in ihren Folgen von allen Betroffenen akzeptiert werden können (Habermas 1983; Habermas 1991; Lumer 1997; Gottschalk-Mazouz 2000; Meyer 2000; Nolte 1986).

Diese linguistischen beziehungsweise philosophisch-ethischen Diskursbegriffe haben fraglos auch für die Diskursgeschichte ihre Relevanz, jedoch ist ein dritter Diskursbegriff wesentlich einflussreicher geworden. Demnach ist ein Diskurs zunächst ein soziales und historisches Phänomen, das heißt er kann einer bestimmten Zeit, einer bestimmten gesellschaftlichen Formation und einer bestimmten Kultur zugeordnet werden. Zur näheren Einordnung ist es vor allem wichtig, nach den Funktionen zu fragen, die ein Diskurs in einem solchen Rahmen übernimmt. Und hier wurde von unterschiedlichen Seiten, aber am einflussreichsten sicherlich von Michel Foucault die Hypothese formuliert, dass ein Diskurs zu einer gegebenen Zeit und in einer gegebenen Kultur dafür sorgt, dass Wissen eine „wohldefinierte Regelmäßigkeit" (Foucault [1966] 1997a: 9) besitzt. Es existieren also Regeln, nach denen Wissen produziert wird, Regeln, die zwar nicht immer explizit gemacht werden müssen, die aber nichtsdestotrotz eminente Wirkung entfalten können, gerade weil sie unterschwellig wirken und auch über die Grenzen einzelner Wissensbereiche hinaus Relevanz besitzen.

Als recht allgemeines Beispiel lässt sich die in vielen Bereichen der westlichen Welt zu beobachtende Dreiteilung nennen. Um einen Problembereich zu unterteilen, aber auch um aus einzelnen Teilen wiederum eine Gesamtheit zu formen, spielt die Dreizahl in der europäischen Kulturgeschichte eine wichtige Rolle (Brandt 1998). Sei es das Triptychon in der Kunst, die Trilogie in der Literatur, die Dreiteilung von schriftlichen Abhandlungen mit Einleitung, Hauptteil und Schluss (Bourdieu 1989: 10) – immer wieder wird durch die Dreizahl der Eindruck von Vollständigkeit, aber auch von erschöpfender Ausführlichkeit vermittelt, während die Zweiteilung eines Gegenstandes zuweilen den Eindruck des „zu wenig", die Vierzahl hingegen das Gefühl eines „zu viel" evozieren kann. Die Dreiteilung ist so weit verbreitet und wird als so „natürlich" empfunden, dass es schwer fällt, ihre genauen Wurzeln auszumachen, aber man wird wohl kaum fehl gehen, wenn man auf die christlichen Hintergründe der Dreifaltigkeit verweist (Scholl 2005).

Aufgrund solcher Beobachtungen, die sich durch eine Häufung von Äußerungen auszeichnen, die einen bestimmten Wissensbereich betreffen, fragt Foucault beispielsweise nach dem System, in dem sich diese Aussagen bewegen, sowie nach den Regelmäßigkeiten, denen sie unterworfen sind. Der Ausgangspunkt erscheint dabei zunächst trivial, denn es ist die einfache Feststellung, dass es bestimmte Dinge gibt und nicht vielmehr nicht gibt. Die Dreiteilung von Gegenständen ist eine positiv feststellbare Tatsache, insofern kommt dem Diskurs eine Positivität zu. Die Dinge, die gemacht wurden, sind gemacht worden, und die Äußerungen, die gesagt wurden, sind gesagt worden. Diese Feststellung kann schon genügen, um den Beginn einer Diskursgeschichte zu markieren – zumindest wenn man sich das Staunen darüber bewahrt, dass die Dinge ausgerechnet so und nicht anders sind. Vor diesem Hintergrund definiert Foucault einen Diskurs folgendermaßen: „Diskurs wird man eine Menge von Aussagen nennen, insoweit sie zur selben diskursiven Formation gehören. [...] Er wird durch eine begrenzte Zahl von Aussagen konstituiert, für die man eine Menge von Existenzbedingungen definieren kann." (Foucault [1969] 1997b: 170)

Die Verbindung von Sprache, Diskurs und Macht kommt auch bei anderen Theoretikern zum Tragen, wobei neben Foucault als einflussreiche Namen vor allem Pierre Bourdieu (Bourdieu 1990) sowie Ernesto Laclau und Chantal Mouffe (Laclau/Mouffe 2000) zu nennen sind. Auch wenn sich zwischen den jeweiligen Ansätzen nicht unwesentliche Differenzen auftun, so lassen sich doch auch grundlegende Übereinstimmungen konstatieren. Gemeinsam ist ihnen vornehmlich eine Problemstellung, die auf die Frage abzielt, wie und von wem legitime Definitionen der gesellschaftlichen Wirklichkeit durchgesetzt werden. Deshalb steht die Behandlung von Diskursen immer auch mit der Frage in Zusammenhang, welche Wahrnehmungsweise der Wirklichkeit als gültig akzeptiert wird. „Denn Erkenntnis von sozialer Welt und, genauer, die sie ermöglichenden Kategorien: darum geht es letztlich im politischen Kampf, einem untrennbar theoretisch und praktisch geführten Kampf um die Macht zum Erhalt oder zur Veränderung der herrschenden sozialen Welt durch Erhalt oder Veränderung der herrschenden Kategorien zur Wahrnehmung dieser Welt." (Bourdieu 1995: 18f.)

Spätestens an dieser Stelle wird deutlich, weshalb und auf welche Weise der diskurshistorische Ansatz immer auch und sogar zwingender Weise Geschichte des Politischen sein muss. Denn gesellschaftlich und historisch wirkmächtig werden Diskurse vor allem durch ihre Kopplung mit der Macht. Diskurs und Macht sind untrennbar miteinander verwoben, da Diskurse Macht ausüben, insofern sie definieren können, was in einem bestimmten Wissensfeld als Wahrheit gilt und auch anerkannt wird, während Institutionen oder Personen, die mit ausreichenden Machtmitteln ausgerüstet sind, auf den Diskurs einwirken und seine Formationsregeln verändern können. Das Verhältnis von Diskurs und Macht ist dabei nicht kausal zu denken, sondern in Form eines gegenseitigen Bedingungsgefüges, da der Diskurs die Macht voraussetzt, zugleich aber Machtbeziehungen hervorbringt. Durch diese Kopplung mit der Macht können Diskurse Ordnungsfunktionen ausüben, Ausschließungen vornehmen sowie zur bereits erwähnten Verknappung von Aussagemöglichkeiten und sprechenden Subjekten führen. Sie ordnen angehäuftes Wissen, machen es begrifflich fassbar und stellen Unterscheidungskriterien zur Verfügung. Indem auf diese Weise das Wahre vom Falschen getrennt oder das Normale vom Anomalen separiert wird, finden durch Diskurse permanent Einhegungen und Ausgrenzungen statt – und dies mit zuweilen dramatischen und weit reichenden Konsequenzen (Foucault [1970] 1991a; Maset 2002).

Eine der wichtigsten sprachlichen Konkretisierungen des Diskurses, welche die deutsche Sprache in diesem Zusammenhang kennt, ist das Wörtchen man. Man tut dieses oder jenes, man sagt dies, aber nicht das, und man weiß genau, dass es sich so verhält und nicht anders. Wer aber ist dieser man und weshalb sind seine Regeln verbindlich? Vor allem: Wer hat sie zu Vorschriften erklärt, denen es zu folgen gilt? Auf der Suche nach einer Antwort findet sich keine konkrete Person oder Institution, auch kein eindeutig identifizierbares Machtzentrum, sondern ein nur schwer zu fassenden Gewirr aus sozialen Regeln, deren Ursprünge nur unter Schwierigkeiten auszumachen sind. Diese Regeln bestimmen ganz offensichtlich in dem bereits ausgeführten Sinn dasjenige, was zu einer bestimmten Zeit und in einer bestimmten Situation sinnvoller Weise gesagt und getan werden kann und dabei auch als „Wahrheit" Anerkennung findet. Sie schließen aber zugleich andere, theoretisch mögliche Formen des Sagens, Handelns und Denkens aus.

Eben diese schwer zu fassenden, weil allzu selbstverständlichen Regeln sollen mit dem Begriff des Diskurses erkennbar gemacht werden. Wollte man sich vor diesem Hintergrund an eine Definition wagen, so könnte diese folgendermaßen lauten: Diskurse sind regelmäßige, strukturierte und sich in einem bestimmten historischen Zusammenhang bewegende Praktiken und Redeweisen, die einen gewissen Grad der Institutionalisierung erreicht haben und benennbaren Formationsregeln unterliegen.

Die Identifizierung solcher Regeln, die den Diskurs konstituieren, ist jedoch nur ein erster Schritt in der Untersuchung von Diskursen. Das vornehmliche Ziel besteht in der Rekonstruktion historischer Wissensformen und Wirklichkeiten. Diskurse organisieren in grundlegender Weise die Formen der Wahrnehmung. Sie sagen uns, wie bestimmte Dinge beschaffen sind, wo Grenzen verlaufen, welche Kategorien wir zur Unterteilung der Objekte der Außenwelt zugrunde legen – mit einem Wort: Sie stellen Wissen über die Wirklichkeit her, wodurch uns versichert wird, dass den Phänomenen unserer Umgebung ganz bestimmte Eigenschaften zukommen. Damit lassen sich Wissen und Wirklichkeit, diese philosophisch in erheblichem Maße aufgeladenen Begriffe, im Kontext einer Diskursgeschichte auf den empirischen Boden zurückholen, indem sie als soziale Produkte konzeptualisiert werden. Im Ergebnis zeigt sich, dass Gesellschaften permanent damit beschäftigt sind, diskursiv Wissen und Wirklichkeit zu erschaffen. Denn die Wirklichkeit, in der sich Menschen bewegen, erscheint deshalb als real, weil diese Menschen ein Wissen besitzen, das Phänomene der Außenwelt mit bestimmten Bedeutungen versieht. Wissen lässt sich als das diskursiv etablierte Ensemble dieser Bedeutungen begreifen, das zugleich von einer bestimmten Gruppe als gültig und real anerkannt wird. Die Frage, wie Gesellschaften ihre

Wirklichkeit mit Bedeutungen aufladen und in Form von Wissensbeständen hervorbringen und akzeptieren, steht für die Diskursgeschichte im Zentrum des Interesses.

Solche diskursiven Bedeutungszuweisungen und Wirklichkeitskonstruktionen bewegen sich – und darauf gilt es immer wieder gesondert hinzuweisen – keineswegs ausschließlich im Reich der Sprache. Foucault hat versucht, mit dem Begriff des Dispositivs auf den Umstand hinzuweisen, dass Diskurse nicht auf die sprachliche Ebene beschränkt bleiben, sondern sich auf alle Bereiche menschlicher Aktivität ebenso wie auf Dinge und Artefakte beziehen (Foucault 1978: 119f.; Jäger 2001; Deleuze 1989). Im selben Maß, in dem Sprechen eine Diskurs konstituierende Handlung ist, trägt auch jede andere Praxis und jeder Gegenstand zur Aufrechterhaltung oder Veränderung von Diskursen bei. Die häufig anzutreffende Trennung von diskursiven und nicht-diskursiven Praktiken ist daher kaum tragfähig. Wenn Diskurse tatsächlich soziokulturelle Wirklichkeit hervorbringen und mit Bedeutung aufladen, dann kann sich dies nicht auf sprachliche Aktivität beschränken. In diesem Sinne gibt es in der Tat kein Außerhalb des Diskurses, denn entweder ist uns die Wirklichkeit in ihren vielfältigen Formen diskursiv vermittelt oder sie ist gar nicht.

Dies gilt es im Blick zu behalten, denn die Krux der historischen Betrachtung von Diskursen ist, dass sie diese außersprachliche oder nicht zeichenhaft vermittelte Ebene nur in sehr wenigen Fällen erreicht. Schließlich ist die Geschichte auf Überlieferungen aus der Vergangenheit angewiesen, und selbst wenn es sich um die Beschreibung bestimmter Praktiken handelt, beispielsweise Grußformen früherer Jahrhunderte, dann können wir diese Handlungen doch in den allermeisten Fällen nur sprachlich (oder bildlich) „beobachten". Und damit ist bereits ein wichtiger Aspekt angesprochen, der die historische Dimension von Diskursen im Besonderen auszeichnet.

3 Geschichte in Diskursen

Worin das Spezifikum einer historischen Betrachtung von Diskursen besteht, lässt sich möglicherweise am ehesten in Abgrenzung von einer anderen Forschungsrichtung bestimmen, die zwar zahlreiche Parallelen aufweist, weshalb es auch durchaus zu einer gegenseitigen Befruchtung kommt, die sich aber auch durch einige markante Unterschiede auszeichnet. Gemeint ist die Begriffsgeschichte, eine der wichtigsten historischen Forschungsrichtungen des 20. Jahrhunderts, die mit dem Lexikon der „Geschichtlichen Grundbegriffe" eine der eindrücklichsten geschichtswissenschaftlichen Leistungen nach dem Zweiten

Weltkrieg vorgelegt hat (Brunner/Conze/Koselleck 1972-1997). Reinhart Koselleck, der als „geistiger Vater" sowohl der Begriffsgeschichte als auch der „Geschichtlichen Grundbegriffe" gelten kann, zielte mit dieser Unternehmung keineswegs in Richtung eines Lexikons geschichtswissenschaftlicher Fachbegriffe oder eines etymologischen Wörterbuchs. Vielmehr ging und geht es darum, „Leitbegriffe der geschichtlichen Bewegung" (Koselleck 1972, XIII) ausfindig zu machen und deren Entwicklung auf breiter Datenbasis zu beschreiben. In der Angewiesenheit aller gesellschaftlichen Schichten und Gruppen auf diese Grundbegriffe sieht Koselleck deren basalen Charakter begründet, da sie notwendig sind, um Erfahrungen und Interessen zu artikulieren. Vor allem die Bewusstwerdung und Bewusstmachung der modernen Welt in Form von Begriffen steht dabei im Mittelpunkt, so dass beispielsweise Verfassungsbegriffe, Schlüsselworte der wirtschaftlichen und sozialen Organisation, Leitbegriffe politischer Bewegungen, Bezeichnungen sozialer Schichtungen oder Ideologien Berücksichtigung finden. Als zentrale Frage steht dabei im Raum, wie sich in diesen Begriffen die Ablösung der vormodernen durch die moderne Welt manifestiert, wobei insbesondere Kosellecks Begriff der „Sattelzeit" zum Tragen kommt. Die Bedeutung dieser um 1800 angesiedelten „Sattelzeit" liegt laut Koselleck darin, dass seitdem Begriffe nicht mehr übersetzt werden müssen, um in der Gegenwart verständlich zu sein, weil sie in eben dieser Zeit ihre moderne Bedeutung erhielten (Koselleck 1967; Koselleck 1972; Koselleck 1989: 107-129; Koselleck 1992).

Einige Parallelen zwischen Begriffsgeschichte und der Diskursgeschichte liegen auf der Hand, vor allem soweit es die Hervorhebung der Bedeutung von Sprache für die Erfassung historischer Prozesse betrifft. Allerdings ergeben sich auch einige markante Unterschiede, anhand derer sich die Inhalte und Ziele einer Diskursgeschichte nochmals genauer fassen lassen (Busse 1987: 43-76).

Ein erster wichtiger Unterschied zwischen Begriffs- und Diskursgeschichte ist darin zu sehen, dass sich die Diskursgeschichte nicht auf einzelne Begriffe konzentriert. Während die Begriffsgeschichte davon ausgeht, dass Begriffe das Kondensat historischer Prozesse darstellen, fasst die Diskursgeschichte weit über diese Ebene hinaus, ja kann und will im Prinzip keinen Bereich historischer Überlieferung außer acht lassen, unabhängig davon, ob es sich um Worte, Gesten, Bilder, Praktiken oder Dinge handelt. Schließlich können all diese Aspekte für die Konstitution des jeweiligen Gegenstandes von großer Bedeutung sein – man denke nur an die Rolle, die Begrüßungsrituale für die Konstruktion von Subjektivität und Individualität haben.

In enger Beziehung mit diesem Aspekt steht ein weiterer Unterschied, den es zu betonen gilt und der die grundsätzliche Rolle der Sprache betrifft. Für die Begriffsgeschichte ist die Sprache in Form von Begriffen der zentrale Untersuchungsgegenstand. Der Zugang der Diskursgeschichte ist hier insofern ein anderer, als Sprache zwar durchaus eine herausragende Stellung im Forschungsprogramm einnimmt, aber zum einen nicht das einzige Zeichensystem ist, mit dem sich die Diskursgeschichte beschäftigt, zum anderen diese Konzentration auf Sprache nicht der Überzeugung geschuldet ist, dass historische Prozesse vor allem oder gar ausschließlich in sprachlicher Form zur Geltung kämen. Vielmehr ist für die Diskursgeschichte die Konzentration auf Zeichensysteme wie die Sprache eine Konsequenz aus der Einsicht, dass Geschichte nur über die zeichenhafte Vermittlung zugänglich ist, wobei Sprache neben bildhaften Formen fraglos die prominenteste Rolle einnimmt. Weil die Sprachen der Vergangenheit nicht nur Transporteure historischer Informationen, sondern bereits Konstrukteure von Geschichte sind, gilt es diese Rolle ausreichend zu berücksichtigen. Insofern hat die Aussage immer noch Gültigkeit, dass „all historians, even of positivist stripe, live and breathe in a world of texts" und „that knowledge of the past is primarily present to us in textual form." (Spiegel 1997: 50f.) Vor diesem Hintergrund muss man der Begriffsgeschichte wohl den Vorwurf machen, dass sie sowohl den situativen wie auch den zeitlich übergreifenden Kommunikationssituationen, in denen sich Sprache in der Geschichte konkretisiert, nicht ausreichend Beachtung schenkt (Knobloch 1992).

Dies zeigt sich auch daran, dass in der wissenschaftlichen Praxis der Begriffsgeschichte nicht zu übersehen ist, dass entgegen programmatischer Äußerungen der soziale Kontext der Begriffe unterbelichtet bleibt. Man hat es also, wie Koselleck selbst formulierte, mit einem „reflektierten Historismus" (Dipper/Koselleck 1998: 188) zu tun, der sich der Tradition der Ideengeschichte verpflichtet weiß. Dadurch geraten jedoch Fragen aus dem Blickfeld, die für die Diskursgeschichte von elementarer Bedeutung sind, nämlich von wem bestimmte Diskurse initiiert werden, wie sie in sozialen, wirtschaftlichen, politischen und kulturellen Zusammenhängen wirken und auf welche Weise dadurch Macht ausgeübt wird.

Schließlich ist hervorzuheben, dass die Begriffsgeschichte das Ergebnis ihrer Untersuchung bereits kennt. Es geht um die Bestätigung der These von der „Sattelzeit" und um die Frage, inwieweit sich diese begrifflich niedergeschlagen hat. Nun ist es ohne Zweifel so, dass sich um 1800 zahlreiche historische Wandlungsprozesse vollzogen und sicherlich auch begrifflich verdichtet haben. Allerdings besteht die Gefahr, dass mit diesem präformulierten Ziel vor Augen beispielsweise Kontinuitäten aus dem Blick geraten oder alternative Entwicklungen nicht mehr wahrgenommen werden können. Die Diskursgeschichte versucht demgegenüber nicht, einer vorab angenommenen historischen Entwicklung nachzuspüren, sondern will den diskursiven Produktionsprozessen von Wissen und Wirklichkeit auf den Grund gehen. Einzige Vorannahme hierbei ist, dass solche Prozesse stattgefunden haben, dass Gesellschaften ihre Realität also mit bestimmten Bedeutungsnetzen ausstatten und somit das Sinnvolle vom Sinnlosen trennen, das Wahre vom Falschen und das Gute vom Bösen. Wie und wann sich diese diskursiven Wirklichkeiten ausbildeten und veränderten, muss dabei jedoch der einzelnen empirischen Untersuchung überlassen bleiben. Fraglos lässt sich aber davon ausgehen, dass sozial und räumlich parallel mehrere solcher Wirklichkeiten bestanden und sich nicht auf einen Generalnenner herunterkürzen lassen.

Die Diskursgeschichte zielt daher auf nicht mehr und nicht weniger als auf eine Historisierung der (vermeintlich überzeitlichen und unhistorischen) Abstrakta Wissen, Wirklichkeit und Wahrheit (Landwehr 2001). Dabei geht es gerade nicht nur um die explizit gemachten Wissensbestände, wie sie beispielsweise in der Wissenschaftsgeschichte vornehmlich behandelt werden, sondern auch und vor allem um Selbstverständlichkeiten, die als wahres Wissen Eingang in die soziale Wirklichkeit finden und über die eine Verständigung nicht mehr nötig erscheint, ja die in besonders erfolgreichen Fällen sogar den Anschein der Natürlichkeit annehmen können. Die Diskursgeschichte interessiert sich für die Veränderung sozialer Realitätsauffassungen und für die sich wandelnden Wahrnehmungsweisen der Außenwelt. Da die Gegenstände und Sachverhalte der Welt in der Bedeutung, die sie für eine Gesellschaft haben, erst durch die sprachliche Aneignung konstituiert werden, kann die Geschichte der Verständigung über die Wirklichkeit gar nicht von der geschichtlichen Veränderung dieser Wirklichkeit getrennt werden. Mit dem Wandel sprachlicher Bedeutungsmuster geht unweigerlich eine Veränderung der Wahrnehmung der Wirklichkeit einher – und eben hier setzt eine Diskursgeschichte an, die sowohl die Sachverhalte erforscht, die zu einer bestimmten Zeit in ihrer sprachlichen und gesellschaftlichen Vermittlung – und eine andere Art der Aneignung von Welt ist nicht denkbar – als gegeben anerkannt werden, als auch die Frage stellt, wie soziale Wirklichkeiten umgeformt werden, sich allmählich verändern und zuweilen sogar untergehen (Busse 1987).

4   Diskursgeschichte als Geschichte des Politischen

Aus dem bisher Ausgeführten dürfte deutlich geworden sein, dass es zu den Kernbereichen der Diskursgeschichte gehört, immer auch politisch inspirierte Fragen zu stellen. Daher muss abschließend nicht mehr das Problem erörtert werden, ob Diskursgeschichte auch politische Geschichte ist, sondern es gilt resümierend festzuhalten, in welcher Form sie eine Geschichte des Politischen ist.

Denn in der dargelegten Weise Aspekte wie Wirklichkeit, Wissen und Wahrneh-mung zu historisieren und an ihr gesellschaftliches Umfeld anzukoppeln, impli-ziert unweigerlich mehrere, damit in Zusammenhang stehende Fragen: Wie kann es unter diesen Umständen überhaupt zur Etablierung verbindlichen Wissens kommen und wie lässt sich eine Einigung darüber erzielen, was Wirklichkeit ist? Mit welchen Mitteln und Medien kann die Verbindlichkeit von Wissensbestän-den hergestellt werden? Wer besitzt schließlich die Möglichkeiten, in diesen Be-reichen Einfluss zu nehmen und Standards zu setzen? Wenn Diskurse weder aus dem Boden wachsen noch vom Himmel fallen, sondern als Ergebnisse gesell-schaftlichen Mit- und Gegeneinanders ernst genommen werden, dann sind sie unweigerlich mit Fragen der Politik verknüpft (Landwehr 2003; Stollberg-Rilinger 2005).

Insofern Diskurse für Gesellschaften zentrale Funktionen übernehmen, zu denen nicht zuletzt diejenige gehört, Ordnungen herzustellen, zu verbürgen und zu repräsentieren, sind sie zugleich Gegenstand wie Mittel in den machtgesättig-ten und schlussendlich politischen Auseinandersetzungen, die eine Gesellschaft durchziehen. In dieser Hinsicht sind sie zwangsläufig Bestandteil des Politischen, das sich als Einrichtung des Sozialen sowie als Produktion, Reproduktion und Transformation sozialer Verhältnisse begreifen lässt. Diskursgeschichte als politi-sche Geschichte versucht daher zu vermeiden, das Politische vorschnell mit be-stimmten Institutionen, Personen oder Programmen in Verbindung zu bringen (auch wenn diesen fraglos eine eminent wichtige Rolle zukommt). Um diese Nicht-Abschließbarkeit des politischen Feldes zu betonen, ist auch vom Politi-schen und nicht von „der Politik" die Rede. Ernesto Laclau und Chantal Mouffe folgend lässt sich sagen, dass in diesem Terrain des Politischen durch eine Viel-zahl von – in unterschiedlicher Weise – politisch Handelnden Knotenpunkte der Bedeutung partiell (aber nie endgültig) festgelegt werden. Handlungen, Rede-weisen, Symbole etc., die sich in der einen oder anderen Weise auf die Einrich-tung und Ordnung des Sozialen beziehen, konstituieren mithin in einem endlo-sen und unabschließbaren Prozess das Politische (Laclau/Mouffe 2000).

Zu den Elementen, die auf diese Weise diskursiv zum Vorschein und zur „Existenz" gebracht werden, gehören unter anderem Elemente, die man übli-cherweise als erstes mit dem Stichwort der Politik in Verbindung bringt, nämlich Institutionen wie der Staat oder Personen, denen man die Eigenschaft zuschreibt, Politikerinnen und Politiker zu sein (Frank 2002). Insbesondere Pierre Bourdieu hat wiederholt auf die Bedeutung hingewiesen, die Diskurse für die Konstitution des politischen Feldes haben. Nach seinem Dafürhalten geht es nämlich in politi-schen Auseinandersetzungen erst auf einer zweiten Stufe um Fragen der Gestalt- und Machbarkeit in unterschiedlichen Politikfeldern. Vorrangig sind vielmehr

Fragen gültiger Wahrnehmungsweisen und die Durchsetzung legitimer Definitionen von Wirklichkeit. Die Erkenntnis der sozialen Welt sowie die Kategorien, die diese Erkenntnis ermöglichen, stehen daher im Zentrum politischer Kämpfe. Besonders deutlich tritt dies in der Macht der Benennung zutage, die Dinge (beispielsweise ein bestimmtes politisches Problem, das man in dieser Form bisher noch gar nicht „bemerkt" hatte) dadurch entstehen lässt, dass sie mit einem Namen belegt werden. Wem die Macht der Nomenklatur eigen ist, verfügt über ein erhebliches Potential zur Fixierung bedeutungshaltiger Knotenpunkte im politischen Feld (Bourdieu 1993b: 83-90; 1990: 104-113).

Dieser Prozess darf insbesondere dann für sich in Anspruch nehmen, besonders erfolgreich zu sein, wenn diese Bedeutungsfixierungen in den Zustand der Naturalisierung überführt werden. (Es steht beispielsweise zu vermuten, dass der Staat diesen Zustand über einen längeren Zeitraum der vergangenen zwei Jahrhunderte erreicht hatte, ihn inzwischen aber möglicherweise zu verlieren im Begriff ist.) Als naturalisiert lassen sich Diskurse – nicht nur – im politischen Feld dann begreifen, wenn sie ihren Produktcharakter abgestreift haben und nur noch in ihrem So-sein, nicht mehr in ihrem Gemacht-worden-sein in Erscheinung treten. In eben solchen Fällen ist die Diskursgeschichte mit ihrer kritischen Kompetenz gefragt. Und an dieser Stelle schließt sich der Kreis zu den Ausführungen am Beginn dieses Aufsatzes, denn auch als politische Geschichte will die Diskursgeschichte den immer mit Aspekten der Macht verbundenen Etablierungen von Wissensformen und Wirklichkeitskonstruktionen nachgehen. Fragestellungen, die sich vor diesem Hintergrund ergeben, können ein ganzes Universum an Forschungsvorhaben aufschließen, das bisher „unsichtbar" war – gerade weil es so offensichtlich ist.

Literatur

Biagioli, Mario, 1999: Galilei, der Höfling. Entdeckungen und Etikette: Vom Aufstieg der neuen Wissenschaft. Frankfurt/M.

Bourdieu, Pierre, 1989: Satz und Gegensatz Über die Verantwortung des Intellektuellen. Berlin.

Bourdieu, Pierre, 1990: Was heißt sprechen? Die Ökonomie des sprachlichen Tausches. Wien.

Bourdieu, Pierre, 1993a: Sozialer Sinn. Kritik der theoretischen Vernunft. Frankfurt/M.

Bourdieu, Pierre, 1993b: Soziologische Fragen. Frankfurt/M.

Bourdieu, Pierre, 1995: Sozialer Raum und ‚Klassen'. Leçon sur la leçon, Zwei Vorlesungen. Frankfurt/M.

Brandt, Reinhard, 1998: D'Artagnan und die Urteilstafel. Über ein Ordnungsprinzip der europäischen Kulturgeschichte – 1, 2, 3/4. München.

Brunner, Otto/Conze, Werner/Koselleck, Reinhart (Hrsg.), 1972-1997: Geschichtliche Grundbegriffe. Historisches Lexikon der politisch-sozialen Sprache in Deutschland. 8 Bde. Stuttgart.

Busse, Dietrich, 1987: Historische Semantik. Analyse eines Programms. Stuttgart.

Canguilhem, Georges, 1979: Wissenschaftsgeschichte und Epistemologie. Gesammelte Aufsätze. Frankfurt/M.

Deleuze, Gilles, 1989: Was ist ein Dispositiv?, in: *Ewald, François/Waldenfels, Bernhard* (Hrsg.), Spiele der Wahrheit. Michel Foucaults Denken, 153-162.

Derrida, Jacques, 1996⁶: Grammatologie. Frankfurt/M.

Dijk, Teun van, 1993: Principles of Critical Discourse Analysis, in: Discourse & Society 4, 249-283.

Dipper, Christof/Koselleck, Reinhart, 1998: Begriffsgeschichte, Sozialgeschichte, begriffene Geschichte, in: Neue Politische Literatur 43, 187-205.

Evans, Richard J., 1999: Fakten und Fiktionen. Über die Grundlagen historischer Erkenntnis. Frankfurt/M., New York.

Fairclough, Norman, 1995: Critical discourse analysis: the critical study of language. London, New York.

Fleck, Ludwik, 1999⁴: Entstehung und Entwicklung einer wissenschaftlichen Tatsache. Einführung in die Lehre vom Denkstil und Denkkollektiv. Frankfurt/M.

Foucault, Michel, 1978: Dispositive der Macht. Über Sexualität, Wissen und Wahrheit. Berlin.

Foucault, Michel, [1970] 1991a: Die Ordnung des Diskurses. Frankfurt/M.

Foucault, Michel, 1991b: Politics and the Study of Discourse, in: *Burchell, Graham/Gordon, Colin/Miller, Peter* (Hrsg.), The Foucault Effect. Studies in Governmentality. London, 53-72.

Foucault, Michel, [1966] 1997a¹⁴: Die Ordnung der Dinge. Eine Archäologie der Humanwissenschaften. Frankfurt/M.

Foucault, Michel, [1969] 1997b⁸: Archäologie des Wissens. Frankfurt/M.

Frank, Thomas, 2002: Des Kaisers neue Kleider. Über das Imaginäre politischer Herrschaft. Texte – Bilder – Lektüren. Frankfurt/M.

Gee, James Paul, 1999: An Introduction to Discourse Analysis. Theory and Method. London, New York.

Goertz, Hans Jürgen, 1995: Umgang mit Geschichte. Eine Einführung in die Geschichtstheorie. Reinbek b. Hamburg

Gottschalk-Mazouz, Nils, 2000: Diskursethik. Theorien, Entwicklungen, Perspektiven. Berlin.

Habermas, Jürgen, 1983: Moralbewußtsein und kommunikatives Handeln. Frankfurt/M.

Habermas, Jürgen, 1991: Erläuterungen zur Diskursethik. Frankfurt/M.

Hagner, Michael (Hrsg.), 2001: Ansichten der Wissenschaftsgeschichte. Frankfurt/M.

Jäger, Siegfried, 2001: Dispositiv, in: *Kleiner, Marcus S.* (Hrsg.), Michel Foucault. Eine Einführung in sein Denken. Frankfurt/M., New York, 72-89.

Kiesow, Rainer Maria /Simon, Dieter (Hrsg.), 2000: Auf der Suche nach der verlorenen Wahrheit. Zum Grundlagenstreit in der Geschichtswissenschaft. Frankfurt/M., New York.

Knobloch, Clemens, 1992: Überlegungen zur Theorie der Begriffsgeschichte aus sprach- und kommunikationswissenschaftlicher Sicht, in: Archiv für Begriffsgeschichte 35, 7-24.

Koselleck, Reinhart, 1967: Richtlinien für das Lexikon politisch-sozialer Begriffe der Neuzeit, in: Archiv für Begriffsgeschichte 11, 81-99.

Koselleck, Reinhart, 1972: Einleitung, in: *Brunner, Otto/Conze, Werner/Koselleck, Reinhart* (Hrsg.), Geschichtliche Grundbegriffe. Historisches Lexikon der politisch-sozialen Sprache in Deutschland. Bd. 1. Stuttgart, XIII-XXVII.

Koselleck, Reinhart, 1989: Vergangene Zukunft. Zur Semantik geschichtlicher Zeiten. Frankfurt/M.

Koselleck, Reinhart, 1992: Vorwort, in: *Brunner, Otto/Conze, Werner/Koselleck, Reinhart* (Hrsg.), Geschichtliche Grundbegriffe. Historisches Lexikon der politisch-sozialen Sprache in Deutschland. Bd. 7. Stuttgart, V-VIII.

Laclau, Ernesto, 1993: Discourse, in: *Goodin, Robert E./Petit, Philip* (Hrsg.), A Companion to Contemporary Political Philosophy. Oxford, Cambridge, 431-437.

Laclau, Ernesto/Mouffe, Chantal, 2000²: Hegemonie und radikale Demokratie. Zur Dekonstruktion des Marxismus. Wien.

Landwehr, Achim, 2001: Geschichte des Sagbaren. Einführung in die historische Diskursanalyse. Tübingen.

Landwehr, Achim, 2003: Diskurs – Macht – Wissen. Perspektiven einer Kulturgeschichte des Politischen, in: Archiv für Kulturgeschichte 85, 71-117.

Lumer, Christoph, 1997: Habermas' Diskursethik, in: Zeitschrift für Philosophische Forschung 51, 42-64.

Maingueneau, Dominique, 1991: L'analyse du discours. Introduction aux lectures de l'archive. Paris

Maset, Michael, 2002: Diskurs, Macht und Geschichte. Foucaults Analysetechniken und die historische Forschung. Frankfurt/M., New York.

Meyer, Martin F., 2000: Habermas' Diskursethik im Kontext einer modernen Moralbegründung, in: *Nennen, Heinz-Ulrich* (Hrsg.), Diskurs. Begriff und Realisierung. Würzburg, 77-94.

Nolte, Paul, 1986: Soziologische Theorie und Geschichte. Was können Historiker von Jürgen Habermas' „Theorie des kommunikativen Handelns" lernen?, in: Geschichte und Gesellschaft 12, 530-547.

Renkema, Jan, 2004: Introduction to Discourse Studies. Amsterdam, Philadelphia.

Rorty, Richard (Hrsg.), 1967: The Linguistic Turn. Recent Essays in Philosophical Method. Chicago, London.

Sawyer, R. Keith, 2002: A Discourse on Discourse: An Archeological History of an Intellectual Concept, in: Cultural Studies 16, 433-456.

Schalk, Helge, 1997/98: Diskurs. Zwischen Allerweltswort und philosophischem Begriff, in: Archiv für Begriffsgeschichte 40, 56-104.

Schiffrin, Deborah, 1994: Approaches to Discourse. Oxford, Cambridge.

Schöttler, Peter, 1997: Wer hat Angst vor dem linguistic turn?, in: Geschichte und Gesellschaft 23, 134-151.

Scholl, Norbert, 2005: Das Geheimnis der Drei. Kleine Kulturgeschichte der Trinität. Darmstadt.

Spiegel, Gabrielle M., 1997: The Past as Text. The Theory and Practice of Medieval Historiography. Baltimore, London.

Stollberg-Rilinger, Barbara (Hrsg.), 2005: Was heißt Kulturgeschichte des Politischen? Berlin.

Vernon, James, 1994: Who's afraid of the ,linguistic turn'? The Politics of Social History and its Discontents, in: Social History 19, 81-97.

Veyne, Paul, 1990: Geschichtsschreibung – Und was sie nicht ist. Frankfurt/M.

Wodak, Ruth, 1996: Disorders of Discourse. London, New York.

Silke Schneider

Diskurse in der Diktatur? Überlegungen zu einer Analyse des Nationalsozialismus mit Foucault

Auf den ersten Blick wird man bei einer unbedarften Lektüre des Foucaultschen Werks durchaus Gesichtspunkte finden, die bei der Erforschung des Nationalsozialismus zum Tragen kommen könnten. Mit der Geschichte des Wahnsinns ([1961] 1968) oder des Gefängnisses ([1975] 1994) hat sich Michel Foucault gesellschaftlichen Gruppen zugewandt, die marginalisiert und zum Ziel umfassender Kontroll- und Normalisierungspolitiken wurden. Die dort entwickelten Kategorien der Ausschließung, Kriminalisierung und Disziplinierung scheinen auch zur Analyse des nationalsozialistischen Herrschaftssystems geeignet. Ebenso könnte Foucaults Macht- und Herrschaftsverständnis, das den Zusammenhang von Wissen, Macht und Subjektivierung thematisiert, etwa bei der Betrachtung der Wissenschaften oder der NS-Rassenpolitik neue Einsichten eröffnen. Fragen, die die Forschung seit langem beschäftigen, wie die nach der Akzeptanz und den weltanschaulichen Legitimationen des NS-Regimes in der Bevölkerung, nach dem Verhältnis von Unterdrückung, Duldung oder Unterstützung, nach Bruch und Kontinuität ließen sich unter einer diskursanalytischen Perspektive möglicherweise auf neue Art aufwerfen. All dies ist aber in den letzten Jahrzehnten nur vereinzelt und sehr zögernd geschehen. Welche grundsätzlichen Zweifel sind es, die in der sozialwissenschaftlichen und historischen NS-Forschung gegen Foucault sprechen? Und wie, wenn überhaupt, lassen sich diese Einwände ausräumen? Das Ziel des folgenden Artikels besteht darin, das Potenzial einer an Foucault orientierten Perspektive auf den Nationalsozialismus mit aller gebotenen Vorsicht zu erkunden. Dazu gehe ich in vier Schritten vor: Nach einer knappen Rekapitulation der Einwände, die innerhalb der NS-Forschung allgemein gegen den *linguistic turn* vorgetragen werden, frage ich zweitens nach den Möglichkeiten, dennoch eine Diskursanalyse ins Auge zu fassen. Freilich hätte diese sich mit einem Herrschaftssystem ohne pluralistische Öffentlichkeit zu befassen. In einem dritten Schritt suche ich in den Schriften Foucaults nach konkreten Anschlussmöglichkeiten für eine Analyse des Nationalsozialismus, zudem greife ich erste Beispiele innerhalb der NS-Forschung auf, die sich explizit mit Foucault auseinandersetzen. Vor diesem Hintergrund wird es dann viertens möglich sein, Potenzial und Grenzen einer an Foucault orientierten Diskursanalyse des Nationalsozialismus zumindest vorläufig zu bewerten.

1   Der Streit um den *linguistic turn*

Bekanntlich gibt es gegen die Vorstellung von „Diskursen" im Nationalsozialismus eine heftige, mitunter polemische Abwehr. Diese ist im Grunde nur vor dem Hintergrund der allgemeinen Kontroversen über den *linguistic turn* verständlich. Die in den Geschichts- und Sozialwissenschaften seit dem Ende der 1960er Jahre international ausgetragene Debatte kann hier nicht im Einzelnen nachvollzogen werden. Folgt man gängigen Überblicken (etwa Conrad/Kessel 1994; vgl. auch Sarasin 2003; Martschukat 2002), dann scheint die erste Aufregung schon wieder abzuklingen. Offenbar wird die „Angst" (Schöttler 1997) vor dem linguistic turn inzwischen als „Herausforderung" (Wehler 1998) verstanden, das hat zu einigen klärenden Standortbestimmungen in der Geschichtsschreibung geführt.[1] Allerdings stehen noch immer schwere Vorwürfe gegen die „Postmodernen" im Raum. Verkürzungen, Missverständnisse und Provokationen von allen Seiten haben ein intellektuelles Klima geschaffen, in dem ein rationaler Austausch der Argumente nach wie vor schwierig ist. Gerade deshalb ist es geboten, zumindest einige der zentralen Einwände gegen die Postmoderne zur Kenntnis zu nehmen, bevor man sich ernsthaft daran macht, diskursanalytische Verfahren auf den Nationalsozialismus anzuwenden.

Erschwert wird die Auseinandersetzung dadurch, dass kaum ein Konsens darüber besteht, was „postmodern" heißen soll. Der Schweizer Historiker Philipp Sarasin, dessen Arbeiten maßgeblich an Foucault orientiert sind, fasst den *linguistic turn* als „(...) kleinster gemeinsamer Nenner all jener Positionen, die die konstitutive Rolle der Sprache beziehungsweise von Symbolsystemen nicht nur für die Erkenntnis der Wirklichkeit, sondern auch für die Wirklichkeit selbst betonen". (Sarasin 2003: 11-12) Besonders strittig ist nun, ob und wie man diese „konstitutive Rolle der Sprache" bei der Betrachtung des Nationalsozialismus in Anschlag bringen darf oder soll.

Gewichtige Stimmen, wie die des Historikers Saul Friedländer (1992) haben vor der Anwendung „postmoderner" Ansätze auf den Nationalsozialismus ein-

---

[1] Eine gebündelte Auseinandersetzung mit den drei für diese Standortbestimmungen als exemplarisch geltenden Bänden von Chartier, Evans und Wehler findet sich im Rechtshistorischen Journal Nr. 18, 1999 bzw. dem um ein Vorwort ergänzten Wiederabdruck der Beiträge in Kiesow/Simon (2000).

dringlich gewarnt, für sie wird der Nationalsozialismus geradezu zum Exempel, an dem sich die Grenzen einer Sichtweise zeigen, die sprachliche Repräsentation verabsolutiert. Prominent wurde auch die Kritik, die der britische Sozialhistoriker Richard J. Evans mit seinem Buch „Fakten und Fiktionen" (1998) vorgetragen hat. Zunächst liest sich der englischsprachige Titel „In Defence of History" wie ein Echo auf Foucaults „In Verteidigung der Gesellschaft", zugleich signalisiert die Überschrift, dass es hier um mehr geht, als um die nüchterne Erwägung geschichtsphilosophischer Fragen. In einer Zeit, „in der Zweifel und Unsicherheiten" Verbreitung gefunden hätten, „ob es überhaupt möglich" sei, „objektives Wissen über die Vergangenheit zu erlangen", formuliert Evans das Ziel, die „extremen Formen des historischen Relativismus" zurück zu weisen und sich mit der bislang praktizierten Anwendung postmoderner Ideen auf die Geschichte skeptisch auseinander zu setzen 1998: 7-9). In diesem Zusammenhang wird auch für Evans der Nationalsozialismus zum neuralgischen Punkt. Er rückt schließlich mit dem Diktum „Auschwitz war kein Diskurs" (1998: 123) eine diskurshistorische Perspektive auf den Nationalsozialismus gar in die Nähe der Holocaustleugnung.[2]

Aber auch diejenigen, die der linguistischen Wende folgen und die gegenseitige Prägung von Sprache und Faktizität prinzipiell betonen, sehen, wie Ankersmit (1996), beim Thema Holocaust die Grenzen ihres eigenen Anspruchs: „Kein Ereignis in der gesamten Menschheitsgeschichte duldet weniger als der Holocaust seine Verschleierung durch Text und Sprache. Nirgends hat der Historiker sowohl unter einem kognitiven als auch einem moralischen Gesichtspunkt eine größere Verantwortung gegenüber der Vergangenheit in ihrer gleichsam ‚monumentalen' Qualität als im Fall des Holocaust. Aus diesem Grund war zu erwarten, daß die ‚linguistische Wende' in der historischen Theorie ihre Nemesis im Problem der Darstellung des Holocaust finden würde." (Ankersmit 1996: 216) All diesen Argumentationen liegt die Befürchtung zugrunde, dass eine Überbetonung der Textualität sowie die Auflösung der Grenzen zwischen verschiedenen Textgattungen, etwa zwischen literarischen Texten und historischen Zeugnissen, wie sie mit dem postmodernen Denken assoziiert wird, zu einer Relativierung oder gar Leugnung von Nationalsozialismus und Holocaust führen könnte. Inzwischen wurden diese Bedenken vielfach aufgegriffen, zum Teil verstärkt (Lang 1990, 1995), zum Teil auch entkräftet. Wichtige Gegenargumente haben die amerikanischen Historiker Alan Milchman und Alan Rosenberg (1998a, b) zu beden-

---

[2] Evans (1998) setzt sich allerdings nicht mit den historischen Diskursanalysen Foucaults auseinander, ebenso wenig zieht er Texte anderer Vertreter der französischen Postmoderne wie Lyotard oder Derrida heran, sondern konzentriert seine Kritik ausdrücklich die Auswirkungen des postmodernen Denkens in der angloamerikanischen Geschichtswissenschaft.

ken gegeben: Sie verlängern die Foucaultsche Perspektive auf den politischen Bereich, wie sie insbesondere „In Verteidigung der Gesellschaft" skizziert ist, auf die Ausschließungspraxen des Nationalsozialismus. Dabei gilt ihnen das Ziel nationalsozialistischer Rassenpolitik, einen unsterblichen „Volkskörper" zu schaffen und zu modellieren, als Kristallisationspunkt biopolitischer Strategien (225).

Zweifellos fungiert in der Kontroverse um den linguistic turn der Begriff „Diskurs" als eine Art Signalwort, an dem sich Skeptiker und Befürworter postmodernen Denkens gegenseitig glauben erkennen zu können. Dabei stellen die einen „Diskurs" und „Realität" frontal gegenüber, um den Relativismus postmodernen Denkens anzuprangern und an Wahrheit und Faktizität als unumgänglichen Bezugspunkten historischen Arbeitens festhalten zu können (vgl. Evans 1998). Dagegen verweisen ausgewiesene Diskursanalytiker auf die Historizität von Wissen, Wahrheit und Erfahrung und versprechen mit ihren Verfahren, gerade den Prozessen der Konstruktion von Wirklichkeit und den historischen Bedingungen, die verschiedene Wahrheitsregime entstehen lassen, auf die Spur zu kommen (Landwehr 2002; vgl. auch Vissmann 2001). Was ein „Diskurs" ist und wie er analysiert werden kann, wird dabei offenkundig sehr unterschiedlich verstanden, manche verzichten ganz auf eine Definition. So wird gerade der Diskursbegriff zum Anlass zahlreicher Missverständnisse. Grund genug, an dieser Stelle einmal genauer nachzufragen: Lässt sich im Hinblick auf ein diktatorisches Herrschaftssystem, für das eine fehlende bürgerliche Öffentlichkeit konstitutiv ist, überhaupt sinnvoll von Diskursen sprechen?

2 Herrschaft ohne Öffentlichkeit – Ansatzpunkte einer diskursanalytischen NS-Forschung

In einer Gesellschaft, die unter dem totalitären Herrschaftsanspruch eines diktatorischen Regimes steht, sucht man öffentliche, gar richtungweisende politische Debatten vergebens, ebenso offen formulierte Gegenpositionen zu herrschenden Gewissheiten. Daher mag es zunächst zweitrangig, ja abwegig erscheinen, Diskurse im Nationalsozialismus finden und analysieren zu wollen. Begreift man den Begriff „Diskurs", wie in vielen sozial- und geschichtswissenschaftlichen Studien üblich, als Synonym für eine öffentliche Diskussion oder Debatte, werden „Diskurse" in der Diktatur zum Paradox. Im folgenden Abschnitt gehe ich daher zunächst auf das Verhältnis von Diskurs und Öffentlichkeit ein, um anschließend die Versuche zu diskutieren, „öffentliche Meinung" in der nationalsozialistischen Diktatur zu fassen.

Diskurs und Öffentlichkeit. In der Politikwissenschaft gilt bei diskursanalytisch orientierten Studien die Bezugnahme auf einen an Jürgen Habermas' Diskursethik orientierten Diskursbegriff als selbstverständliche Option (vgl. Brand 1994, kritisch Kerchner 2002). Politikwissenschaftliche und politiksoziologische Arbeiten, die sich als Diskursanalysen verstehen, richten sich meist auf zeitgenössische Auseinandersetzungen, beruhen oftmals auf Material aus den Printmedien, beziehen sich also in der Regel auf die öffentliche Diskussion in demokratisch verfassten Gesellschaften (vgl. Keller u.a. 2001, 2003). Dagegen setzt ein an Foucault anschließendes Diskurskonzept keineswegs zwingend eine kritische bürgerliche Öffentlichkeit voraus, wie sie in demokratietheoretischer Sicht notwendig ist. Nicht nur deckt Foucault in seinen eigenen Analysen Zeiträume ab, in denen allenfalls Ansätze einer bürgerlichen Öffentlichkeit existierten, in denen auch Zensur durchaus üblich war, wie beispielsweise im absolutistischen Frankreich. Außerdem bewegen sich seine Arbeiten in Themenfeldern, wie etwa die Strafreformdebatten oder die Entwicklung der Disziplinen der Medizin und Psychiatrie, die von einer begrenzten Fachöffentlichkeit geprägt wurden (Foucault [1961] 1968, [1963] 1996; [1975] 1994). Foucaults Arbeiten sind darüber hinaus stets von einer historischen Perspektive geprägt, die die Prozesshaftigkeit und Multidimensionalität der untersuchten Felder gelten lässt und dabei die Gegenstände der Analyse in verschiedenen „Öffentlichkeiten" verfolgt. Und eine solche Perspektive lässt sich gewinnbringend auch auf die Analyse von Politik übertragen.[3]

„Öffentliche Meinung" im Nationalsozialismus. Werden demokratietheoretisch geprägte Begriffe, wie Partizipation oder öffentliche Meinung, verwendet um Phänomene oder Entwicklungen in Deutschland zwischen 1933 und 1945 zu beschreiben oder zu analysieren, werden diese immer wieder Anlass von Kritik und wissenschaftlichen Kontroversen.[4] Die Öffentlichkeit im Nationalsozialismus ist bisher hauptsächlich in Zusammenhang mit der nationalsozialistischen Propaganda und ihrem Totalitätsanspruch thematisiert worden. Dazu kommen erinnerungspolitische Untersuchungen, die sich der Frage widmen, was die Deutschen vom Völkermord an der jüdischen Bevölkerung Europas und dem Ausmaß des Vernichtungskrieges gewusst haben können.

So hat eine neuere Veröffentlichung des kanadischen Historikers Gellately mit dem Titel „Backing Hitler" auf die breite „Partizipation" der Deutschen im NS hingewiesen und dies unter anderem an einer Analyse der öffentlich zugäng-

---

[3] Vgl. auch die Beiträge von Kerchner und Landwehr in diesem Band.
[4] So z.B. in jüngster Zeit die Auseinandersetzung um Gellately (2001a); vgl. auch Longerich (1998) zu den Begrifflichkeiten der Politik und Politikfelder; vgl. auch Sofsky (1993) und Dürr (2004).

lichen Informationen über die Verfolgungs- und Vernichtungspolitik festge-
macht. Gellately kommt zum Ergebnis, dass die Deutschen nahezu alles über die
Verbrechen wissen konnten und schließt daraus – vielleicht ein wenig zu unmittelbar – auf ihr Einverständnis mit dem Geschehen (2001a: 1-8; 256ff.). Die Kritik
folgte umgehend. Begriffe wie Öffentlichkeit und Partizipation könne man seri-
öserweise auf den Nationalsozialismus nicht anwenden.[5]

Allerdings hat bereits Marlis Steinert in ihrer Studie über „Hitlers Krieg und
die Deutschen" (1970) darauf hingewiesen, dass verschiedene staatliche Instanzen und Parteiorganisationen die „Stimmung und Haltung" der Bevölkerung in
NS-Deutschland mit großem Aufwand zu heben und zu beeinflussen versucht
haben. Möglicherweise können solche grundlegenden Fragen der NS-Forschung
mit Hilfe einer Diskursanalyse reformuliert werden; welche Aussage, so ließe
sich dann etwa mit Foucault fragen, war wann in welcher Form überhaupt „sagbar"? Unter diesem Gesichtspunkt könnte individuelles Verhalten auf der Skala
von Zustimmung und Unterstützung bis hin zu Dissens, Ablehnung oder Widerstand möglicherweise präziser als bisher verortet werden. Immerhin ist das so
thematisierte Spannungsverhältnis zwischen „Konfrontation und Kooperation"
zentral für eine Analyse der Funktionsweise nationalsozialistischer Herrschaft als
„moderner Diktatur" (Steinbach 1999; 2001).

Auch für die Betrachtung des Dualismus öffentlich – privat könnten sich
neue Gesichtspunkte ergeben. Bekanntlich war die Aufhebung der privaten
Sphäre eines der politischen Ziele der Nationalsozialisten, das sich aus dem totalen Herrschaftsanspruch ergab: „Der einzige Mensch, der in Deutschland noch
ein Privatleben führt, ist jemand, der schläft", so ein vielzitierter Ausspruch des
NSDAP-Reichorganisationsleiters Robert Ley (vgl. Peukert 1982: 282). Durch die
Gleichschaltung des öffentlichen und die Steuerung des kulturellen Lebens, von
Publizistik und Presse waren Informations-, Austausch- und Meinungsbildungs-
alternativen außerhalb der so genannten nationalsozialistischen Weltanschauung
stark eingeschränkt. Dass der totale Herrschaftsanspruch nicht völlig deckungsgleich mit der sozialen Realität im Nationalsozialismus war, belegen resistente
Verhaltensweisen bis hin zum politischen Widerstand. Allerdings kann der nationalsozialistischen Diktatur attestiert werden, dass es ihr durch Gleichschaltung
und ein ausdifferenziertes Kontrollsystem, gepaart mit der Zustimmung und
Folgebereitschaft eines Großteils der Bevölkerung gelungen ist, eine Akzeptanz

---

[5] Vgl. insbesondere Hans Mommsens Besprechung zum Erscheinen der englischen Ausgabe (Frankfurter
Rundschau, 6. April 2001). Mangelnde Differenzierung bezüglich der Haltung der deutschen Bevölkerung wurde Gellately auch von Dieter Pohl (Süddeutsche Zeitung, 13. Mai 2002) vorgehalten; mit hefti-
ger Kritik von Götz Aly und Hans Mommsen war der Autor bei einer Podiumsdiskussion anlässlich des
Erscheinens der deutschen Ausgabe konfrontiert (vgl. Berliner Zeitung, 1. März 2002).

für ihre ausgrenzende Rassenpolitik zu erreichen, selbst wenn immer wieder auch Proteste von Betroffenen und ihren Angehörigen überliefert sind. Auch die nationalsozialistische Diktatur konnte nicht allein über Repression und Terror funktionieren, sondern war auf die Zustimmung der Bevölkerung angewiesen; die Integrations- und Sanktionsfunktion öffentlich getätigter Äußerungen oder öffentlich gezeigter Verhaltensweisen war ein Teil davon. Den Grad dieser Zustimmung zu eruieren, die öffentliche Meinung zu erheben und im Sinne der Machthaber zu beeinflussen war bis in die letzten Kriegsmonate hinein eine Aufgabe der Sicherheitsdienste. Für eine diskursanalytische Perspektive auf den Nationalsozialismus folgt daraus, das verfügbare Wissen sowie die Bandbreite möglicher Äußerungen in den Blick zu nehmen. Außerdem könnte durch eine genealogische Perspektive, die etwa die Legitimationen des Umgangs mit Minderheiten über einen längeren Zeitraum zum Gegenstand hat, spezifisch nationalsozialistische Entwicklungen präziser gefasst werden.

3   Die historischen Diskursanalysen Foucaults als Ausgangspunkt für die Analyse des Nationalsozialismus

Anknüpfungspunkte für Fragen nach der Funktion von Herrschaft und Gesellschaft im Nationalsozialismus finden sich im Werk Foucaults durchaus. Zu denken wäre etwa an die Untersuchung der modernen Disziplinarmacht in „Überwachen und Strafen" (Foucault [1975] 1994), die Perspektive auf die Bevölkerungspolitik und Bio-Macht in „Sexualität und Wahrheit" (Foucault [1976] 1991) oder an die Analyse des politischen Diskurses und den Blick auf den modernen Rassismus in der Vorlesung „In Verteidigung der Gesellschaft" (Foucault [1975-76] 2001).

Wenn Foucault etwa in „In Verteidigung der Gesellschaft" das Ziel verfolgt, die „historischen Wissen aus der Unterwerfung zu befreien" ([1975-76] 2001: 25), so weist das nicht nur eine Verbindung zur Kategorie des „Zeugnisses" auf, sondern gibt auch Anhaltspunkte dafür, wie Unterdrückung überhaupt auf neue Weise zu thematisieren wäre. Entsprechend hatte bereits Habermas in seiner frühen Auseinandersetzung mit Foucault dessen Konzept der modernen Disziplinarmacht u.a. auf die Behandlung von „KZ-Insassen" bezogen (1985: 329). Genau am Konzept der Disziplinarmacht knüpft auch Detlev Peukert (1991) an – einer der ersten deutschen Historiker und NS-Forscher, der sich mit den Schriften Foucaults auseinandergesetzt hat; heute lesen sich seine frühen Bücher und Aufsätze als ein Indiz für die besondere Provokation aber auch das Potenzial der Foucaultschen Perspektive im Hinblick auf den Nationalsozialismus.

Mit seiner Geschichte der modernen Disziplinarmacht in „Überwachen und Strafen" ergänzt Foucault die Analyse des ideengeschichtlichen „Traum(s) von einer vollkommenen Gesellschaft" des 18. Jahrhunderts um die Analyse des „militärischen Träumens von der Gesellschaft"; demnach berief sich der militärische Traum „nicht auf den Naturzustand, sondern auf die sorgfältig montierten Räder einer Maschine; nicht auf einen ursprünglichen Vertrag, sondern auf dauernde Zwangsverhältnisse; nicht auf grundlegende Rechte, sondern auf endlos fortschreitende Abrichtungen; nicht auf den allgemeinen Willen, sondern auf die automatische Gelehrigkeit und Fügsamkeit." ([1975] 1994): 218) Einiges spricht dafür, den nationalsozialistischen Staat als eine Art Konzentrat dieses militärischen Traums zu begreifen.[6]

Schließlich könnte das von Foucault in „Sexualität und Wahrheit" entfaltete Konzept der Bio-Macht, das den Zugriff auf den Gattungskörper, seine Regulierung und Kontrolle umfasst, fraglos auf den Nationalsozialismus bezogen werden. Verknüpft mit dem Konzept der Disziplinarmacht, die auf den individuellen Körper gerichtet ist, stünde dann ein komplexer körperpolitischer Ansatz zur Verfügung (vgl. Kerchner 2005). Wie Milchman und Rosenberg gezeigt haben, lässt sich zudem die Figur des "militärischen Traums" sowie die von Foucault analysierten Ausschließungspraxen auf die nationalsozialistische Vorstellung des „Volkskörpers" übertragen. (1998a: 220)

Besonders eindrucksvoll wird in „Überwachen und Strafen" das Schicksal der Lepra- und Pestkranken behandelt; die hier zutage geförderten Rituale der Ausschließung und Kontrolle könnten als allgemeines Modell gelesen werden, das sich möglicherweise auch zur vertieften Beschäftigung mit den nationalsozialistischen Ausschließungspraktiken gegenüber den Juden und anderen Opfern des Nationalsozialismus heranziehen ließe. So gesehen wäre der „Volkskörper" als ein Produkt historisch bedingter Rituale der Ausschließung und Disziplinierung zu betrachten. Folgt man Foucault, dann wurden in der Vormoderne die unheilbar kranken Leprösen ausgeschlossen und einer strikten binären Trennung zum Rest der „reinen Gemeinschaft" unterworfen; dagegen seien die potenziell heilbaren Pestkranken zu einem Teil der Gemeinschaft erklärt worden, der allenfalls graduellen Trennungen und Disziplinierungen unterzogen worden sei, einem gesellschaftlichen Teil, der nicht ausgegrenzt sondern modifiziert und integriert werden sollte: „Der Lepra-Kranke wird verworfen, ausgeschlossen, verbannt: ausgesetzt; draußen läßt man ihn in einer Masse verkommen, die zu diffe-

---

[6] Ein Kennzeichen des Nationalsozialismus als moderner Diktatur ist es laut Steinbach, eine pluralistische Öffentlichkeit ebenso wie traditionelle oppositionelle soziale Milieus zu zerstören. Die Zerstörung traditioneller Gruppenbeziehungen folgt dem Ziel, eine „neue Gesellschaft" zu erschaffen. (vgl. Steinbach 2002: 36, 42)

renzieren sich nicht lohnt. Die Pestkranken hingegen werden sorgfältig erfaßt und individuell differenziert – von einer Macht, die sich vervielfältigt, sich gliedert und verzweigt. Die große Einsperrung auf der einen Seite und die gute Abrichtung auf der anderen; die Aussetzung der Lepra und die Aufgliederung der Pest; die Stigmatisierung des Aussatzes und die Analyse der Pest. Die Verbannung der Lepra und die Bannung der Pest – das sind nicht dieselben politischen Träume." (Foucault [1975] 1994: 255) Die hier thematisierten Kontroll- und Disziplinierungstechnologien werden also nicht auf das Außen, das Ausgeschlossene, sondern auf das Innen, gewissermaßen das Eigene angewandt. Sowohl der Macht-Wissen-Komplex als auch die Logiken von Ausschließung und Disziplinierung sind nach Foucault am Ende des klassischen Zeitalters entstanden und wirken in der Moderne fort, so auch die Modelle des Umgangs mit den Lepra- und Pestkranken (vgl. Foucault [1975] 1994: 221; vgl. auch Foucault [1971] 1974).

Folgt man hier der Foucaultschen Interpretation, und legt diese Logiken zugrunde, um auf den nationalsozialistischen „Staatsrassismus" zu blicken, so verschränken sich die beiden Modelle vormoderner und moderner Ausschließungspraxen: Ein Teil der Bevölkerung wird brutal ausgeschlossen, als „lebensunwertes Leben" und „Rassenfeind" klassifiziert und zum Opfer der Vernichtung, der „Endlösung". In erster Linie sind dies Juden und die Euthanasieopfer, aber auch andere Gruppen und nicht zuletzt große Teile der als „Untermenschen" klassifizierten Bevölkerung der besetzten Gebiete Osteuropas, gegen die ein „Vernichtungskrieg" geführt wurde. Anders die so genannten „Deutschblütigen" oder „Artgleichen": die politischen und sozialen Abweichler werden diszipliniert und in diesem Prozess auch dem Tod ausgesetzt – aber anders als für die rassisch endgültig Ausgeschlossenen gibt es eine potenzielle Integrationsmöglichkeit. In gewisser Weise, so Foucault, funktionierte die nationalsozialistische Herrschaft durch die allgegenwärtige Todesdrohung: den Terror und den Krieg ([1975-76] 2001: 307).

Nationalsozialismus als Staatsrassismus. Explizit mit dem Nationalsozialismus als einem Herrschaftssystem, das nach den Prinzipien eines Staatsrassismus funktionierte, hat Foucault sich in „In Verteidigung der Gesellschaft" ([1975-76] 2001) beschäftigt. Ausgangspunkt der Vorlesungen sind die Beschreibung und Interpretation der Herausbildung moderner Staatlichkeit und die Formierung der Politik als Wissensfeld in den Schriften der Historiker und politischen Theoretiker, Hobbes und Hegel seien hier nur als die geläufigsten genannt. Dabei untersucht Foucault Schritt für Schritt Schlüsseltexte der politischen Theorie diskursanalytisch und arbeitet die Deutungsmuster und Interpretationen der Geschichtsschreibung in ihrer jeweiligen Funktion heraus. Er kontrastiert sie zunächst mit vormodernen Funktionen der Geschichtsschreibung. Demnach bestand in der Römerzeit und im Mittelalter die politische Funktion der historischen Erzählung in der Stärkung der Souveränität des Herrschers. Sie setzte sich aus zwei Strängen zusammen. Über die Betonung der Kontinuität der Herrschaft und der Tradition des Rechts wirkte die genealogische Funktion der historischen Erzählung; über die Annalen und Chroniken, die Darstellung des Herrschers als Vorbild wirkte die Funktion der Erinnerung. (Foucault [1975-76] 2001: 83 ff.) Diese Auffächerung der Funktionen der Geschichtsschreibung dient dann als Hintergrund, vor dem Foucault das Spezifische einer neuen Diskursform rekonstruieren will. Zeitlich wird diese neue Form am Ende des 16. und zu Beginn des 17. Jahrhunderts verortet. Hier taucht Foucault zufolge der *Rassenkampf* auf: „Hier handelt es sich nicht mehr um einen historischen Diskurs der Souveränität, sondern um einen Diskurs – nicht der Rasse, sondern – der Rassen, der Konfrontation der Rassen des Kampfes der Rassen quer durch Nationen und Gesetze." ([1975-76] 2001: 87) Während in der Souveränitätserzählung die unterworfene Seite in der Einheit der Erzählung des Ruhmes und des Sieges aufging, verschwand sie gleichzeitig. Die Erzählung des Kampfes der Rassen hingegen wartet mit einer Gegen-Geschichte auf – der Sieg der einen Seite ist gleichzeitig die Geschichte der Niederlage und der Unterwerfung der anderen Seite. Hier erkennt Foucault einen Diskurstyp des „prophetischen Bruchs", der epischen, mythischen oder religiösen Formen ähnelt, welche „(...) nicht mehr den makellosen und lückenlosen Ruhm des Souveräns erzählen, sondern es sich zur Aufgabe setzen, das Unglück der Vorfahren, die Verbannungen und Verknechtungen zu formulieren." (Foucault [1975-76] 2001: 89) Zugrunde liegt diesem Diskurs eine strikt zweigeteilte Wahrnehmung von Herrschern und Beherrschten. Statt der ewigen Einheit, so ließe sich zusammenfassen, wird der ewige Konflikt beschworen. Diese Zweiteilung bildet den Ausgangspunkt der Politik als Wissensfeld und ist, so Foucault, als logische Struktur der Wahrnehmung von Staatlichkeit und Politik eingeschrieben.

Dieser Diskurs des Rassenkampfes, der zunächst ein vom Volk beanspruchter Diskurs war, weist in seiner Struktur eine, wie Foucault es nennt, „große Fähigkeit zur Metamorphose" (Foucault [1975-76] 2001: 95) auf. So ist er in den Mythen mittelalterlicher Volksbewegungen ebenso zu finden wie in volkstümlichen Romanen und als Instrument der Kritik. Der Begriff der Rasse wird aber zunächst nicht in einem biologischen, sondern in einem geographischen und historischen Sinne benutzt. Erst mit einer neuen Transformation, die Foucault auf die Mitte des 19. Jahrhunderts datiert, taucht der *Rassismus* auf, indem eine biologisch-medizinische Sichtweise und Definition von Rasse sich durchsetzt: „Damit tritt in Erscheinung, was als Rassismus bezeichnet werden muß. Indem er Form,

Absicht und Funktion des Diskurses des Rassenkampfes übernimmt, aber um-
funktioniert und verdreht, läßt sich dieser Rassismus als einer charakterisieren,
der das Thema des historischen Krieges – mit seinen Schlachten, Invasionen,
Plünderungen, Siegen und Niederlagen – durch das biologische, post-
evolutionistische Thema des Kampfes ums Überleben ersetzt." (Foucault [1975-
76] 2001: 100) Die Funktion des Staates, der im Diskurs des Rassenkampfes als
Gegen-Geschichte stets der Gegner war, wird laut Foucault zum Bewahrer und
Beschützer der Rasse. Der neue Diskurs der Rasse im Singular führt somit zum
Diskurs der Souveränität zurück: „(…) der Staat ist nicht mehr das Instrument
einer Rasse gegen eine andere, sondern ist und wird zum Beschützer der Integrität, der Überlegenheit und der Reinheit der Rasse." (Foucault [1975-76] 2001: 101)

Im 20. Jahrhundert schließlich, so Foucault, erfahre dieser Rassismus zwei
weitere Transformationen: zum Nationalsozialismus und zum Staatsrassismus
„sowjetischen Typs". Die nationalsozialistische Transformation verbinde den
Staatsrassismus des 19. Jahrhunderts und dessen Motive des Kampfes ums Überleben und der Bedrohung durch Fremdes und Abweichendes mit einer prophetischen Wendung, die auf germanische und mittelalterliche Mythologie zurück-
greife, wie sie u.a. im Motiv der Ankunft eines neuen Reiches oder des Anknüp-
fens an den Kampf der Vorfahren deutlich werde. (Foucault [1975-76] 2001: 101-
102)

Die prophetische Wendung lässt den biologisch-medizinisch, also „wissenschaftlich", fundierten Staatsrassismus vor einer ideologisch-mythischen Folie
funktionieren, was als Moment seiner Attraktivität gedeutet werden kann. Zentrales Element des Staatsrassismus ist die Ausrichtung auf das Leben – Bevölkerung als biologisches und gleichzeitig politisches Problem. Das „Recht leben zu
machen und sterben zu lassen" ergänzt das alte Recht der Souveränität, das Recht
über Leben und Tod als das Recht zu töten. Die Disziplinarmacht ist auf den
individuellen Körper gerichtet, will ihn vereinnahmen, kontrollieren und seine
Leistungsfähigkeit und Nutzbarkeit optimal gestalten. Als Modell für diesen
Machttypus und seine Genese vor dem historischen Hindergrund der Aufklärung, der Industrialisierung und der Herausbildung der modernen Gesellschaft
hat Foucault ([1975] 1994) die Entstehung des modernen Gefängnisses untersucht. Die Bio-Macht oder Biopolitik schließlich ist nach Foucault auf den Menschen als Gattungswesen gerichtet. Beginnend mit der Erfassung von Geburten-
und Sterberaten und der Lebensdauer, rücken sukzessive Krankheiten und die
Einrichtung öffentlicher Medizin und Hygiene ebenso in den biopolitischen Blick
wie Probleme des Alters, der Gebrechlichkeit und schließlich der Sicherheit und
Versicherung. (Foucault [1975-76] 2001: 284ff.)

Der Bezug auf das „Blut" in der nationalsozialistischen Terminologie scheint ein Rückfall in die Vormoderne zu sein, kann aber, so Foucault ([1976] 1991: 178), mit seinem ganzen historischen Gewicht für die Revitalisierung der politischen Macht als moderner Bio-Macht eingesetzt werden. Schließlich ist die Funktion des Rassismus in einer Normalisierungsgesellschaft Foucault zufolge, die Akzeptanz des Tötens zu garantieren. Denn in der Logik der Bio-Macht erscheint der Feind, so Foucault, nicht als politischer Gegner, sondern als innere oder äußere Gefahr für die Bevölkerung – und ein Gegner müsse *besiegt*, eine Gefahr aber beseitigt werden. Die Vorstellung der Rasse dient demnach als Schnittstelle zwischen dem, was leben soll, und dem, was sterben muss (vgl. Foucault [1975-76] 2001: 302).

Neben der Funktion der Akzeptanz des Tötens erlaubt es der Rückgriff auf den Rassismus dem Staat ebenfalls, nicht nur seinen erklärten Gegnern sondern auch seinen eigenen Bürgerinnen und Bürgern den Krieg zu erklären oder sie diesem auszusetzen. So findet sich sowohl die Vorstellung, dass die Kriminalität über die Tötung des Kriminellen zu beseitigen sei als auch die Vorstellung, die eigene Rasse würde im Krieg, im buchstäblichen Kampf ums Dasein, eine Regeneration erfahren. Beide Motive tauchen im Nationalsozialismus wieder auf.

Der Vorteil des Foucaultschen Rassismus-Konzepts liegt somit in der grundlegenden Historisierung des Rassenbegriffs, der es erlaubt, über eine biologische Konzeptionierung hinaus auch soziokulturelle Konstruktionsprinzipien von „Rassen" in den Blick zu nehmen und somit etwa erneut eine differenzierte Analyse der nationalsozialistischen Rassenpolitik zu versuchen.

Foucault-Rezeption in der NS-Forschung. In der Forschung zum Nationalsozialismus gibt es nur vereinzelt einen Bezug auf die geschilderten Modelle und Kategorien. Bei Peukert (1988) findet sich zunächst ein differenzierter und skeptischer Blick auf die moderne Vernunft. Peukert sieht im Nationalsozialismus das säkulare Ideal der modernen Vernunft, das Versprechen von Glück und Unsterblichkeit angesichts von Krankheit, Leiden und Tod, durch eine Flucht aus dem Dilemma der Nicht-Erreichbarkeit gelöst: Das Ziel der wissenschaftlichen Anstrengungen um das Versprechen der modernen Rationalität einzulösen wird aufgeteilt – in den vergänglichen Körper des Individuums auf der einen Seite und in den unsterblichen Volkskörper auf der anderen Seite. Dieser Blick auf die Funktion des „Volkskörpers" erinnert zumindest stark an die biopolitische Logik in Foucaultscher Lesart.

Im Bereich der Alltagsgeschichte und in der Denunziationsforschung wurde der relationale Machtbegriff, wie er von Foucault in „Der Wille zum Wissen" beschrieben wird, produktiv aufgegriffen. (vgl. Lüdtke 1991, 1995; Gellately 1997,

2001a) Der Bezug auf diesen Machtbegriff macht Lüdtkes Abwendung von einer Wahrnehmung des nationalsozialistischen Herrschaftssystems als starres Modell von „Herrschern" auf der einen und „Beherrschten" auf der anderen Seite plastisch. Im Modell von „Herrschaft als sozialer Praxis" nimmt er Beteiligung und Kooperation der Bevölkerung, ihre Motivation und Funktionalität in den Blick. Der Begriff des „Kräfteverhältnisses", den Lüdtke verwendet, schließt zum einen an die theoretische Orientierung der britischen Geschichtsschreibung zur Arbeiterbewegung (1995: 242)[7] an, zum anderen verbindet er den Weberschen Herrschaftsbegriff mit der foucaultschen Vorstellung von beweglichen Machtverhältnissen. Diese Verbindung ergibt sich aus der akteurszentrierten Perspektive Lüdtkes. Er fragt nach der „Aneignung von Handlungsbedingungen wie -chancen", nach den „Mehrdeutigkeiten" konformen Verhaltens, die sich innerhalb lokaler Kräfteverhältnisse ergeben – diese lokalen Kräfteverhältnisse entstehen und reproduzieren sich innerhalb und in Bezug auf das NS-Herrschaftssystem. Es sind das „Profil hinnehmenden Mitmachens", die Gleichzeitigkeit von Zwang und Konsens, die „Mischungsverhältnisse von Abhängigkeit und Selbst-Handeln", das „Maß an Hinnehmen und Mit-Täterschaft", die ihn interessieren. Lüdtkes Forschungen zu Herrschaft als sozialer Praxis sind also von der foucaultschen Machtkonzeption inspiriert und greifen diese für die Frage nach der alltäglichen Herrschaftspraxis auf, ohne dass diese Inspiration auch für weitere Begriffe oder eine methodische Orientierung gilt.

In seiner Analyse der Durchsetzung der nationalsozialistischen Rassenpolitik und zur Denunziation hat der kanadische Historiker Robert Gellately (2001) sich in ähnlicher Weise auf den Machtbegriff Foucaults bezogen und dabei auf die ablehnende Haltung seiner Kollegen verwiesen „(t)he very mention of Foucault was usually enough to cause grave upset among the historians"(2001: 21). Demgegenüber unterstreicht Gellately den Einfluss, den die Arbeiten von Foucault gerade für die Diktaturforschung in Nordamerika hatten, indem eine „Mikrophysik der Macht" in den Blick genommen wurde und damit gesellschaftliche Prozesse in Diktaturen auf neue Weise zum Gegenstand der Forschung wurden. Gerade die Denunziationsforschung, so Gellately, verweise auf den Grad und die Möglichkeiten der Beteiligung der einzelnen an einer Diktatur. Angesichts der entscheidenden Bedeutung, die Denunziationen für die Arbeit der Gestapo hatten, schließt Gellately auf eine gesellschaftliche Verankerung der Geheimpolizei und spricht von der „selbstüberwachenden Gesellschaft" (1997). Hier wird das Bild einer totalitären Diktatur, in der das Volk flächendeckend kontrolliert und

---

[7] Lüdtke bezieht sich hier auf die Arbeiten von Edward P. Thompson und seinen Begriff des „Kräftefelds".

unterworfen war, differenziert. Akzentuiert werden demgegenüber die Häufigkeit der Denunziationen und das Ausmaß der freiwilligen Unterwerfung und Mitarbeit. Allerdings wird gleichzeitig betont, dass weder die Terrormaßnahmen noch die Brutalität der nationalsozialistischen Herrschaft aus dem Blick geraten solle[8].

Der Blick auf eine Überwachung und Kontrolle, deren Wirkung zum großen Teil darauf beruht, dass sie sich erfolgreich als allgegenwärtig und umfassend inszeniert – unabhängig davon, ob die Kontrolle in jedem Moment tatsächlich auch stattfindet – wiederholt sich in Gellatelys Analyse des „Gestapo-Mythos" (Gellately 1995). Gellately untersucht systematisch die Selbstinszenierung der Gestapo als „allwissend und allgegenwärtig", indem er die geleitete Presseberichterstattung untersucht. Dabei werden die die „Erzählungen über die Gestapo"(1995: 50) herausgearbeitet und auf die im Laufe der Zeit veränderlichen „Leitmotive" hingewiesen. Er identifiziert etwa das „pädagogisch-paternalistische Leitmotiv"(1995: 53), d.h. das Bild der Gestapo als gerechte Behörde im Dienste der Volkserziehung. Weiterhin das Bild vom „Polizist als Fachmann"(1995: 62), der heikle Aufgaben besonnen meistert. Schließlich das Motiv der Gestapo als Mittel, das „schädliche Einflüsse" vom biologischen Organismus „Volk" abhalte und gleichzeitig die Abwehrkräfte „jede(r) Einzelzelle des Volkskörpers"(1995: 62) stärke – was nichts anderes heißen sollte, als dass jeder und jede Volksgenossin so genannte staatsfeindliche Einstellungen und Aktivitäten wahrnehmen und der Gestapo melden sollten.

Die Art und Weise Gellatelys, sich dem „Gestapo-Mythos" zu nähern, indem er die „Propagierung des Gestapo-Mythos und die Steuerung seiner Rezeption", sowie die Wirkungen dieses Mythos in den Blick nimmt, weist große Ähnlichkeit mit einem diskursanalytischen Vorgehen auf, ohne dass dies explizit gemacht würde. Untersuchungsperspektive und Ausrichtung der Analyse, der Umgang mit den Texten sowie der Rekurs auf den foucaultschen Machtbegriff und dessen Modell der Disziplinarmacht würden den Begriff des Diskurses durchaus nahe legen. Mit der Wahl des Begriffs „Mythos" sind allerdings die oben beschriebenen Fallstricke einer Analyse auf der Ebene von Texten – sei sie als kulturgeschichtlich oder postmodern bezeichnet – längst nicht umgangen. Man müsse, so Gellately, „(...) vorsichtig sein mit Auffassungen, die der Missdeutung und dem Missbrauch ausgesetzt sind. Wer von einem Gestapo-Mythos

---

[8] Vgl. als Überblick die Kritik von Dörner (2001), der der neueren Denunziationsforschung eine „Unterschätzung der Gestapo", eine „Übertreibung" der Kooperationsbereitschaft der Bevölkerung und eine „Arroganz" den Opfern gegenüber attestiert.

spricht, dies muß betont werden, leugnet keineswegs die Brutalität der Gestapo als Institution"(1995: 47).

Nimmt man den durchaus kritischen, aber doch produktiven Bezug auf Foucault in den skizzierten Arbeiten zum Ausgangspunkt, so könnte eine Foucaultsche Perspektive auf die Funktionsweisen von Macht zu einem erweiterten Verständnis der NS-Herrschaft beitragen. Denn dieser relationale Machtbegriff erlaubt es, „negative" Faktoren wie Terror und Angst mit scheinbar „positiven" Faktoren wie der Integrationsfähigkeit der NS-Gesellschaft zu kombinieren. Damit könnten die verschiedenen Ebenen von Disziplinierung und Selbstdisziplinierung angelehnt an die Foucaultsche Machtanalytik konzeptionell verbunden werden, ebenso wie langfristig wirksame Wissenskonstellationen in den Blick genommen werden können. Wie bei allen Diskursanalysen müssten auch hier – im Falle des NS in besonderer Weise – Entstehung- und Entwicklungsbedingungen von Wissen und Zuschreibungen reflektiert werden, die in Wechselwirkung zueinander stehen.

4   Diskursanalytische Perspektive auf den Nationalsozialismus

Greift man so auf die Machtformen und Diskurstypen der foucaultschen Analyse zurück, um den Nationalsozialismus in den Blick zu nehmen, so lässt sich das Herrschaftssystem als spezifische Verknüpfung von Disziplinarmacht, Bio-Macht und Souveränitätsmacht begreifen: „Der Nazismus ist ein absolut rassistischer Staat, ein absolut mörderischer Staat und selbstmörderischer Staat." (Foucault [1975-76] 2001: 307-308)

Die Souveränitätsmacht besteht dabei im Recht, zu töten. Die Disziplinarmacht zielt auf die Zurichtung, Ausbeutung und Kontrolle, die Disziplinierung der Körper, wie sie uns in den Arbeits- und Konzentrationslagern begegnen. Sie wirkt aber auch über Appelle an die Selbstdisziplinierung der einzelnen, etwa über die Erziehung. Die Bio-Macht schließlich rückt die Bevölkerung als zu regulierende Größe in den Blick, und zwar in ihrer Qualität wie in ihrer Quantität, etwa in der geburtenfördernden Familienpolitik, der eugenische Auslese aber auch in den Siedlungs- und Umsiedlungskonzepten.

Je nach untersuchtem Bereich, Politikfeld oder zeitlichem Abschnitt wird sich eine andere Zusammensetzung dieser Machtformen herausarbeiten lassen. So verdeutlicht die diskursive Entwicklung von Ausschließungspraxen im juridischen Diskurs – etwa mit der Konstruktion des Gewohnheitsverbrechers – die Verschiebungen und qualitativen Wendungen nach dem Systemwechsel 1933. (Kerchner 2005) Die in den Exzess getriebene und grausame Ausübung der souveränen Macht des Tötens kann sicherlich als allgemeines Kennzeichen von Diktaturen bestimmt werden: der Staat tötet, bzw. das Töten in seinem Namen ist an der Tagesordnung.[9] Der nationalsozialistische Staat übte dieses Tötungsrecht in besonders umfangreicher und willkürlicher Weise aus. Gleichzeitig wurde das Recht zu töten erweitert, nicht nur der Staat, sondern auch andere Instanzen und Einzelpersonen durften unter Umständen töten, was sich aus der hierarchischen Definition der „Lebensunwerten" ergab. Zusätzlich zur Tötungsmacht kommt die Kontrolle und Disziplinierung über die gesellschaftliche Gleichschaltung und der rassenpolitische Zugriff auf das Leben der Bevölkerung.

Wie lässt sich nun zusammenfassend das Potenzial einer an Foucault orientierten diskursanalytischen Perspektive auf den Nationalsozialismus beschreiben?[10] *Erstens* impliziert die grundsätzliche Skepsis gegenüber dem ungebrochenen Fortschrittsoptimismus der Aufklärung und Moderne, dessen Genese Foucault am Beispiel der Entstehung der modernen Wissenschaften ([1966] 1990), der Medizin ([1963] 1996) und der Strafpraxis und Delinquenz ([1975] 1994) untersucht, eine Perspektive auf den Nationalsozialismus, der diesen in die Geschichte der Moderne einordnet, und nicht als Rückfall in die Barbarei als grundsätzlich atavistisch bezeichnet. Den Nationalsozialismus als „modern" und seine Gesellschaft als moderne Gesellschaft, seine Herrschaftstechniken als moderne Herrschaftstechniken zu bezeichnen, beruht dann auf einer Sichtweise, die die dunklen Seiten der Moderne anerkennt und mit dem Attribut „modern" keineswegs eine positive Wertung verbindet. Freilich setzt dies einen skeptischen Begriff der Moderne voraus, wie er in Auseinandersetzung mit den tendenziell verklärenden Positionen von Zitelmann und Prinz (1991) in den 1990er Jahren erarbeitet wurde (Frei 1993; Mommsen 1995).[11] *Zweitens* erscheinen die vielfältigen Ausschlie-

---

[9] Foucault bezieht sich für den Herrschaftstyp der Diktatur insbesondere auf das francistische Spanien (Foucault [1975-76] 2001: 293).

[10] Diese Ausführungen beruhen auf Ergebnissen meines Dissertationsprojekt, in dem ich die Rassen- und Geschlechterpolitik des Nationalsozialismus anhand der Umgangsdelikte in den Blick nehme und dabei insbesondere den juridischen und den völkisch-pädagogischen Diskurs untersuche.

[11] Auf die Debatte um Nationalsozialismus und Modernisierung kann hier nicht ausführlich eingegangen, sondern nur an einige Argumente erinnert werden. Anfang der 90er Jahre unternahmen die Historiker Zitelmann und Prinz (1991) den Versuch, das modernisierungstheoretische Paradigma, welches von einem zielgerichteten Fortschrittsprozess der universellen Aufklärung, Befreiung und Emanzipation der Menschheit ausgeht, einer Analyse des Nationalsozialismus zugrunde zu legen, wobei sie der nationalsozialistischen Politik eine intendierte Modernisierungsleistung für Wirtschaft und Gesellschaft attestierten. Obwohl sie den Modernisierungsbegriff nicht normativ verstanden wissen wollten, haben sie damit den Nationalsozialismus letztlich mit positiven Vorzeichen versehen. Dem ist heftig widersprochen worden und die These gilt insgesamt als widerlegt (Frei 1993; Mommsen 1995). Das schließt nicht aus, dass für Teilbereiche der NS-Gesellschaft in bestimmten Zeiträumen das Attribut modern zutreffend ist (Mommsen 1995: 396, 401). Außerdem ist ein skeptischer Begriff der Moderne, wie er etwa

ßungspraxen des Nationalsozialismus als extreme Variante der wissenschaftlichen, gesellschaftlichen und politischen Ausschließungspraxen, deren Genese und Legitimation Foucault analysiert hat. *Drittens* sind die von Foucault analysierten Machttypen – die Souveränitäts-, Disziplinar- und Biomacht – in der nationalsozialistischen Herrschaft und Gesellschaft identifizierbar. Auch der von ihm attestierte positive, produktive Charakter der Macht, der eine Selbstunterwerfung der Subjekte unter die Machtregime beschreibt, begegnet uns von der Zustimmung zur nationalsozialistischen Diktatur bis hin zur Denunziationspraxis. Die Begrifflichkeiten die von Foucault entwickelt wurden, die Strategien und Logiken der Macht, die er beschreibt – stets am Beispiel ihrer Entstehung und Herausbildung – lassen sich für eine Analyse des Nationalsozialismus fruchtbar machen, weil sie zum einen erlauben, verschiedene Facetten von Herrschaftssystem und Gesellschaft sichtbar zu machen. Zum anderen ermöglichen sie die Einordnung der nationalsozialistischen Herrschaftspraxen und ihrer Legitimation auf einer historischen Linie, die Modifikationen und Brüche vor dem Hintergrund einer Kontinuität beschreibbar macht. Weiterhin bieten die Schriften *viertens* auch eine konkrete Auseinandersetzung, wenn auch keine umfassende Analyse des Nationalsozialismus an, die Anhalts- und Anknüpfungspunkte bietet. Dieser Blick auf ein multifunktionales Herrschaftssystem, das nicht auf eine einzige – antimoderne – Logik zurückgeführt werden kann, erlaubt es schließlich, die Frage nach Kontinuitäten über das Jahr 1945 hinaus auf eine diskursive Grundlage zu stellen, etwa den politischen und gesellschaftlichen Umgang mit Fremden betreffend.[12] Die Orientierung an den Begrifflichkeiten und Analysemodi Foucaults bedeutet *fünftens* auch eine methodische Entscheidung, sich an die historische Diskursanalyse anzulehnen und Texte zur Grundlage der Analyse zu machen. Eine mögliche Vorgehensweise stellt hier die Untersuchung des Materials anhand bestimmter Linien dar, die nach der Konstituierung von Gegenständen, nach den Strategien ihres Erscheinens, nach den Subjektpositionen und institutionellen Orten ihres Erscheinens fragt (Foucault [1969] 1981). Diese Analyseschritte sind notwendig, um Aussagen, die im Sinne Foucaults die kleinsten Einheiten von Diskursen darstellen, identifizieren zu können.

---

in der Kritischen Theorie vertreten wird und wie er auch bei Foucault zu finden ist, durchaus zutreffend auf die Kontroll- und Disziplinargesellschaft des Nationalsozialismus anzuwenden, ohne dass damit eine historische Revision der NS-Zeit einherginge – hier wäre Peukerts Ansatz von der „Pathologie der Modernität" (Peukert 1982) einzuordnen, und hier knüpft auch meine Argumentation an. Zu den unterschiedlichen Moderne-Begriffen der politischen Philosophie, Historiographie und Sozialwissenschaft vgl. Beyme (1991: 30ff.).

[12] Zur Wirksamkeit nationalsozialistischer Wert- und Sittlichkeitsvorstellungen nach 1945 vgl. die Definition der „rassisch Verfolgten" nach dem Bundesentschädigungsgesetz, Zwangssterilisierte erhielten beispielsweise erst in den 1980er Jahren eine Entschädigung; vgl. auch Fehrenbach (2001).

Der Nationalsozialismus stellt nun eine historisch vergleichsweise kurze Epoche dar, gleichzeitig sind wir mit dem größten Bruch der Geschichte der modernen Zivilisation in Europa konfrontiert. Deshalb kann für den Fall des Nationalsozialismus die Ausgangsstruktur der Analyse präzisiert werden. Denn im Sinne des Foucaultschen Diskursbegriffs, der der Analyse langer historischer Zeiträume dient, ist es zunächst nicht sinnvoll, von der Existenz eines eigenständigen *nationalsozialistischen Diskurses* auszugehen und diesen anhand von Texten ausfindig zu machen. Vielmehr legt der Hinweis auf das Zusammenfallen vormoderner und moderner Machtregime wie Souveränitäts-, Disziplinar- und Bio-Macht im Nationalsozialismus und seine Qualifikation des Nationalsozialismus als „Rassenstaat" es nahe anzunehmen, dass sich hier ältere Entwicklungen moderner Diskurse fortsetzen und *spezifische Ausprägungen* hervorbringen. Daher knüpft eine diskursanalytische Perspektive auf den Nationalsozialismus sinnvollerweise an die sich seit dem 18. Jahrhundert herausbildenden Diskurse an und fragt nach den jeweils spezifisch nationalsozialistischen Modifikationen. Dabei begegnen uns die verschiedenen Wissensordnungen und Machtlogiken in einer spezifischen, verschränkten Form, wie sie sich etwa in einer besonders kennzeichnenden Verknüpfung von modernen und vormodernen Herrschaftspraxen zeigt. Eine diskursanalytische Untersuchungsperspektive umfasst im Falle des Nationalsozialismus verschiedene Ebenen: zum einen die Frage nach den Ordnungsvorstellungen von Staat und Gesellschaft, die die nationalsozialistische Herrschaftspraxis legitimieren sollen. Weiterhin die Frage nach der Art und Weise, wie Menschen klassifiziert und zum Objekt bestimmter wissenschaftlicher Diskurse werden. Schließlich die Frage nach der Art und Weise, wie die Selbstformierung der Subjekte anhand von Zuschreibungen funktioniert und in welcher Weise diese Klassifikationen und Identifikationen in der Praxis auftauchen – denn diese Wissensordnungen gaben den Rahmen vor sowohl für die Klassifizierung der Opfer als auch für die Akzeptanz der Zuschauer.

Literatur

Ankersmit, Frank A., 1996: Die postmoderne „Privatisierung" der Vergangenheit, in: *Nagl-Docekal, Herta* (Hrsg.), Der Sinn des Historischen. Geschichtsphilosophische Debatten. Frankfurt/M., 201-234.

Benhabib, Seyla/Butler, Judith/Cornell, Drucilla/Fraser, Nancy (Hrsg.) 1993: Der Streit um Differenz. Feminismus und Postmoderne in der Gegenwart. Frankfurt/M.

Beyme, Klaus von, 1991: Theorie der Politik im 20. Jahrhundert. Frankfurt/M.

Brand, Karl-Werner, 1994: Diskursanalyse, in: *Kriz, Jürgen/Nohlen, Diete/ Schultze, Rainer-Olaf* (Hrsg.), Lexikon zur Politikwissenschaft, Band 2: Politikwissenschaftliche Methoden. München, 85-87.

Conrad, Christoph/Kessel, Marina (Hrsg.), 1994: Geschichte schreiben in der Postmoderne: Beiträge zur aktuellen Diskussion. Stuttgart.

Dörner, Bernward, 2001: NS-Herrschaft und Denunziation. Anmerkungen zu Defiziten in der Denunziationsforschung, in: *Marzsolek/Stieglitz* (Hrsg.): Denunziation im 20. Jahrhundert, 55-69.

Dürr, Christian, 2004: Jenseits der Disziplin. Eine Analyse der Machtordnung in nationalsozialistischen Konzentrationslagern. Wien.

Evans, Richard J., 1998: Fakten und Fiktionen. Über die Grundlagen historischer Erkenntnis. Frankfurt/M., New York.

Fehrenbach, Heide, 2001: „Ami-Liebchen" und „Mischlingskinder". Rasse, Geschlecht und Kultur in der deutsch-amerikanischen Begegnung, in: *Naumann, Klaus* (Hrsg.), Nachkrieg in Deutschland. Hamburg, 178-205.

Foucault, Michel, [1961] 1968: Wahnsinn und Gesellschaft. Eine Geschichte des Wahns im Zeitalter der Vernunft. Frankfurt/M.

Foucault, Michel, [1963] 1996: Die Geburt der Klinik. Eine Archäologie des ärztlichen Blicks. Frankfurt/M.

Foucault, Michel, [1966] 1990[9]: Die Ordnung der Dinge. Eine Archäologie der Humanwissenschaften. Frankfurt/M.

Foucault, Michel, [1969] 1981: Archäologie des Wissens, Frankfurt/M.

Foucault, Michel, [1971] 1974: Nietzsche, die Genealogie, die Historie, in: *Foucault, Michel:* Von der Subversion des Wissens. München, 83-109.

Foucault, Michel, [1975] 1994: Überwachen und Strafen. Die Geburt des Gefängnisses. Frankfurt/M.

Foucault, Michel, [1975-76] 2001: In Verteidigung der Gesellschaft. Frankfurt/M.

Foucault, Michel, [1976] 1991[4]: Der Wille zum Wissen. Sexualität und Wahrheit 1. Frankfurt/M.

Frei, Norbert, 1993: Wie modern war der Nationalsozialismus?, in: Geschichte und Gesellschaft 19, 367-387.

Friedländer, Saul, 1992: Introduction, in: *Ders.* (Hrsg.): Probing the Limits of Representation. Nazism and the „Final Solution". Cambridge.

Gellately, Robert, 1995: Allwissend und allgegenwärtig? Entstehung, Funktion und Wandel des Gestapo-Mythos, in: *Paul/Mallmann*(Hrsg.): Die Gestapo, 47-72.

Gellately, Robert, 1997: Die Gestapo und die deutsche Gesellschaft. Zur Entstehungsgeschichte einer selbstüberwachenden Gesellschaft, in: *Schmiechen-Ackermann, Detlev* (Hrsg.), Anpassung, Verweigerung, Widerstand. Soziale Milieus, politische Kultur und Widerstand gegen den Nationalsozialismus in Deutschland im regionalen Vergleich. Berlin, 109-121.

Gellately, Robert, 2001: Denunciation as a Subject of Historical Research, in: *Marzsolek/Stieglitz* (Hrsg.), Denunziation im 20. Jahrhundert, 16-29.

Gellately, Robert, 2001a: Backing Hitler. Consent and Coercion in Nazi Germany. New York.

Habermas, Jürgen, 1985: Der philosophische Diskurs der Moderne. Zwölf Vorlesungen. Frankfurt/M.

Honneth, Axel, 1985: Kritik der Macht. Reflexionsstufen einer kritischen Gesellschaftstheorie. Frankfurt/M.

Honneth, Axel, 2003: Foucault und die Humanwissenschaften. Zwischenbilanz einer Rezeption, in: *Honneth/Saar* (Hrsg.), Zwischenbilanz, 15-26.

Honneth, Axel, 2003a: Genealogie als Kritik, in: *Honneth/ Saar* (Hrsg.), Zwischenbilanz, 117-120.

Honneth, Axel/Saar, Martin (Hrsg.), 2003: Michel Foucault. Zwischenbilanz einer Rezeption. Frankfurter Foucault-Konferenz 2001. Frankfurt/M.

Keller, Reiner/Hirseland, Andreas/Schneider, Werner/Viehöver, Willy (Hrsg.), 2001: Handbuch Sozialwissenschaftliche Diskursanalyse. Band 1: Theorien und Methoden. Opladen.

Keller, Reiner/Hirseland, Andreas/Schneider, Werner/Viehöver, Willy (Hrsg.), 2003: Handbuch Sozialwissenschaftliche Diskursanalyse. Band 2: Forschungspraxis. Opladen.

Kerchner, Brigitte, 2002: Politik als Diskurs. Diskurstheorien und Diskursbegriffe in der Politikwissenschaft. Ein Überblick. Berlin.

Kerchner, Brigitte, 2005: Körperpolitik. Die Konstruktion des „Kinderschänders" in der Zwischenkriegszeit, in: *Hardtwig, Wolfgang* (Hrsg.), Politische Kulturgeschichte der Zwischenkriegszeit 1918-1933. Göttingen.

Kiesow, Rainer-Maria/Simon, Dieter (Hrsg.), 2000: Auf der Suche nach der verlorenen Wahrheit. Zum Grundlagenstreit in der Geschichtswissenschaft. Frankfurt/M., New York.

Landwehr, Achim (Hrsg.), 2002: Geschichte(n) der Wirklichkeit. Beiträge zur Sozial- und Kulturgeschichte des Wissens. Augsburg.

Landwehr, Achim, 2002: Einleitung: Geschichte(n) der Wirklichkeit, in: *Ders.* (Hrsg.), Geschichte(n) der Wirklichkeit, 9-30.

Lang, Berel, 1990: Act and Idea in the Nazi Genocide. Chicago, London 1990.

Lang, Berel, 1995: Is it possible to misrepresent the Holocaust? in: History and Theory, 34, 88ff.

Longerich, Peter, 1998: Politik der Vernichtung. Eine Gesamtdarstellung der nationalsozialistischen Judenverfolgung. München.

Lüdtke, Alf (Hrsg.), 1991: Herrschaft als soziale Praxis. Göttingen.

Lüdtke, Alf, 1995: Die Praxis von Herrschaft: Zur Analyse von Hinnehmen und Mitmachen im deutschen Faschismus, in: *Röhr, Werner/Berlekamp, Brigitte* (Hrsg.), Terror, Herrschaft und Alltag im Nationalsozialismus. Probleme einer Sozialgeschichte des deutschen Faschismus. Münster, 226-245.

Magiros, Angelika, 2004: Kritik der Identität. „Bio-Macht" und „Dialektik der Aufklärung". Werkzeuge gegen Fremdenabwehr und (Neo-)Rassismus. Münster.

Marzsolek, Inge/Stieglitz, Olaf (Hrsg.): Denunziation im 20. Jahrhundert. Zwischen Komparatistik und Interdisziplinarität. Historical Social Research. Sonderheft Denunziation, Vol. 26, No. 2/3. Köln.

Martschukat, Jürgen (Hrsg.) 2002: Geschichte schreiben mit Foucault. Frankfurt/M., New York.

Milchman, Alan/Rosenberg, Alan, 1998: Postmodernism and the Holocaust, in: *Dies.* (Hrsg.), Postmodernism and the Holocaust. Amsterdam, Atlanta. 1-21.

Milchman, Alan/Rosenberg, Alan, 1998a: Michel Foucault, Auschwitz, and the Destruction of the Body, in: *Dies.* (Hrsg.), Postmodernism and the Holocaust. Amsterdam, Atlanta. 205-237.

Mommsen, Hans, 1995: Noch einmal: Nationalsozialismus und Modernisierung, in: Geschichte und Gesellschaft 21, 391-402.

Oexle, Gerhard Otto, 1999: Im Archiv der Fiktionen, in: Rechtshistorisches Journal 18, 1999, 511-525.

Oexle, Otto Gerhard, 2002: Was kann die Geschichtswissenschaft vom Wissen wissen? in: *Landwehr* (Hrsg.), Geschichte(n) der Wirklichkeit, 31-60.

Paul, Gerhard/Mallmann, Klaus-Michael (Hrsg.), 1995: Die Gestapo. Mythos und Realität. Mit einem Vorwort von Peter Steinbach. Darmstadt.

Paul, Gerhard/Mallmann, Klaus-Michael, 1995: Auf dem Weg zu einer Sozialgeschichte des Terrors. Eine Zwischenbilanz, in: *Dies.* (Hrsg.): Die Gestapo, 3-18.

Peukert, Detlev, 1982: Volksgenossen und Gemeinschaftsfremde. Anpassung, Ausmerze und Aufbegehren unter dem Nationalsozialismus. Köln.

Peukert, Detlev, 1988: Die Genesis der Endlösung aus dem Geist der Wissenschaft, in: *Forum für Philosophie Bad Homburg* (Hrsg.), Zerstörung des moralischen Selbstbewußtseins – Chance oder Gefährdung? Frankfurt/M., 24-48.

Peukert, Detlev, 1991: Die Unordnung der Dinge. Michel Foucault und die deutsche Geschichtswissenschaft, in: *Ewald, Francois/Waldenfels, Bernhard* (Hrsg.), Spiele der Wahrheit. Michel Foucaults Denken. Frankfurt/M., 320-333.

Sarasin, Philipp, 2003: Geschichtswissenschaft und Diskursanalyse, in: *Ders.* (Hrsg.), Geschichtswissenschaft und Diskursanalyse. Frankfurt/M., 10-60.

Schöttler, Peter, 1988: Sozialgeschichtliches Paradigma und historische Diskursanalyse, in: *Fohrmann, Jürgen/Müller, Hanno* (Hrsg.), Diskurstheorien und Literaturwissenschaften. Frankfurt/M., 159-199.

Schöttler, Peter, 1989: Mentalitäten, Ideologie, Diskurse. Zur sozialgeschichtlichen Thematisierung der ‚dritten Ebene', in: *Lüdtke, Alf* (Hrsg.), Alltagsgeschichte. Zur Rekonstruktion historischer Erfahrungen und Lebensweisen. Frankfurt/M., New York 1989.

Schöttler, Peter, 1997: Wer hat Angst vor dem „linguistic turn"? in: Geschichte und Gesellschaft, Jg. 23, 134-151.

Sofsky, Wolfgang, 1993⁴: Die Ordnung des Terrors. Die Konzentrationslager. Frankfurt/M.

Steinbach, Peter, 1999: Diktaturerfahrung und Widerstand. Berlin.

Steinbach, Peter, 2001²: Widerstand im Widerstreit. Der Widerstand gegen den Nationalsozialismus in der Erinnerung der Deutschen. Paderborn.

Steinbach, Peter, 2002: Zur Wahrnehmung von Diktaturen im 20. Jahrhundert, in: Aus Politik und Zeitgeschichte, B 51-52, 36-43.

Steinert, Marlis, 1970: Hitlers Krieg und die Deutschen. Stimmung und Haltung der deutschen Bevölkerung im Zweiten Weltkrieg. Düsseldorf, Wien.

Vissmann, Cornelia, 2001: Geschichtenerzähler vor dem Recht. Akten und „Litteralien" entstammen demselben Wahrheitsparadigma, in: Frankfurter Rundschau, 11. Dezember 2001, 20.

Wehler, Hans Ulrich, 1998: Die Herausforderung der Kulturgeschichte. München.

Prinz, Michael/Zitelmann, Rainer (Hrsg.), 1991: Nationalsozialismus und Modernisierung. Darmstadt.

Brigitte Kerchner

Wirklich Gegendenken. Politik analysieren mit Michel Foucault

> „Der Strukturalismus und die zeitgenössische Ge-
> schichte sind theoretische Instrumente, dank derer
> man gegen die alte Idee der Kontinuität sowohl die
> Diskontinuität von Ereignissen als auch die Trans-
> formation von Gesellschaften wirklich denken
> kann."
>
> (Foucault [1972] 2002: 347)

Während sich die Foucault-Rezeption intensiv mit der Macht befasst und neuerdings auch das Regieren Interesse weckt, wurde Foucaults Politikbegriff bislang
kaum zum Thema.[1] Als Einstieg geeignet scheint vor allem die Vorlesung „In
Verteidigung der Gesellschaft" (Foucault [1975-76] 1999). Immerhin steht hier das
Auftauchen des modernen historisch-politischen Diskurses im Zentrum. Doch
wie wäre ein solcher Text zu lesen, wenn wir neben der spezifischen Behandlung
des Politischen auch etwas über das hier angewandte Verfahren wissen wollen?
Im Gegensatz zu gewohnten Lektüren schlage ich im Folgenden vor, Foucaults
Schriften nicht in erster Linie als „Macht*theorie*" zu begreifen (so zuletzt auch
Honneth 2003: bes. 17-18). Vielmehr scheint es, zumindest wenn es darum gehen
soll, ihr diskursanalytisches Potenzial für die Politikwissenschaft zu erschließen,
günstiger, in Büchern wie „Überwachen und Strafen" (1975), „Sexualität und
Wahrheit" (1976), nicht zuletzt in Vorlesungsmanuskripten wie „In Verteidigung
der Gesellschaft" (1975-76) im engeren Sinne materiale „historische Analysen"
(Foucault [1984] 2005: 999) zu sehen. Lässt man sich darauf ein, so zeigt sich:
Nicht nur in den frühen Werkphasen, sondern durchgängig wurde hier eine
Forschungsperspektive gewählt, die dem Impuls einer Temporalisierung von
System und Struktur folgte (Angermüller 2001: 11-14). So gesehen wären, mit
Ausnahme der „Archäologie des Wissens", die großen Monographien und Vorle-
sungen Foucaults allesamt historische Diskursanalysen, die die Genealogie als
kritische „Taktik" und die Archäologie als eine strukturale operierende „Metho-

---

[1] Erste Zugänge ermöglichen Barry 1996; Lemke 1997; Honneth/Saar 2003: 233-274.

de" einsetzen (Foucault [1975-76] 1999: 17, 20). In unserem Zusammenhang stellen sich hier drei erkenntnisleitende Fragen: 1. Welcher Politikbegriff zeichnet sich im Durchgang durch die Schriften Foucaults ab? 2. Wurde hier tatsächlich jeweils Politikanalyse als Diskursanalyse praktiziert, und inwiefern wäre davon zu lernen? Haben wir auf diese Fragen eine Antwort gefunden, wäre auch an die Folgen zu denken: 3. Inwiefern verändert ein an Foucault geschulter diskursanalytischer Blick unsere bisherige Wahrnehmung von Politik? Oder anders gefragt: Inwieweit ist möglicherweise speziell das Foucaultsche Diskursmodell geeignet, heutigen Formen des Regierens analytisch beizukommen? Bei all dem müssen auch die beträchtlichen Risiken zur Sprache kommen, die sich ergeben, sobald man in empirischen politikwissenschaftlichen Studien ernsthaft mit Foucault operiert.

Was ist Politik? Um den Gegenstand des Faches zu bestimmen, stellen Einführungen in die Politikwissenschaft die Vielzahl möglicher Politikbegriffe in aller Regel in drei bzw. fünf Gruppen zusammen (von Prittwitz 1994; Berg-Schlosser/Stammen 1995: 1-2, 22-45; von Alemann 1995; Patzelt 1997; Stammen 1997; Bellers/Kipke 1999: 10-26; Meyer 2000: 15-23; Mols 2001: 25-31; Berg-Schlosser 2003). Folgen wir dem eingängigen Vorschlag von Ulrich von Alemann und Erich Forndran, dann lassen sich so *erstens* ein normativ-ontologischer, *zweitens* ein gouvernementaler, *drittens* ein konfliktorientierter Politikbegriff unterscheiden (1995: 34-41). Im Folgenden geht es nicht darum, zu überprüfen, inwieweit diese Einteilung adäquat ist. Die Taxonomie soll nur ein Anlass sein, nach Anschlussmöglichkeiten zwischen derzeitiger Politikwissenschaft und dem Foucaultschen Instrumentarium Ausschau zu halten. In jedem Fall scheint es reizvoll, dessen eigenwilligen Zugriff auf das Politische vor dem Hintergrund der zwar umstrittenen, aber doch im Forschungsalltag bestens bekannten Politikbegriffe zu diskutieren. Legt man die gängigen Definitionen als Maßstab zugrunde, so wird sichtbar, dass das Anknüpfen an Foucault ein dreifaches Umdenken ermöglicht – aber auch erfordert:

- von der Selbstgewissheit einer guten Ordnung zur Genealogie der Normativität;
- vom realistischen Politikverständnis zur historisch-konstruktivistischen Analyse der Gouvernementalität bzw. des Regierens;
- vom politischen Konflikt zur Dekonstruktion binär strukturierter Oppositionen.

1 Von der Selbstgewissheit einer guten Ordnung zur Genealogie der Normativität

Am wenigsten wird man Foucault zunächst wohl mit einem normativen Politik-begriff in Zusammenhang bringen wollen. Denn als *normativ-ontologisch* oder *essentialistisch* werden gemeinhin diejenigen klassifiziert, die an die politischen Theorien von Platon und Aristoteles anknüpfend den Typus eines „wahren Menschentums" zum Maßstab für die richtige Ordnung einer Gesellschaft erheben und von diesem Standpunkt aus die bestehenden Verhältnisse betrachten. In der Tradition der klassischen abendländischen Metaphysik ist ein solcher Politikbegriff an Gütern und Werten orientiert, entsprechend wird hier die politische Ordnung als Voraussetzung eines „guten Lebens" der Menschen gewertet. Weil sie sich an christlichen Werten bzw. aufklärerischen Idealen wie „Freiheit", „Frieden" und „Demokratie" orientierten, rechnet man in der Bundesrepublik nach 1945 etwa Otto Suhr, Eric Voegelin, Dolf Sternberger oder Franz L. Neumann einem dezidiert normativen Ansatz in der Politikwissenschaft zu (so etwa Berg-Schlosser/Stammen 1995: 24-25; von Alemann/Forndran 1995: 34-37).

Über das prekäre Verhältnis Foucaults zu den ethischen Idealen der Aufklärung gibt es, wie man weiß, eine heftige Debatte (etwa Kelly 1994; Ashenden/Owen 1999). Wegweisend war die frühe Kritik von Nancy Fraser: Obwohl er die Werte des Humanismus nicht anerkenne, so Fraser (1994: 31-103), lege Foucault diese etwa seiner Beschreibung der Disziplinargesellschaft als normative Bezugsfolie implizit zugrunde. Verallgemeinernd, zum Teil auch polemisch wurde Foucault von anderen zum „Verleugner der Geschichte", „Verächter des Subjekts" und „Anti-Humanisten" erklärt. Fixiert auf Gewaltausübung und Kontrolle unterschätze er die modernen Errungenschaften liberaler Rechtsstaatlichkeit (Wehler 1998: 82-83). Statt Freiheit, Würde und körperliche Unversehrtheit der Person als verbindliche Norm anzuerkennen, rede er leichtfertig vom „Tod des Menschen" und untergrabe so die aufklärerisch-humanistischen Ideale (Jaeggi 1976: 54-55). „Normativ verworren", „kryptonormativistisch", „apokalyptisch-düster" – so lautete deshalb lange Zeit das Urteil.

Das sieht man inzwischen differenzierter (Kocyba 2003: 71-76). So erhellt etwa ein Blick auf den frühen Artikel „Nietzsche, die Genealogie, die Historie" (1971) das Herangehen Foucaults. Hatte bereits Nietzsche die naturwüchsige Geltung der Moralauffassungen seiner Zeit relativiert, indem er dazu aufrief, sie geschichtlich zurück zu verfolgen (Nietzsche [1887] 1988²), lässt sich nun auch Foucault ([1971] 2002: bes. 172, 174) von der genealogischen Perspektive inspirieren, und zwar auf dreifache Weise: Weiterhin das Wesen oder den „Ursprung" der Dinge zu ergründen, scheint *erstens* wenig ergiebig. Statt von der „Herkunft" im Sinne einer festen Zugehörigkeit zu einer Gruppe oder Gemeinschaft auszugehen, sei *zweitens*, „das komplizierte Netz der Herkunft auf[zu]dröseln" und sich den disparaten Prozessen der Identitätsbildung zuzuwenden, in denen Subjekte im Laufe der Geschichte unablässig geformt und zersetzt werden. Statt die „Entstehung" von Gegenständen und Ereignissen in einer Linie der bruchlosen Kontinuität nachzuzeichnen, müsse *drittens* das zufällige Spiel von Kräfteverhältnissen und Herrschaftsbeziehungen ins Auge gefasst und damit der unablässige Bruch in der Geschichte betont werden. Eine „Genealogie", die an die Gewordenheit allen Seins und Denkens erinnert, wird so zu einem kritisch-analytischen Instrument, mit dem wir die „Aspektbefangenheit" unserer eigenen Kultur überwinden und den gewohnten Denk-, Wahrnehmungs- und Handlungsschemata der Gegenwart ihre Selbstverständlichkeit nehmen können (Owen 2003: 129). Darum, bestehende Vorstellungen als ideologisch verzerrt zu entlarven oder neue Normen zu fixieren, geht es hier zunächst nicht. Vielmehr soll die genealogische Recherche eine „freigeräumte Fläche", also einen Freiraum eröffnen, von wo aus selbstverständlich erscheinende Normen „dezentriert" und alte Wertfragen neu aufgeworfen werden können. Darin, sowie in einer ganz eigenen Art der textuellen Arbeit, die tiefer ansetzt als das quellenkritische Verstehen der traditionellen Politik- und Ideengeschichte, äußert sich letztlich der strukturalistische Gestus in Foucaults „Geschichte der Gegenwart" (Saar 2003: 166-174).

Was genauer gemeint sein könnte, führen empirische Studien wie „Überwachen und Strafen" (1975) vor. Das erklärte Ziel besteht hier darin, „die Metamorphosen der Strafmethoden von einer politischen Technologie des Körpers her zu untersuchen" (Foucault [1975] 1994: 34). Eine zentrale These lautet: Im Übergang zur Moderne werden im Rekurs auf die Ideale der „Humanität" die physisch grausamen Körperstrafen des Mittelalters abgelehnt und „mildere" Strafen gefordert; gleichzeitig etablieren sich mit Freiheitsentzug und Gefängnis effektive Formen des Regierens, die in der Logik von „Gefahr und Sicherheit" operieren, dabei auf neue Weise subtil am Körper ansetzen, letztlich aber die Seele treffen (93-170). Für die Diskursforschung ist nun das Verfahren aufschlussreich, das zu dieser Einsicht führt. Als Materialkorpus dient zunächst die europäische Rechtskritik des späten 18. Jahrhunderts. Emphatisch wird in diesen juridischen Texten der aufklärerische Wert der Humanität vertreten, also etwa dazu aufgerufen, den überkommen Aberglauben auszurotten, die Grausamkeit der Gesetze zu mildern, die Folter abzuschaffen und die Willkür der Gewohnheitsrechte durch ein verlässliches, schriftliches Gesetzbuch zu überwinden. Folgen wir Foucault, dann gilt es, genau an diesem Punkt innezuhalten, um die Evidenz des unablässig Gesagten skeptisch zu hinterfragen. Statt die Intentionen einzelner Protagonisten der Aufklärung verstehend nachzuvollziehen, sollen durch Textvergleiche „Regeln" gefunden werden, die die Redeweisen auf einer anderen Ebene als der der sichtbaren Evidenzen strukturieren (116). Erst im Zusammenspiel von Äußerungen, die sich dann im Laufe eines Jahrhunderts wiederholen, modifizieren oder auch widersprechen, wird die eigentliche Rationalität moderner Rechtsprogramme sichtbar: Zwar offiziell dem Ideal der Humanität verpflichtet, folgen sie in ihren praktischen Effekten gleichzeitig dem ökonomischen Kalkül der Effizienz (114-132).

Die skeptische „Analyse der Strafmilde" veranlasst allgemeiner nachzufragen, „wie der Mensch, die Seele, das normale oder anormale Individuum" überhaupt zum Gegenstand „für einen wissenschaftlichen Diskurs" werden konnte (Foucault [1975] 1994: 34-35). Empirisch rekonstruiert wird das in einer Vorlesung, die unter dem Titel „Die Anormalen" in deutscher Übersetzung vorliegt (Foucault [1974-75] 2003). Neben der Genealogie der Normen wird hier die „Normalisierung" zum Thema und damit jene Prozesse der Identitätsbildung und Subjektkonstitution, die bereits im Nietzsche-Aufsatz ins Auge gefasst worden waren. Die Textarbeit konzentriert sich konkret auf gerichtliche Gutachten aus der Zeit von 1800 bis 1900, mit denen diverse Disziplinen ihre jeweilige Zuständigkeit und Kompetenz unter Beweis stellten. Im Ergebnis zeigt sich: Seit dem späten 18. Jahrhundert wurde die „Gruppe der Anormalen" im konkurrenten Wechselspiel juridischer, sexual- und gerichtsmedizinischer sowie psychiatrischer Zuschreibungen und Klassifikationsraster „gebildet"; indirekt entsteht so nach und nach, also *historisch*, ein Verständnis von „normal" und „Normativität", wie es die westliche Moderne eigentlich als überzeitlich „wahr" und „richtig" voraussetzen zu können glaubt (421). Damit ergründen Foucaults genealogische Studien, auch wenn sie dem normativen Politikbegriff nicht ausdrücklich widersprechen, zumindest Wege, jene Normativität, die mit einem ontologischen Politikverständnis einhergeht, methodisch kontrolliert zu erforschen.

2 Vom realistischen Politikverständnis zur (historisch-)konstruktivistischen Analyse (der Gouvernementalität bzw.) des Regierens

In der Politikwissenschaft werden Politikbegriffe, die weniger die ethisch begründeten Ziele und Zwecke als vielmehr die Mittel politischen Handelns, wie Macht, Zwang und Gewalt, in den Vordergrund rücken, gemeinhin als *realistisch* oder *gouvernemental* bezeichnet (etwa Berg-Schlosser/Stammen 1995: 25-27; von Alemann/Forndran 1995: 35). Neben den Sophisten der Antike gelten Niccolò Machiavelli oder Max Weber als klassische Vertreter. Machiavelli etwa definierte in seiner berühmten Schrift „Der Fürst" (1513/14) Politik als die Summe der Mittel, die nötig sind, um zur Macht zu kommen und sich an der Macht zu halten und um von der Macht den nützlichsten Gebrauch zu machen (Machiavelli [1513/14] 1990; Meyer 2000: 32-34). Nach der geläufigen Definition Webers ist Politik das Streben nach Machtanteil oder nach Beeinflussung der Machtverteilung, sei es zwischen Staaten, sei es innerhalb eines Staates zwischen Machtgruppen, die er umschließt (Weber [1919] 1993). An anderer Stelle bezeichnet „Macht" dann „jede Chance, innerhalb einer sozialen Beziehung den eigenen Willen auch gegen Widerstreben durchzusetzen" und „Herrschaft" wiederum die „Chance, für einen Befehl bestimmten Inhalts bei angebbaren Personen Gehorsam zu finden" (Weber [1921] 1980: 28). Gemeinsam ist die Vorstellung, das in den staatlichen Rahmen eingefügte Befehlen und Gehorsamfinden, also die Ausübung von Macht, Herrschaft und Führung, bilde die Basis aller Politik (von Alemann/Forndran 1995: 35). Obwohl die Macht fraglos zu den Grundkategorien der jüngeren Politikwissenschaft zählt, gilt sie aufgrund ihrer „amorphen" (Weber) Tendenz, alle sozialen Beziehungen zu durchdringen, als problematisch. Allein im Rekurs auf die Macht, so die Kritik, lasse sich das spezifisch Politische nicht eindeutig vom Sozialen abgrenzen (Berg-Schlosser/Stammen 1995: 25-27), damit gerate die Politologie in Gefahr, ihren Gegenstand zu verlieren.

Genau um diesem neuralgischen Punkt kreist jene oft zitierte Annäherung an den Machtbegriff, die Foucault im Kapitel „Methode" (sic!) des ersten Bandes von „Sexualität und Wahrheit" ([1976] 1992: 113-124; vgl. Landwehr 2001: 84-89) sowie in verstreuten Interviews und Artikeln formuliert hat. All das hat ihm dann den zweifelhaften Ruf eines „Machttheoretikers" eingetragen, der mit einem Hang zur Entgrenzung die Macht „überall" sehe und letztlich „alles" zur Politik erkläre (Weiß 1995: 310). Aus guten Gründen wurde deshalb vorgeschlagen, sich Foucaults Schriften nicht länger über den Begriff der Macht, sondern über den des Regierens anzunähern (Lemke 1997: 31). Vielleicht liegt jedoch in einer Lesart, die vom Verfahren der Diskursanalyse ausgeht, eine dritte Möglichkeit, sich Foucaults Begriffe der Macht und des Regierens zu erschließen (ausführlicher Kerchner 2006).

Tatsächlich lässt sich der erste Band von „Sexualität und Wahrheit" als das Exposé für eine Geschichte jener Wissenschaften lesen, die die „Sexualität" als ihr Objekt konstituieren. Dazu wird zunächst älteren Hypothesen widersprochen, die das Thema „Sexualität" vorrangig unter dem Aspekt einer zunehmenden „Repression" diskutieren (Foucault [1976] 1992: 25-66). Statt weiterhin dem vermeintlichen „Spiel einer wesenhaft repressiven Macht" aufzusitzen oder abstrakte „Theorien" über die Macht zu formulieren, besteht das erklärte „Motiv" Foucaults darin, konkrete historisch-empirische Untersuchungen darüber anzustellen, „wie sich ein bestimmter Typ des Wissens über den Sex gebildet hat". Der exemplarische Fall dient dann dazu, sich schrittweise „zu einer anderen Konzeption der Macht vorzuarbeiten" (101-113). Eine solche „,Analytik' der Macht" erfordert allerdings wiederum eine spezifische „Methode" (102, 113-124). Statt Macht und Herrschaft, Gewalt und Zwang als „ursprüngliche Gegebenheiten" voraus zu setzen, richtet sich der Blick auf die „unzähligen Punkte", von denen eine Verschiebung in den gesellschaftlichen „Kraftverhältnissen" ausgeht, auf das komplexe „Spiel ungleicher und beweglicher Beziehungen", in dem sich die Machtausübung „vollzieht". Nominalistisch und pointiert formuliert wurde das in dem berühmten Satz: „Die Macht ist der Name, den man einer komplexen strategischen Situation in einer Gesellschaft gibt." (114) Wie lässt sich nun dieser Akt der „Benennung" de-konstruieren? Und vor allem: Wie lässt sich eine Macht analysieren, die zwar nicht „alles umfasst", aber doch „von überall" kommt und dabei nicht nur repressiv, sondern auch ermöglichend, ja produktiv wirkt?

Bedeutsam wird hier ein Verständnis von Politik, das diese nicht länger als ein gegebenes „Feld" oder Teilsystem der *Gesellschaft* auffasst. Eine prinzipielle Absage an systemisches Denken ist damit gar nicht unbedingt verbunden. Allerdings eine Verschiebung in der Wahrnehmungslogik. Bekanntlich ist die Politikwissenschaft, sofern sie von Systemen spricht, weithin gewohnt, sich an der Soziologie als Leitwissenschaft zu orientieren und von daher die Funktionsweise des Politischen als die eines Teilsystems der Gesellschaft zu beschreiben (grundlegend Easton 1965; Parsons 1976; kritisch Narr 1971: 110-115, 124-130) Lassen wir uns auf den Verfahrensvorschlag Foucaults ein, so finden wir uns bei der empirischen Arbeit am Text faktisch in eine andere Analysesituation versetzt. „Denken" und „Wissen" firmieren hier als wirklichkeitskonstituierende „Ordnungs*systeme*", zu denen mit einer historisch operierenden „Archäologie" diachron quergedacht werden kann. Und im Zuge dieses permanenten Gegendenkens zerstreut sich auch unser gewohnter Blick auf das Politische.

Im Grunde, so jedenfalls Foucault, gelte es weniger nach dem Wesen der Macht als nach der *Form* zu forschen, in der Macht und Widerstand *ausgeübt* wird, und zwar quer zu den „Apparate[n] und Institutionen", „quer durch die gesellschaftlichen Schichtungen und individuellen Einheiten". Zwei Fragen leiten eine solche Analyse an: 1. „Welches sind die ganz unmittelbaren, die ganz lokalen Machtbeziehungen, die in einer bestimmten historischen Form der Wahrheitserzwingung [...] am Werk sind?" 2. „Wie verbinden sich diese Machtbeziehungen miteinander zur Logik einer globalen Strategie, die sich im Rückblick wie eine einheitlich gewollte Politik ausnimmt?" Beide Fragen, so jedenfalls mein Eindruck, lassen sich im Grunde nur mit einer Diskursanalyse bearbeiten, die genealogisch zurückgeht und strukturalistisch operiert. Exemplarisch lässt sich das am „Bereich" der Sexualität illustrieren (Foucault [1976] 1992: 118-138). Gerade hier kann die Entstehung unterschiedlicher Formen der Machtausübung systematisch mit der Entwicklung sich institutionalisierender Redeweisen („Diskurse") in Beziehung gesetzt und so historisch verortet werden.[2] Die Effekte der Machtausübung äußern sich demnach stets am Körper, dies aber in unterschiedlichen Zeiten auf unterschiedliche Weise. Seit dem 17. Jahrhundert, so Foucault, werde die Souveränitätsmacht des Absolutismus, die primär im System des Rechts operiert habe und in der Form des Gesetzes aufgetreten sei, von einer Disziplinarmacht überlagert, die mit „winzigen und unscheinbaren" Techniken auf die Körper einwirke, um die Individuen in die bürgerliche Gesellschaft einzupassen. Hinzu trete um die Mitte des 18. Jahrhunderts eine auf den „Gattungskörper" konzentrierte Biomacht, die Geburt, Sterblichkeit und Gesundheit zu kontrollieren beginne. Vorrangig vollzieht sich die moderne Machtausübung in dieser Sicht mittels der institutionalisierten Redezusammenhänge der Wissenschaften. Indem diese die Geltung von Aussagen über die Wirklichkeit regeln, bestimmen sie auch über die Möglichkeiten und Grenzen kohärenten Handelns. Insofern können jene seit dem 17. Jahrhundert „explodierenden" „Diskurse" (theologische, juridische, pädagogische, sexualmedizinische, psychologische) identifiziert und beschrieben werden, die über drei Jahrhunderte den Körper auf je spezifische Weise zum Wissensgegenstand erheben, dabei die individuelle und gesellschaftliche Wahrnehmung des Körpers neu organisieren und über modifizierte Köperdefinitionen das Selbstverständnis der Subjekte sowie das Selbstbild der Gesellschaft prägen (Sarasin 1996; Landwehr 2001: 75-89; Maset 2002: 127, 135-137). Wie sich Individuen und Gruppen diese Körper- und Charakterdefinitionen aneignen oder wie sie sich ihnen widersetzen, ist ein Aspekt, der dann unter dem Stichwort „gouvernementalité" genauer unter die Lupe genommen wird.

„Wir leben im Zeitalter der Gouvernementalität" – in dieser Einsicht gipfelte die Vorlesung, mit der Foucault im Studienjahr 1977/78 seinem Forschungsprogramm eine veränderte Richtung gab, indem er die Geschichtlichkeit des „Staates" und des „Regierens" in den Vordergrund rückte (Foucault [1978] 2000: 41, 64-65). Macht und Herrschaft systematischer unterscheidend, galt es jetzt zu zeigen, wie sich seit dem 18. Jahrhundert Staatsformierung, Herrschaftsausübung und Subjektkonstitution verknüpfen. Der Begriff der „Regierung" umfasst hier also nicht nur die Institutionen des Staates sondern umfassender die Lenkung, Kontrolle und Leitung von Individuen und Kollektiven, die Technologien der Selbst- und Fremdführung (Bröckling 2000b: 7-10). Damit sind die „Grenzen" zwischen Staat und Gesellschaft, Öffentlichkeit und Privatheit zwar nicht negiert, aber doch zum Gegenstand historischer Recherchen, also fragwürdig, geworden.

---

[2] Damit die Diskursanalyse der Sexualpolitiken nicht ins Beliebige abgleitet, werden vier „Vorsichtsregulative" formuliert: Foucault [1976] 1992: 19-124.

Denkt man sich, wie in Teilen der Foucault-Rezeption, das Politische weiterhin als „Feld", so scheint dieses unter der gouvernementalen Perspektive „erweitert". Und es ist vor allem dieses „weite" Konzept des Regierens, das in den 90er Jahren die internationale Forschungsrichtung der *Governmentality Studies* begründet (Burchell 1991; Barry 1996; Bratich 2003) und nun auch hierzulande die Analyse „neoliberaler" Politikmuster angeregt hat (Bröckling 2000a; Pieper 2003; Reichert 2004). Dass mit wenigen Ausnahmen (etwa Larner/Walters 2004) die meist soziologisch interessierten Gouvernementalitätsstudien oft weder Diskurs noch Geschichte kennen und sich damit weit von Foucault entfernen, ist bekannt (Bröckling 2000b: 18). Einerseits ist das nicht weiter tragisch, spricht doch die Produktivität der neuen Forschungsrichtung für sich. Andererseits gebietet es unser spezifisches Interesse am Diskursbegriff, es dabei nicht zu belassen. Vielleicht ist es ja aufschlussreich, auch einmal gegen die Gewohnheiten der Gouvernementalitätsstudien anzudenken.

Kehren wir also noch einmal zum Original zurück und fragen uns: Wie geht Foucault in seiner Vorlesung über Gouvernementalität eigentlich selbst vor? Als Materialbasis dient ihm das seit der Antike geschätzte Genre der Regierungsratgeber und Fürstenspiegel. Die Analyse zeigt: Offenbar korrespondiert mit den allgemeinen Umbrüchen in der frühneuzeitlichen Ständeordnung Mitte des 16. Jahrhunderts ein bemerkenswerter Bruch in der Reflexion über das „Regieren", der sich in veränderten Themen, Fragen und Verfahren bemerkbar macht. Als zentraler Referenzpunkt einer nun „explodierenden" und über drei Jahrhunderte sich erstreckenden Literatur fungiert ausgerechnet Machiavellis 1532 publiziertes Buch „Der Fürst". Bezieht man sich unmittelbar um 1650 und erneut um 1900 durchaus noch positiv auf das Buch, grenzt sich die Masse der Texte, nicht zuletzt um die eigene Position zu profilieren, zwischen 1700 und 1900 scharf davon ab. Dieses über mehrere Jahrhunderte andauernde, um Machiavelli zirkulierende und dabei zwischen Verehrung und Abscheu changierende Wechselspiel sieht Foucault ([1978] 2000: 41-44) sich näher an. Offenbar werden hier im Zuge der sich teils wiederholenden, teils variierenden Äußerungen die Grenzen des Staates und der Zweck des Regierens neu definiert. Im Ergebnis ist eine neue wissenschaftliche Lehre über die „Kunst des Regierens" entstanden: der moderne historisch-politische Diskurs. Dieser formiert sich, indem er zwei Fragen in den Vordergrund rückt: 1. Wie lässt sich die Logik der Haushaltsökonomie, die sich bei der vormodernen Regierung der Familie bewährt hat, auf das Regieren des Staates übertragen? (46-50) 2. Wie gelingt es, zweckmäßig und „angemessen" „über die Dinge zu verfügen" und dabei insbesondere die „Bevölkerung" „im Detail" zum „Interventionsfeld" und „Ziel der Regierungstechniken" zu machen? (50-64) So wird die „Geschichte der Gouvernementalität" bei Foucault zu einem Projekt, mit dem die Logiken des Regierens prinzipieller zu erkunden wären: Drei nacheinander entstehende, sich später durchdringende Regierungslogiken ließen sich unterscheiden: Zunächst die im 16. und 17. Jahrhundert auftretende „Staatsräson", die im Rekurs auf göttliche Gesetze Respekt für die staatliche Souveränität einfordert und im vergleichenden Wettbewerb der Staaten auf die politische Statistik zu setzen beginnt; dann eine mit dem frühneuzeitlichen Verwaltungsstaat des 17. und 18. Jahrhunderts korrespondierende „Theorie der *Polizey*", die mit subtilen Disziplinierungstechniken die Beziehungen zwischen den Individuen, die öffentliche Ordnung, das Lebendige selbst zu überwachen vorschlägt; schließlich der „Liberalismus", der sich auf die Leitprämissen der politischen Ökonomie berufend die Selbsttätigkeit rational entscheidender Individuen zu stärken und drohenden Unsicherheiten durch den Appell an Eigenverantwortung zu begegnen sucht (Foucault [1978] 2000: 60-67). Staatsräson, *Polizey*, Liberalismus – das scheinen bis heute maßgebliche Rationalitäten zu sein, in denen politische Programme formuliert werden können. Fast nebenbei macht die Gouvernementalitätsvorlesung sichtbar, wie sich seit Mitte des 16. Jahrhunderts nach und nach die „Kunst des Regierens" als moderne Wissenschaft und die „Politik" als wissenschaftlicher Gegenstand konstituiert. Zeichnet sich hier ein konstruktivistischer Politikbegriff ab? Im Sinne Foucaults vom „Erfinden" der Politik" zu sprechen hieße jedenfalls: mit zeitlich und örtlich variablen Konstruktionen (Realisierungen) des Politischen zu rechnen und die Suche nach einem konsistenten Begriff der Politik in eine Analytik ihres je spezifischen „Auftretens" (Foucault [1975-76] 1999: 201) zu überführen.

3 Vom politischen Konflikt zur Dekonstruktion binär strukturierter Oppositionen

Folgt man den ausgewählten Einführungen, dann sind in der Politikwissenschaft *konfliktorientierte Politikbegriffe* am weitesten verbreitet – dies allerdings in derart gegenläufigen Varianten, dass es umstritten ist, sie zu einer Gruppe zusammen zu fassen. Lässt man die Einteilung von Meyer (2000: 37) gelten, dann zählt zu den konfliktorientierten Ansätzen als erstes Thomas Hobbes,[3] der den „Krieg aller gegen alle" als menschlichen Naturzustand beschrieb; in dieser Sicht ist der Staat das Ergebnis eines alle bindenden Vertrags zum gegenseitigen Nutzen und „Politik" die fortwährende vertragsartige Verständigung über wechselseitige Interes-

---

[3] Dagegen zählen etwa Berg-Schlosser/Stammen (1995: 26) den Politikbegriff von Hobbes zur realistischen Strömung.

sen. Als konfliktorientiert gilt als zweites jene breite *empirisch-analytische Strömung*, die im Gefolge amerikanischer Vorbilder, wie David Easton, Karl W. Deutsch oder Gabriel A. Almond, den Anspruch erhebt, wert- und interessenneutral, allgemeingültig und deskriptiv zu verfahren (Berg-Schlosser/Stammen 1995: 30-33; kritisch Narr 1971: 170-182). Indem er politisches Verhalten mit Hilfe abstrahierender und formalisierter Modelle untersucht, hat bekanntlich *Easton* eine international einflussreiche Theorie des Politischen Systems entwickelt; als Teilsystem der Gesellschaft erhält hier „Politik" ihre spezifische Funktion: „the authoritative allocation of values for a society" (Easton 1965; vgl. von Beyme 1986: 179). Daran anknüpfend wurde im deutschsprachigen Raum „Politik" als „gesellschaftliches Handeln" definiert, das darauf gerichtet sei, Konflikte über Werte verbindlich zu regeln (etwa Lehmbruch 1968²: 17). Im Gegensatz zu älteren auf das Gemeinwohl ausgerichteten Harmonielehren wird hier der Konflikt als notwendige Erscheinung und entscheidender Impuls des Wandels betrachtet. Vorausgesetzt wird eine pluralistische Gesellschaft mit einer repräsentativ-parlamentarischen Demokratie und damit eine stabile Infrastruktur für die friedliche Austragung von Konflikten (von Alemann/Forndran 1995: 38-39). Selbst wenn gesehen wird, dass der Marxismus mit den liberal-pluralistischen Konflikttheorien ansonsten wenig gemein hat, wird der marxistische Politikbegriff zuweilen ebenfalls der dritten Gruppe zugeordnet (von Alemann/Forndran 1995; vgl. Berg-Schlosser/Stammen 1995). Indem er vom Widerspruch zwischen Kapital und Arbeit ausgehe, den Klassenantagonismus als zentralen Impulsgeber von Geschichte und Politik bestimme, davon wiederum jeden anderen gesellschaftlichen Konflikt ableite, im orthodoxen Verständnis (Lenin) Politik gar als Kampf zwischen den Klassen um die Staatsmacht auffasse, vertrete der Marxismus, so das Argument, in jedem Fall ein konfliktorientiertes Verständnis von Politik. Unter diesem Gesichtspunkt ließen sich auch die neomarxistischen Theorien der 70er und 80er Jahre des 20. Jahrhunderts betrachten. Schließlich wurde die sich u. a. mit Hegel und Marx auseinandersetzende Frankfurter *Kritische Theorie* aufgrund ihres Anspruchs, die Interessen- und Wertekonflikte in der Gesellschaft zentral zu thematisieren, um demokratische Verfahren zu ihrer kritischen Reflexion und Bewältigung zu entwickeln, zu den konfliktorientierten Politikansätzen gerechnet (von Alemann/Forndran 1995: 37-40; vgl. Berg-Schlosser/Stammen 1995: 28-30, 58-81).

Aber unter welchen historischen Bedingungen war es überhaupt möglich, sich das Politische in den Kategorien von Krieg und Frieden, Strategie und Taktik, Konflikt und Verständigung vorzustellen? Seit wann ist man davon abgegangen, staatliche Souveränität und Herrschaft als Pyramide oder Organismus zu beschreiben, um stattdessen die „Analyse des Staates, seiner Institutionen und Machtmechanismen" in „binären Termini" zu vollziehen? Diesen Fragen widmete Foucault 1975/76 eine Vorlesung, die unter dem Titel „In Verteidigung der Gesellschaft" nun auch in deutscher Übersetzung zugänglich ist (Foucault [1975-76] 1999: 25-30, 100). Untersucht wird konkret, „in welchem Maße das binäre Schema von Krieg, Kampf und Zusammenstoß der Kräfte tatsächlich als Grundlage der Zivilgesellschaft, zugleich als Prinzip und Motor der Ausübung politischer Macht aufgewiesen werden kann." (29) Eine Provokation entsteht zunächst dadurch, dass Foucault es bei seiner Annäherung an den Politikbegriff darauf abgesehen zu haben scheint, das berühmte Diktum von Clausewitz, der Krieg sei die mit anderen Mitteln geführte Politik, einfach umzudrehen: „Aber ist nicht auch die Politik der mit anderen Mitteln geführte Krieg?" (57) Genauer besehen zeigt sich: Die hypothetische Frage dient bloß als Anlass, dem „Auftreten" des „historisch-politischen Diskurses" genauer nachzuspüren, der nicht nur Clausewitz vorangehe, sondern auch dem Gründungsvater der modernen Vertragstheorie Hobbes (101-114, 311). In Folge der Religionskriege taucht demnach zunächst im England des 16. und 17. Jahrhunderts, etwa bei Autoren wie Coke oder Lilburne, ein „Diskurstyp" auf, der sich von überkommenen juridisch-philosophischen Sichtweisen absetzt, indem er den „Krieg" zur „dauerhaften Grundlage aller Machtinstitutionen" deklariert. In Frankreich wird das „Erklärungsprinzip" von Boulainvilliers, später von Buat-Nancay aufgegriffen. Nicht Repräsentationen eines imaginären Willens zum Krieg, wie bei Hobbes ([1651] 1965), sondern reale Kriege, Schlachten und Eroberungen werden hier zum „geheimen Motor der Institutionen, der Gesetze und der Ordnungen". Im Ergebnis wird der Frieden als „Chiffre" des Krieges gelesen, und es ist der historisch-politische Diskurs, der sich selbst die Kompetenz zuspricht, die Zivilgesellschaft als Fortdauer des Krieges zu interpretieren. Zu den Kennzeichen des neuen Diskurstyps gehöre es, so Foucault ([1975-76] 1999: 61, 308-311), dass sich hier ein parteiliches, seine Forderungen „von unten" her formulierendes und für seine Rechte kämpfendes Subjekt habe äußern können; zutiefst historisch sei der Diskurs insofern, als mit ihm in einer Art „Gegen-Geschichte" eine „vergessene Vergangenheit" der „Siege und versteckten Niederlagen" ans Licht gebracht werde. Weil er an dieses Geschichtsbild anknüpft und auf die Klassendifferenz rekurriert, vermag nun Foucault den im 19. Jahrhundert entstehenden Marxismus direkt als Fortsetzung des binär strukturierten historisch-politischen Diskurses zu deuten (61, 92-93).

Folgt man weiter Foucaults Genealogie, dann tendiert der historisch-politische Diskurs seit seinem ersten „Auftreten" dazu, Gruppen unterschiedlicher Herkunft, Sprache, Religion und/oder Sitten zu unterscheiden, das Eigene und Fremde unterschiedlich zu bewerten, mit diesen sozialen und kulturellen „Oppositionen" wiederum Arme und Reiche in Beziehung zu setzen und so den Gesellschaftskörper dauerhaft zu „zerteilen" (Foucault [1975-76] 1999: 90, 130,

308). Gerade weil der historisch-politische Diskurs derart mit einem binären Code operiere, so die These Foucaults, eröffne er zugleich das Feld, auf dem der moderne „Rassismus" habe auftreten können. Im 17. und 18. Jahrhundert zunächst noch ohne direkten Bezug zur Biologie seien im 19. Jahrhundert die sozialen Oppositionen zunehmend auf biologische Wesensmerkmale zurückgeführt, auf dieser Basis Strategien der Inklusion und Exklusion formuliert und schließlich praktisch umgesetzt worden. Im 20. Jahrhundert hätten sich dann im Zuge einer erneuten Transformation vor allem mit dem Nationalsozialismus, aber auch dem Stalinismus extreme Formen eines „Staatsrassismus" gebildet (76-98, 294-305). Bereits während der Vorlesung hat diese Art, den „Rassismus" als genuines Element des modernen historisch-politischen Diskurses zu betrachten, Widerspruch ausgelöst (76, 99-101).

Verdiente die umstrittene Rassismusthese auch genauere Beachtung,[4] so ist hier zunächst einmal das Vorgehen, also die Arbeit am Text relevant. Als Materialbasis dienen Foucault überwiegend Texte englischer und französischer Historiker, die sich seit dem späten 16. Jahrhundert vom juridisch-philosophischen Diskurs abgrenzen, indem sie die „Geschichte" als eine moderne wissenschaftliche Disziplin konstituieren, die das „Politische" neu definiert. Fünf „methodische Vorkehrungen" gilt es laut Foucault zu treffen, um dieser Innovation auf die Spur zu kommen, zum Teil sind sie aus früheren Texten bekannt. Als *erstes* wird wieder dazu aufgefordert, das „Modell der Souveränität fallen[zu]lassen" und sich bei der konkreten Analyse der Machtverhältnisse nicht auf einem irgend gearteten „Kern", sondern auf die „äußersten Verästelungen" zu konzentrieren. Dies geschieht, indem man der Genese des historisch-politischen Diskurses folgt und sichtbar macht, wie hier Begriffe, die Subjekte, Gruppen oder „soziale Oppositionen" bezeichnen, als analytische Elemente fungieren, die der Diskurs selbst konstruiert. *Zweitens* soll sich die Aufmerksamkeit weniger auf die „Ebene der Intention oder der Entscheidung" von Akteuren richten, als vielmehr dorthin, wo die Intention in „realen und effektiven Praktiken aufgeht". Statt etwa „ideale Subjekte" nach ihrer Bereitschaft zu fragen, Macht abzutreten oder sich zu unterwerfen, sollte man untersuchen, „wie die Unterwerfungsbeziehungen Subjekte hervorbringen." *Drittens* sollte man die Macht nicht als homogene Herrschaft begreifen, etwa eines Individuums, oder einer Gruppe über das bzw. die andere; sondern Macht sollte untersucht werden als etwas, das sich spezifisch, differenziert und

---

[4] Lemke 1997: 224-228; sowie *Magiros* in diesem Band. Zu den postmodernen „Gefahren" einer verabsolutierenden Kritik am binären Denken: Nagl-Docekal 2000: 37-41. Von einer komplexen konstruktivistischen Position, die nach der Geschichte der Trennungslinien fragt, wäre die banale Feststellung Carl Schmitts abzugrenzen, jedes politische Gemeinwesen unterscheide zwischen Mitgliedern und Fremden, dazu Benhabib 1999: 109-110.

vielfältig äußert, dann „zirkuliert" und „über Netze verteilt" und stets umkehr-bar ist. *Viertens* sei es nicht angemessen, vom „Interesse" einer sozialen Gruppe als fester Größe auszugehen, da dem kein „realer Gehalt" entspreche; statt dessen könnten „ökonomischer Vorteil" oder „politischer Nutzen" als Elemente unter-schiedlicher Logiken der Machtausübung betrachtet werden. Schließlich käme es *fünftens* weniger auf die Darstellung der Ideen und Überzeugungen von Akteu-ren oder die Kritik von Ideologien an, als darauf zu zeigen, wie im Zuge der „Akkumulation von Wissen" und der Institutionalisierung von „Wissensappara-ten" Macht ausgeübt wird (Foucault [1975-76] 1999: 36-44, 306). Folgt man dem, dann erweist sich auch der „politische Konflikt" nicht länger als gegeben. Viel-mehr artikuliert sich in dieser Redeweise eine binäre Struktur, die der seit dem 17. Jahrhundert sich formierende historisch-politische Diskurs zur Analyse von Macht- und Herrschaftsbeziehungen installiert. Für die Analyse von Politik be-deutet das: Statt sich unbesehen auf letztlich nicht beweisbare Intentionen von Akteuren zu stützen oder politisches Handeln auf konfligierende Interessen bzw. Werte zurück zu führen, sei tiefgreifender nach der je spezifischen historischen Ausprägung des binären Codes selbst zu fragen. Davon auszugehen, politische Entscheidungen würden durch den Diskurs determiniert, ist damit ausdrücklich nicht gemeint. Vielmehr soll in der Analyse sichtbar werden, wie sich politisches Handeln in einem Spektrum von Möglichkeitsbedingungen vollzieht, dessen Grenzen und Regeln in einem historisch variablen Prozess der Codierung per-manent erzeugt, verworfen und modifiziert werden.

4 Die Analytik der Politik als riskantes Gegendenken – Fazit und Ausblick

Insgesamt ist Foucaults Auseinandersetzung mit dem Politischen in mehrfacher Hinsicht relevant: Zunächst lässt sich auf der Ebene der Politischen Theorie mit einer diachronen Perspektive gegen die Zeitvergessenheit mancher Spielarten des Strukturalismus und der Systemtheorie andenken. Dann wendet sich die genea-logische Kritik gegen die Selbstverständlichkeit, mit der Marxismus und Kritische Theorie, aber auch die ihnen sonst konträr gegenüberstehenden konfliktorientier-ten Ansätze in ihrem jeweiligen Politikverständnis binäre Codes voraussetzen. Operiert man auf der empirischen Ebene mit dem Foucaultschen Instrumentar-ium, so scheint man sich durch die Kritik an der Normativität ein Stück weit der Neutralität und dem Pragmatismus anzunähern, wie ihn die empirisch-analytische Politikforschung im Gefolge von Easton propagiert. Genau genom-men bleibt die Foucaultsche Analytik aber weder neutral, noch verharrt sie auf der Ebene von Akteuren, *belief systems* oder Diskurs-Koalitionen. Statt dessen fordert sie dazu auf, jenen tiefen Raum der historischen Wissens- und Wahrheits-produktion zu erfassen, dessen innere Struktur sich über Jahrhunderte herausge-bildet hat und heute die Glaubens-, Denk- und Handlungsoptionen politischer Akteure und „Diskurs"-Koalitionen formt und begrenzt. Am ehesten zu erwarten ist die Anschlussfähigkeit bei der aktuellen „Wissenspolitologie" (Nullmeier 2001) – allerdings nur insofern diese bereit ist, ihren Policy Studies „Vorstudien" zu ihren eigenen Voraussetzungen voranzustellen.

Offenbar, das hat die am diskursanalytischen Vorgehen orientierte Lektüre seiner Schriften gezeigt, macht Foucault auch unter einer politologischen Per-spektive seinem Ruf als Querdenker alle Ehre. Beharrlich scheint er sich den etablierten Klassifikationen zu entziehen und unsere gewohnten Politikverständ-nisse Schritt für Schritt zu untergraben. Die Frage stellt sich: Liegt in seiner Art der Diskursanalyse nun eine Chance, die Dinge neu zu betrachten? Korrespon-diert sein Diskursmodell möglicherweise sogar mit neueren Tendenzen der Poli-tikwissenschaft, die inzwischen theoretisch mit der „Erfindung des Politischen" (Beck) rechnen und sich empirisch stärker mit Akteurs- und Machtnetzen (Mayntz 1993; Hajer/Wagenaar 2003) als mit festen Institutionen und Hierarchien, eher mit pluralen sozio-kulturellen Identitäten (Benhabib 1999) und entgrenzten Räumen (Kohler-Koch 1998) als mit homogenen Gruppen und Territorialstaaten befassen? Oder überwiegt, wenn wir Foucaults Verfahrensvorschlag folgen, am Ende die Gefahr, jeden erkenntnistheoretischen Boden unter den Füßen zu verlie-ren? Im Grunde lassen sich diese Fragen nur auf dem Weg der empirischen Er-probung klären; nicht umsonst findet hier momentan die „produktivste Ausei-nandersetzung" (Martschukat 2002: 21) mit Foucault statt.

Führen wir uns noch einmal vor Augen, worin die Anforderung, ja Zumu-tung des diskursanalytischen Verfahrens besteht. In seiner Antrittsvorlesung am Collège de France (1970) hat Foucault die Konsequenzen mit aller Deutlichkeit benannt: Offenbar geht es um nicht weniger, als darum, zwar eine „geringfügi-ge", aber immerhin doch eine „Verschiebung" in unserem eigenen Denken in Gang zu setzen (33). Wollen wir herausfinden, wie in einer Gesellschaft über institutionalisierte Redeweisen die Möglichkeitsbedingungen des Redens und Handelns begrenzt und „kanalisiert", zugleich aber auch ermöglicht und variiert werden, so gilt es, unsere Aufmerksamkeit zunächst ganz positivistisch auf die ungeordnete Menge des tatsächlich Gesagten zu richten. Zum diskursanalytisch arbeitenden Politikwissenschaftler werden wir, indem wir in der Flut von Äuße-rungen, die uns in jedem Textmaterial überschwemmt, das wir zur Basis unserer Analyse machen, systematisch nach übergreifenden Regeln suchen, die das Zu-sammenspiel von Reden und Schweigen, von spontaner Äußerung und langfris-tig geltenden Aussagen strukturieren. In Frage kommen externe und interne

Prozeduren der Ausschließung und Kanalisierung des Gesagten sowie Mechanismen, die regeln, wer überhaupt als sprechendes Subjekt anerkannt wird und Zugang zu spezifischen Redesituationen erhält (11-30). Haben wir diese Struktur beschrieben, so haben wir den „Diskurs" erfasst (zum Diskursbegriff vgl. die Beiträge von *Diaz-Bone, Landwehr* sowie den weiteren von *Kerchner* in diesem Band). Will man das diskursanalytische Potenzial konsequent ausreizen und zu einem nachprüfbaren Ergebnis kommen, „muss man sich" wohl oder übel „zu drei Entscheidungen durchringen, denen unser Denken heute noch einigen Widerstand entgegensetzt" (33): Wir müssten unseren eigenen „Willen zur Wahrheit in Frage stellen", uns also bewusst machen, wie die modernen Prozeduren der wissenschaftlichen Wahrheitsproduktion funktionieren und wie wir selbst darin verstrickt sind. Im Weiteren käme es darauf an, „dem Diskurs seinen Ereignischarakter zurück[zu]geben"; dies hieße, jedem Versuch, aus Dokumenten die Motive rational entscheidender Akteure herauslesen zu wollen, skeptisch zu begegnen. Als „Vorsichtsimperativ" könnten wir unseren naiven Lektüren ein Verfahren vorschalten, das es erlaubt, Dokumente als Bestandteile eines umfassenderen Textkorpus zu betrachten. Zum eigentlichen „Ereignis" würde dann das „Auftauchen" einer Aussage (Sarasin 1996: 143-144), also der Raum- und Zeitpunkt, an dem sich entscheidet, wann eine Äußerung jenen Status von wahrer Geltung erhält, auf den sich politische Akteure bei der Problemformulierung und Entscheidungsfindung wie selbstverständlich beziehen. Genau dies wäre dann aus diskursanalytischer Sicht der mikroskopische „Ort" der eigentlichen Machtausübung. „Endlich" könnten wir poststrukturalistischen Anliegen folgend „die Souveränität des Signifikanten aufheben" – und damit den „Gedanken", die Dinge der Welt könnten uns in einer „ursprünglichen Erfahrung" außerhalb der ihnen zugeschriebenen Bedeutung begegnen (31-33).

Zweifellos zeitigt eine Politikanalyse, die vor einer solchen „Wühlarbeit unter den eigenen Füßen" (Caruso/Foucault [1969] 2000: 19) nicht zurückschreckt, beträchtliche Folgen, und zwar negative wie positive. Einige „Risiken" lassen sich nicht ohne weiteres wegdiskutieren. Zum Teil wurden sie von Foucault selbst angesprochen. Da wären zunächst die Probleme des Nihilismus oder Relativismus, vor denen lange gewarnt wurde. Sicher, wenn in der Politischen Theorie und Ideengeschichte die Prinzipien von Autor und Werk aufgelöst werden, wenn in der Empirie die Intentionen oder Werte von Akteuren nicht mehr ohne weiteres als rekonstruierbar angesehen werden, dann verschwimmen „vertraute Landschaften" und Wege und die Analyse betritt einen „weißen, indifferenten Raum ohne Innerlichkeit und Verheißung" (Foucault [1969] 1997: 58-60). Theoretisch hat die internationale Forschung inzwischen überzeugend dargelegt, dass damit ein Erkenntnisstandpunkt bezogen wäre, von dem aus normative Fragen ohne die

„Aspektbefangenheit" der eigenen Kultur neu aufgeworfen werden könnten (Owen 2003). Allerdings fehlen bislang bis auf wenige Ausnahmen (Boltanski/Chiapello 2003) empirische Studien, die auf den unterschiedlichen Politikfeldern mit einer genealogischen Taktik einsetzen. Nicht zuletzt hinge das Gelingen auch davon ab, ob es nach der Dekonstruktion gewohnter Politikmuster beim absehbaren Schock bliebe, oder ob die theoretisch versprochenen Wertfragen tatsächlich auch gestellt und das Spektrum möglicher Antworten zumindest angedeutet würden.

Dass die Verfahren der Diskursanalyse kontrollierte Arbeit am Text und damit einige Anstrengung erfordern, sollte hier deutlich geworden sein. Aber ist das Ergebnis auch der Mühe wert? Insbesondere die Foucaultsche Diskurstheorie ist voraussetzungsvoll, der Aufwand beträchtlich. Die Sekundärliteratur, in der tautologische Diskursbegriffe und inkompatible Analyseraster kursieren, hilft nicht immer weiter. Die größte Überzeugungskraft geht derzeit von Beispielen (etwa vorgestellt von Landwehr 2001: 135-167) aus, die nicht Genealogie, Archäologie und Machtanalyse zugleich sein wollen, sondern allenfalls einzelne Aspekte des Foucaultschen Instrumentariums zur Anregung herausgreifen. Wird Diskursanalyse konsequent als Aussagenanalyse praktiziert, gelingt es meist schnell, das verbreitete Missverständnis auszuräumen, es würden die Standards der traditionellen Quellen- und Textkritik verletzt (so noch Evans 1998: 104-126). Eher geht es wohl darum, die Textualität tiefgreifender zu erfassen, den eigenen Standpunkt kritisierbar und Verfahren transparenter zu machen (Landwehr 2001: 77). Wie sich mit der Diskursanalyse ein konstruktivistisches Verständnis von Akteur und Politik entwickeln könnte, wird derzeit in der empirischen Politikwissenschaft vorsichtig ausgelotet.

Literatur

Alemann, Ulrich von/Forndran, Erhard, 1995[5]: Methodik der Politikwissenschaft. Eine Einführung in Arbeitstechnik und Forschungspraxis. Stuttgart, Berlin, Köln.
Alemann, Ulrich von, 1995[2]: Grundlagen der Politikwissenschaft. Opladen.
Angermüller, Johannes, 2001: Einleitung: Diskursanalyse: Strömungen, Tendenzen, Perspektiven, in: *Ders./Bunzmann, Katharina/Nonhoff, Martin* (Hrsg.), Diskursanalyse: Theorien, Methoden, Anwendungen. Hamburg, 7-22.
Ashenden, Samantha/Owen, David (Hrsg.), 1999: Foucault contra Habermas. Recasting the Dialogue between Genealogy and Critical Theory. London.
Barry, A./Osborne, T./Rose, N. (Hrsg.), 1996: Foucault and Political Reason. Liberalism, Neo-liberalism and Rationalities of Government. London.

Bellers, Jürgen/Kipke, Rüdiger, 1999[3]: Einführung in die Politikwissenschaft. München, Wien.

Benhabib, Seyla, 1999: Kulturelle Vielfalt und demokratische Gleichheit. Politische Partizipation im Zeitalter der Globalisierung. Frankfurt/M.

Berg-Schlosser, Dirk, 2003: Gegenstand und Anwendungsgebiete der Politikwissenschaft, in: *Münkler, Herfried* (Hrsg.), Politikwissenschaft. Ein Grundkurs. Reinbek b. Hamburg, 55-76.

Berg-Schlosser, Dirk/Stammen, Theo, 1995[6]: Einführung in die Politikwissenschaft. München.

Beyme, Klaus von, 1986[6]: Die politischen Theorien der Gegenwart. München.

Boltanski, Luc/Chiapello, Eva, 2003: Der neue Geist des Kapitalismus. Konstanz.

Bratich, Jack Z./Packer, Jeremy/McCarthy, Cameron (Hrsg.), 2003: Foucault, Cultural Studies, and Governmentality. Albany.

Bröckling, Ulrich/Krasmann, Susanne/Lemke, Thomas (Hrsg.), 2000a: Gouvernementalität der Gegenwart. Studien zur Ökonomisierung des Sozialen. Frankfurt/M.

Bröckling, Ulrich/Krasmann, Susanne/Lemke, Thomas, 2000b: Gouvernementalität, Neoliberalismus und Selbsttechnologien. Eine Einleitung, in: *Dies.* (Hrsg.), Gouvernementalität, 7-40.

Burchell, Graham/Gordon, Colin/Miller, Peter (Hrsg.), 1991: The Foucault Effect. Studies in Governmentality. London.

Caruso, Paolo [1969] 2000[5]: Gespräch mit Michel Foucault, in: Foucault, Michel, Von der Subversion des Wissens. Frankfurt/M., 7-27.

Easton, David, 1965: A Framework of Political Analysis. New York.

Evans, Richard J., 1998: Fakten und Fiktionen. Über die Grundlagen historischer Erkenntnis. Frankfurt/M., New York.

Foucault, Michel, [1969] 1997[8]: Archäologie des Wissens. Frankfurt/M.

Foucault, Michel, [1970] 2001[8]: Die Ordnung des Diskurses. Frankfurt/M.

Foucault, Michel, [1971] 2002: Nietzsche, die Genealogie, die Historie, in: Dits et Ecrits. Schriften in vier Bänden, hrsg. v. Defert, Daniel/Ewald, François u. Mitarb. v. Jacques Lagrange. Bd. II: 1970-1975. Frankfurt/M., 166-191.

Foucault, Michel, [1972] 2002: Zur Geschichte zurückkehren, in: Dits et Ecrits. Bd. II, 331-347.

Foucault Michel, [1974-75] 2003: Die Anormalen. Vorlesungen am Collège de France. Frankfurt/M.

Foucault, Michel, [1975] 1994: Überwachen und Strafen. Die Geburt des Gefängnisses. Frankfurt/M.

Foucault, Michel, [1975-76] 1999: In Verteidigung der Gesellschaft. Vorlesungen am Collège de France. Frankfurt/M.

Foucault, Michel, [1976] 1992[6]: Sexualität und Wahrheit. Bd. 1: Der Wille zum Wissen. Frankfurt/M.

Foucault, Michel [1978] 2000: Die Gouvernementalität, in: *Bröckling/Krasmann/Lemke* (Hrsg.), Gouvernementalität, 41-67.

Foucault, Michel, [1984] 2005: Die politische Technologie der Individuen, in: Dits et Ecrits, Bd. IV, 999-1015.

Fraser, Nancy, 1994: Widerspenstige Praktiken. Frankfurt/M.

Hajer, Maarten A./Wagenaar, Jan A. (Hrsg.), 2003: Deliberative Policy Analysis: Understanding Governance in the Network Society. Cambridge.

Hobbes, Thomas, [1651] 1965: Leviathan oder Wesen, Form und Gewalt des kirchlichen und bürgerlichen Staates. München.

Honneth, Axel, 2003: Foucault und die Humanwissenschaften. Zwischenbilanz einer Rezeption, in: *Ders./Saar* (Hrsg.), Zwischenbilanz, 15-26.

Honneth, Axel/Saar, Martin (Hrsg.), 2003a: Michel Foucault. Zwischenbilanz einer Rezeption. Frankfurter Foucault-Konferenz 2001. Frankfurt/M.

Jaeggi, Urs, 1978: Theoretische Praxis. Probleme eines strukturalen Marxismus. Frankfurt/M.

Kelly, Michael (Hrsg.), 1994: Critique and Power. Recasting the Foucault/Habermas Debate. Cambridge.

Kerchner, Brigitte, 2006: Genealogie und Performanz. Überlegungen zu einer kritischen Analyse des Regierens, in: *Schulze, Detlef Georgia/Berghahn, Sabine/Wolf, Frieder Otto* (Hrsg.), Politik als performative Praxis. Münster (i.E.).

Kocyba, Hermann, 2003: Einleitung: Soziale Kontrolle und Subjektivierung, in: *Honneth/Saar* (Hrsg.), Zwischenbilanz, 71-76.

Kohler-Koch, Beate (Hrsg.), 1998: Regieren in entgrenzten Räumen. Opladen.

Krasmann, Susanne, 1995: Simultaneität von Körper und Sprache bei Michel Foucault, in: Leviathan 23/2, 240-262.

Landwehr, Achim, 2001: Geschichte des Sagbaren. Einführung in die Historische Diskursanalyse. Tübingen.

Larner, Wendy/Walters, William, 2004: Global Governmentality. New York.

Lehmbruch, Gerhard, 1968[2]: Einführung in die Politikwissenschaft. Stuttgart.

Lemke, Thomas, 2000: Neoliberalismus, Staat und Selbsttechnologien. Ein kritischer Überblick über die Governmentality Studies, in: PVS 41/1, 31-47.

Machiavelli, Niccolò, [1513/14] 1990: Der Fürst. Aus dem Italienischen von Friedrich von Oppeln-Bronikowski. Frankfurt/M.

Martschukat, Jürgen, 2002: Geschichte schreiben mit Foucault – eine Einführung, in: *Ders.* (Hrsg.), Geschichte schreiben mit Foucault. Frankfurt/M., New York, 7-26.

Maset, Michael, 2002: Diskurs, Macht und Geschichte. Foucaults Analysetechniken und die historische Forschung. Frankfurt/M.

Mayntz, Renate, 1993: Policy-Netzwerke und die Logik von Verhandlungssystemen, in: *Héritier, Adrienne* (Hrsg.), Policy-Analyse. Kritik und Neuorientierung. Opladen, 39-56.

Meyer, Thomas, 2000: Was ist Politik? Opladen.

Mols, Manfred/Lauth, Hans-Joachim/Wagner, Christian (Hrsg.), 2001[3]: Politikwissenschaft: Eine Einführung. Paderborn, München, Wien, Zürich.

Nagl-Docekal, Herta, 2000: Feministische Philosophie. Ergebnisse, Probleme, Perspektiven. Frankfurt/M.

Narr, Wolf-Dieter, 1971[2]: Theoriebegriffe und Systemtheorie. Einführung in die moderne politische Theorie, Bd. 1. Stuttgart, Berlin, Köln, Mainz.

Narr, Wolf-Dieter/Schubert, Alexander, 1994: Weltökonomie. Die Misere der Politik. Frankfurt/M.

Nietzsche, Friedrich, [1887] 1988[2]: Zur Genealogie der Moral. Eine Streitschrift. Kritische Studienausgabe. Bd. 5. Berlin, 247-412.

Nullmeier, Frank, 2001: Politikwissenschaft auf dem Weg zur Diskursanalyse? In: *Keller, Reiner/Hirseland, Andreas/Schneider, Werner/Viehöver, Willy* (Hrsg.), Handbuch Sozialwissenschaftliche Diskursanalyse, Bd. 1: Theorien und Methoden. Opladen, 285-311.

Owen, David, 2003: Kritik und Gefangenschaft. Genealogie und Kritische Theorie, in: *Honneth/Saar* (Hrsg.), Zwischenbilanz, 122 –144.

Parsons, Talcott, 1976: Zur Theorie sozialer Systeme. Opladen.

Patzelt, W. J., 1997: Einführung in die Politikwissenschaft. Grundriss des Faches und studiumsbegleitende Orientierung. Passau.

Pieper, Marianne/Gutièrrez Rodriguez, Encarnación (Hrsg.), 2003 : Gouvernementalität. Eine sozialwissenschaftliche Debatte im Anschluss an Foucault. Frankfurt/M., New York.

Prittwitz, Volker von, 1994: Politikanalyse. Opladen.

Reichert, Ramón (Hrsg.), 2004: Analysen liberal-demokratischer Gesellschaften im Anschluss an Michel Foucault. Münster.

Saar, Martin, 2003: Genealogie und Subjektivität, in: *Honneth/Saar* (Hrsg.), Zwischenbilanz, 157-177.

Sarasin, Philipp, 1996: Subjekte, Diskurse, Körper. Überlegungen zu einer diskursanalytischen Kulturgeschichte, in: *Hardtwig, Wolfgang/Wehler, Hans-Ulrich* (Hrsg.), Kulturgeschichte heute. Göttingen, 131-164.

Stammen, Theo u. a. (Hrsg.), 1997: Grundwissen Politik. Überarb. u. erw. Neuaufl.. Bonn.

Weber, Max, [1919] 1993[10]: Politik als Beruf. Berlin.

Weber, Max, [1921] 1980[5]: Wirtschaft und Gesellschaft. Grundriss der verstehenden Soziologie. Tübingen.

Wehler, Hans-Ulrich, 1998: Die Herausforderung der Kulturgeschichte. München.

Weiß, Ulrich, 1995: Macht, in: *Nohlen, Dieter/Schultze, Rainer-Olaf* (Hrsg.), Politische Theorien. Lexikon der Politik. Bd. 1. München, 305-315.

Teil 2: Politik der Moleküle

Petra Gehring

Bioethik – ein Diskurs?[1]

Der Begriff *Diskurs* konnte immer schon als Alltagswort verwendet werden. Er hat aber auch eine lange und verästelte Geschichte in der Theoriebildung (Schalk 1997/98) und ist für die deutschsprachige Philosophie wie für die Sozialwissenschaften in den vergangenen dreieinhalb Jahrzehnten ein Modebegriff gewesen. Verwendet wurde Diskurs zum einen in der Kantischen oder aber der an Habermas' Diskurstheorie orientierten Spielart: Der Diskurs ist der Gang eines Vortrags, eine Rede, die etwas auseinander setzt, jemand *diskurriert*, er „hält" oder „führt" einen Diskurs, öffentliche Diskurse „finden statt".

Eine zweite Verwendungsweise von *Diskurs* ist an das französische *discours* angeknüpft und orientiert sich an Michel Foucaults Theorie der „Analyse" von historischen Diskursen. In dieser Bedeutung des Begriffs ist der Diskurs nicht der Gang, sondern die Anordnung, die Ordnung, der Rahmen, die Normalität einer Rede: In einem Diskurs sind bestimmte Aussagen „vorgesehen" und andere nicht, ein Diskurs kann sich (zum Beispiel als Redeüblichkeit innerhalb von Institutionen wie der Justiz oder der Klinik) im Laufe von Jahren herausbilden, er übt einen gewissen Zwang aus und er ist (als ein Machtphänomen) dem geschichtlichen Wandel unterworfen. In dieser zweiten Bedeutung ist der Diskurs ein Gefüge von impliziten Regeln, deren „Formation" der Historiker untersuchen kann.

Auch in seinem an die Übersetzung aus dem Französischen und an den Namen Foucault gebundenen Wortsinn gehört das Reden über *Diskurse* heute zum festen Repertoire der politischen Gegenwartsdiskussion und der politischen Kritik. Nachdem Foucault vom Diskurs „der Biologie", „der Ökonomie" gesprochen hat (also über die Redeordnungen ganzer Wissenschaften oder wissenschaftlicher Disziplinen) oder vom Diskurs „des Menschen" oder dem Diskurs „des Lebens" (also von Redeordnungen, die gleichsam interdisziplinär wirksam werden), kann heute allerdings alles Mögliche ein Diskurs sein.

Gibt man sich damit zufrieden, hat man allerdings eine Chance verpasst, denn tatsächlich hat Foucault mit dem Diskursbegriff – jedenfalls zeitweilig – ein

---

[1] Diese Überlegungen beruhen auf dem Vortrag der Berliner Foucault-Tagung, sie sind leicht verändert abgedruckt in Gehring 2006.

strenges Methodenprogramm verbunden. Es besteht also durchaus die Möglichkeit, eine Frage zu prüfen, der ich im Folgenden nachgehen will: Ist die Bioethik ein Diskurs im Sinne Foucaults?

1 Lässt sich so etwas wie ein Diskurs der Bioethik individualisieren?

Ist die Bioethik ein Diskurs? In der Foucaultschen Methodensprache müsste die Frage präziser etwas anders lauten, denn Diskurse *sind* nicht, Diskurse werden durch Identifikationsarbeit gewonnen, man muss sie „individualisieren".

Nur wenige Worte zur Theorie, denn im Grunde kann im Folgenden das Beispiel die Theorie erklären. Foucault hat sein Verfahren gar nicht Diskursanalyse, sondern „Aussagenanalyse" genannt, und zwar weil der Diskurs gerade *nicht* eine Gegebenheit ist, die vorausgesetzt werden könnte – um dann etwa „analysiert" zu werden. Foucault geht es vielmehr darum, unter rigorosem Verzicht auf Vorannahmen Aussagen zu analysieren, um Diskurse zu *finden*. Das vollständige, wie es im Text heißt: „Gewimmel" der Aussagen wird analysiert – und zwar auf deren diskursive Formationsbedingungen oder auch Formationsregeln hin. In der so und nicht anders „positiv" gegebenen Streuung, in der „Dispersion" (Foucault [1966] 1981: 51, 58, 72, 82, 112 – vgl. auch 110: „Dispersionsgesetz") der Aussagen werden Diskurse so als abstrakte Strukturen oder Formen erkannt. Gegeben sind also *Aussagen*. Gesucht sind eine oder mehrere *diskursive Formationen*.

Damit zurück zur Frage: Lässt sich in der Fülle der Aussagen, die sich in dem weiten Feld all dessen finden, was wir Bioethik nennen, tatsächlich eine diskursive Formation individualisieren?[2] Sind bioethische Aussagen auf eine für sie charakteristische Weise vorfindlich und formieren sie einen festen, durch seine impliziten „Regeln" charakterisierbaren Zusammenhang? Existiert tatsächlich eine Diskursordnung, die bestimmte Aussagen ihrer Form nach als „bioethisch" wahrheitsfähige und relevante Aussagen autorisiert – und die zugleich andere Aussagen ihrer Form nach als nicht bioethikfähig ausschließt?

Bewusst orthodox möchte ich das von Foucault in seinem Methodenbuch „Archäologie des Wissens" aus dem Jahre 1969 skizzierte Schema durchspielen und erproben. Betrachten wir die Sache als eine Art Experiment, das zwei Stoßrichtungen hat. Zum einen soll das von Foucault vorgeschlagene Analyseschema am Testfall Bioethik auf seine Brauchbarkeit hin abgeklopft werden – bis zu ei-

---

[2] „Eine diskursive Formation wird individualisiert werden, wenn man das Formationssystem der verschiedenen sich darin entfaltenden Strategien definieren kann; in anderen Worten, wenn man zeigen kann, wie sich alle (trotz ihrer manchmal extremen Unterschiedlichkeit, trotz ihrer Verstreuung in der Zeit) vom selben Mechanismus von Relationen ableiten." (Foucault [1969] 1981: 101).

nem gewissen Grad jedenfalls, denn für einen „echten" Einsatz bleiben meine Ausführungen viel zu kursorisch. Zum anderen soll das diffuse Phänomen Bioethik gleichsam durch das Nadelöhr einer schematischen „Prüfung" getrieben werden. Ein solcher Versuch wirft Licht auf den Status und die Kohärenz der bioethischen Redeordnung – nicht nur, aber auch jenseits der bloßen Inhalte, die Bioethik kommuniziert. Ob der Konfrontationsversuch sich nun als ergiebig herausstellt oder auch nicht, auf beides wirft er jedenfalls ein Licht: Auf Foucaults Werkzeuge und auf einen Zusammenhang von Macht und Ordnung. Denjenigen nämlich, der das bioethische Reden prägt.

Allerdings gehe ich nicht induktiv vor. Nach Foucault müsste zunächst die Fülle der Aussagen entfaltet werden, um dann – mit vielen Belegen – den Diskurs herauszupräparieren. Ich hingegen erprobe das methodische Schema eher im Modus des *Als ob* – gleichsam im Urteilsstil. Nehmen wir an, die Bioethik sei ein Diskurs, in welcher Weise würde sie Foucaults „vier Achsen der Analyse" in einer unverwechselbaren Weise der Gruppierung ihrer Aussagen erfüllen, das wäre die Arbeitsfrage. Eine „Diskursanalyse" der Bioethik unternimmt der folgende Beitrag also nicht. Er bietet aber Vorschläge, wie sich das Foucaultsche Prüfmuster im Feld der Bioethik bewähren kann.

2 Die Formation der Gegenstände

In der *Archäologie* werden vier Achsen der Untersuchung unterschieden. Eine Aussagenanalyse betrachtet (a) „Gegenstände", (b) „Äußerungsmodalitäten", (c) „Begriffe" und (d) „Strategien". Prüfen wir also zunächst – in der von Foucault vorgeschlagen Formulierung – die so genannte „Formation der Gegenstände", an denen man einen Diskurs erkennt. Abstrakt ist diese Dimension der Gegenstandsformation definiert als das „Spiel der Regeln, die während einer gegebenen Periode das Erscheinen" sowie die Transformation von bestimmten diskurstypischen Objekten möglich machen (vgl. Foucault [1969] 1981: 50). Ein Diskurs erscheint also als der Profilierungsraum eines oder mehrerer *neuer Objekte*, die es ohne ihn (so) nicht geben würde.

Nehmen wir an, die Bioethik sei ein Diskurs, und übertragen wir das. Bereits der Name Bioethik spricht die Besonderheit der Gegenstände eines Diskurses präzise aus: Der Objektbereich der Bioethik ist das „Leben", und zwar in der pseudogriechischen Vorsilbenversion *Bio*, die im 18. Jahrhundert erst nur äußerst vereinzelt auftaucht, um dann aber – seit etwa dem Jahre 1800 – als Teil des Namens der Naturwissenschaft Biologie Karriere zu machen. Objekt der Bioethik ist also das *biologische* Leben, das stofflich-naturhafte Objektfeld der Naturwissenschaft namens Biologie, so wie es mit dieser Wissenschaft entstanden ist und sich mit ihr wandelt.

2.1 Flächen des Auftretens der Objekte?

Präzisieren wir mit Foucault das „Auftauchen" der Objekte, so lassen sich die Gegenstände eines Diskurses Bioethik noch genauer fassen. Das biologische Leben gibt es seit zweihundert Jahren. Als typische Objekte des bioethischen Erwägens kristallisieren sich jedoch ab Ende der 1960er Jahre sehr viel konkretere Sachverhalte heraus.

Zum einen sind es bestimmte kritische Zonen des „Lebens", auf die die Bioethik sich konzentriert: Lebens*beginn* und Lebens*ende*. Tatsächlich findet man diese Paarung von Anfang und Ende fast wie eine symmetrische Formel – Alpha und Omega – als Stellvertreter für den bioethischen Gegenstandsbereich genannt. Etwas weniger malerisch, aber ebenfalls ein durchlaufender potentieller Gegenstand der Bioethik ist außerdem die Lebens*qualität* – ein Begriff, in dem eine enge Verbindung der Biopolitik und Sozialpolitik sich andeutet, die für moderne Wohlfahrtsstaaten bezeichnend ist.[3]

Zum anderen tauchen als Gegenstände der Bioethik bestimmte, genuin als „Leben" definierte, stoffliche Entitäten wahrhaft „neu" auf – nämlich die *aus sich heraus* „reproduktiven" biomedizinischen Dinge im Körper. Da ist zunächst das Resultat der Keimzellverschmelzung: „werdendes menschliches Leben" in seinen technisch zu unterscheidenden Stadien und Extensionen: Embryonen, Föten, Stammzellen, Vorkeime, Zygoten, aber auch so etwas wie die Zelllinie, der Genpool, die Keimbahn – und dann ist da neben den Dingen eine neuralgische Schwelle: das in eine regulierbare Definitionssache transformierte Lebensende anstelle des Todes. Und schließlich sind da die Substanzen, die der Zellkernver-

---

[3] Der Begriff Lebensqualität ist semi-biologischer Herkunft: Er hat einerseits eine sozialmedizinische (und gattungsmedizinische) Dimension, andererseits eine sozialpolitische. In der zweiten, allgemeineren Bedeutung kann die Forderung „mehr Lebensqualität" ihre Herkunft im Volksgesundheitsgedanken vergessen machen und (wie in den 1960er Jahren in der BRD geschehen) zur Formel für sozialdemokratische Reformpolitik werden. Der Ausdruck zielt dann nicht nur auf biomedizinische Parameter, sondern verheißt generell ein durch Wohlfahrt und Konsummöglichkeiten abgesichertes „gutes Leben". – Seine biomedizinische Schärfe hat das Konzept aber nicht verloren. Im Gegenteil: Zum Zweck des Einsatzes vor kostspieligen Eingriffen existieren heute medizinstatistische Evaluationsverfahren, welche die durch die Behandlungsmaßnahme zu erzielende künftige Lebensqualität ermitteln. Das Ziel solcher Verfahren ist, vorsichtig gesprochen, eine Rentabilitätsprognose: Wie viel Mitteleinsatz erbringt wie viel *Qualität*? Zur Geschichte der politischen Ökonomie als Hintergrund von Biopolitik vgl. Foucault [1977-78] 2004a; Foucault [1978-79] 2004b.

schmelzung vorausgehen: Eier und Spermien. Letzteres, das Sperma, ist zwar eine jahrtausendealte Substanz, aber das einzelne, individualisierte „Spermium" als das tatsächlich biomedizinisch relevante Objekt tritt genauso neu auf den Plan wie das einzelne, manipulierbare Ei. Selbst die gute alte Nabelschnur hat um das Jahr 2003 plötzlich eine Karriere als bioethisches Objekt begonnen – als Organ, in dem man embryonale Stammzellen fand.

Fassen wir das als These: Vor dem allgemeinen Hintergrund der Biologie erscheinen als Objekte an der Oberfläche eines regelrechten bioethischen *Diskurses* etwa ab den 1960er Jahren eine Menge eigens definierter Lebensphasen und Lebensstoffe, auf die sich seither die Sorge und die Aufmerksamkeit der Bioethik konzentriert.

Auf die entscheidende epistemische und technische *Vorbedingung* dieser neuen Objektwelt weist dabei die Datierung (ab den 1960er Jahren) hin. Nicht nur allgemein die Biologie der letzten zweihundert Jahre, sondern die durch die *Genetik* und die *Gentechnik* biochemisch bzw. biophysikalisch vereinheitlichten „Biowissenschaften" bilden den Hintergrund des Diskurses der „Bioethik", der in Europa nach dem Vorbild der angelsächsischen *Bioethics* leicht zeitversetzt öffentlich wirksam wird. Wichtig ist: Die den Gegenstand der Bioethik bildenden Lebensstoffe sind samt und sonders keine „vorfindlichen" Stoffe, sondern alle technisch präpariert oder hergestellt. Zum Gegenstand der Sorge können sie werden, weil sie *Neues* versprechen – sofern man auf genetischer oder sonstiger Basis mit ihnen neu umgeht bzw. neu umgehen zu können erwartet.

Ich vermute, dass es neben diesen Lebensphasen und -stoffen noch eine zweite Batterie von bioethischen Objekten gibt, die sich unmittelbar an die dadurch neu eröffneten Spielräume knüpfen: die „legitimen Wünsche" und die „legitimen oder unnötigen Ängste" nämlich, mit denen nachfragbare Biotechniken stets korrespondieren. Heilungswunsch, Kinderwunsch, Kinderqualitätswunsch, Lebenswunsch, Lebensverlängerungswunsch, Wunsch nach unspürbarem Sterben, Sicherheitswunsch. Und demgegenüber: Angst vor Schmerzen, Angst vor Unsicherheit, Angst vor „Risiken" etc. Jedes einzelne Stichwort wäre ein Objekt für sich.

Definieren wir die genuin bioethischen Gegenstände (Lebensphasen, Lebensstoffe, diesbezügliche Bedürfnisse und Ängste) als diejenigen, die erstens unmittelbar an die genetisch grundierten Biowissenschaften gebunden sind und die zweitens tatsächlich nicht nur allgemein auf das biologische Leben verweisen, sondern – spezieller – die biologische Reproduktion dieses Lebens tragen, die *genetische Selbstreproduktion* des biologischen Lebens, und zwar als eine, die sich zugleich, eben weil sie als *Selbst*steuerung erkannt ist, als *technisierbar* und als potentieller *Produktions*vorgang auffassen lässt.[4]

2.2 Instanz der Abgrenzung?

Neben einem datierbaren Auftauchen diskurseigener Gegenstände fordert Foucault „Instanzen", die für deren Abgrenzung sorgen. In der Bioethik dürften dies all diejenigen Filtermechanismen sein, die in massenmedial vermittelten Öffentlichkeiten für die Abgrenzung dessen sorgen, was „den Menschen" betrifft. In der Tat lebt die Bioethik mehr implizit, als dass es dafür eigens Begründungen gäbe, von der Eingrenzung auf das *menschliche* biologische Leben und auf das *menschlich* Relevante. Fragen der Pflanzenforschung oder auch der Tierethik wird man unter dem Titel Bioethik nicht finden – desgleichen fällt das Feld der Umweltethik und allgemein der Technikfolgenforschung nicht einfach in die Bioethik hinein. Auch innerhalb des Betroffenheitsbereichs „menschliches Leben" grenzt die öffentliche Diskussion die Art des Lebensbezugs noch einmal klar ab: Es geht um das schon genannte Gegenstandsfeld der humanbiologischen Regulation und Reproduktion, um die mobilisierbaren Potentiale des „Lebens selbst". Die kontroversen Fragen der Hirnforschung zählen daher ebenso wenig zur Bioethik wie das Thema Menschenversuche. Der Umgang mit genetischen Daten ist durchaus als bioethisches Thema diskutierbar, nicht jedoch die Erprobung riskanter Pharmaka oder ganz allgemein *Public Health*. Letzteres wird mehr oder weniger selbstverständlich der Medizinethik (oder der so genannten Forschungsethik) zugeschlagen – und zwar obwohl die „Dinge", um die es geht, gerade aus der fachwissenschaftlichen Optik auf biophysikalische und biochemische Mikromechanismen durchaus vergleichbar sind.

Die Abgrenzungsprobe bestätigt nicht nur unsere Vermutung hinsichtlich „bioethischer" Gegenstände, sie zeigt auch, dass die Überschrift Bioethik tatsächlich etwas unterscheidet – mittels des Kriteriums des Menschen- und des Reproduktionsbezugs. Mit wissenschaftlichen Disziplinengrenzen fällt diese weiche und doch auch enge Fokussierung nicht zusammen. Was bei dieser Abgrenzung

---

[4] Ein Merkmal diskursiver Gegenstände ist nach Foucault, dass dank ihrer das System diskursiver Beziehungen sich gleichsam ein Stück weit von der Welt ablöst – nämlich über ein System „primärer oder wirklicher Beziehungen" in eines der „sekundären oder reflexiven Beziehungen" vergleichsweise lose (und daher beweglich) hinüber gleitet. (Foucault [1969] 1981: 69) Dies ist im Falle der bioethischen Gegenstände klar gegeben. Es besteht eine geradezu sinnfällige Ferne der diskursiven Objekte zur Alltagswirklichkeit und zur alltäglichen Reflexivität. Man denke nur an den hohen Bebilderungsbedarf der Reproduktions- wie der Populationsmedizin.

der bioethischen Objekte offenkundig wirksam wird, ist nicht die innerwissenschaftliche Ratio, sondern eher *eine Art öffentlicher* – und also massenmedial vermittelter – *Gemeinsinn.* Aus der Sicht dieses Gemeinsinns muss das menschliche Leben als solches *betroffen* sein, und zwar immer auch das sich selbst reproduzierende Kontinuum in seiner Substanz – und nicht allein das Einzelleben.

2.3 Spezifikationsraster?

Foucault fordert drittens einen „Spezifikationsraster", durch den ein sich formierender Diskurs seine Gegenstände ordnet. Man könnte sagen, dass im Feld bioethischer Aussagen dergleichen existiert – wenn auch in einer eigentümlichen Form. Die Bioethik spezifiziert nämlich ihre Objekte, indem sie sie *denjenigen Biotechnologien zuordnet,* denen sich das Auftauchen und *ethische* Brisantwerden eben dieser Objekte verdankt. In der Einleitung wurde diese Beobachtung schon einmal notiert: Das diskursive Terrain der Stammzelle ist das Terrain der Stammzelltechnologie, das des Embryo die verbrauchende Embryonenforschung, das der Keimbahn die biomedizinisch projektierte Keimbahntherapie und so fort. Bioethische Diskussionen verlaufen entsprechend: Sie gruppieren sich technologiebezogen und bleiben schon deswegen partikular. Der Diskurs Bioethik schafft auf diese Weise mit der Zeit eine Serie technischer „Verursacher" von bioethischen Problemstellungen – und ordnet die bioethischen Objekte diesen Verursachertechnologien[5] zu.

Die Schärfe der Trenngrenzen der so sich sedimentierenden technologiegebundenen Spezifikationen ist beachtlich, das zeigen Beispiele. Etwa als um das Jahr 2000 herum der so genannte Embryonenschutz von Kritikern der Forschung abverlangt wurde. Man brachte damals in technologiekritischer Absicht Substanzwert-Argumente in Anschlag, und zwar auch von *feministischer* Seite. Die Debatte verlief zunächst vollständig technologiebezogen – so dass man sich letztlich geradezu blind verhielt gegenüber der politischen Nähe des Themas Embryonenschutz zum Thema Abtreibung – und prompt dem bioethischen Objekt Embryo zur Realität verhalf. Erst nachträglich bemerkten die feministischen Protagonistinnen der Debatte, dass hier die Logik der partikularen Aufwertung eines

---

[5] „Technologien" heißt es hier bewusst – denn konkrete Techniken haben nicht diese spezifizierende Kraft. Die konkreten Techniken, die im Labor zur Anwendung kommen, sind im Gegenteil quer durch die Technologien hindurch oft eher auffallend ähnlich: ob es sich um einen PID Gencheck, um ein „verbrauchendes" Embryonenexperiment oder um eine Klonierung handelt – die Handgriffe (und auch Geräte) im Labor unterscheiden sich kaum. Ihre finale „Bedeutung", nämlich das Produkt, macht aus den Techniken das, worum gestritten wird: die „Technologie".

technologiegebundenen bioethischen Objekts (des Embryo in seiner biorechtlichen Definition als „werdendes menschliches Leben") zu einem breiten Aufschwung alter Lebensschutzargumente führte.

Die multiple Rolle der *In vitro*-Befruchtung (IVF) bildet ein weiteres schönes Beispiel für die technologiegebundene Spezifikationslogik, die den bioethischen Diskurs prägt. Das komplexe und eigentlich die Technologie *übergreifende* Problem des Zusammenhangs von prospektivem Wissen und durch Präferenzwahl faktisch lancierter Ausgrenzung/Selektion kann bis heute aufgrund der partikularisierten, technologiegebundenen Diskurslage nicht politisch diskutiert werden: Jeweils an bestimmte Technologien scheinen immer nur bestimmte Wahlentscheidungen gebunden – und werden separat zum Thema. Auf diese Weise diskutierte man das Selektionsproblem nie prinzipiell. Technisch war die Möglichkeit der Kinder-Selektion mit der IVF mit einem Schlag in der Welt. Man unterschätzte zunächst die grundsätzliche Bedeutung der IVF (die „harmlosere" Selektionsentscheidungen umfasst) und diskutierte im Zusammenhang mit der IVF eher Fragen wie die „Künstlichkeit" der Laborbefruchtung und den Zerfall der Familie. Die technologiegebundene Diskussion kommt nun nachträglich sowohl im Kontext der Technologie PID (weniger „harmlos") als auch im Großzusammenhang *Gentests* (sozialpolitisch folgenschwer) auf das Selektionsproblem zurück – um erschrocken festzustellen, dass durch IVF im Feld der Reproduktion längst üblich geworden ist, was man nun auch anderswo wohl nicht mehr zurückholen kann.

Zusammengefasst ergibt sich auch hier eine These: Ein eigentümlicher *Nominalismus* der *technologiegebundenen* Spezifikation der Objekte und Relevanzen beherrscht das bioethische Feld. Wahrscheinlich könnte man die Gegenstände eines Diskurses der Bioethik Stück für Stück mühelos inventarisieren, indem man gewesene und aktuell noch laufende „Debatten" um (spezifizierende) Technologien abschreitet: Die Abtreibungsdebatte (Fötus und werdendes Leben), Diskussion um das Lebensende (Hirntod), Debatte um Gentherapie und Genbanken (Genpool), die Auseinandersetzung um IVF (Embryo 1), die Stammzell-Debatte (Stammzelle), die Klonierungs-Debatte (Embryo 2), die Gentest-Debatte (genetische Information) und so weiter.

3   Die Formation der Äußerungsmodalitäten

Etwas kryptisch wird in der „Archäologie des Wissens" die zweite Achse der Aussagenanalyse diejenige der Formation von „Äußerungsmodalitäten" genannt. Gemeint sind die Bedingungen der Möglichkeit dafür, dass eine Aussage geäußert und mit anderen Aussagen „verkettet" werden konnte, also die Regeln, denen zufolge sie *materialiter* in die Welt kommt – vom Aufschreibesystem bis zur Stilisierung eines „Autors", der eine Aussage tätigt.[6]

Welches wären die charakteristischen Äußerungsmodalitäten in einem möglichen *Diskurs* Bioethik? Ein Vorschlag zur Beantwortung der Frage könnte heißen: Grundsätzlich handelt es sich um den Äußerungsmodus des *betroffenen Interesses.* Es kann sich dabei mehr oder weniger um ein Eigeninteresse handeln, aber auch um eine Form der Verantwortung oder des Interesses am Anderen und am Ganzen. Entscheidend ist, dass dieses Interesse als *rationalisierungswilliges* Interesse auftritt und eben daher „konstruktive" Partizipationsbereitschaft signalisiert – mit dem Ziel der „Lösung" eines zur Sache aller erklärten Problems.[7] Diese allgemeine Umschreibung kann auch wieder spezifiziert werden, analog zum Schema der *Archäologie.*

3.1 Wer spricht?

Eine „erste Frage" lautet: Wer spricht? (Vgl. Foucault [1969] 1981: 75) Wer wird durch den Diskurs eigens und auf singuläre Weise zur Äußerung autorisiert? Tatsächlich scheint ein solcher durch einen Diskurs der Bioethik ganz neu autorisierter Sprecher zu existieren: Es ist der säkulare Ethikexperte, *der Ethiker* – eine historisch völlig neue Figur. Dem Ethiker kommt im Diskurs der Bioethik gleichsam eine Moderationsaufgabe zu; er hat aber auch eine auf besondere Weise „wissende" und eine resümierende Funktion. Er ist derjenige, dessen Wort nie von irgend jemandem kommen könnte, und dessen durch einen Status wie auch individuell definierte „Persönlichkeit" den Wert seiner Worte entscheidend bestimmt.

---

[6] Für den medizinischen Diskurs des 19. Jahrhunderts wäre dies beispielsweise „die Gesamtheit der Regeln, die gleichzeitig oder nacheinander reine perzeptive Beschreibungen, aber auch durch Instrumente vermittelte Beobachtungen, Erfahrungsprotokolle aus Laboratorien, statistische Berechnungen, epidemiologisch oder demographische Feststellungen, institutionelle Regelungen, therapeutische Vorschriften möglich gemacht haben" (Foucault [1969] 1981: 52).

[7] Weder der geforderte Rationalisierungswille (man könnte auch sagen: die Lernbereitschaft) noch das Ziel der Problemlösung sollte für meine Begriffe mit einer Vernunft- oder Konsensorientierung Habermasschen Typs verwechselt werden, auch wenn Habermas selbst dies inzwischen tut, wo er biotechnologisch heraufbeschworene Orientierungskrisen durch „Gattungsethik" beheben will (vgl. Habermas 2001). Die explizite Vernunftorientierung wohnt dem Rationalisierungswillen der Bioethik jedoch nicht inne. Es geht eher um Kompromissbildung, bei der auch strategische Argumente rational sind und Eigeninteresse durchgesetzt werden darf.

Nicht der Ethiker allein ist allerdings autorisiert, in der Bioethik zu sprechen, sondern es existieren zwei weitere prototypische Rollen: *der Betroffene* und *der naturwissenschaftlich-technische Experte,* wobei der Experte möglichst authentisch eine Fachwissenschaft zu repräsentieren hat.[8] Ethiker, Betroffener, Experte: Alle drei zusammen bestücken den für die Bioethik prototypischen Äußerungsort, nennen wir ihn: das bioethische *Podium*

Der Bioethiker ist autorisiert, über die Aussagen der anderen beiden Gruppen in verallgemeinernder Form zu disponieren. Er beschreibt, rekonstruiert, bilanziert. Die Betroffenen wie auch die Experten haben diese Verallgemeinerungskompetenz gerade *nicht.* Betroffene und Experten sprechen auf dem Podium jeweils nur für sich selbst. Ihre Aussagen werden gleichsam als *Meinung* zur Kenntnis genommen. Für die Diskurskonstellation entscheidend ist ihr einerseits offener (und repräsentativer), andererseits exklusiver Charakter. Jenseits der drei Rollen wie auch außerhalb des bioethischen Podiums gibt es keine weiteren Rollen, keine gleichrangigen Äußerungsmöglichkeiten und auch keine legitime Beobachterposition. Für die Bioethik ist jeder Beobachter Partei. Das hat seinen Grund in einer spezifischen Universalisierbarkeit der Betroffenen-Kategorie. In der Bioethik ist das Publikum stets auch potentiell aus Betroffenen zusammengesetzt – oder, anders gesprochen, wenn jemand aus dem Publikum spricht, so kann er nicht als Beobachter, Zeuge etc. sprechen, also aus einem Außerhalb des bioethischen Diskurses. Diese Äußerungsform ist nicht vorgesehen. Das bioethische Podium hat kein Außen, man erhält nur als Ethiker, Betroffener oder Experte eine aktive Sprecherposition. Zeugen oder Beobachtern fällt pauschal die Rolle zu, als potenziell Betroffene zu sprechen.

Spitzen wir diese Antwort auf die Frage nach dem spezifischen „Wer" bioethischer Aussagen noch einmal thesenförmig zu. Der Diskurs der Bioethik fordert Individuen zum Sprechen, zur Stellungnahme auf. Dabei autorisiert er jedoch erstens *lediglich* die genannten drei prototypischen Rollen – und zweitens beinhalten diese, dass den Betroffenen und den Experten die *konstatierende* Kompetenz *abgesprochen* wird. Betroffene und Experten können nicht sagen, was (bioethisch) *der Fall ist.* Betroffene kennen lediglich Wünsche und Ängste, in diesem Sinne kann auch das Publikum nur aus potentiellen Betroffenen bestehen. Der wissenschaftliche Experte wiederum kennt die Reichweite und die erwartbare Leistungsfähigkeit der Biotechnologien bzw. (im Falle des Juristen) die Welt der

---

[8]Konkret kann er also durchaus Naturwissenschaftler, Ingenieur oder Jurist sein und auch Politiker sind denkbare Experten, allerdings nur Politiker, die in der fraglichen Angelegenheit nicht direkt als Entscheider firmieren.

bisherigen biorechtlichen Belange. In der Bioethik gelten beide als zwar *relevante*, aber per se *relative* Perspektiven.

Privileg des Ethikers ist es demgegenüber, *verbindliche* Perspektiven anzubieten, und zwar solche, die aus der Diskussion „resultieren". Auch die Aussage des Ethikers ist lediglich pragmatisch-letztgültig. Sie ist nicht in einem metaphysischen Sinne „wahr". Es gehört vielmehr zum Diskurs, dass es verschiedene Ethiker gibt – und dass diese sich exemplarisch uneins sein können über die Bilanzierung der „bioethischen" Situation. Es macht einen Teil der Autorität von Bioethikern aus, dass sie *untereinander* einen kompetenten Disput über die abschließende „Lösung" einer ethisch konflikthaften Lage führen. Sie tun dies dann gleichsam in stellvertretender Verallgemeinerung vor den Augen aller – quasi als Lehr-Disput.

Wer *ist* schließlich der Bioethiker? Sein Status markiert eine Mittelposition zwischen einem wissenschaftlichen „Experten fürs Normative" und (von der Wissenschaft her gesehen) einem „informierten Laien" sowie (von der Politik her gesehen) einem „mündigen Bürger". Der Ethiker benötigt also eine berufliche Expertise im philosophisch-normativen Bereich: Theologen sind prädestiniert, Psychologen nicht. Philosophen sind prädestiniert, Mathematiker oder Künstler nicht. Wer nicht als Theologe oder Philosoph einsteigt, muss eine qua Biografie verbriefte Zusatzkompetenz in allgemeinen Fragen der Moral, der „Werte"oder der Mitmenschlichkeit mitbringen.

Eine solche Kompetenz kann man auch im Kontext der Bioethik erwerben. Interessanterweise rekrutieren bioethische Debatten ihren Ethikernachwuchs selbst. Im Zuge von Debatten können nämlich sowohl Betroffene als auch Experten allmählich zum Ethiker avancieren – und bilden dann einen Pool von besonders glaubwürdigen „auch betroffenen" oder „auch expertenkulturell ausgewiesenen" Bioethikern, aus dem sich vor allem die Politikberatung versorgt. Im einen Fall geschieht dies etwa, indem Vertreter von Betroffenenverbänden in Ethikkommissionen berufen werden (die Vorsitzende der Huntington-Gesellschaft sitzt im Nationalen Ethikrat) oder indem publizierende Kritiker mittels eines so genannten „Partei-Tickets" in parlamentarischen Gremien tätig werden (ein ausgewählter Psychiatriekritiker landet in einer Enquête-Komission). Im anderen Fall kann etwa der einzelne Mediziner oder Politiker in Feuilletons und Talkshows sich zusätzlich zu seiner Expertise auch unter allgemein menschlicher Perspektive und als Bürger präsentieren und sich so, gleichsam *obwohl* er Experte ist, zum Ethiker qualifizieren. Auf diese Weise liest man von einem ehemaligen Verfassungsgerichtspräsidenten oder von einem SPD-Altvorsitzenden bioethische Essays im Feuilleton.

Der *Ort* der ethischen Aussage – das wäre ein weiterer Aspekt der Äußerungs-modalität. Der Ort der Bioethik ist in der Tat ein spezifischer Ort, denn sie tätigt ihre Aussagen nicht allein in die Wissenschaft hinein, sondern vielleicht sogar hauptsächlich für eine der Wissenschaft nahe gerückte, *qualifizierte Öffentlichkeit*. Bioethik adressiert sich an das einschlägig vorinformierte (mündige) und lernwil-lige Publikum, das sich als politischer Partizipant versteht. Etliche heterogene institutionelle Funktionen vereint dieses Publikum auf sich: es ist Betroffener, Lerner, Wähler – und also bis zu einem gewissen Grad Mit-Entscheider in einer von der Bioethik in der ersten Person Plural thematisierten Frage.

Lokalisierbar ist Bioethik in einem Spektrum von Institutionen, das man zwischen den Polen „wissenschaftsnah" und „wissenschaftsfern" auffächern könnte. Am *wissenschaftsnahen* Pol finden sich die einschlägigen Forschungsinsti-tute, etwa das „Institut für Wissenschaft und Ethik" der Universität Bonn; das „Zentrum für Ethik in den Wissenschaften" der Universität Tübingen, dort das DFG Graduiertenkolleg „Bioethik" – oder auch die „Europäische Akademie für Technikfolgenforschung" in Bad Neuenahr. Am *wissenschaftsfernsten* Pol würde ich zum Beispiel die Spielfilmproduktion ansiedeln, die von Biotech-Firmen in Auftrag gegebenen Produkte von PR-Agenturen oder auch bestimme populari-sierende TV-Foren: Talkshows wie „Hart aber Fair" oder Human-Touch-Features.

Irgendwo zwischen diesen Polen bewegen sich die publikumsoffenen Ta-gungen kirchlicher oder anderer Bildungsstätten und Verbände, die PR-Arbeit der Ministerien, Parteien und der parteinahen Stiftungen, von politiknahen Ver-bänden betriebene Forschungsinstitute wie das Berliner Institut „Mensch, Ethik, Wissenschaft" und die bewusst an Naturwissenschaftsvermittlung arbeitenden Feuilletons der leitenden Print-Medien, also die so genannte „dritte Kultur" in der FAZ, der Zeit, der SZ und der FR. Gerade den großen Feuilletons kommt für den Diskurs Bioethik eine Jokerposition zu. Sie organisieren regelrechte Debat-ten-Zyklen, sorgen für Polarisierung und versorgen über Sonderhefte oder Sam-melbände Öffentlichkeit und Wissenschaft gleichermaßen.

3.3 Subjektpositionen im Verhältnis zu den Gegenständen?

Unter die Äußerungsmodalitäten fällt nach Foucault auch die typische *Form von Subjektivität*, die man in einem Diskurs mit einer Aussage verbinden kann: Zur Strafjustiz gehört ein anderes Repertoire von „subjektiven" Äußerungen als zum Beispiel zur Familie oder zur Kunst.

Übertragen wir diesen Gedanken, so lässt sich vielleicht auch für die Bio-ethik eine bestimmte Subjekt-Form ausmachen. Es ist die Form der *normativ über-forderten* und in eine verallgemeinerbare Lage der *Unentscheidbarkeit* gestellten Subjektivität. Diesen Gestus trifft man immer dann an, wenn sich die verschiede-nen Sprecherpositionen auf dem Podium in der ersten Person Singular äußern oder zu äußern haben. Bioethik ist derjenige Diskussionsraum, in dem alle be-kunden, dass sie sich eine „Lösung" wünschen, in dem aber dennoch niemand eine Entscheidung mit dem eigenen Namen signieren will.

Bedeutsam ist, dass dieses *normativ überforderte* Subjekt der Bioethik tatsäch-lich ein *allgemeines* Subjekt ist. Man kann dies daran ablesen, dass die bioethische Erwägung letztlich stets im Kollektivsingular der ersten Person Plural konver-giert: „Wir" stehen vor einer normativen Problematik, die zur ethischen Ent-scheidungsfindung zwingt. „Wir" müssen handlungsfähig bleiben – oder auch: „Wir" werden gemeinsam vom biotechnischen Fortschritt überrollt. Das Gegen-über dieses Kollektivsubjekts bilden mikrologisch unaufgeschlüsselte Mächte: die neuen Technologien, der wissenschaftliche Fortschritt, das Machbare – oder ganz generell die „neuen Möglichkeiten".[9]

4   Die Formation der Begriffe

Als eine dritte Achse, auf der ein Diskurs charakteristische Züge zeigt, nennt die *Archäologie* die Begrifflichkeit, die einem Diskurs eigen ist und von ihm selbst elaboriert wird.

In der Frage der Begriffe ergibt sich für die Bioethik im Ganzen ein eher un-klares Bild. Lässt sich hier wirklich – nach dem Vorbild der Begriffsordnungen der von Foucault untersuchten Wissenschaften – „ein System des Vorkommens zwischen ihnen finden, das keine logische Systematizität ist?" (Foucault [1969] 1981: 83) Unverkennbar werden die technologienah auftauchenden Gegenstände im bioethischen Diskurs überwölbt durch eine Schicht von für die weitere Dis-kussion zentralen Begriffen. Zu nennen sind Wert, Würde, Leben, Person, Risiko,

---

[9] Sofern das Schema des mit-Möglichkeiten-konfrontiert-Seins und Entscheiden-Sollens (und -Wollens) die einzig zulässige bioethische Subjektposition definiert, fallen Alternativen aus. Man kann sich im Diskurs um Biotechnologien beispielsweise nicht als bloßer geschichtlicher Zeuge fühlen. Auch in ihrer Vernunftvorstellung anachronistische oder radikal parteiliche Subjektpositionen finden keinen Platz, sie erscheinen als ,Wissenschaftsfeindlichkeit' oder als ,Fundamentalismus' (und werden von Ethikern auch so genannt). Was dies politisch bedeutet, ist klar: Wer nicht am Diskurs vorbeireden will, muss eben die „bioethische" Subjektposition einzunehmen lernen. Den damit verknüpften Mechanismus der entpoliti-sierenden Rollenübernahme hat Niklas Luhmann als „Selbstbindung" beschrieben (vgl. Luhmann 1989[2]).

Verantwortung, Gerechtigkeit, Zukunft und weitere mehr. Gleichwohl gewinnen alle diese Begriffe in der Art, wie sie sich zueinander ordnen, nicht wirklich eine für die Bioethik spezifische Kontur. Eher scheint es als liege ihr Spezifikum darin, dass es sich zwar jeweils um philosophische Traditionsbegriffe handelt, diese aber mit der Übernahme in den bioethischen Kontext *an Kontur verlieren.*

4.1 Abfolge von Begriffen?

Die von Foucault geforderte „Abfolge" ist in die Sterne am Begriffshimmel also schlecht zu bringen. Die Frage nach der Anordnung läuft auf die angedeutete Verlustanzeige hinaus. Die Bioethik *eliminiert* sowohl eine bestimmte genuin alltagsmoralische als auch eine bestimmte wissenschaftliche Form zu reden.

Die Alltagsbegrifflichkeit wird szientifisch überlagert. In formalem Sinne unausgewiesene Ausdrücke und traditionsmoralische Formeln wie „Menschlichkeit", „Fürsorge", „Anstand", „Respekt" oder auch Maximen wie „das tut man nicht" werden im bioethischen aufgeklärten Diskurs ersetzt und in ihrer Funktion – nämlich relativierende Diskussionen zu verhindern – beseitigt. Statt solcher alltagsmoralischer Gebotswörter werden – zumeist der Philosophie entlehnte – Abstrakta mobilisiert.

Eine im vollen Sinne wissenschaftliche Redeweise bringt die Bioethik gleichwohl nicht mit sich. Im Zuge der *öffentlichen* Adressierung wird die Fachbegrifflichkeit vielmehr trivialisiert. Philosophische Begriffe etwa finden sich undifferenziert verwendet, sie werden mit theologischen oder politiksprachlichen Konnotationen vermischt und ihrer Geschichte entkleidet. In längeren ethischen Diskussionen werden sie als „Plastikwörter"[10] beliebig geformt. Für Fachphilosophen bringt das die erschreckende Erfahrung mit sich, wie schnell Bioethik wichtige Konzeptbegriffe mit einer verzweigten, aber präzisen Tradition innerhalb von wenigen Jahren völlig zu zerreden vermag. Etwa die Würde. Oder auch den Wert.

---

[10] Dieser schöne Diagnosebegriff stammt von Uwe Pörksen: Plastikwörter sind aus der Wissenschaft in die Gesellschaft freigesetzte und dort leer gewordene Termini, die gleichwohl eine diffuse szientifische Aura ausstrahlen (vgl. Pörksen 1988).

4.2 Koexistenz?

Was die von Foucault so genannte „Koexistenz" der Begriffe im Diskurs angeht, ist neben dem schon genannten flexiblen Charakter von in anderen Kontexten wohldefinierten Begriffen das Nebeneinander einiger Schlüsselbegriffe zu nennen, die sich dadurch auszeichnen, dass sie eine *moralisch-ethische* und eine *ökonomische* Bedeutung in sich vereinen. Es sind dies der „Wert" sowie die „Gerechtigkeit" und auch die „Verantwortung".

Auffällig ist das Fehlen von Bezügen zwischen den partikularen Debattenbegriffen. Aus jeweils drei willkürlich ausgesuchten Begriffen der Reihe Mensch – Leben – Technik – Würde – Zukunft – Ethik – Natur – Verantwortung ließe sich eine Fülle von Titeln für Bioethik-Sammelbände zu beliebigen Technologien generieren, wobei diese Titel exakt gleichwertig wären. Das Ensemble der Begriffe überschreibt in seinem Nebeneinander jedes Thema gleich gut und gleich schlecht.

Schließlich noch ein Drittes: In der Bioethik koexistieren eine Fülle von philosophischen, ökonomischen, politischen Großvokabeln. Was jedoch fehlt, ist jeder Bezug zur *strafrechtlichen Begrifflichkeit* – wie überhaupt die Bioethik und das Strafrecht einander geradezu auszuschließen scheinen. Dieser Punkt lohnt der näheren Beschreibung. Ist ein Handlungsfeld als bioethisch relevant in der Diskussion – dann ist die Berufung auf geltendes Recht ein Argument ohne Folgen. Das in Rede stehende normative Feld wird gleichsam per se zu einer rechtlichen „Grauzone" erklärt, über die man nachdenken müsse. Die Ethik stellt sich also über das geltende Recht – und die Öffentlichkeit wird eingeladen zu einer Art potentiellen Rechtsänderungsdebatte.

Im Bereich des Strafrechts werden dabei durch die Deaktivierung von Begriffen gleichsam Amnestien erteilt. Einige Beispiele: Die bioethische Begrifflichkeit verweigert alle Anklänge an den Tatbestand der *Körperverletzung*, der im gesamten Feld der nicht heilenden biomedizinischen Eingriffe juristisch gesehen natürlich erfüllt ist – bei der Organentnahme etwa oder in der Reproduktionsmedizin.[11] Bioethik würde auch nie das Tatbestandsfeld der *Nötigung* in Betracht ziehen, wo Beratungs- und Aufklärungsgespräche oder auch Behandlungsverfahren möglicherweise aufgedrängt werden. Desgleichen sprechen Ethiker zwar inzwischen zuweilen (und dies nun wiederum strafrechtswidrig) von der *Tötung* von Embryonen, vermeiden aber die Rede vom *Mord* im Zusammenhang mit Handlungen der Sterbehilfe, wenngleich die so genannte „passive" Sterbehilfe

---

[11] Zwar gilt ungewollte Kinderlosigkeit inzwischen als Krankheit, jedoch wird ja oft der *gesunde* Partner eines reproduktionswilligen „Paares" behandelt. Zur Problematik vgl. Saborowski 2005.

tatbestandlich zweifelsfrei eine vorsätzliche Tötung durch eine Unterlassung von fremder Hand darstellt.[12]

4.3 Begriffliche Interventionsprozeduren?

Als „begriffliche Interventionsprozedur" – Foucault nennt als Beispiele „Techniken der Neubeschreibung", Transkriptionen, Systematisierungen anderer Art (vgl. Foucault [1969] 1981: 87) – sticht für die Bioethik wohl eine besonders wirksame Politik der *Taufe von Problemen* ins Auge. Jede neue Strophe in der bioethischen Ballade beginnt mit dem neuen Namen einer neuen Technologie. Deren Eigenname präsentiert sich dabei als die neue singuläre, nie dagewesene „ethische" Herausforderung.

Solche Taufnamen eines ganzen bioethischen Feldes haben eine globalisierte Form, sie sind ans Englische angelehnt (zum Beispiel *cloning*/Klonen oder Klonierung, *stemmcell*/Stammzelle) und oft mit einem technischen Kürzel versehen (ICSI steht für eine bestimmte Befruchtungstechnologie, PID für die Selektion vor der Embryonen-Implantation). Der Diskurs akzeptiert die expertensprachlichen Kürzel als Namen für die Sache und zugleich das Dilemma, das sie mit sich bringt. Ominös bleibt, was jenseits der technischen Neuerung im Ergebnis denn das wirklich einschneidend Neue einer neuen Technologie sein wird.

Statt Klonierung hätte man beispielsweise auch „Herstellung von Zwillingen" sagen können und der Debatte vielleicht ein Stück der Aura des Sensationellen genommen. Die Invitrofertilisation (oder IVF) könnte einfach Laborbefruchtung heißen – und würde sich dann mit ihrer Schwester, der PID, der Selektion im Reagenzglas als verwandt erweisen.

Der euphemistische Name „Sterbehilfe" für die Tötung zum Lebensende ist ein Sonderfall. Der Begriff wurde schon 1915 erfunden, ist kein Fremdwort, funktioniert jedoch so ähnlich wie die aus Orwells Zukunftsszenario bekannte Bezeichnung „Wahrheitsministerium". Der Akt der vorsätzlichen Tötung erhält den Eigennamen einer Hilfe beim Sterben – als hülfe diese Hilfe zu einem Tod, der gerade nicht durch Tötung erfolgt.

Das von Foucault so genannte „Erinnerungsfeld", über das jeder Diskurs durch die Anordnung seiner Begriffe implizit verfügt – indem er nämlich Früheres nicht mehr zulässt und diskutiert (vgl. Foucault [1969] 1981: 86–88) und lediglich eigene Suggestionen hinsichtlich seines eigenen Herkommens anbietet –,

---

[12] Woran der Diskurs ebenfalls nicht rührt, sind die fragwürdigen Voraussetzungen von Willenserklärungen im Bereich biomedizinischer Eingriffe.

erscheint im Falle der Bioethik auffällig klein. Die Bioethik präsentiert sich geschichtslos – als ein Diskurs, der spontan entstand und einfach deshalb erscheinen musste, weil „die Gesellschaft" Umgangsformen für das ganz Neue finden und formulieren muss.

Ein solches „leeres" Erinnerungsfeld ist allerdings auch ein Erinnerungsfeld und als solches wirksam. Der Gestus der vergangenheitslosen Notreaktion mag durchaus einen besonderen Druck erzeugen. Jedenfalls hat er einen Autorisierungseffekt und gibt dem bioethischen Diskurs ein Maximum an Definitionsmacht. Der Diskurs selbst bietet keine historischen Maße und keinen Vergleich.

4.4 Vorbegriffliche Ebene?

Nach Foucault zeigt sich in jeder diskursiven Formation von Begriffen schließlich auch eine vorbegriffliche Ebene an, auf der der Diskurs ruht wie auf einem von innen her tragenden Skelett. Im Falle der Bioethik stoßen wir auch hier wieder auf das Undeutlichkeitsproblem – weil die Bioethik wie ein Schwamm moralisch-ethische Allgemeinbegriffe aus verschiedensten Bereichen aufsaugt und für ihre eigenen Belange wendet.

Trotzdem kann man vielleicht ein Grundmuster angeben, durch das Bioethik auf die vorbegriffliche Ebene, auf *Verfahren* und auf institutionelle Praktiken verweist. Bioethische Begriffe ordnen sich nämlich nach dem Grundmuster der *dringlichen Entscheidung*, der am Ende unausweichlichen Dezision. Einerseits gibt es da die *Aktualität* einer krisenhaften Lage – andererseits die *Fälligkeit* einer Weichenstellung, auf die sich der Erwägungsprozess hinordnet. Sollte je das ethische „Wir", die überforderte Subjektivität, sich zu keiner Meinung durchringen, dann entscheidet der Lauf der Dinge von selbst – das ist die ergänzende Suggestion und Drohung.

Inwiefern tut sich hier vorbegriffliches Handeln kund? Es legt sich eine auf die Macht der Technik abzielende These nahe: Die vorbegriffliche Dimension der Bioethik liegt in den Techniken und in der Eigenlogik der Technikentwicklung selbst. Das schweigende und schweigend akzeptierte Werk der Technik sowie der Forschung, die die Technik- und die Technologieentwicklung forciert, zeichnet sich in einer Dringlichkeit ab, die der Bioethik innewohnt, ohne dass sie sich selbst darüber Auskunft geben könnte. Dies gilt auch für die Theoriebildung: Bioethik verfügt über eine Fülle von normativen Kategorien. Ich kenne jedoch keine mit dem bioethischen Sprachspiel irgendwie vermittelbare Techniktheorie. Das stumme Drängen der Technologieentwicklung, von der die bioethische Entscheidungsrhetorik lebt, ist gleichsam das Schicksal der Bioethik, denn es ist ihr blinder Fleck.

Anders ausgedrückt: Die idealtypisch stets geforderte Entscheidung muss – und diese Dimension liegt tatsächlich *vor* ihren eigenen Begriffen – in der Bioethik immer eine Neupositionierung sein, die eingefordert wird durch eine *in einer technischen Innovation verkörperte* Verheißung. So gibt es in dieser Ethik kein Verharren beim ethischen Status quo. Ebenso kann jene geforderte Entscheidung, auch wenn sie sich so geben muss, niemals endgültig sein – schon deshalb, weil die äußere Form der Wertekollision und damit der rationalen Unentscheidbarkeit[13] einer bioethischen Problemlage ebenso erhalten bleibt wie das reaktive Grundverständnis, das den bioethischen Diskurs stets wieder neu an die nächste technologische Neuerung bindet.

5   Die Formation der Strategien

Die vierte und letzte Analyseachse bilden die so genannten *Strategien,* die Foucaults Methodenbuch sehr umfassend definiert. Es handelt sich um alles, was – über Gegenstände, Rahmenbedingungen des Sichäußerns und Begriffe hinausgreifend – die Themenwahl, die Gesamtpositionierung und die Stoßrichtung eines Diskurses ausmacht: Ausgestaltung, Wiederbelebung oder Einbettung, strategische Wahl oder Ausgrenzung von Themen. Auch das differentielle Verhältnis eines Diskurses zu anderen Diskursen – so etwas wie der Kampf zwischen den Diskursen – gehört in diesen Bereich.

5.1   *Bruchpunkte, Punkte der Inkompatibilität?*

Foucault gibt für die Suche nach der strategischen Dynamik eines Diskurses ein Findkriterium an die Hand. Auf die Spur soll man ihr mittels dessen kommen, was die *Archäologie* „Bruchpunkte" nennt. Hartnäckig mitgeführte Inkompatibilitäten, letzte „Äquivalenzpunkte", nämlich Stellen, wo im Diskurs etwas gleich-

---

[13] Auf die strukturelle Unentscheidbarkeit, die der Kommunikation von „Werten" innewohnt, hat Niklas Luhmann hingewiesen (vgl. Luhmann 1978). „Werte" kollidieren gleichsam per se, sie stehen in einer unentscheidbaren, quasi-räumlichen Konstellation zueinander, wie „Fixsterne" (Luhmann). Sie lassen sich dabei logisch aber nicht aufeinander beziehen, sondern allenfalls konstatieren und in immer wieder neue Verhältnisse setzen. Ohne dass eben das reflektiert wird, bestimmt sich die Begrifflichkeit der Bioethik rund um solche unentscheidbaren, lediglich variierbaren Kommunikationen von „Werten" herum.

wertig-unvereinbar nebeneinander steht, müssen freigelegt werden. Foucault zufolge sind solche Bruchpunkte zugleich „Aufhängpunkte einer Systematisierung" (Foucault [1969] 1981: 96). Sie enthalten – den „Leitdifferenzen" Luhmanns nicht unähnlich (vgl. Luhmann 1984: 19, 57, 105) – den Schlüssel zu den strategischen Pointen des Diskursaufbaus. Welche „Bruchpunkte" kennzeichnen nun aber einen möglichen bioethischen *Diskurs*? Ich gebe eine Antwort auf Probe, und diese Antwort fällt abstrakt aus.

Sucht man nach grundlegenden Paradoxien, so kann man fündig werden, sobald bioethische Problemstellungen gründlich ausdiskutiert sind. Stets stehen dann nicht nur zwei, sondern eigentlich *drei Letztgrößen* nebeneinander. Sie schließen einander begrifflich aus und sind doch äquivalent. Alle drei erscheinen jeweils für sich als letzte Notwendigkeiten, als höchste Schicksalsmacht (wie auch als höchste Norm). Alle drei erscheinen aber auch jeweils wie durch den besagten „Riss" oder „Bruch" getrennt, der es verhindert, dass man sie gegeneinander ausspielen könnte. Die Diskussion läuft zwischen ihnen hin und her und setzt sich gleichsam zwischen den Äquivalenten fest. Es handelt sich bei den drei Letztgrößen um die drei kandidierenden Instanzen einer modernen Quasi-Ontologie.

Erstens ist da das sich selbst reproduzierende biosoziale „Leben" der Menschengattung selbst, also die lebendige, nämlich *die den Lebenssubstanzen zugesprochene Selbstreproduktion* – wenn man so will: der biologischen, vielleicht aber auch der soziobiologischen Natur, wobei gerade der Naturbegriff hier mit einer Idee von der rohen Sozialnatur, einer *Anthropologie* des Menschen, verschwimmt. Diesem Typ der materiellen Selbstorganisation der Gattung kommt namentlich für die Bioethik angelsächsischer Prägung eine letzte Notwendigkeit zu, sie hat einen im Prinzip konkurrenzlosen Wert.

Zweitens ist da die technische Kreation, die traditionell *auf „Kultur" zurückgerechnete Selbstschöpfung des Menschen* – jenes Menschen, der sich nach Foucault zwischen Natur und Freiheit, den beiden Leitideen des 19. Jahrhunderts, nur noch als eine empirisch-transzendentale Doublette reflektieren kann (vgl. Foucault [1966] 1974: Kap. 9). Dieses Kultursubjekt verwirklicht sich aber eben selbst. Und dies tut es in Gestalt seiner vernunftgeborenen, auf pathetische Weise *künstlichen* und also im weitesten Sinne *technischen* Errungenschaften, weswegen der Mensch auch nur in diesem Medium der technischen Selbstverwirklichung nach Humanität und Fortschritt streben kann. Eben dieser Weg der Selbstschöpfung mündet konsequenterweise auch in das kulturelle Unternehmen der technischen

„Reproduktion" seiner selbst[14], bis hin zum biomedizinischen und biotechnischen Artefakt.

Drittens ist da die „Autonomie", also die handlungspraktische und – klassisch gesprochen – „sittliche" *Selbstbestimmung und potentielle Selbstverantwortung des Menschen* – und zwar im Individualmaßstab wie auch im Ideal einer als Freiheit verstandenen kollektiven Selbstbestimmung. Neben der biosozialen und der technischen Wirklichkeit steht die schwindelerregende Wirklichkeit der Dezision – und auch sie hat den Charakter einer letzten Instanz, in die Ethik münden muss, ohne sie ihrerseits noch einmal transzendieren zu können.

Selbst*reproduktion* des biologischen Lebens, Selbst*produktion* des kulturelltechnischen Lebens und Selbst*bestimmung* des Freiheitslebens – jedes Mal könnte man hinzusetzen: des Menschen. Hier erkennt man sie wieder, die oben beschriebene „überforderte" Subjektivität, die für jenen hier probehalber durchkonstruierten *Diskurs* der Bioethik kennzeichnend ist. Das Subjekt der Bioethik wäre dasjenige, das sich als zur Normensetzung aufgefordert wahrnimmt und dennoch nicht weiß, *wie* und *an was orientiert* es sich zwischen diesen *drei Zirkeln seiner selbst* entscheiden soll. Alle drei Figuren dieses „Lebens" ähneln sich. In losem Anschluss an Foucault würde man wahrscheinlich sagen: Sie reproduzieren auf einer allzu allgemeinen Ebene den anthropologischen Kurzschluss. Zugleich – oder eben deshalb? – ist es die geradezu verzweifelte Suche nach der qualitativen Unterschiedenheit wie auch Vereinigung dieser drei Zirkel des menschheitlichen „Selbst" um die die begriffliche Anstrengung bioethischer Debatten kreist.

5.2 Ökonomie der zugehörigen diskursiven Konstellation?

Hat die Bioethik Nachbardiskurse? Und bestehen zu diesen Verhältnisse der Analogie, Komplementarität, Opposition?

Eines wurde oben schon angedeutet: Die Bioethik verhält sich komplementär zur politischen Gesetzgebung und leistet in diesem Feld eine experimentelle Form von Öffentlichkeitsarbeit. Auf dem bioethischen *Podium* organisiert sich gleichsam ein informelles öffentliches Anhörungs- und Abwägungsdrama – mit Betroffenen, Experten und dem Bioethiker in der Jokerposition. Sukzessive wird ein Publikum involviert, das keine eigene Rolle hat, sondern sich mit der Betrof-

---

[14] Auch die Reproduktion, die Fortpflanzung war historisch gesehen nie ein nicht-technischer Vorgang, so gesehen ist das Thema der ‚Züchtung' mit dem Thema der Selbstzüchtung des Menschen identisch, jedenfalls unter dem Vorzeichen einer kulturell-technischen Ontologie.

fenenperspektive anfreunden soll. In dieser weichen, öffentlich aber hochwirksamen Rolle kann Bioethik Themen setzen, Positionierungsdruck aufbauen, Stimmungen anheizen und die Fälligkeit von administrativen oder parlamentarischen Maßnahmen suggerieren – oder aber konterkarieren. Dass sie auf diese Weise nicht nur Parlamenten zuarbeitet, sondern auch eine Drehscheibe für Lobbypolitik ist, liegt auf der Hand.

Interessanter ist jedoch der Effekt, dass es ihr tatsächlich zu gelingen scheint, so etwas wie kollektive „Partizipation" zu suggerieren, also einen Diskurs im Sinne von Habermas, der in der Lebenswelt beginnt und nicht von professionellen Ethikern ausgeht. In der Tat hat sich Bioethik bis heute nicht als undemokratische Veranstaltung diskreditiert – und dies ungeachtet der Tatsache, dass sowohl der Zeitfahrplan als auch die Inhalte einer bioethischen Debatte ausschließlich von Ethikern bestimmt werden, und zwar oft von Ethikern, die zugleich auch Medienleute oder Politiker sind, was die Sache demokratietheoretisch nicht besser macht.

Von daher eine These zur Frage der Nachbardiskurse: Wenn Bioethik ein Diskurs ist, so verhält sie sich komplementär zur parlamentarischen Gesetzgebung und zur Politikerpolitik, sie opponiert aber auch gegen eine – aus Sicht der innovationsgierigen Diskurse der Wissenschaft und der Wirtschaft – stets immer noch zu langsame und zu träge Arbeit des politischen Systems. Das Wissenschaftssystem allein könnte nie eine „Debatte" lostreten – es sei denn, mehrere exponierte Wissenschaftler würden in dieser Hinsicht über längere Zeit strategisch operieren und ihrerseits aktiv und gezielt die Medien einsetzen sowie parallel auf der Ebene von Unternehmens- und Politikberatung operieren.[15] Das Wirtschaftssystem allein könnte ebenso wenig die angenommene „Debatte" initiieren. Es bekommt auch für Geld nicht die erforderliche moralische und politische Reputation. Bioethik kann dies tun, indem sie Mimikry an Wissenschaft mit Offenheit für Wirtschaft und einem Sinn für „konstruktive" politische Oppositionsarbeit verbindet. Sie ersetzt die Frage nach ökonomischen Motiven durch Sorge um die Zukunft und sie ersetzt die Esoterik der Wissenschaft durch Öffnung in Richtung auf eine Öffentlichkeit, in der sie – dank der sanften Expertensprache des Ethikers – gleichwohl genug Wissenschaftlichkeit ausstrahlt, um Diskussionen zu dominieren. Ethik kann schließlich zwischen den Diskursen Verantwortung verteilen und Akteure unsichtbar machen.

---

[15] Als Lehrstücke hierzu können gelten: der durch den Unternehmer Craig Venter bravourös inszenierte „Wettlauf" der privat finanzierten Entschlüsselung des Genoms gegen das öffentlich finanzierte Verbundprojekt HUGO – oder auch die von den Neuroforschern Gerhard Roth (Roth 1994; Roth 2001; Roth 2003) und Wolf Singer (Singer 2002; Singer 2003) pünktlich zum Ende des Jahrzehnts des Gehirns hartnäckig immer wieder angeschobene deutschsprachige Willensfreiheit-Debatte.

Um es ein wenig zu überspitzen: Ein Diskurs der Bioethik *ersetzt* Recht und *ersetzt* Politik – bzw. überformt beide Bereiche durch seine Argumentationsangebote. Präpariert wird so ein Vorfeld, in dem potentiell nicht diskurskonformen Konfliktlagen möglichst *politikfrei* die Spitze genommen wird. Zeit und Energie werden gebunden, öffentlich wirksame Argumente schälen sich heraus und durchlaufen gleichsam einen Akzeptanztest, so dass Recht und Politik – erst ausgeschlossen, dann wieder eingeschlossen – sich in der Fülle der aufgebotenen Aussagen gleichsam wahlfrei bedienen können, um ihr Entscheiden zu begründen.

5.3 Nicht-diskursive Praktiken?

Bleibt der Bereich der nicht-diskursiven Praktiken: Welche nicht-diskursiven Praktiken finden sich in die Bioethik verflochten? Welche nicht-diskursiven Praktiken hebt Bioethik auf?

Der institutionelle Charme von Bioethik hat mit der politischen Akzeptanz (wenn nicht mit dem Begehren nach) einer politischen Regierung des „Lebens" zu tun, die für moderne Konsum- und Sicherheitsdemokratien augenscheinlich charakteristisch ist. Bioethik weckt Risikobewusstsein, aber vielleicht lehrt sie auch das Pathos der biopolitischen Entscheidung und die dazugehörigen Risiken in der Art eines „Gattungsabenteuers" zu genießen. Damit sind wir bei der von Foucault aufgeworfenen Frage nach den „möglichen Positionen des Begehrens im Verhältnis zum Diskurs" (Foucault [1969] 1981: 100). Wer den bioethischen Diskurs begreifen will, muss wohl nach dem Begehren fragen, das er zu wecken vermag und das er dann tatsächlich auch befriedigt. Schaulust? Angstlust? Ein Begehren nach Absicherung? Nach Kontrolle? Nach Spiel und „Chance"?

6   Schluss

Der Nachteil an einem Probierverfahren ist, dass wer Ähnlichkeiten und probehalber Ergebnisse sucht, auch immer welche findet.

Das in diesem Beitrag durchgespielte Gedankenexperiment hat eine Menge Indizien erbracht, denen zufolge die Bioethik sich tatsächlich als ein *Diskurs* im Sinne der von Foucault aufgestellten Kriterien „individualisieren" lässt. Lediglich auf der Achse der Begriffe hat sich die Bioethik als ein eher unklares Ganzes von geringer Signifikanz erwiesen. Wäre freilich gerade das Gleiten und eine intendierte Beliebigkeit der Begriffe für den Diskurs der Bioethik signifikant, dann könnte man sich auch hier bestätigt fühlen. Die Bioethik „ist" ein Diskurs.

Gleichwohl möchte ich zum Schluss einen Einwand formulieren, den man gegen alles bisher Gesagte eigentlich erheben muss. Von vornherein habe ich mich nicht nur sehr selektiv aus Foucaults Werkzeugkiste bedient, sondern ich habe dabei einen wesentlichen methodischen Verankerungspunkt übergangen. Als Diskurs kann – mit Foucault – vollgültig nur in Frage kommen, was wir *aus historischer Distanz* untersuchen können. Das aber heißt: Eine Aussagenanalyse in einem Feld von uns zeitgenössischen (neuen) Aussagen ist eigentlich nicht möglich – schon deshalb, weil wir das vollständige Streuungsfeld der Aussagen gar nicht vor uns ausbreiten können.

Es ist also eine einschränkende Schlussbemerkung fällig. Jener vermeintliche Diskurs der Bioethik, von dem hier die Rede war, ist nicht wirklich eine Formation, die wir bereits im „Archiv" aufsuchen können und deren Dichte inventarisiert und sauber beschrieben werden kann. Das Aussagefeld ist überdies – zumindest in Richtung auf die Zukunft – schwer zu datieren, denn wir kennen seine Erstreckung (noch) nicht. Möglicherweise schlummern ganze Pakete relevanter Aussagen in Schränken oder liegen direkt vor unseren Augen und werden von uns heute einfach deshalb übersehen, weil wir selbst nur selektiv, aufgeregt, parteilich und empfindlich-überreizt wahrnehmen können.

Die Anwendung der Methoden der Aussagenanalyse würde sich also schlicht deshalb verbieten, weil wir in unserer eigenen Gegenwart stecken und daher nicht in der theoretisch erforderlichen Weise als Historiker denken und arbeiten können. Ich lasse diesen Selbsteinwand im Raum stehen. Foucaults Analyseverfahren sollte man in der Tat nicht als sozialwissenschaftliches Verfahren missverstehen. Es liefert keine wirklichkeitswissenschaftliche „Empirie", sondern allenfalls eine historische und politische Phänomenologie der eigenen Gegenwart.

Literatur

Foucault, Michel, [1966] 1974: Die Ordnung der Dinge. Frankfurt/M.
Foucault, Michel, [1969] 1981: Archäologie des Wissens. Frankfurt/M.
Foucault, Michel, [1977-78] 2004a: Geschichte der Gouvernementalität I. Sicherheit, Terretorium, Bevölkerung. Vorlesungen am Collège de France 1977-1978, hrsg. von Sennelart, Michel. Frankfurt/M.

Foucault, Michel, [1978-79] 2004b: Geschichte der Gouvernementalität II: Die Geburt der Biopolitik. Vorlesung am Collège de France 1978-1979, hrsg. von Sennelart, Michel. Frankfurt/M.

Gehring, Petra, 2006: Was ist Biomacht? Vom zweifelhaften Mehrwert des Lebens. Frankfurt/M.

Habermas, Jürgen, 2001: Die Zukunft der menschlichen Natur. Auf dem Weg zu einer liberalen Eugenik? Frankfurt/M.

Luhmann, Niklas, 1978: Soziologie der Moral, in: *Luhmann, Niklas/Pfürtner, Stephan* (Hrsg.), Theorietechnik und Moral. Frankfurt/M., 8–116.

Luhmann, Niklas, 1989: Legitimation durch Verfahren. 2. Aufl. Frankfurt/M.

Luhmann, Niklas, 1991: Soziale Systeme. Grundriß einer allgemeinen Theorie. 4. Aufl. Frankfurt/M.

Pörksen, Uwe, 1997: Plastikwörter. Die Sprache einer internationalen Diktatur. 5. Aufl. Stuttgart.

Roth, Gerhard, 1996: Das Gehirn und seine Wirklichkeit. Kognitive Neurobiologie und ihre philosophischen Konsequenzen. 5. Aufl. Frankfurt/M.

Roth, Gerhard, 2003: Fühlen, Denken, Handeln. Wie das Gehirn unser Verhalten steuert. 2. Aufl. Frankfurt/M.

Roth, Gerhard, 2003: Aus Sicht des Gehirns. Frankfurt/M.

Saborowski, Maxine, 2005: Der ,ethische Wert' eines ,eigenen Kindes'. Unveröff. Magisterarbeit, Darmstadt.

Schalk, Helge, 1997/98: Diskurs. Zwischen Allerweltswort und philosophischem Begriff, in: Archiv für Begriffsgeschichte 40, 56–104.

Singer, Wolf, 2002: Der Beobachter im Gehirn. Frankfurt/M.

Singer, Wolf, 2003: Ein neues Menschenbild? Gespräche über Hirnforschung. Frankfurt/M.

Anne Waldschmidt, Anne Klein, Miguel Tamayo Korte,
Sibel Dalman

Ist „Bioethik" ein „Diskurs"? Methodologische Reflexionen am Beispiel des Internetforums *1000 Fragen zur Bioethik*

> „Rein empirische Untersuchungen, also Untersuchungen ohne Theoriebezug, sind wie Seereisen ohne Karte und Kompaß – durch Zufall findet man manchmal einen Hafen, aber das Risiko des Scheiterns ist groß."
>
> (Norbert Elias, 1978)

1 Vorbemerkung

War die Diskursanalyse im Anschluss an Foucault noch bis vor einem Jahrzehnt so gut wie unbekannt in der Politikwissenschaft (als ein Versuch vgl. Waldschmidt 1997), so ist sie heute vermutlich eine der insbesondere von Nachwuchswissenschaftlerinnen und -wissenschaftlern am häufigsten angewendeten Methoden. Dies erstaunt insofern, als man von einem didaktisch gut aufbereiteten, leicht handhabbaren Programm eigentlich nicht sprechen kann, auch wenn in jüngster Zeit einige hilfreiche Bemühungen unternommen wurden, um Diskurstheorie und -analyse dem deutschsprachigen Publikum zu vermitteln (Keller 2004, 2005; Keller et al. 2001, 2004). Dessen ungeachtet lässt sich die aktuelle Situation so darstellen: Öfters findet man verkürzte Rezeptionen der zu Grunde gelegten Methodologie, selbst gebastelte Methodendesigns und Forschungsergebnisse, die zwar als gedankliche Konstrukte zu überzeugen vermögen, jedoch unzureichend empirisch abgeleitet sind. An dieser – zugegeben: pointiert formulierten – Diagnose möchten wir im folgenden ansetzen, indem wir anhand eigener Forschungspraxis methodologische Überlegungen zu einer grundlegenden Frage anstellen, die jeden, der Diskursanalyse in Angriff nehmen möchte, umtreibt, nämlich zu der Gretchenfrage der Diskursanalytikerin und des Diskursanalytikers: Was ist das eigentlich, ein *Diskurs*?

191

Der Aufsatz bietet somit den Versuch, eine am empirischen Gegenstand orientierte Methodologie zu entwickeln, welche – auch wenn sie ein konkretes Beispiel nutzt – den Anspruch erhebt, allgemeine Probleme der Diskursanalyse zu eruieren und auch den einen oder anderen Lösungsansatz anzubieten. In einem ersten Schritt stellen wir unseren Forschungsgegenstand vor, ein von der privaten Förderorganisation *Aktion Mensch* durchgeführtes, internetbasiertes Diskursprojekt zur Bioethik. Im Anschluss werden die für unseren Kontext relevanten Diskursbegriffe von Jürgen Habermas und Michel Foucault kontrastierend gegenüber gestellt. Dieser Abschnitt bildet die Ouvertüre für eine notwendige Differenzierung der Begrifflichkeit, nämlich der Unterscheidung in Spezialdiskurs, Interdiskurs und Alltagsdiskurs. Im nächsten Schritt wird der Frage nachgegangen, ob es sich bei *Bioethik*, dem Thema des untersuchten Internetforums, um einen Diskurs im Foucaultschen Sinne handelt. Abschließend lässt sich der eigene Forschungsgegenstand als ein auf das *Thema* Bioethik fokussiertes *diskursives Ereignis* im zivilgesellschaftlichen Interdiskurs spezifizieren.

2 1000 Fragen zur Bioethik – der Forschungsgegenstand

Zunächst also *in media res*, gewissermaßen in die Niederungen des forschenden Alltags: Was genau ist der empirische Gegenstand, der mit dem Instrumentarium der Diskursanalyse wissenschaftlich untersucht werden soll? In unserem Falle steht ein Internet-Forum im Mittelpunkt, das sich als ein innovatives Diskursprojekt zur Bioethik versteht.

Ins Netz gestellt wurde die Website „www.1000fragen.de" von der privaten Förderorganisation *Aktion Mensch*[1] im Rahmen einer öffentlichkeitswirksamen Kampagne, die sich zum Ziel gesetzt hatte, die Partizipation der Bevölkerung an der gesellschaftlichen Debatte über die ethischen Probleme der modernen Medizin und der Gen- und Fortpflanzungstechnologien anzuregen und zu fördern. Begleitet von werbeästhetisch gestalteten, professionell aufgemachten Großflächenplakaten, Kinospots sowie Anzeigen in der Tages- und Wochenpresse, die mit Beteiligung anregenden Beispielthemen und appellativen Frageaufforderungen arbeiteten, wurde im Oktober 2002 das barrierefreie Online-Forum eröffnet. Fortan konnte an dieser Stelle jeder User seine persönliche Frage (oder auch mehrere Fragen) zu allen möglichen Aspekten der Bioethik eingeben und hatte gleichzeitig die Möglichkeit, zu Fragen anderer User eigene Kommentare zu

---

[1] Für die durch die großzügige Forschungsförderung gewährte Möglichkeit, gleichzeitig grundlagenorientiert zu arbeiten, möchten wir uns an dieser Stelle bei *Aktion Mensch* bedanken.

formulieren. Eine Moderation fand nur in reduzierter Form statt.[2] Neben dem Fragenforum bot die Internetseite weitere Hintergrundinformationen und auch Möglichkeiten spielerischer Interaktion.

Diese Kampagne zur Anreizung der gesellschaftlichen Debatte über Bioethik hat sich als überaus erfolgreich erwiesen: Hatte man zunächst befürchtet, noch nicht einmal die anvisierten 1.000 Fragen zu erreichen,[3] so waren bis Ende Mai 2004 bereits über 10.000 Fragen und 35.000 Kommentare in das Internetportal eingegeben worden; außerdem wurden rund 500.000 Zugriffe registriert. In Gang gehalten wurde der Zuspruch durch die begleitende Öffentlichkeitsarbeit: Im März 2003 veröffentlichte der Projektträger Hunderte der bereits eingegebenen Fragen wiederum auf Plakaten, Kinospots und Zeitungsanzeigen und induzierte so eine neue Eingabewelle; im September 2003 wurden die bis dahin gesammelten rund 8.500 Fragen unter dem Titel „Was wollen wir, wenn alles möglich ist?" in Buchform (Aktion Mensch/Zirden 2003) publiziert und zum gleichen Zeitpunkt wurde eine „Stadt der 1000 Fragen" in Berlin veranstaltet. Ab Herbst 2004 wurden einzelne Fragen, die von 78 prominenten Patinnen und Paten ausgesucht worden waren, in moderierten Foren diskutiert. Die Resonanz hielt unvermindert an: Für September 2005 gibt *Aktion Mensch* die Eingabe von 12.000 Fragen und mehr als 50.000 Beiträgen an; bis zu diesem Zeitpunkt hatte die Webseite mehr als 1.5 Millionen Zugriffe (Aktion Mensch 2005: 84). Zum aktuellen Zeitpunkt läuft die Kampagne noch weiter, wenn auch in reduzierter Form.

Als eines von vielen Diskursprojekten, die – beispielsweise mit Mitteln des Bundesforschungsministeriums[4] oder von kirchlichen Bildungsträgern[5] – gerade auch im Bereich der Bioethik veranstaltet werden, ist das 1000 Fragen-Projekt

---

[2] Zum einen enthielt die Eingabemaske die Vorgabe, die eigene Frage in ein vorhandenes Themenraster mit 45 Unterkategorien (von Arbeitsplätze/Wirtschaftsstandort über Glück, Organtransplantation und Pränataldiagnostik bis zu Wunschkinder und Zivilisation) einzuordnen; zum anderen wurden Beiträge mit beleidigendem oder offensichtlich irrelevantem Inhalt depubliziert.

[3] Mündliche Aussage von Heike Zirden, Leiterin des Referats Presse-, Öffentlichkeitsarbeit und Aufklärung von *Aktion Mensch*.

[4] Vgl. etwa das vom Bundesforschungsministerium im Zeitraum 2002-2005 geförderte Projekt „Diskurs zu den Ethischen Fragen der Biomedizin" unter der Leitung von Christof Tannert am Max-Delbrück-Centrum für molekulare Medizin Berlin-Buch. Die groß angelegte „Diskurs Agenda" umfasste u. a. einen „Scenario-Workshop", eine Delphi-Umfrage, eine Experten-Online-Konferenz und eine Bürger-Konferenz (vgl. http://www.bioethik-diskurs.de/documents/Aktuelle_Teilprojekte/Uebersicht.htm/view, 20.03.2006).

[5] Vgl. dazu auch das internetbasierte Projekt „Treffpunkt Ethik", das „Lerninteressierten unterschiedlicher Bildungsbereiche eine nachfrageorientierte, internetunterstützte Lernumgebung für ethische Diskurse bieten" will (http://www.treffpunkt-ethik.de/default.asp?fid=1461, 20.3.2006). Projektträger ist die Katholische Bundesarbeitsgemeinschaft für Erwachsenenbildung (KBE), Bonn. Es erhielt ebenfalls Mittel des Bundesministeriums für Wissenschaft und Forschung (vgl. http://www.treffpunkt-ethik.de/themen.asp, 20.03.2006).

bislang das publikumswirksamste gewesen. Durchaus im Sinne partizipativer Technikfolgenabschätzung ging es dem zivilgesellschaftlichen Akteur *Aktion Mensch* darum, die bislang von Experten und Stakeholdern dominierte bioethische Debatte sozusagen in die Mitte der Gesellschaft zurück zu holen und einen Beitrag zum Meinungsbildungsprozess in der Bevölkerung zu leisten. Vor allem Gruppen, die sich bislang wenig Gehör verschaffen konnten, wie etwa behinderten Menschen und ihren Angehörigen sollte die Gelegenheit gegeben werden, ihre Meinungen und Erfahrungen einzubringen. Gleichzeitig lässt sich das 1000 Fragen-Forum auch in eine allgemeingesellschaftliche Konzeption einordnen: „Für eine nachdenkliche Gesellschaft, in der über die Grundlagen gesellschaftlichen Zusammenlebens offen und mit Respekt vor anderen gesprochen und nachgedacht wird" (Aktion Mensch et al. 2004) – das ist die idealistische Zielvorstellung, die der Projektträger in seiner Aufklärungs- und Öffentlichkeitsarbeit verfolgt.

Die Vorstellung des Forschungsgegenstands ergibt somit einen für Diskursanalysen etwas ungewöhnlichen Fall: Bei unserem empirischen Material haben wir es nämlich nicht mit einer auf den ersten Blick amorphen, ungeordneten Masse von sehr unterschiedlichen Texten zu tun, welche erst als Ergebnis der rekonstruierenden Analyse als Fragmente eines Diskurses zu bestimmen wären. Im Gegenteil, es liegt ein klar abgrenzbarer Datenkorpus vor, nämlich eine genau identifizierbare Anzahl von während eines bestimmten Zeitraums in ein einzelnes Internet-Forum eingegebenen Fragen plus den dazu gehörenden Kommentaren.[6] Aber: Handelt es sich tatsächlich um einen *Diskurs*? Genügt bereits die Selbst- und Fremdbeschreibung des Internet-Forums als *Diskursprojekt*, um es mit einiger Berechtigung diskursanalytisch untersuchen zu können? In anderen Worten, nicht die partizipationstheoretischen, wissenssoziologischen und medientheoretischen Fragestellungen, die wir am Beispiel des Internet-Forums in unserer Forschungsarbeit verfolgen, wollen wir an dieser Stelle im einzelnen vorstellen; vielmehr konzentriert sich dieser Beitrag auf die Frage: Kann das in dem Forum versammelte Material von schriftlich fixierten Äußerungen als ein Diskurs im Foucaultschen Sinne verstanden werden? Oder in anderen Worten: Für welchen Ausschnitt aus der diskursiven Landschaft steht unser Korpus, wovon bildet es einen Ausschnitt, was genau bildet es ab?

---

[6] Konkret bedeutet dies als Datengrundlage unseres Forschungsprojekts, dass wir die 10.000 Fragen und die dazu gehörenden 34.611 Kommentare, die vom 9. Oktober 2002 bis 31. Mai 2004 gesammelt wurden, untersuchen. Insgesamt analysieren wir 44.611 Datensätze.

3   Diskurs als Debatte

Um diese Fragen zu beantworten, bietet sich in einem ersten Schritt ein empirisch geleitetes Vorgehen an. Es lässt sich nämlich durchaus ermitteln, von welchem Diskursbegriff der Projektträger selbst ausgegangen ist. Zwar kann man nicht erwarten, in den konzeptionellen Überlegungen der Förderorganisation eine eigens ausgearbeitete Theorie des Diskurses zu finden. Tatsächlich aber trifft man in den Projektpublikationen auf verschiedene Aussagen, welche die Schlussfolgerung erlauben, dass sich *Aktion Mensch* von einem impliziten Diskursbegriff hat leiten lassen.

Beispielsweise lag der Entscheidung zur Einrichtung des Internet-Forums die Annahme zugrunde, dass bioethische Fragestellungen nicht hinter geschlossenen Türen verhandelt werden sollten, sondern einer breit angelegten gesellschaftlichen Debatte bedürfen (Aktion Mensch 2004: 10). Mit der Webseite sollte ein erweiterter, öffentlicher Raum und Zeitrahmen zur Verfügung gestellt werden, und somit auch Möglichkeiten für einen „Austausch ohne Entscheidungsdruck" (Aktion Mensch/Zirden 2003: 11). Als Kommunikationsweise im Forum wurde neben dem Kommentar vor allem das Stellen von Fragen vorgegeben. Fragen, so formulieren die Initiatoren des Diskursprojekts, „fordern Zeit, bekennen sich zu Unwissenheit, Unsicherheit, Uninformiertheit, verlangen Berücksichtigung, Differenzierung, Vorsicht, Absicherung und Nachdenklichkeit. Fragen symbolisieren Bewegungen des Denkens: sie fordern das Weiterdenken, das Kommunizieren, eine prinzipielle Offenheit für neue Aspekte und Einsichten." (Aktion Mensch/Zirden 2003: 9)

Die demokratietheoretische und lebensweltliche Orientierung, das Schwergewicht auf Dialog und Verständigung, die Idee, dass es möglich sei, sich gemeinsam mit anderen mittels Fragenstellen auf die Suche nach Konsens zu begeben, die Vorannahme, dass Bürger/innen mündige Subjekte sind, die sich kompetent zu komplexen Sachverhalten äußern können, wenn ihnen diese Möglichkeit geboten wird – all diese Aspekte lassen nicht an die Diskurstheorie Foucaults denken, sondern an die Diskursethik, die mit dem Namen Jürgen Habermas verbunden ist.

Die Diskursethik postuliert das Ideal eines auf Verständigung ausgerichteten sprachlichen Handelns (Habermas 1981b). Als zentral für das Gelingen von Konsensbildungsprozessen gelten zwei Kriterien: zum einen die Orientierung an universalistischen Prinzipien, an Begriffen wie moralisches Bewusstsein, Recht und kollektive Identität; zum anderen die Praxis des rationalen Austauschs von Argumenten, welche möglichst frei von Deformation, z.B. psychopathologischen Zwängen, ideologischen Perspektiven usw. ist (Yoo 1993: 66f.). Da die „Konsensgrundlage der normativen Strukturen" (Habermas 1973: 12) zwar idealiter denkbar, faktisch aber immer schon beeinträchtigt ist, kommt der intersubjektiven Überprüfbarkeit von Moral ein wichtiger Stellenwert zu. Soll es im Sinne der Diskursethik zu einer Verständigung kommen können, müssen die durchgeführten Sprechhandlungen folgenden Geltungsansprüchen genügen: Wahrheit, Richtigkeit, Wahrhaftigkeit und Verständlichkeit (Habermas 1981a: 376). Wahrheit – so lässt sich mit Annette Treibel (2004: 168) zusammenfassen – ist für Habermas „nichts anderes als Zustimmungsfähigkeit, Richtigkeit die Übereinstimmung mit der Wirklichkeit (Angemessenheit oder Berechtigung der Aussage) und Wahrhaftigkeit die Unverstelltheit und Aufrichtigkeit der beteiligten Personen selbst. Verständlichkeit ist eine Sonderform unter den Geltungsansprüchen; sie ist schon vorausgesetzt, damit eine Aussage überhaupt als wahr, richtig oder aufrichtig gelten kann."

Schaut man sich nun aus diesem Blickwinkel die Beiträge im Internetforum an, so wird schnell deutlich, dass im Falle unseres Datenmaterials grundlegende Kriterien der Diskursethik nicht eingelöst werden (können). Beispielsweise fällt auf, dass sich eine vom Bemühen um Konsens geprägte, dialogische Kommunikationsstruktur (Wechselspiel von Rede und Gegenrede, Argument und Begründung etc.) wenn überhaupt, dann nur ansatzweise in der Minderheit der längeren Frage-und-Kommentar-Stränge („Threads") finden lässt. Allein die statistische Zählung zeigt, dass rund ein Fünftel (21,9%) der 10.000 Fragen gewissermaßen im Sande verlaufen, da sie nicht kommentiert werden. Ein weiteres Fünftel (21,3%) provoziert lediglich einen einzigen Beitrag; unter den verbleibenden knapp 60% der Threads sind es 517 und damit nur 5,1% aller Diskussionsstränge, die mehr als zehn Kommentare auf sich ziehen.

Außerdem wird bereits bei der Materialsichtung offensichtlich, dass die Regeln der Diskursethik als normative Bezugspunkte kaum zum Tragen kommen bzw. vielmehr ständig verletzt oder missachtet werden. Wahrheit und Richtigkeit der meisten Äußerungen können – insbesondere unter den Bedingungen des Internet – nicht nachgeprüft werden; Verständlichkeit ist häufig nicht gegeben und oft genug als Bemühen auch nicht erkennbar. Auf Grund der Anonymität des Mediums, bei dem sich Face to Face-Interaktionen erübrigen, läuft das Geltungskriterium Authentizität ebenfalls ins Leere. Die Fragen und Statements werden zwar aus dem Alltag heraus gestellt, doch der Bezug zu den Lebenswelten der Teilnehmenden lässt sich schlechterdings nicht greifen. Die Eigenheiten des internetbasierten Materials verhindern somit, dass die Einhaltung der diskursethischen Geltungsansprüche Wahrheit, Richtigkeit, Wahrhaftigkeit und Verständlichkeit überprüft werden können.

Zusätzlich steht angesichts der medialen Rahmung auch die Qualität der intersubjektiven Bezugnahmen in Frage. Als wesentlicher Faktor für kommunikatives Handeln nennt Habermas (1981a: 385) das Aushandeln von Situationsdefinitionen. Schon durch die Gestaltung der Webseite sind jedoch die Bedingungen des Redens im Forum vorab festgelegt und die für eine „ideale Sprechsituation" notwendigen Voraussetzungen können nicht gewährleistet werden. Unter diesen Bedingungen kann sich ein im diskursethischen Sinne „richtiges" Gespräch, das die normativen Kriterien kommunikativen Handelns erfüllen würde, von vorne herein nicht entwickeln. Zum anderen lässt die Annahme eines universalistischen, auf Vernunft begründeten Subjekts wenig Platz für die Einbeziehung subjekt- und diskurskritischer Aspekte, die jedoch mit berücksichtigt werden sollten. Und schließlich verwendet Habermas selbst den Begriff Diskurs nur in einem eingeschränkten Sinne. Ihm zu Folge sollte Diskurs nur Formen der Metakommunikation meinen, Fälle also, in denen die Regeln der sprachlichen Kommunikation und ihre Ethik selbst zum Thema gemacht werden können (Habermas 1981a: 71). Eine solche Metakommunikation war aber nicht Sinn und Zweck des untersuchten Internet-Forums. Die Vermutung liegt nahe, dass es zu einer solchen Verständigung nicht kommt, und zwar selbst dann nicht, wenn einzelne Forumsteilnehmenden dies wünschen. Allein aus den letztgenannten Gründen scheint eine diskursethisch fundierte Untersuchung des 1000 Fragen-Forums dem Forschungsgegenstand nicht angemessen zu sein. Aus Sicht der Diskursethik könnte man sogar zu dem Schluss gelangen, dass das Internet-Forum einer systematischen Untersuchung gar nicht wert ist, also gar keine Menge bedeutungsvoller Sprechakte darstellt, sondern eher ein *Rauschen* im virtuellen Raum, wenn man so will: *ohne Sinn und Verstand*.

4   Diskurs als Macht/Wissen-Formation

Dem gegenüber verspricht ein Forschungsdesign im Anschluss an die Diskurstheorie Foucaults die Einordnung des Datenmaterials in einen größeren diskursiven Gesamtzusammenhang. Aus dieser Sicht ließe sich das Internet-Forum z.B. als ein *Puzzle-Teil* eines gesamtgesellschaftlichen Bioethik-Diskurses begreifen. Allgemeine Grundannahmen der Diskursanalyse wie die Prämisse, dass jeder Diskurs inhärente Regelmäßigkeiten, eine *Ordnung* aufweist, und ihre Zielsetzung, eben diese Ordnung herauszufiltern, lassen sie als geeignet erscheinen, um den verhältnismäßig großen Datenkorpus des 1000 Fragen-Forums empirisch in den Griff zu bekommen. Somit würde die Gesamtmenge an Äußerungen nicht unter normativ-ethischen Gesichtspunkten, sondern de- und rekonstruierend untersucht.

Insbesondere Foucaults frühe, historisch-kritische Studien wie „Wahnsinn und Gesellschaft" ([1961] 1996) und „Die Geburt der Klinik" ([1963] 1988) sind von einer grundlegenden Infragestellung der Vorannahmen des modernen westlichen Denkens geprägt. In diesen Analysen geht es um epistemologische Sachverhalte, um die Logik spezieller Wissensbestände („Wissenschaften"), um die Frage, wie ein bestimmtes Wissen (vom Menschen) entsteht, wie dieses Wissen mit Macht (nämlich Institutionalisierung und nicht-diskursiven Praktiken) durchgesetzt wird und wie es gleichzeitig mit spezifischen Subjektvorstellungen („Was ist der Mensch [in diesem Moment der Geschichte]?") und Selbsttechnologien verknüpft ist. In „Die Ordnung der Dinge" (Foucault [1966] 1971), einer Studie über „les mots et les choses" der Humanwissenschaften wird der Ausdruck „discours", eingeschränkt auf die „Episteme[7] des klassischen Zeitalters", erstmalig verwandt. Diskurs wird hier in Beziehung gesetzt zu den grundlegenden Paradigmen, die zu einer bestimmten Zeit in allen Wissenschaftsdisziplinen vorkommen und als semantische Grundmuster die kulturelle Orientierung einer Epoche und Gesellschaft prägen. Auch in „Die Ordnung des Diskurses" (Foucault [1971] 1974), der Antrittsvorlesung am Collège de France wird deutlich, dass im Mittelpunkt des Foucaultschen Denkens die Wissenschaften stehen. Dort entwickelt er ein Verständnis vom Diskurs als Kontrollmechanismus und Ausschließungssystem, das der Produktion von „wahrem" Wissen dient.

Für die Methodologie der Diskursanalyse stellt sich das Problem, dass Foucault keine eindeutige Begriffssystematik anbietet und seine Rede vom Diskurs oft genug polyvalent ist. In der „Archäologie des Wissens" (Foucault [1969] 1990: 116) bemerkt er selbstkritisch, „dass ich, statt allmählich die so schwimmende Bedeutung des Wortes ‚Diskurs' verengt zu haben, seine Bedeutung vervielfacht habe: einmal allgemeines Gebiet aller Aussagen, dann individualisierbare Gruppe von Aussagen, schließlich regulierte Praxis, die von einer bestimmten Zahl von Aussagen berichtet". Dennoch kann man im Überblick seiner Werke konstatieren, dass es ihm unter dieser Bezeichnung insbesondere um eine Beschreibung und Analyse der Ordnungsmuster geht, die den Wissenschaften zu Grunde liegen. Vor allem in „Die Ordnung des Diskurses" werden die „Prozeduren der

---

[7] Laut der „Archäologie des Wissens" (Foucault [1969] 1990: 273) ist eine Episteme „keine Form von Erkenntnis und kein Typ von Rationalität, die, indem sie die verschiedensten Wissenschaften durchdringt, die souveräne Einheit eines Subjekts, eines Geistes oder eines Zeitalters manifestiert; es ist die Gesamtheit der Beziehungen, die man in einer gegebenen Zeit innerhalb der Wissenschaften entdecken kann, wenn man sie auf der Ebene der diskursiven Regelmäßigkeiten analysiert."

Kontrolle und Einschränkungen des [wissenschaftlichen, d. Verf.] Diskurses" (Foucault [1971] 1974: 15) eindringlich beschrieben. Die ein Jahr vor der Berufung an das Collège de France publizierte „Archäologie des Wissens" ([1969] 1990) gilt als *das* Methodenbuch Foucaults. Verfasst im Anschluss an die wissenschaftshistorischen Arbeiten zu Psychiatrie, Medizin und den Humanwissenschaften ist sie der Versuch, sich nachträglich, ausgehend von einer Reflexion der bis dato geleisteten Forschungsarbeit der eigenen Methodologie und Methodik zu vergewissern. Herausgekommen ist allerdings ein eher zäher Text mit hohem Abstraktionsniveau, bei dessen Lektüre man sich fragt, wie diese ambitionierte Methodologie in konkrete Forschungsschritte umgesetzt werden kann – und tatsächlich hat sich Foucault, sobald die Studie veröffentlicht war, anderen Fragestellungen zugewandt, nämlich seiner Genealogie der Macht. Außer in der bereits erwähnten Antrittsvorlesung hat er später so gut wie gar nicht mehr methodologische Fragen aufgegriffen. Aus heutiger Sicht kann man sagen: Die Schwächen des Methodikers Foucault stellen sicherlich ein Problem für alle dar, die im Anschluss an ihn Diskurstheorie und -analyse betreiben wollen; gleichzeitig bieten die vorhandenen Lücken aber auch Ansatzpunkte für eigene Akzente und innovative Weiterentwicklungen. Insofern ist die Einschätzung Kellers sicherlich richtig: Im Grunde handelt es sich bei der Diskursanalyse nicht um eine Methodologie und schon gar nicht um Methodik, sondern eher um „eine *Forschungsperspektive* auf besondere, eben als Diskurse begriffene Forschungsgegenstände" (Keller 2004: 8; Hervorh. i. Orig.).

Will man die Diskursanalyse nicht allein als Forschungsperspektive betreiben, deren Umsetzung und Operationalisierung der Kreativität oder Beliebigkeit des Einzelnen überlassen bliebe, sondern in einem engeren Sinne auch als Methodologie und Methodik, so muss man, auf der empirischen Grundlage tatsächlicher Aussagenereignisse, den Fokus auf die Rekonstruktion von Diskursordnungen bzw. der institutionellen Regulierung diskursiver Praktiken legen, auf ihre interpretative Analyse und die Untersuchung des Verhältnisses von Diskurs und Kontext (Diaz-Bone 2002). Zentrales Anliegen der Diskursanalyse ist es, die Regeln diskursiver Macht/Wissen-Formationen zu erkennen und damit, wie Link (2005: 98) es formuliert, die „Etablierung von Grenzen der Sag- und Wissbarkeit" nachzuvollziehen.

Im Sinne eines heuristischen Hilfsmittels lassen sich dabei vier den Diskurs strukturierende Dimensionen unterscheiden, so wie sie in der „Archäologie des Wissens" (Foucault [1969] 1990) beschrieben werden: zum einen die Formation der *Gegenstände* (Oberflächen des Auftretens der Objekte, Instanzen der Abgrenzung, Spezifikationsraster), zum anderen die Formation der *Begriffe* (Abfolge von Begriffen, Formen der Koexistenz, Begriffliche Interventionsprozeduren), dann die Formation der *Äußerungsmodalitäten* (Sprecherpositionen, institutionelle Plätze der Reden, Subjektpositionen im Verhältnis zu den Gegenständen) und schließlich die Formation der *Strategien* (Bruchpunkte und Punkte der Inkompatibilität, die Ökonomie der zugehörigen diskursiven Konstellation, Funktion in einem Feld nicht-diskursiver Praktiken). Mit diesen vier Formationsebenen wird ein allgemeiner Leitfaden bereitgestellt, der sich bei der Umsetzung der Methodologie in konkrete Untersuchungsschritte als hilfreich erweist. Beispielsweise ist es sinnvoll, empirisch vorzufindende Diskursfragmente darauf hin zu untersuchen, welche der vier Ebenen angesprochen werden und sie entsprechend kategorial zu gruppieren. Außerdem können die Formationsregeln als Ausgangspunkte für eine herauszufilternde Diskursordnung genommen werden, um das spezifische Aussagensystem, das sich in dem jeweiligen Diskurs artikuliert, in seiner Regelhaftigkeit rekonstruieren zu können.

In einem ersten Resümee lässt sich festhalten: Im Unterschied zu einer zu beobachtenden Tendenz in Diskurstheorie und -analyse, den Diskursbegriff sehr allgemein zu fassen, ihn quasi aufzulösen in Richtung auf jegliches Sprechen, unabhängig von dem institutionellen Ort, an dem dies geschieht, plädieren wir für einen stärker konturierten Begriff des Diskurses, der weniger die eher verwirrenden Definitionsversuche als vielmehr die Forschungspraxis Foucaults zum Ausgangspunkt nimmt und den Diskurs vor allem als Disziplin, als spezielle „Macht/Wissen-*Formation*" begreift. Entsprechend ist nicht jede Rede „über etwas" immer auch Bestandteil eines Diskurses. Damit eine Äußerung als Element eines Diskurses betrachtet werden kann, muss sie sich gewissermaßen diskursanalytisch bewähren, nämlich sich in einen Zusammenhang von „Macht" und „Wissen" einfügen, d.h. vor allem auch institutionell im Rahmen einer „Formation" verorten lassen. Nicht der thematische Fokus einer Vielzahl von Äußerungen ist somit leitend für die Bestimmung eines Diskurses („Worüber wird gesprochen?"), sondern das Ensemble von institutioneller Disziplinierung, autoritativem Sprechen und Wissensproduktion.

5   Spezialdiskurse – Interdiskurse – Alltagsdiskurs

Diese enge Diskurskonzeption müsste zur Konsequenz haben, dass unser konkreter Forschungsgegenstand, das Internet-Forum „1000 Fragen zur Bioethik", eigentlich gar nicht als Diskurs betrachtet werden kann. Schließlich handelt es sich hierbei nicht um einen wissenschaftlichen Zusammenhang, sondern im Gegenteil um ein massenmedial inszeniertes *Event*, das durch einen starken Bezug auf die allgemeine Öffentlichkeit charakterisiert ist. Von der Zielsetzung des Projektträgers her ist das Forum gerade nicht auf die Produktion eines wirkmächtigen Aussagensystems angelegt, sondern auf ein gleichberechtigtes, demokratisches und dialogorientiertes Miteinander. Und trotzdem: Es wäre voreilig, wollte man an dieser Stelle das Vorhaben einer diskursanalytischen Auswertung aufgeben. Als methodologisches Instrumentarium eignet sich die Diskursanalyse wahrscheinlich doch, um auch das Internet-Forum empirisch zu untersuchen, genauer: um jenseits und neben den wissenschaftlichen Disziplinen weitere gesellschaftliche Gebilde, die Macht und Wissen miteinander verknüpfen, in den Blick zu nehmen.

Tatsächlich kann ein konturierter Begriff vom Diskurs als *Macht/Wissen-Formation* sowohl für eine Systematisierung der diskursanalytischen Methodologie wie auch für eine Differenzierung des diskursiven Raumes genutzt werden. Ausgehend von der These, dass der Formationscharakter von Diskursen stärker beachtet werden sollte, bietet es sich nämlich an, nicht den Gegenstand, der verhandelt wird, also „Bioethik", sondern die Verortung der Kommunikation, also Öffentlichkeitskampagne und Internet, als ersten Orientierungspunkt zu nehmen. An dieser Stelle erweist sich der Anschluss an die Interdiskurstheorie nach Jürgen Link (1999, 2005) als hilfreich. Prägnanter als Foucault dies getan hat, unterscheidet nämlich der Dortmunder Literaturwissenschaftler zwischen einzelnen Typen von Diskursformationen, und zwar im Wesentlichen zwischen Spezialdiskurs, Interdiskurs und Elementardiskurs.

Ausgehend von der Prämisse, dass der Foucaultsche Diskursbegriff vor allem dazu geeignet ist, die Spezialisierung von Wissen zu erfassen, schlägt Link vor, Foucaults diskursive Formationen als „Spezialdiskurse" zu spezifizieren. Mit diesem Begriff sind die mit der Aufklärung entstandenen Wissenschaften und die ihnen zu Grunde liegenden Ordnungsmuster gemeint, die sich im 18./19 Jahrhundert institutionalisiert haben und die heutigen Denksysteme maßgeblich prägen. Spezialdiskursive Formationen, die man mit Niklas Luhmann (1990) in ihrer Gesamtheit auch als „Wissenschaftssystem" kennzeichnen kann, sind durch eine spezifische Logik der Kommunikation charakterisiert, durch einen in ihnen regierenden Code, der Aussagen als „wahr/unwahr" klassifiziert. Entprechend der „Logik der Wissensspezialisierung" zielen Spezialdiskurse „tendenziell auf Eindeutigkeit, spezielle Definition der Begriffe, Dominanz der Denotation und möglichst Beseitigung aller Uneindeutigkeiten und Konnotationen mit dem Idealtyp der mathematischen Formel." (Link 2005: 86)

Die mit der Divergenz der verschiedenen Wissens- und Handlungsfelder einhergehende Spezialisierung des Wissens hat zu einem Auseinanderdriften einzelner Wissensbereiche geführt. Als gegenläufige Tendenz zur funktionalen Ausdifferenzierung von Wissensbeständen lässt sich gleichzeitig eine Diffundierung von spezialisiertem Wissen in die Gesellschaft hinein beobachten. Die „Wissensgesellschaft" (Keller 2005: 86ff.; Maasen 1999: 59ff.; Stehr 2003: 24) ist bereits sprichwörtlich: Über Massenmedien, Bildungsinstitutionen, Ratgeber und das Internet wird mehr und mehr Wissen an alle verteilt; in unserem lebensweltlichen Handeln rekurrieren wir ständig auf Wissensbestände, deren Quellen sich letztlich auf Spezialdiskurse zurückführen lassen. Insgesamt ist das Spezialwissen so umfangreich geworden, dass der Versuch, sich ständig auf dem neuesten Stand zu halten, dem Wettlauf zwischen Hase und Igel gleicht. Link (2005: 86) glaubt daher, dass sich „in seiner kulturellen Gesamtheit betrachtet, der Prozess der diskursiven Produktion und Reproduktion keineswegs allein von der Tendenz zur Spezialisierung her begreifen" lässt. Und weiter: „Offensichtlich können moderne differenziert-spezialistische Kulturen sich nicht ausschließlich auf spezielle Wissensbereiche beschränken, sondern benötigen zu ihrer Reproduktion zusätzlich umgekehrt als eine Art Korrelat bzw. Kompensation immer auch reintegrierende Wissensbereiche, die zwischen den Spezialitäten vermitteln und ‚Brücken schlagen'." (87)

Um diese Bereiche der Macht/Wissen-Produktion zu kennzeichnen, bietet sich die Bezeichnung „Interdiskurs" an. Foucault, der in der „Archäologie des Wissens" ([1969] 1990: 224f.) von „interdiskursiver Konfiguration" bzw. einer „Gesamtheit diskursiver Formationen" und der „Verzahnung von Interpositivitäten" spricht, meint damit vor allem die Verbindungen der Spezialdiskurse untereinander. Daran anknüpfend hat Pêcheux (1984) mit dem Interdiskurs ein Konzept entwickelt, das den Blick auf außerwissenschaftliche Produktionsformen von Macht und Wissen ermöglicht. Link wiederum legt den Schwerpunkt auf die Popularisierung von Elementen des Spezialdiskurses im und durch den Interdiskurs. Den Interdiskurs definiert er als Ensemble von „Diskurse[n], deren Spezialität sozusagen die Nicht-Spezialität ist", ihre wesentliche Funktion besteht „in selektiv-symbolischen, exemplarisch-symbolischen, also immer ganz fragmentarischen und stark imaginären Brückenschlägen über Spezialgrenzen hinweg für die Subjekte." (Link 2005: 87) Typischerweise sind Interdiskurse wie „Populärreligion, Populärphilosophie, Populärwissenschaft, Publizistik, Konversation, Literatur, Mediopolitik [...] – bis hin zu dominant interdiskursiv fundierten Wissenschaften" (Link 1999: 155) durch Mehrdeutigkeit und Konnotation gekennzeichnet.

Zusätzlich zu Spezial- und Interdiskursen lässt sich im „unaufhörlichen und ordnungslosen Rauschen des Diskurses" (Foucault [1971] 1974: 35) ein dritter Diskurstypus ausmachen, den Link „Elementardiskurs" nennt. Ähnlich wie der Interdiskurs zeichnet sich dieser durch seine integrative, verknüpfende Funktion aus: „In der Elementarkultur kombiniert sich das stark komplexitätsreduzierte historisch-spezifische Wissen (seit geraumer Zeit vor allem von den naturwissenschaftlichen Diskursen und Praktiken gespeist) mit dem sogenannt anthropologischen Alltagswissen (über allgemeinste Lebensstrategien, Liebe, Familie, rudimentäre as-sociative Solidaritäten und Kollisionen usw.)." (Link 2005: 91) Insbesondere in dem hier zitierten jüngeren Aufsatz ist kaum zu übersehen, dass Link Anschlüsse an „Die gesellschaftliche Konstruktion der Wirklichkeit" (Berger/Luckmann 2000)[8] herstellt, wenn er auch immer wieder seine Distanz zu diesem an die phänomenologische Soziologie von Alfred Schütz anknüpfenden Ansatz deutlich macht.

Greift man jedoch seine berechtigte Bemerkung auf, dass es auch andere, mehr die Struktur betonende Deutungsmöglichkeiten dieses wissenssoziologischen Grundlagenwerkes gibt (Link 2005: 79), bietet es sich aus unserer Sicht an, den unspezifischen Begriff des „Elementardiskurses" durch den des „Alltagsdiskurses" zu ersetzen. Während das Kompositum „Elementardiskurs" Assoziationen aus Physik („Elementarteilchen"), Pädagogik („Elementarunterricht") und Linguistik („elementarer Sprachcode") herauf beschwört, spricht für die veränderte Terminologie, dass es sich bei „Alltag" um eine gesellschaftliche Institution handelt. Sicherlich, Alltag als analytische Kategorie ist vieldeutig, schillernd und wird oft genug auch in wertender Absicht gebraucht (Elias 1978: 22). Auch ist die Soziologie des Alltags immer noch von eher subjektivistischen Ansätzen geprägt. Dennoch, unseres Erachtens lohnt es sich, den Begriff des Alltags in die diskurstheoretische Debatte einzubringen. An dieser Stelle kann man sich auch auf die Diskursforschung nach Siegfried Jäger (1999) beziehen. Allerdings fällt bei näherer Lektüre seiner Arbeiten auf, dass trotz einer häufigen Verwendung von „Alltagsdiskurs" (Jäger 1999: 51, 64, 151, 164) im Sinne eines sozialen Ortes, von dem aus gesprochen wird, weder eine genaue Begriffsdefinition erfolgt noch Aspekte der Wissensproduktion thematisiert werden. Neben der Bezugnahme auf Berger/Luckmann (2000) im Anschluss an Link (2005) und auch Keller (2005) schlagen wir deshalb vor, auf begriffssystematische Überlegungen von Norbert Elias (1978) zurück zu greifen, demzufolge es nicht ausreicht, Alltag allein in Differenz zu außergewöhnlichen, nicht-routinisierten Lebensbereichen, zum Leben der „high society", zu Öffentlichkeit, Spezialistentum oder wahrem Bewusstsein und Wissenschaftlichkeit zu setzen. Folgender Gedanke, den Elias (1978: 24)[9] vor fast dreißig Jahren formuliert hat, lässt sich relativ zwanglos ebenso gut auf unseren Forschungsgegenstand, das Internet-Forum zur Bioethik übertragen: „Wenn man

---

[8] Beispielsweise lassen sich Link (2005: 93) zufolge „Beziehungen zwischen Spezialdiskursen, Interdiskursen und Elementardiskurs [...] problemlos mit denen zwischen Alltagswissen und speziellen ‚Subsinnwelten' bei Berger/Luckmann (1974) parallel lesen".

[9] Im Original nimmt Elias Bezug auf seine Untersuchung der Häuser höfischer Aristokraten.

[die Internet-Nutzung, d. Verf.] von Menschen als Aspekt ihres Alltags versteht, dann zeigt[.] sich hier mit besonderer Deutlichkeit, dass die Struktur des Alltags nicht den Charakter einer mehr oder weniger autonomen Sonderstruktur besitzt, sondern den eines integralen Bestandteils der Struktur [einer, d. Verf.] Gesellschaftsschicht und, da dies ja nicht isoliert betrachtet werden kann, der gesamtgesellschaftlichen Machtstrukturen."

Die elementar- bzw. alltagsdiskursive Formation wird auch bei Jürgen Link in diesem strukturtheoretischen Sinne gedacht. Als „Kultur intensivster Subjektivierung des Wissens" (Link 2005: 90) ist es ihm zufolge gerade der Alltagsdiskurs, der Anschlüsse des speziellen Wissens an lebensweltliche Handlungsbezüge gewährleistet und im Effekt die Einzelnen für Machtverhältnisse disponibel macht. Die alltagsdiskursive Ebene stellt keine bloße Reproduktions- und Reflexionsfläche von Spezialwissen dar; vielmehr muss man sich die Beziehungen zwischen Spezial-, Inter- und Alltagsdiskursen als „ein[en] ständige[n] generative[en] Kreislauf" (91) in beide Richtungen vorstellen. Nicht nur wird laufend neues Wissen in den Alltagsdiskurs eingespeist, sondern es werden auch „sozial alternative Akzentuierungen und Identifizierungen ‚aufwärts' in die elaborierten Interdiskurse projiziert […]. Dieser kulturkonstitutive Kreislauf lässt sich als ‚Kreativzyklus von elementarer und elaborierter Kultur' bezeichnen." (92) So betrachtet erweist sich der Alltagsdiskurs als die entscheidende gesellschaftliche Institution zur strukturellen Verkopplung von Subjekt, Wissen und Macht.

6   Ist *Bioethik* ein Diskurs?

Kann man auf der Folie der hier entwickelten diskursiven Begrifflichkeiten nun *Bioethik* als Diskurs betrachten oder nicht? Diese Frage ist nach wie vor offen. Wir werden sie an dieser Stelle nicht erschöpfend beantworten können; zumindest einen Versuch wollen wir unternehmen.

Tatsächlich lässt sich *Bioethik* mit einiger Berechtigung als Spezialdiskurs im Sinne einer wissenschaftlichen Disziplin begreifen (vgl. für einen Überblick Ach/Runtenberg 2002; Jonsen 1998; Korff 1998). Für den Ausgangspunkt der Analyse kann man sich an konkreten Praktiken der Institutionalisierung orientieren, d.h. an einer etablierten Infrastruktur bioethischer Reflexion, deren Elemente eindeutig als Ausprägungen spezialdiskursiven Wissens zu identifizieren sind: wissenschaftliche Institute und Lehrstühle ebenso wie kanonisierte Lehrinhalte, Ausbildungsgänge, Bildungstitel, Fachgesellschaften, Publikationsorgane und ähnliches mehr. Des Weiteren sind Machtaspekte deutlich erkennbar, und zwar überall dort, wo bioethisches Expertenwissen an andere Diskurse, etwa Politik,

Recht und Medizin angekoppelt ist. Als Beispiele können hier die juristischen Normen im Bereich der Gen- und Fortpflanzungstechnologie (z.b. Embryonenschutzgesetz) genannt werden wie auch die Ethik-Kommissionen, die bei Medikamentenerprobung und klinischer Forschung gesetzlich vorgeschrieben sind. Im politischen Raum ist an die Enquetekommissionen des Deutschen Bundestags ebenso zu denken wie an den Nationalen Ethik-Rat und andere Beratungsgremien. Als relativ junge wissenschaftliche Disziplin, die sich zuerst in den 1960er Jahren in den USA entwickelt hat, ist es der Bioethik in bemerkenswert kurzer Zeit gelungen, sich von der traditionellen Medizinethik abzusetzen und weltweit als eigenständiges Fach zu etablieren. Nimmt man für die Heuristik die oben erwähnten Formationsregeln von Diskursen hinzu, lässt sich feststellen, dass der Spezialdiskurs sehr erfolgreich darin war, einen spezifischen Objektbereich, nämlich *Leben* (*bios*) zu rekonstruieren und diesen – in Abgrenzung zu Medizin und Biologie – als eigenen, nämlich ethischen Gegenstand zu problematisieren. Auch auf der Ebene der Begriffe wird man im Diskurs der Bioethik fündig; die bioethische Konzeptionalisierung von *Selbstbestimmung* kann hier als ein Beispiel angeführt werden. Des Weiteren findet sich eine erkennbare Struktur von Äußerungsmodalitäten: Die Figur des *Bioethikers* stellt mittlerweile eine einflussreiche Sprecherposition dar. Und nicht zuletzt erweist sich die Bioethik als ein strategisches Feld: Als anwendungsorientierte Wissenschaft beansprucht sie ein Deutungsmonopol für fast alle Fragen, welche die Grenzsituationen menschlichen Lebens betreffen. Damit befindet sie sich in Konkurrenz zur Religion als einer anderen, mit der Endlichkeit des Menschen befassten „symbolischen Sinnwelt" (vgl. Berger/Luckmann 2000: 108ff.).

Dass sich in der diskursiven Formation, die sich *Bioethik* nennt, ein „Wille zum Wissen" (Foucault [1976] 1983) und somit auch zur Macht äußert, ist unmittelbar einsichtig und die Konturen des Spezialdiskurses lassen sich relativ leicht bestimmen. Was aber ist mit dem Spektrum des Nachdenkens, Sprechens und Diskutierens über bioethische Fragestellungen, das im Theater und in der Literatur, im Deutschen Bundestag, in Talkshows, Bildungsakademien, den Feuilletons und Internetforen stattfindet? Dieses diskursive „Weiterwuchern" (Foucault 1974: 7) gehört nicht zu dem als eigene Entität identifizierbaren Spezialdiskurs, sondern zu dem popularisierenden, „Brücken schlagenden" (vgl. Link 2005: 87) Interdiskurs, dem im Unterschied zu ersterem Variabilität, Vielfalt und Ereignischarakter eigen sind, dessen Umrisse sich somit nicht eindeutig abgrenzen lassen. In analoger Weise lässt sich die Auseinandersetzung über bioethische Sachverhalte, die überall dort stattfindet, wo Menschen als Laien und Privatleute, in informellen Interaktionen und regelmäßigen Handlungsabläufen aufeinander treffen, dem Alltagsdiskurs zuordnen als einem Ort, in dem sich der „Raum eines wilden

Außen" (Foucault 1974: 25), eine unberechenbare Ereignishaftigkeit vielleicht noch am ehesten finden lässt, der aber in jedem Falle – um wieder mit Link (2005: 90) zu sprechen – einen Raum „intensivster Subjektivierung des Wissens" bereit stellt.

In anderen Worten: In Interdiskurs und Alltagsdiskurs treffen wir nicht auf den Bioethik-Spezialdiskurs. Stattdessen finden wir eine Unmenge „diskursiver Ereignisse", bei denen Bioethik als „Thema" im Mittelpunkt steht.[10] Diskursive Ereignisse erweisen sich als Kreuzungspunkte unterschiedlicher diskursiver Felder und nicht-diskursiver Praktiken; möglicherweise induzieren sie fundamentale Umbrüche in den Diskursstrategien, oft genug aber vergehen sie so schnell wieder, wie sie aufgetaucht sind. Auch an dieser Stelle greifen wir noch einmal auf unsere beiden diskurstheoretischen Gewährsleute zurück. Im Anschluss an Foucault ([1969] 1990: 16ff.) und Link (1999: 150) gehen wir davon aus, dass Debatten, seien sie bewusst inszeniert oder wild wuchernd, als „diskursive Ereignisse" anzusehen sind. Ihre Eigenheiten lassen sich am besten im Unterschied zu dem zweiten, gerade eingeführten Konzept des „Themas" bestimmen: „In einem ‚Thema' muss so etwas wie ‚diskursive Energie' stecken, die sich nicht zuletzt als polemische Energie auswirken kann: Ein ‚Thema' besitzt eine erhöhte Wahrscheinlichkeit, dass sich an ihm entgegengesetzte diskursive Positionen (z.B. in Form von Debatten) konfrontieren. Die ‚diskursive Energie' manifestiert sich zweitens darin, dass ein ‚Thema' nach der Art eines Magneten sehr viele Aussagen um sich zu kumulieren scheint, und zwar nicht bloß über kurze Zeit (diskursives Ereignis), sondern über mittlere oder sogar lange Zeit." (Link 1999: 152f.)

An dieser Stelle sind wir nun soweit, eine diskurstheoretische Spezifizierung des eigenen Gegenstands vornehmen zu können. Von dem Projektträger angelegt als ein diskursethisches Projekt im Habermas'schen Sinne, um eine partizipative Debatte über bioethische Problemstellungen in der Bevölkerung zu initiieren, erweist sich das Internet-Forum im Anschluss an Foucault und Link als ein diskursives Ereignis im zivilgesellschaftlichen Interdiskurs, welches das Diskursthema Bioethik fokussiert und in starkem Maße von alltagsdiskursiven Äußerungen durchsetzt ist. Zur methodologischen Verortung des zu untersuchenden Datenkorpus gehen wir also nicht von dem mit ihm thematisierten Gegenstand der Bioethik aus; vielmehr orientieren wir uns an dem Ort des diskursiven Ereignisses, dem Internet als einem Medium des interdiskursiven Sprechens, und der massenmedialen Rahmung des Forums durch die begleitende Öffentlichkeits-

---

[10] Dass dieses „Thema" nicht deckungsgleich ist mit dem vom Spezialdiskurs konstruierten Gegenstand der Bioethik, lässt sich am Beispiel des Internetforums veranschaulichen. Neben den Bereichen, die in einschlägigen Bioethik-Lexika zu finden sind, gibt es im vorgegebenen Themenraster auch Kategorien wie „Glück" und „Schöne neue Welt".

kampagne, die wesentlich durch die Tatsache geprägt ist, dass es sich bei dem Projektträger *Aktion Mensch* um einen zivilgesellschaftlichen Akteur handelt.

7 Schlussfolgerung

Insbesondere für die Politikwissenschaft scheint es uns Gewinn bringend zu sein, wenn man den Diskurs als einen empirisch auffindbaren, „sozialen Tatbestand" (durchaus im Sinne Durkheims) versteht, der nicht nur als abstraktes Aussagensystem, sondern auch als konkrete Institutionalisierung von Wissen und Macht existiert. Die eingeführte Unterscheidung von Spezialdiskurs, Interdiskurs und Alltagsdiskurs erweist sich hier ebenso als hilfreich wie die Differenzierung von diskursivem Ereignis und Diskursthema. Im Falle des beispielhaft angeführten Internet-Forums bedeutet dies davon auszugehen, dass in dem untersuchten Diskursereignis und unter Bioethik als diskursivem Thema eine Vielzahl von Gegenständen, Begriffen, Sprecherpositionen und Diskursstrategien anzutreffen sind, deren regelgeleitete Ordnung es zu verstehen gilt. Mit Foucault darf vermutet werden, dass hier, inmitten einer anonymisierten, massenmedial vermittelten Masse von Äußerungen ein komplexes Spiel der Macht stattfindet, in dem sich nicht nur die allgemeinen gesellschaftlichen Kämpfe um Subjektivität und Moral, Natur und Kultur, Wissenschaft und Politik widerspiegeln, sondern das möglicherweise auch neues *Macht/Wissen* bereithält.

Literatur

Ach, Johann S./Runtenberg, Christa, 2002: Bioethik: Disziplin und Diskurs. Zur Selbstaufklärung angewandter Ethik. Frankfurt/M., New York.

Aktion Mensch, 2004: Das 1000 Fragen-Projekt 2004. Bonn.

Aktion Mensch, 2005: Wohin Gen? Szenisches Fragen – Eine Inszenierung in 12 Bildern basierend auf den authentischen Fragen des 1000 Fragen-Projektes. Programm. Bonn.

Aktion Mensch/Lambertz, Urs Martin/Zirden, Heike, 2004: In was für einer Gesellschaft wollen wir leben? Berlin, Hamburg.

Aktion Mensch/Zirden, Heike (Hrsg.), 2003: Was wollen wir, wenn alles möglich ist? Fragen zur Bioethik. München.

Berger, Peter L./Luckmann, Thomas, 2000: Die gesellschaftliche Konstruktion der Wirklichkeit. Eine Theorie der Wissenssoziologie. Frankfurt/M.

Diaz-Bone, Rainer, 2002: Diskursanalyse und Populärkultur, in: Göttlich, Udo/Albrecht, Clemens/Gebhardt, Winfried (Hrsg.), Populäre Kultur als repräsentative Kultur. Köln, 125-150.

Elias, Norbert, 1978: Zum Begriff des Alltags, in: Hammerich, Kurt/Klein, Michael (Hrsg.), Materialien zur Soziologie des Alltags. Opladen, 22-29.

Foucault, Michel, [1961] 1996: Wahnsinn und Gesellschaft. Eine Geschichte des Wahns im Zeitalter der Vernunft. Frankfurt/M.

Foucault, Michel, [1963] 1988: Die Geburt der Klinik. Eine Archäologie des ärztlichen Blicks. Frankfurt/M.

Foucault, Michel, [1966] 1971: Die Ordnung der Dinge. Eine Archäologie der Humanwissenschaften. Frankfurt/M.

Foucault, Michel, [1969] 1990: Archäologie des Wissens. Frankfurt/M.

Foucault, Michel, [1971] 1974: Die Ordnung des Diskurses. München.

Foucault, Michel, [1976] 1983: Der Wille zum Wissen. Sexualität und Wahrheit 1. Frankfurt/M.

Habermas, Jürgen, 1973: Legitimationsprobleme im Spätkapitalismus. Frankfurt/M.

Habermas, Jürgen, 1981a: Kleine politische Schriften 1/4. Frankfurt/M.

Habermas, Jürgen, 1981b: Theorie des kommunikativen Handelns. Handlungsrationalität und gesellschaftliche Rationalisierung. Frankfurt/M.

Jäger, Siegfried, 1999: Kritische Diskursanalyse. Eine Einführung. Duisburg.

Jonsen, Albert R., 1998: The Birth of Bioethics. New York, Oxford.

Keller, Reiner, 2004: Diskursforschung. Eine Einführung für SozialwissenschaftlerInnen. Wiesbaden.

Keller, Reiner, 2005: Wissenssoziologische Diskursanalyse. Grundlegung eines Forschungsprogramms. Wiesbaden.

Keller, Reiner/Hirseland, Andreas/Schneider, Werner/Viehöver, Willy (Hrsg.), 2001/2004: Handbuch Sozialwissenschaftliche Diskursanalyse. Bd. 1-2. Opladen/Wiesbaden.

Korff, Wilhelm/Beck, Lutwin/Mikat, Paul (Hrsg.), 1998: Lexikon der Bioethik. Gütersloh.

Link, Jürgen, 1999: Diskursive Ereignisse, Diskurse, Interdiskurse: Sieben Thesen zur Operativität der Diskursanalyse, am Beispiel des Normalismus, in: Bublitz, Hannelore/Bührmann, Andrea D./Hanke, Christiane/Seier, Andrea (Hrsg.), Das Wuchern der Diskurse. Perspektiven der Diskursanalyse Foucaults. Frankfurt/M., New York, 149-161.

Link, Jürgen, 2005: Warum Diskurse nicht von personalen Subjekten 'ausgehandelt' werden. Von der Diskurs- zur Interdiskurstheorie, in: Keller, Reiner/Hirseland, Andreas/Schneider, Werner/Viehöver, Willy (Hrsg.), Die diskursive Konstruktion von Wirklichkeit: Zum Verhältnis von Wissenssoziologie und Diskursforschung. Konstanz, 77-100.

Luhmann, Niklas, 1990: Die Wissenschaft der Gesellschaft. Frankfurt/M.

Maasen, Sabine, 1999: Wissenssoziologie. Bielefeld.

Pêcheux, Michel, 1984: Metapher und Interdiskurs, in: *Link, Jürgen/Wülfing, Wulf* (Hrsg.), Bewegung und Stillstand in Metaphern und Mythen. Stuttgart, 93-99.

Schwab-Trapp, Michael, 2003: Diskursanalyse, in: *Bohnsack, Ralf/Marotzki, Wilfried /Meuser, Michael* (Hrsg.), Hauptbegriffe Qualitativer Sozialforschung. Opladen, 35-39.

Stehr, Nico, 2003: Wissenspolitik. Die Überwachung des Wissens. Frankfurt/M.

Treibel, Annette, 2004: Einführung in soziologische Theorien der Gegenwart. Wiesbaden.

Waldschmidt, Anne, 1997: Der Expertendiskurs der Humangenetik – Zur Diskursanalyse als politikwissenschaftliche Methode, in: femina politica – Zeitschrift für feministische Politik-Wissenschaft 6, 88-95.

Yoo, Joo-Hyun, 1993: Diskursive Praxis diesseits von Letztbegründung und Positivität. Zur Kritik des Diskursbegriffes bei Jürgen Habermas und Michel Foucault. Frankfurt/M.

Sonja Palfner

Werkzeug Aussage – Ein politikwissenschaftlicher Versuch

> „Es gehört zum entscheidenden Charakteristikum eines bedeutenden Denkers, dass man zu seinem Gedankengebäude stets zurückkehren kann und dabei immer wieder Neues entdeckt. Ich bin durchaus der Meinung, dass empirisches Arbeiten absolut notwendig ist. Aber ein solches Arbeiten erweist sich stets auch als eine Interaktion mit Begriffen, Methoden und Einsichten aus der Vergangenheit. Dies macht einen Teil des Trostes aus, den das Denken zu spenden vermag: Man hat Freunde, und man weiß, wo man Hilfe findet. Es gibt dieses Gefühl, dass man nicht immer wieder von vorne anfangen muss, wie verloren, unsicher und wirr alles auch scheint." (Rabinow 2004: 234)

Michel Foucault, auf den sich – hier neben Max Weber – Paul Rabinow bezieht, hat uns ein Gedankengebäude hinterlassen, das auch methodische Treppen enthält. In der „Archäologie des Wissens" (Foucault [1969] 1981) hat er eine Begriffs- und Methodenarbeit geleistet, die für politikwissenschaftliche Analysen gewinnbringend ist. Dies gilt es hier zu zeigen. Das Versuchsfeld zentriert sich um den Begriff der Aussage als Werkzeug der Analyse. Das zu untersuchende Material sind parlamentarische Debatten zur Gentechnologie in der Bundesrepublik Deutschland aus den 1980er und 1990er Jahren. Am Beginn stehen die Erläuterung zentraler theoretischer Koordinaten zur Gentechnologie und die Entwicklung der Forschungsfrage. Sodann erfolgt die methodische Annäherung an die Aussage als Werkzeug. Es schließt sich die Analyse an und resümierend wird der politikwissenschaftliche Versuch beendet.

1   Gentechnologie – Begriff und Fragestellung

In den 1980er Jahren betritt die Gentechnologie die gesellschaftlich-politische Bühne. Ein Beginn der Gentechnologie ist nicht im Sinne einer *Ursprungsgeschich-*

te in den 1980er Jahren zu situieren. Jedoch wandelt sich mit den Möglichkeiten der rekombinanten DNA-Technologien im Jahrzehnt zuvor die Molekularbiologie grundlegend. Der Organismus selbst wird zum locus technicus – mit anderen Worten, zum Labor (Rheinberger 1997: 276). Das ist die Bedingung der Möglichkeit verschiedenster Interventionen in den menschlichen Körper. Zwar ist die Überführung in die klinische Praxis auf der therapeutischen Ebene nach wie vor schwach. Dafür hat sich die genetische Diagnostik im medizinischen Alltag etabliert. Wie sich die Molekulare Medizin entwickeln wird, ist nicht voraussagbar. Es gilt jedoch unbedingt, den Logos der Gentechnologie in der Betrachtung der Molekularen Medizin nicht zu vergessen. Die Techniken ermöglichen nicht nur die Veränderung des Organismus auf der Ebene der genetischen Information, sie zielen darauf. Deshalb gilt: „Aus einer praktischen und medizinischen Perspektive macht das die Gentechnologie nicht einfach zu einer Technologie unter anderen." (Rheinberger 1996: 291 f.). Man sieht, dass die Trennung zwischen Natur und Kultur in der DNA-Sequenz zusammenfällt. Die genetische Information wandert in den Organismus, sie ist ihm keineswegs naturhaft gegeben. Die Gentechnologie kann nicht als ein abzugrenzender Forschungsbereich charakterisiert werden. Sie ist ein Möglichkeitsfeld auf der Ebene molekularer Strukturen, in welchem die Unterscheidung zwischen Grundlagenforschung und angewandter Forschung kaum mehr zu halten ist.

Wie taucht nun dieses Möglichkeitsfeld Gentechnologie im politischen Kontext auf? Für die Bundesrepublik Deutschland lässt sich feststellen, dass die Debatten um die Einsetzung der Enquete-Kommission „Chancen und Risiken der Gentechnologie" einen zentralen Punkt markieren. 1984 wird die Enquete-Kommission vom Deutschen Bundestag eingesetzt, die ganz im Zeichen ihres Titels am Ende ihrer Arbeit im Jahr 1989 mehrheitlich ein eindeutiges „Chancen ja & Risiken nein!" befürwortet. Die Bundestagsdebatten zum Embryonenschutzgesetz (ESchG) und zum Gentechnikgesetz knüpfen an die Geschichte(n) der Enquete-Kommission an und ergänzen diese legislativ durch Maßnahmen der Gesetzgebung. Sie besitzen außerdem ihre jeweils eigenen Schwerpunkte. Die ESchG-Debatten bewegen sich maßgeblich auf den Spuren menschlichen Lebens in Angesicht gen- und reproduktionstechnologischer Entwicklungen: Embryonen, Chimären, Hybride bevölkern das Parlament, überhaupt ist von Menschenzüchtung die Rede. Topos der Gentechnikgesetz-Debatten ist mehr die Problematisierung der Regelung. 1989/1990 finden die Beratungen des von der Bundesregierung eingebrachten Entwurfs eines Gesetzes zur Regelung von Fragen der Gentechnik statt und wird der Gesetzentwurf in der 204. Sitzung am 29.März 1990 angenommen. Ebenfalls 1989/1990 finden die Beratungen des Deutschen Bundestages zum ESchG statt. Das Gesetz wird in der 230. Sitzung am 24. Oktober 1990 mit den Stimmen der Koalitionsfraktionen angenommen. Viel ist passiert, was sich aus politikwissenschaftlicher Perspektive zu untersuchen lohnt: die Fragen nach normativen Grenzziehungen zwischen Erlaubtem und Verbotenem, nach den Argumentationslinien von Befürwortern und Kritikern oder nach parteipolitischen Interessen. Aber: bewegt man sich damit nicht schon in einer Logik, die es eigentlich zu analysieren gälte? Dietmar Kamper weist darauf hin: „Die Biomacht tendiert massiv ins Unsichtbare. Sie verweigert die Analyse und die Wahrnehmung. Sie hat Selbstverständlichkeiten produziert, die durchweg hingenommen wurden. Sie hat sich eingerichtet in einer Logik der Alternative, entweder dafür oder dagegen zu sein. Das heißt: überall dort, wo es nach Ja und Nein zugeht, ist die Biomacht am Werk." (Kamper 2001: 158) Eine Analyse müsste demnach bei der Logik der Alternative ansetzen und die Forschungsfrage quer zum Ja oder Nein stellen. Es müsste herausgefunden werden, welches die Bedingungen der Möglichkeit sind, dass die Dinge so und nicht anders erscheinen, so und nicht anders ausgesprochen werden können.

Das Interventionsfeld ist skizziert. Nun stellt sich die Frage: Welches ist die Methode der Wahl? Der Begriff der *Methode* ist keineswegs eindeutig. Mit Ulrich von Alemann und Wolfgang Tönnesmann sollen Methoden als Werkzeuge und Verfahren verstanden werden, die bei der Konstruktion von Erkenntnissen verwendet werden (Alemann/Tönnesmann 1995: 29). Als Handwerkszeug erfüllen Methoden keinen Zweck an sich, sondern erhalten diesen in Bezug zu einer Fragestellung und ihrem Gegenstandsbereich. Die mit Hilfe einer adäquaten Methode gewonnenen Erkenntnisse (ein keineswegs linearer Prozess) schwirren nicht unschuldig umher, sie besitzen eine Haftung. Daher ist mitzubedenken, dass sowohl man selbst als auch die wissenschaftlichen Erkenntnisse, zu denen man gelangt, Produkte eines spezifischen Kontextes sind. Es gilt im Hinterkopf zu behalten, was Foucault trefflich zur Wissenschaft schreibt: „Das Wissen ist nicht die epistemologische Baustelle, die in der sie vollendenden Wissenschaft verschwände. Die Wissenschaft (oder was sich als solche ausgibt) lokalisiert sich in einem Feld des Wissens und spielt darin eine Rolle." (Foucault [1969] 1981: 262)

Mit inhaltlichem und methodologischem Gepäck steht nun an, den Resonanzraum der „Archäologie des Wissens" für methodische Überlegungen politikwissenschaftlichen Arbeitens zu öffnen und das Werkzeug *Aussage* zu erproben.

2 Äußerungen und Aussagen in der Analyse– Eine Annäherung

Die Aussage scheint ein merkwürdiges Dasein im Schatten des übergroßen Diskursbegriffes zu führen. Diskurse sind ebenso wissenschaftliche Untersuchungsgegenstände – dementsprechend wird von Diskursforschung und/oder Diskursanalyse gesprochen – wie sie unseren Alltag durchziehen. Die Erfolgsgeschichte des Diskursbegriffs wird nicht selten an Michel Foucault geknüpft: „Die heutige Konjunktur des Diskursbegriffs verdankt sich zum großen Teil dem in den 1960er und 1970er Jahren entstandenen Werk von Michel Foucault." (Keller 2004: 42) Oder: „Aber vor allem Michel Foucault hat mit seinen beiden einflussreichen und eigenwilligen Schriften ‚Archäologie des Wissens' (1981) und ‚Die Ordnung des Diskurses' (1974) den Diskursbegriff in einer allgemeineren Diskurstheorie verortet und ihm einen prominenten sozialwissenschaftlichen Stellenwert eingeräumt." (Keller 2001: 12) Es wäre lohnend, diese Art der Erzählung selbst zum Gegenstand einer Untersuchung zu machen und ganz im foucaultschen Sinne nach den Bedingungen der Möglichkeit dieses diskursiven Erfolges zu forschen. Liest man die „Archäologie des Wissens" wird man sehr schnell feststellen, dass die Rede vom Diskurs dort leiser tönt. Die Frage nach dem Diskurs, so wird dem Leser/ der Leserin in der Mitte des Buches mitgeteilt, verschiebt sich in Richtung der Aussage. Von hier wird das Verhältnis von Aussage und diskursiver Formation besprochen: „Die Analyse der Aussage und die der Formation werden korrelativ erstellt." (Foucault [1969] 1981: 169) Auch wenn Foucault betont, dass weder die diskursive Formation von der Definition der Aussage abzuleiten ist noch umgekehrt, so stellt er dennoch fest: „dass die Analyse der diskursiven Formationen sich auf eine Beschreibung der Aussage in ihrer Spezifität zentriert." (Foucault 1981: 167) Erst jetzt ist die Definition des Diskurses sinnvoll: „Diskurs wird man eine Menge von Aussagen nennen, insoweit sie zur selben diskursiven Formation gehören." (Foucault [1969] 1981: 170) Der Begriff der Aussage ist nicht vom Diskurs zu trennen. Es gibt keinen Diskurs ohne Aussagen. Aussagen sind ebenfalls auf eine diskursive Formation, deren Teil sie sind, angewiesen. Der Vorteil der Aussagenanalyse kann darin gesehen werden, dass der Diskursberg in mehrere kleinere Hügel aufgeteilt wird. Zugeschnitten auf die eigene Forschungsfrage wird eine Spur im empirischen Material verfolgt und gemäß den einzelnen Funktionen der Aussage beschrieben.

Die Fragen, wann eine Aussage eine Aussage ist und was diese von der Äußerung unterscheidet, werden von Foucault in der „Archäologie des Wissens" behandelt. Typisch für Foucault, erfährt der Leser/ die Leserin was eine Aussage alles nicht ist – sie ist „keine Einheit derselben Art wie der Satz, die Proposition oder der Sprechakt" (Foucault [1969] 1981: 126) – und in der Auseinandersetzung mit der Negation wird die Bedeutung der Aussage als eine Funktion entwickelt. „Man braucht also nicht zu staunen, dass man für die Aussage keine strukturellen Einheitskriterien gefunden hat. Das liegt daran, dass sie in sich selbst keine Einheit ist, sondern eine Funktion, die ein Gebiet von Strukturen und möglichen Einheiten durchkreuzt und sie mit konkreten Inhalten in der Zeit und im Raum erscheinen lässt. Diese Funktion müssen wir jetzt als solche beschreiben, das heißt in ihrer Auswirkung, in ihren Bedingungen, die sie und das Feld, in dem sie sich bemerkbar macht, kontrollieren." (Foucault [1969] 1981: 126/127) Foucault entfaltet vier Funktionen. Mit der folgenden Beschreibung der Funktionen wird jenes Gebiet abgesteckt, welches im weiteren Verlauf am Beispiel der Analyse von Bundestagsdebatten zur Gentechnologie zu beschreiten und methodisch zu erproben sein wird. Wann eine Aussage als solche bezeichnet werden kann, wird entlang der Funktionen zu bestimmen sein.

Erste Funktion: Die Aussage und ihr Ausgesagtes. Es geht um die Beziehung der Aussage zu ihrem Gegenstand. Dabei richtet sich das Interesse nicht auf den Gegenstand selbst. „Sie [also die Aussage, S.P.] ist vielmehr mit einem ‚Referential' verbunden, das nicht aus ‚Dingen', ‚Fakten', ‚Realitäten' oder ‚Wesen' konstituiert wird, sondern von Möglichkeitsgesetzen, von Existenzregeln für die Gegenstände, die darin genannt, bezeichnet oder beschrieben werden, für die Relationen, die darin bekräftigt oder verneint werden. Das Referential der Aussage bildet den Ort, die Bedingung, das Feld des Auftauchens, die Differenzierungsinstanz der Individuen oder der Gegenstände, der Zustände der Dinge und der Relationen, die durch die Aussage selbst ins Spiel gebracht werden; es definiert die Möglichkeiten des Auftauchens und der Abgrenzung dessen, was dem Satz seinen Sinn, der Proposition ihren Wahrheitswert gibt." (Foucault [1969] 1981: 133)

Zweite Funktion: Die Aussage und ihre Subjektpositionen. Es stellt sich nicht die gewohnte Frage nach dem Subjekt, sondern nach der Subjektposition, die ein Individuum einnehmen muss, um Akteur, Autor, Subjekt sein zu können. Die Subjektposition ist demnach „ [...] ein determinierter und leerer Platz, der wirklich von verschiedenen Individuen ausgefüllt werden kann [...]". (Foucault [1969] 1981: 139) Als eine Funktion der Aussage bedeutet das: „Eine Formulierung als Aussage zu beschreiben besteht nicht darin, die Beziehungen zwischen dem Autor und dem, was er gesagt hat (oder hat sagen wollen oder, ohne es zu wollen, gesagt hat) zu analysieren; sondern darin, zu bestimmen, welche Position jedes Individuum einnehmen kann und muss, um ihr Subjekt zu sein." (Foucault [1969] 1981: 139)

214

Dritte Funktion: Die Aussage und ihr Aussagenfeld. Das Feld, in dem die Aussagen existieren, ist notwendiger Bestandteil der Analyse, da ein einzelner Satz niemals eine Existenz als Aussage erhalten könnte. „Jede Aussage wird so spezifiziert: es gibt keine Aussage im allgemeinen, keine freie, neutrale und unabhängige Aussage; sondern stets eine Aussage, die zu einer Folge oder einer Menge gehört, eine Rolle inmitten der anderen spielt, sich auf sie stützt und sich von ihnen unterscheidet: sie integriert sich stets in einen Aussagenmechanismus, in dem sie ihren Anteil hat, und sei dieser auch noch so leicht und so unscheinbar." (Foucault [1969] 1981: 144) Es stellt sich zurecht die Frage, wie man forschend vorgehen soll, wenn die Aussage gleichzeitig Voraussetzung wie auch Ergebnis ihrer Identifikation zu sein scheint. Hier wird pragmatisch vorgeschlagen, die ersten beiden Funktionen durchzuspielen, vorläufige Aussagen zu bestimmen und diese dann in der Korrelation zueinander erneut zu prüfen.

Vierte Funktion: Die Aussage und ihre wiederholbare Materialität. Materialität bedeutet in einem ersten Schritt, dass „eine Aussage [...] einer Substanz, eines Trägers, eines Orts und eines Datums [bedarf]." (Foucault [1969] 1981: 147) Gleichzeitig ist sie mehr als ein Ereignis. Ein Satz, der von unterschiedlichen Personen unter differenten Umständen ausgesprochen wird, kann beispielsweise eine Aussage sein. Ebenso können unterschiedliche Äußerungen eine Aussage bilden. Die Wiederholbarkeit ist ein notwendiges Kriterium, welches die Aussage von der Äußerung unterscheidet. Wiederholbare Materialiät ist „nicht durch den eingenommenen Raum oder das Datum der Formulierung definiert [...], sondern eher durch ein Statut als Sache oder als Objekt." (Foucault [1969] 1981: 149) Dieses Statut, so weiter im Text, ist wandelbar in Abhängigkeit des institutionellen Gefüges, in welchem sich die Aussage befindet. „Nicht ein stoffliches Fragment sichert die Identität der Aussage, sondern deren Identität variiert mit einem komplexen System von materiellen Institutionen." (Foucault [1969] 1981: 150) Foucault nimmt mit der vierten Funktion die Bedeutung der institutionellen Verfasstheit des Ausgesagten auf. Die Bedingung für das Auftauchen einer Aussage ist an nichtdiskursive Bereiche gebunden. Foucault weist an unterschiedlichen Stellen auf die Verhältnisse zwischen „den diskursiven Formationen und den nichtdiskursiven Bereichen" (Foucault [1969] 1981: 231) hin. Die nichtdiskursiven Bereiche – Foucault nennt Institutionen, politische Ereignisse, ökonomische Praktiken und Prozesse- bilden allerdings nicht den Kontext für das Auftauchen von Aussagen. Vielmehr erscheint in dem Zusammenspiel von Diskursivem und Nicht-Diskursivem ein gemeinsamer Raum, in welchem die Gegenstände in Erscheinung treten können. Dieses Zusammenspiel wird in der vierten Funktion der wiederholbaren Materialität zum Gegenstand der Aussagenanalyse. Als zweite Menge von Bedingungen für die Identität einer Aussage nennt Foucault „das Feld von Erfahrungen, von möglichen Verifizierungen, von zu lösenden Problemen, worauf man sich beziehen kann." (Foucault [1969] 1981: 151) In seiner Inauguralvorlesung am Collège de France 1970 veranschaulicht Foucault dies am Beispiel Mendels. Mendel wiederfuhr das Schicksal in seiner Zeit nicht gehört werden zu können, da er „nicht ‚im Wahren' des biologischen Diskurses seiner Epoche [war]: biologische Gegenstände und Begriffe wurden nach ganz anderen Regeln gebildet." (Foucault [1970] 2001: 25) Die vierte Funktion erscheint als eine Art Schnittmenge zwischen der Aussage und ihrem Umfeld mit einem deutlichen Hinweis auf die Bedeutung des institutionellen Gefüges für die Existenzweisen einer Aussage.

3   Äußerung – Funktion – Aussage. Das Beispiel der Gentechnologie

Der hier analysierte Materialkorpus umfasst acht Bundestagsdebatten aus dem Zeitraum 1980er bis Anfang 1990er Jahre. Im Zentrum stehen die Fragen: Was sind die Bedingungen der Möglichkeit für das Aussagen? Welche Aussagen können identifiziert werden, die das Reden der Politiker und Politikerinnen ordnen? Wie sieht diese Ordnung aus?

Für die Analyse ist zentral, dass von keinen Selbstverständlichkeiten ausgegangen werden sollte. Sprich, keine Natur, die als immer schon Seiendes vorausgesetzt werden darf, keine Chancen und Risiken der Gentechnologie, mit denen wir qua wissenschaftlich-technologischer Entwicklungen zu leben gezwungen wären. Denn: Was ist das Gen? Wer bestimmt, was als Chance oder Risiko zu gelten hat? Für wen sollen diese gelten? Gibt es notwendigerweise gentechnologischen Fortschritt und wer schreitet überhaupt voran? Nun gilt es, die Bundestagsdebatten entlang der vier beschriebenen Funktionen zu untersuchen: die Aussage und ihr Ausgesagtes, die Aussage und ihre Subjektpositionen, die Aussage und ihr Aussagenfeld, die Aussage und ihre wiederholbare Materialität.

In einem ersten Schritt bietet es sich an, die Äußerungen inhaltlich, also nach Themenfeldern zu sortieren. Diese quantitative Arbeit dient dazu, einen Überblick über die verhandelten Gegenstände in ihrer Häufigkeit zu gewinnen. Anschließend werden Aussagen anhand ihrer Funktionen bezeichnet. Um den Prozess der Lokalisierung nachvollziehbar zu machen, werden Redeweisen aus den Bundestagsdebatten zitiert, zu fünf verschiedenen Aussagen gruppiert und versucht, die beschriebenen Aussagefunktionen im einzelnen durchzudeklinieren. Die dritte und die vierte Funktion werden gesondert am Ende besprochen. Die dritte Funktion bezieht sich auf die Aussage in einer Menge. Insofern ist es sinnvoll, die Funktion gebündelt zu diskutieren. Die vierte Funktion betrifft die wiederholbare Materialität der Aussage. Wenn die Funktion der Institution zugeordnet werden kann, dann erscheint es sinnvoll, analog zur dritten Funktion zu verfahren, da alle im parlamentarischen Kontext ihren institutionellen Ort haben. Allerdings ist mit dem Abtasten der Funktionen und dem Beschreiben der Aussagen noch nicht die Frage beantwortet, welches die Kriterien sind, nach denen Aussagen aus einem Materialkorpus generiert und in Beziehung zueinander gesetzt werden. Gehen wir davon aus, dass „die Aussagen den Träumen gleichen, und alles sich wandelt wie in einem Kaleidoskop" (Deleuze 1992: 32), dann ist es an der Forschenden, welche Perspektive sie wählt. Der Blick auf die Bundestagsdebatten ist durch das Interesse an den Verhältnissen zwischen wissenschaftlich-technischen und gesellschaftlich-politischen Entwicklungen und die Frage nach den Bedingungen der Möglichkeit staatlicher Politik bestimmt. Entlang der gelegten Spur werden die Aussagen kreiert. In den Mannigfaltigkeiten sind andere möglich; dennoch ist die Auswahl nicht beliebig, da sie an Drehpunkten der Macht orientiert ist.

Aussage Nr. 1

„Technik beeinflusst in viel stärkerem Maße die wirtschaftliche, die soziale Struktur, ich denke auch das Wertesystem unserer Gesellschaft, als politisches Handeln dies zuwege bringen könnte." (Catenhusen, SPD, 72. Sitzung, 25.05.1984: 5116)

„Ich will gerade in Richtung der GRÜNEN sagen: Keine Technik ist nur gut, keine Technik ist nur schlecht. (Frau Nickels [GRÜNE]: Wir sind doch nicht doof und dämlich!) Es hängt nur davon ab, wie der Mensch sie einsetzt." (Eimer, Führt, FDP, 204. Sitzung, 29.03.1990: 15976)

„Im Gesetz sollte der grundsätzliche Rahmen für die Gentechnik gesteckt und Detailregelungen aus dem starren Prozess der förmlichen Gesetzgebung herausgehalten werden, um rasche Anpassung an den jeweils aktuellen Stand von Wissenschaft und Technik zu ermöglichen." (Kohn, FDP, 204. Sitzung, 29.03.1990: 15961)

„Wenn sich in vielen Jahren die Verfahrensmöglichkeiten einmal so verändert haben sollten, dass die Mediziner solche Eingriffe [gemeint sind hier Eingriffe in die menschliche Keimbahn, S.P.] mit einem verantwortbaren Risiko durchführen könnten, dann muss sich das Parlament halt wieder mit der Frage beschäftigen." (Seesing, CDU/CSU, 171. Sitzung, 26.10.1989: 12802)

Im Hinblick auf die *erste Funktion* kann der Gegenstand als das Verhältnis zwischen Wissenschaft/ Technik und Politik beschrieben werden. Interessant sind die beiden ersten Zitate, da sie auf den ersten Blick konträr zueinander zu liegen. Auf der einen Seite ist die Gentechnologie und nicht die Politik der maßgebende Akteur, auf der anderen Seite wird die Technik neutral und in Abhängigkeit ihrer Nutzung beschrieben. Zwei Positionen, die in Debatten sozialwissenschaftlicher Technikforschung auf der einen Seite als „Technikdeterminismus" und auf der anderen Seite als „Akteur- oder Nutzerperspektive" beschrieben werden. (Beck-Gernsheim 1994: 316) Vollzieht man einen Perspektivwechsel und fragt nach dem Feld des Auftauchens dieser beiden Positionen, so fällt plötzlich ein anderes Licht auf die Äußerungen: In diesen Redeweisen wird etwas über das Verhältnis zwischen wissenschaftlich-technischer und gesellschaftlich-politischer Entwicklung ausgesagt. Sie werden getrennt. Das Politische wird aus dem Labor ausgeschlossen. Wechselwirkungen werden so nicht erfasst, „Wissenschafts- und Technikentwicklung in ihrem inneren Politikum" (Narr 2000: 43) nicht thematisiert. Damit wird gleichzeitig eine Kausalstruktur eingeführt, welche die Bedingung der Möglichkeit der Gegenstandsbildung ist.

Im Sinne der *zweiten Funktion* nimmt das Individuum die Position des politischen Handelns, des Parlaments und des Gesetzes ein. Die Subjektposition funktioniert eng an die erste Funktion geknüpft. Die Position des Politikers fügt sich in die Kausalstruktur zwischen wissenschaftlich-technischer und gesellschaftlich-politischer Entwicklung ein. Diese Position strukturiert das Handeln der Subjekte. Als Vorschlag lässt sich nun eine erste Aussage formulieren:

Wissenschaft und Technik bringen Wahrheiten und Fakten in die Welt, welche *politischer Entscheidung vorausgesetzt* sind.

Aussage Nr. 2

„Können wir es heute eigentlich schon verantworten, die ganze Breite möglicher Anwendungsbereiche und möglicher Risiken der Gen-Technologie zu bewerten, da wir das auch angesichts der in rasendem Tempo weitergehenden Entwicklung und der ständig neuen Erkenntnisfortschritte der Grundlagenforschung noch gar nicht überblicken?" (Catenhusen, SPD, 78. Sitzung, 29.06.1984: 5770)

„Vielleicht war die Wissenschaft zu schnell, die Themen zu bekannt, die Forschung zu erfolgreich und die Forscher zu wenig erfahren oder zu wenig bemüht, um eine verständliche Darstellung ihrer neuen Erkenntnisse überhaupt in die Öffentlichkeit zu tragen." (Neumeister, CDU/CSU, 78. Sitzung, 29.06.1984: 5771)

„Wir sind im Wettlauf mit der Zeit, und es ist höchste Zeit für Entscheidungen, die wir heute zu treffen haben." (Catenhusen, SPD, 171. Sitzung, 26.10.1989: 12803)

„Schwierige Fragen benötigen, will man sie gründlich durchdacht und verantwortlich regeln, Zeit." (Jahn, Parl. Staatssekretär beim Bundesminister der Justiz, 230. Sitzung, 24.10.1990: 18216)

„Es ist ganz schwierig, dieses umfangreiche Thema [Embryonenschutzgesetz, S.P.] in sieben Minuten abzuhandeln. Ich finde es auch sehr bedauerlich, dass wir nicht mehr Zeit dafür haben, denn es geht hier schließlich um die wichtigsten Weichenstellungen für die Zukunft der menschlichen Entwicklung." (Schmidt, Hamburg, GRÜNE/Bündnis 90, 230. Sitzung, 24.10.1990: 18213)

Fragen wir nach der *ersten Funktion*, so stellt diese sich in allen Äußerungen als Verhandlung von Zeit-Not dar. Dabei treten unterschiedliche Zeiten zu Tage. Zum einen gibt es eine rasante Zeit von Wissenschaft und Technik, zum anderen existiert eine politische Zeit. Beide Zeiten scheinen den Akteuren Probleme zu bereiten. Sie brauchen ausreichend Zeit, um verantwortlich handeln zu können. Die beiden Zeitökonomien sind verschieden getaktet: Verknappung der Zeit durch den parlamentarischen Rahmen, Verknappung der Zeit durch einen Wettlauf mit der Zeit. Die Konflikthaftigkeit, welche in den Äußerungen zum Ausdruck kommt, spielt sich in einem Möglichkeitsfeld ab, wo Zeit als soziale Konstruktion nicht hinterfragt wird. Die Vorgängigkeit wissenschaftlich-technischer Entwicklungen entspricht einem linearen Zeitverständnis. Das Rasen und der Wettlauf werden in diesem wahrgenommen und unter ein singuläres Zeitverständnis subsumiert. „Beschleunigung" (Rosa 2005) und „Gegenwartsschrumpfung" (Lübbe 1996) sind die Stichworte hierzu. Der Zeitkonflikt, der in den Redeweisen zu Tage tritt, weist auf das Defizit einer politischen Zeit, denn „der Staat besitzt in seinen Funktionen und deren institutioneller Verkörperung zu wenig Eigenzeit und damit zu wenig Eigensinn" (Narr 2003: 246).

Die Individuen nehmen, vergleichbar der ersten Aussage in ihrer zweiten Funktion, die Subjektposition des politischen Akteurs ein. Subjekt zu sein, scheint eng mit der Problematisierung der Zeit verbunden. Das Subjekt – selbst mit einer Zeitökonomie ausgestattet – bewegt sich in unterschiedlichen Zeitökonomien, die sein Handeln mitbestimmen. Man könnte vielleicht sagen, dass die verschiedenen Zeiten unterschiedliche Subjektpositionen zur Verfügung stellen. Die Zitate können dann verstanden werden als die Einschreibung eines Zeit-Konfliktes in die Subjekte. Damit kann eine zweite Aussage vorgeschlagen werden:

Politische Zeit ist in einer Hierarchie diverser Zeitökonomien knapp, da insbesondere das Tempo wissenschaftlich-technischer Entwicklungen einen Wettlauf provoziert.

Aussage Nr.3

„Verbote alleine oder Regeln, die sich Forscher und Produzenten selber geben, können hier nicht viel nützen. Die einzige verantwortliche Haltung kann nur sein, derartige Manipulationen im großen Maßstab erst dann zuzulassen, wenn und soweit wir die Folgen überblicken, abschätzen und bewerten können." (Hickel, GRÜNE, 72. Sitzung, 25.05.1984: 5120)

„Es muss, so denke ich, die Aufgabe der Politik werden, zu entscheiden, was wir von dem, was wir technisch können, auch dürfen und wollen. Politik, die auf die Einflussnahme darauf verzichtet, was an technischen Möglichkeiten realisiert wird, kapituliert ohne Not vor Sachzwängen." (Catenhusen, SPD, 78. Sitzung, 29.06.1984: 5770)

„Dieses Gesetz [ESchG, S.P.] zeigt unter anderem auch, dass nicht alles, was technisch möglich ist, auch gesetzlich erlaubt sein darf." (Funke, 183. Sitzung 08.12.1989: 14174)

„Was ist die Aufgabe des Staates? Aufgabe des Staates ist es, für das, was neu entsteht, den gesetzlichen Rahmen zu schaffen." (Riesenhuber, Bundesminister für Forschung und Technologie, 204. Sitzung, 29.03.1990: 15970)
„Jede Art von gesetzlicher Vorschrift in diesem Bereich ist dringend darauf angewiesen, dass mit dem raschen weiteren Wissenszuwachs in der Genforschung auch unser Wissen über biologische Prozesse, insbesondere über ökosystemare Wechselwirkungen zunimmt und dass auch unser Wissen über die Bewertung und Einschätzung möglicher Risiken und Gefahren der Gentechnik dem Fortschritt des Wissens in der Gentechnik standhält." (Catenhusen, SPD, 204. Sitzung, 29.03.1990: 15958)

Die *erste Funktion* umfasst hier die Frage nach den Aufgaben der Politik. Es werden in den Äußerungen genannt: Eine Technikfolgenabschätzung und das Schaffen gesetzlicher Regelungen. Gegenstand ist die Frage nach der politischen Verantwortung. Nicht alles was technisch machbar ist, soll erlaubt sein. Gleichzeitig werden Grenzziehungen dort verflüssigt, wo sie von der wissenschaftlich-technischen Entwicklung abhängig gemacht wird. Es sollen Grenzen für die Gentechnologie gesetzt werden, wo die Grenzziehung selbst vom Fortschritt derselbigen Technologie abhängt. Wie sollen Technikfolgen abgeschätzt werden, wenn doch die Politik dem Fortschritt zu folgen hat? Man kann sagen, dass die Bedingung der Möglichkeit der Gegenstandsbildung einer *politischen Verantwortung* in diesem Paradox liegt.

Subjektposition gemäß der *zweiten Funktion* ist die des verantwortlich handelnden Politikers. Gleichzeitig scheint hier eine zweite Subjektposition durch die Gentechnologie ausgefüllt zu werden. Während der Politiker/ die Politikerin nur Subjekt sein kann, indem auf Technikfolgenabschätzung und Gesetzgebung als Instrumente verwiesen wird, ist die Gentechnologie Subjekt, indem sie quasi naturhaft fortschreitet. Zwei Subjektpositionen – und die Frage lautet: Wie sind sie zueinander geordnet? Das führt zum drittenVorschlag einer Aussage:

Das Paradox der politischen Verantwortung: Das zu Regelnde bestimmt seine Regulierung selbst.

Aussage Nr. 4

„Die Gentechnik eröffnet uns neue Zugänge zum Verständnis von Krankheit, zur Diagnose, zur Therapie. Wer sich der Gentechnik gegenüber nur in der Rolle des Verhinderers übt, wird deshalb seiner Verantwortung als Gesundheitspolitiker, ja generell als Politiker nicht gerecht." (Lehr, Bundesministerin für Jugend, Familie, Frauen und Gesundheit, 204. Sitzung, 29.03.1990: 15983)

„Die vorliegenden Gesetzentwürfe [es geht um das Embryonenschutzgesetz, S.P.] sind symbolische Gesetze, die vorgeben, Hilfe für ungewollt kinderlose Paare zu ermöglichen, während sie in Wirklichkeit die rechtlichen Voraussetzungen für die Manipulation am menschlichen Erbgut schaffen." (Schmidt, Hamburg, GRÜNE, 183. Sitzung, 08.12.1989: 14173)

„Das Problem der sogenannten Keimbahntherapie liegt ja besonders darin, dass alle Nachkommen eines Menschen betroffen sind, der aus der Verschmelzung der Kerne einer gentechnisch veränderten Eizelle und einer möglicherweise ebenso behandelten Samenzelle entstanden ist. Das wäre der klassische Fall von Menschenzüchtung, und die wollen wir nicht." (Seesing, CDU/CSU, 230. Sitzung, 24.10.1990: 18209)

„Dort wo der Weg zu einer Züchtung der Menschen eingeschlagen wird, müssen wir als Deutscher Bundestag den Mut haben zu sagen: Diese Entwicklung wollen

wir nicht, auf die Anwendung dieser neuen Technologie wollen wir verzichten."
(Catenhusen, SPD, 16. Sitzung: 1059)

In diesen Zitaten differenziert sich zunächst die Frage, wer von wem abhängig ist
– die Politik von der Gentechnologie oder umgekehrt. In einer Äußerung heißt es,
dass über das ESchG die Manipulation am menschlichen Erbgut zugelassen wird.
Unisono wird festgehalten, dass Menschenzüchtung – sie wird in Verbindung
mit Eingriffen in die menschliche Keimbahn gebracht – verboten sein muss. Dagegen ist es die Verantwortung der Politik, Gentechnik im Dienste der auf Heilung oder Linderung von Krankheiten ausgerichteten Medizin zuzulassen. Es
wird eine Differenzierung gentechnologischer Praktiken vorgenommen und
entlang dieser Linie Ge- und Verbot ausgesprochen. In den Bereich des zu Verbietenden gehören Praktiken des Human Engineering. Der, wie es in den Bundestagsdebatten mehrfach heißt, *Menschenzüchtung*. Therapie und Diagnose sind zu
erlauben. Hier wird eine für die Auseinandersetzungen der 80er Jahre zentrale
Differenzierung sichtbar, die nur oberflächlich entlang der ,Chancen und Risiken'- Debatten verläuft. Rainer Hohlfeld macht darauf aufmerksam, dass die
Unterscheidung zwischen Befürwortern und Kritikern der Gentechnologie zu
kurz greife, da man es vielmehr mit zwei unterschiedlichen Überzeugungssystemen zu tun habe: „Gemäß der traditionellen medizinischen Ethik ist es nur erlaubt, zu 'heilen'. Über dieses Handlungsziel hinausgehende Interventionen [...]
wie sie von der Genomics-Koalition vorgeschlagen werden, werden von der
Molekularen Medizin als Verletzung persönlicher Integrität interpretiert, die mit
dem Gebot der Achtung der Menschenwürde nicht vereinbar ist." (Hohlfeld
2000: 80) Diese Differenz zeigt sich in den Äußerungen. In ihr ist es möglich, an
verschiedenen Punkten für oder wider gentechnologische Praktiken zu sein,
solange keine Menschen gezüchtet werden. Damit erfolgt gleichzeitig eine Reduktion des zu Verbietenden über die Aufrufung von Züchtungsutopien. Soweit
zur *ersten Funktion* der Aussage.

Die *zweite Funktion*, die Frage nach der Subjektposition, stellt auch hier die
des politisch verantwortlich Handelnden ins Zentrum. Die Subjektposition ver-
feinert ihre Struktur. Das Subjekt hat die Züchtung des Menschen zu verwerfen.
Das Subjekt hat heilen zu wollen. Damit kommt man zum vierten Vorschlag einer
Aussage:

*Politische Verantwortung: Verbot von Menschenzüchtung bei gleichzeitigem Gebot
zur Heilung.*

Aussage Nr. 5

„Ich sehe heute schon durchaus auch positive Anwendungsmöglichkeiten für die Lösung von Gesundheitsproblemen, für die Rohstoffsicherung, für die Lösung von Umweltproblemen." (Catenhusen, SPD, 78. Sitzung, 29.06.1984: 5770)

„Anscheinend will man von Anfang an Erkenntnisse ignorieren, die besagen, dass die Anwendung gentechnischer Forschung sinnvoll nur für die Profitrate der industriellen Produktion sein kann. Und dass die Behauptung, mit dieser Technik könnten die Menschheitsprobleme Hunger und Krankheit beherrscht oder bekämpft werden, absolut illusionär ist." (Hickel, GRÜNE, 78. Sitzung, 29.06.1984: 5774)

„Catenhusen (SPD): Die anderen Fraktionen hören, glaube ich, Ihrer Rede sehr aufmerksam zu. Deshalb habe ich an dieser Stelle eine Frage, die vielleicht der Klärung dienen kann. Sie sagen, Sie fordern ein Verbot der Genomanalyse.
Rust (GRÜNE): Arbeitnehmer Screening.
Catenhusen (SPD): Bedeutet dieses Verbot auch, dass Sie dem einzelnen Menschen das Recht nehmen wollen, zur Feststellung etwa gesundheitlicher Risiken oder vorliegender gesundheitlicher Defekte, die genetisch bedingt sind, individuell eine Genomanalyse bei einem Arzt seines Vertrauens vornehmen zu lassen? Wollen Sie auch das verbieten?
Rust (GRÜNE): Das würde ich in den strengen Bereich der Verbotsregelung so nicht hineinnehmen. [...]"
(Catenhusen, SPD, Rust, GRÜNE, 171. Sitzung, 26.10.1989: 12811)

Der Gegenstand der Aussage (*erste Funktion*) ist erst einmal Gesundheit und Krankheit. Gesundheit ist ein hohes Gut. Wer kann dagegen sein, wenn wissenschaftlich-technische Entwicklungen dazu verhelfen Krankheiten zu beseitigen und Leid zu mindern? Es gilt jedoch zu beachten, dass sich das forschende Interesse nicht auf den Gegenstand Gesundheit selbst richtet, sondern auf das Möglichkeitsgesetz, welches in dem Gesagten hervortritt. Wie könnte dieses beschrieben werden? Ich meine, dass die drei Zitate sehr schön zeigen, wie man zu einer Aussage kommen kann. Die ersten beiden Redeweisen liegen konträr zueinander. Einmal sieht man eine Chance auf Lösung von Gesundheitsproblemen und einmal wird die Vorstellung der Lösung von Problemen mit Hilfe der Gentechnik in den Bereich des Illusionären verwiesen. Der Dialog schließlich legt eine andere Struktur dar, die quer zu den beiden Zitaten liegt. Es wird eine Voraussetzung konstruiert. Vorausgesetzt, es gibt den Wunsch nach gentechnischen Verfahren im Bereich der Medizin, dann kann man diesen in der Verknüpfung mit Gesundheit nicht verwehren.

Welche Subjektposition (*zweite Funktion*) kann hier lokalisiert werden? Kann anhand der Zitate bestimmt werden, „welche Position jedes Individuum einnehmen kann und muss, um ihr Subjekt zu sein" (Foucault [1969] 1981: 139)? Es scheint, dass die Subjektposition das fordernde Individuum, der kranke, aber auch der gesunde, jedoch mit dem Risiko einer Krankheit, behaftete Mensch ist. Die Bundestagsabgeordneten können bezweifeln, ob die Gentechnologie Probleme löst, es können die Chancen und die Risiken bestritten werden, aber: wenn das Subjekt will, dass gentechnologische Verfahren *im Dienste einer Gesundheit* zum Einsatz kommen, dann gilt, was vortrefflich mit dem englischen Wort *subjection* beschrieben werden kann: das Individuum wird Subjekt in seiner eigenen Unterwerfung unter den Techno-Logos einer Molekularen Medizin. Entsprechend lautet der fünfte und letzte Vorschlag einer Aussage:

Wenn gentechnische Praktiken im Bereich der Gesundheit von den Bürgerinnen und Bürgern gewünscht sind, dann kann die Politik diesen Wunsch nicht verwehren.

Im folgenden Schritt gilt es, die *dritte Funktion* anhand der vorgeschlagenen Aussagen zu prüfen. Man wird jetzt sehen können, wie ein Aussagenfeld gebildet werden kann. Nach Foucault steht keine Aussage für sich selbst, sondern existiert ausschließlich unter anderen Aussagen. „Eine Aussage hat stets Ränder, die von anderen Aussagen bevölkert sind." (Foucault [1969] 1981: 142)

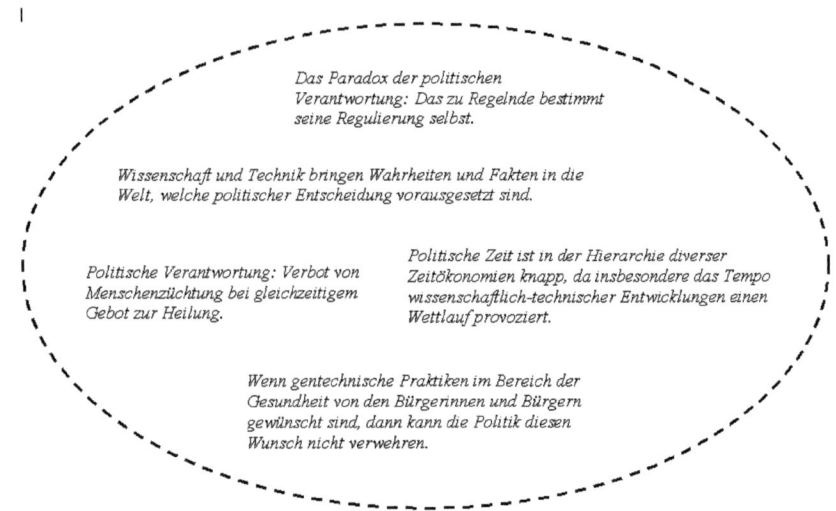

Rekapituliert man nun noch einmal das von Foucault in der „Archäologie des Wissens" entworfene komplexe Raster des Aussagenfeldes, so treten verschiedene Dimensionen in den Vordergrund: die Aussage ist Teil einer Folge, sie aktualisiert andere Aussagen, sie eröffnet Möglichkeiten für spätere Aussagen und sie teilt ihren Status mit anderen Aussagen, d. h. sie erlischt oder gewinnt mit ihnen an Wert (Foucault [1969] 1981: 143-144).

Unter diesen Gesichtspunkten lässt sich nun die Skizze der beschriebenen Aussagen im Überblick betrachten. Wie könnte eine Folge beschrieben werden? Nehmen wir die Aussage „Das Paradox der politischen Verantwortung: Das zu Regelnde bestimmt seine Regulierung selbst." und betrachten die anderen Aussagen des Feldes. In einer Folge mit der Aussage „Wissenschaft und Technik bringen Wahrheiten und Fakten in die Welt, welche politischer Entscheidung vorausgesetzt sind." wird sichtbar, dass beide Aussagen das kausale Verhältnis zwischen wissenschaftlich-technischen und gesellschaftlich-politischen Entwicklungen manifestieren, oder anders formuliert: in der Folge deutet sich die Ordnung des Wissens im Aussagenfeld an. Diese kausale Ordnung ist zentral. Sie wirkt sowohl hierarchisierend als auch segregierend. Segregation heißt hier, dass eine Trennung von Natur und Kultur aufrechterhalten wird. Damit bleiben die Praktiken in den gentechnischen Laboren außerhalb des Politischen. Gleichzeitig werden diese Aussagen durch die Aussage „Politische Verantwortung: Verbot von Menschenzüchtung bei gleichzeitigem Gebot zur Heilung." aktualisiert. Die Aussage zum Gesundheitsbegehren der Bürgerinnen und Bürger eröffnet Möglichkeiten für spätere Aussagen, die wiederum in der Lage sein werden, die Aussage zur Menschenzüchtung zu aktualisieren. Wie sich dieses Begehren bildet und was unter Gesundheit zu verstehen ist, wird nicht problematisiert. Die Aussage zur politischen Zeit kann von ihrem Status her mit der Aussage zur wissenschaftlich-technischen Entwicklung verbunden werden. Beide gewinnen über ihre gemeinsame Existenz an Wert. Dieses Zusammenspiel ordnet nicht nur die Debatten der 1980er Jahre sondern verweist auf die Gegenwart, da in diesem Raster die Bedingungen der Möglichkeit für späteres Aussagen liegen. Auch die Differenzierung zwischen Genetic Engineering und Diagnostik/ Therapie muss eingebettet in das Feld der Aussagen betrachtet werden, da, wie Wolf-Dieter Narr treffend feststellt, „normativ-konzeptionell gilt, dass gegenwärtig nur dort harte Grenzen für Eingriffs- und Konstruktionslizenzen gezogen werden, wo die Kunst analytischer Identifikation und re-/konstruktiver Eingriffe und Produktionen (noch) nicht weit genug gediehen ist" (Narr 2000: 52) Man erkennt jetzt, dass die Aussage mehr als ein bloßes Ereignis darstellt und gleichzeitig in ihrem Erscheinen zu einer bestimmten Zeit und an einem bestimmten Ort singulär ist. Sie bleibt erhalten und verändert sich mit den Existenzbedingungen ihres erneuten

Auftauchens. In ihrer wiederholbaren Materialität (vierte Funktion) ist sie institutionell verortet. Darum soll es abschließend gehen.

Ein zweiter Blick auf die Skizze zeigt: Offenbar können in den parlamentarischen Debatten Aussagen nicht nur benannt, sondern auch lokalisiert werden, da sie nicht frei von Substanz, Träger, Ort und Datum existieren. Insofern bezieht sich die Analyse nicht auf abstrakte Sätze, sondern auf die tatsächlich geäußerten Redeweisen, also auf das Gesagte. Im vorliegenden Fall ist die Materialität der Aussagen vom institutionellen Milieu des Deutschen Bundestages abhängig. In den Debatten zum Gentechnikgesetz und zum Embryonenschutzgesetz wird die politische Verantwortung als Regelungsverantwortung in den Mittelpunkt gerückt. Das Parlament hat institutionell seine Aufgabe als Legislative wahrzunehmen. Im Aussagenfeld wird die Möglichkeit staatlicher Politik problematisiert. Staatliche Politik in ihrer institutionellen Verfasstheit ist wissenschaftlich-technischen Dynamiken unterlegen. Zwar ist der Technikdeterminismus in den Sozialwissenschaften längst über Bord geworfen, aber er durchdringt das institutionelle Gefüge staatlicher Politik. Die Aussagen unseres Feldes verweisen „auf ein institutionelles Milieu, ohne das weder die Objekte sich bilden können, die an bestimmten Stellen der Aussage auftauchen, noch das Subjekt, das von einem bestimmten Platz aus spricht" (Deleuze 1992: 20). Das hier sichtbar werdende tiefere Problem staatlicher Politik kann an dieser Stelle lediglich angedeutet werden. In einem neueren Artikel über die „Zeit der Politik" untersucht Wolf-Dieter Narr das Verhältnis von Politik und Ökonomie im Hinblick auf ihre verschiedenen Zeit- und Raumformen (Narr 2003). Demnach ist der moderne Staat, weil er an einen spezifischen Raum gebunden ist, eine statische Größe. Dagegen verhält sich die Ökonomie, indem sie Raumgrenzen durchdringt, immer schon dynamisch. So gesehen liegt das Problem auf der Hand: „Politische Institutionen und deren Legitimationen, die wenigstens einer gewissen Dauer bedürften, die wenigstens eine minimale Kunst der Langsamkeit betreiben müssten, sind schier verloren." (Narr 2003: 254) Liberalkapitalistisch hierarchisiert bestimmt die Dynamik die Statik und es folgt: „Für die liberalen Demokraten gibt es nicht genügend Zeit." (Narr 2003: 251) Beziehen wir diese Beobachtung auf die untersuchten parlamentarischen Reden, so zeigt sich: Offenbar ist der Deutsche Bundestag Teil dieser allgemeinen Entwicklung eines Zeitverlusts der Demokratie. Sie ist ihm eingeschrieben und wirkt so im Aussagenfeld mit.

4 Resümee

Wie die Analyse der parlamentarischen Debatten zeigen konnte, ist die staatliche Politik in bezug auf gentechnologische Entwicklungen massiv von einer spezifischen Kausalstruktur bestimmt. Wissenschaftlich-technische Entwicklung wird typisch als Fortschritt gedacht. Staatliche Politik hat sich in der Konsequenz daran zu orientieren. In Verbindung damit erwachsen diverse Probleme für die Politik. Hier kann der Begriff der Problematisierung, wie Foucault ihn in einem Interview mit François Ewald definiert, hilfreich sein. „Problematisierung heißt nicht Repräsentierung eines schon existierenden Gegenstandes und auch nicht Kreierung eines nicht existierenden Gegenstandes durch den Diskurs. Sondern das Ensemble diskursiver und nicht-diskursiver Praktiken, das etwas ins Spiel des Wahren und des Falschen eintreten lässt und als Gegenstand fürs Denken konstituiert [...]." (Foucault in Ewald 1989: 17) Zeit-Wissen wird in den politischen Debatten, verschränkt mit der institutionellen Verfasstheit parlamentarischer Zeit-Politik, reproduziert und verfestigt. Verbote werden entlang einer vakanten Grenze ausgesprochen. Gesundheit funktioniert in diesem Feld als Anspruch und Leitbild humangenetischer Interventionen und deren Legitimation. Die Bedingung der Möglichkeit, dass von Chancen und Risiken die Rede sein kann, ist in dieser Ordnung situiert. Auf der inhaltlichen Ebene kann man resümierend sagen, dass die Aussagenanalyse gewinnbringend eingesetzt werden kann. Darüber hinaus drängt es sich, bei der Betrachtung des Aussagenfeldes, für politikwissenschaftliches Arbeiten zur Gentechnologie geradezu auf, die Wechselwirkungen zwischen gesellschaftlich-politischen und wissenschaftlich-technischen Entwicklungen in das Labor hinein zu verfolgen. Die Entstehungsprozesse humangenetischer Wahrheiten und Objekte müssten in die Analyse einbezogen werden.

Methodisch ist es entlang der Funktionen zufriedenstellend gelungen, dass empirische Material zu bearbeiten. Zusammenfassend kann man sagen, dass sie eine gute Hilfestellung bieten. Die Aussagenanalyse wird im Vergleich zu anderen Methoden bislang wenig favorisiert. Wie andere Methoden auch, wird sie Modifikationen und Verfeinerungen in der Praxis erfahren müssen. Man kann wohl mit Petra Gehring sagen, dass Foucaults Texte nach wie vor nach Resonanz suchen. (Gehring 2004: 9) Insbesondere methodisch gibt es Lohnenswertes zu erkunden. Insgesamt scheint es nach den ersten Erfahrungen mit dem Werkzeug Aussage aber auch geboten, gewisse Regeln zu beachten: Zunächst ist es wichtig, dass bei der Konstruktion des Aussagenfeldes der eigene Anteil nicht aus dem Blick gerät. Zwar könnten aus dem Material andere Felder generiert werden. Aber die Zusammenstellung des Feldes ist keinesfalls beliebig. Vielmehr leitet die

Fragstellung die Auswahl, und insofern ist das methodische Vorgehen nicht vom Gerüst der Arbeit zu trennen. Schließlich ist sichtbar geworden, dass die Funktionen diskursive und nicht-diskursive Praktiken und Bereiche integrieren. Und beides gilt es bei einer an Foucault anschließenden Aussagenanalyse zu berücksichtigen.

Literatur

Bundestagsdebatte zur Beratung des Antrags „Einsetzung einer Enquete-Kommission 'Gentechnologie'" sowie zur Beratung des Antrags „Einsetzung einer Enquete-Kommission 'Gen-Technik'", 10. Wahlperiode, 72. Sitzung, 25.05.1984, 5115-5122.

Bundestagsdebatte zur Beratung der Beschlussempfehlung und des Berichts des Ausschusses für Forschung und Technologie zu dem Antrag „Einsetzung einer Enquete-Kommission 'Gen-Technologie'" sowie zu dem Antrag „Einsetzung einer Enquete-Kommission 'Gen-Technik'", 10. Wahlperiode, 78. Sitzung, 29.06.1984, 5769-5776.

Bundestagsdebatte zur Beratung des Berichts der Enquete-Kommission „Chancen und Risiken der Gentechnologie", 11. Wahlperiode, 16. Sitzung, 04.06.1987, 1057-1064.

Bundestagsdebatte zur Beratung der Beschlussempfehlung und des Berichts des Ausschusses für Forschung und Technologie zum Bericht der Enquete-Kommission „Chancen und Risiken der Gentechnologie", 11. Wahlperiode, 171. Sitzung, 26.10.1989, 12800-12822.

Erste Beratung des von der Bundesregierung eingebrachten Entwurfs eines Gesetzes zur Regelung von Fragen der Gentechnik, 11. Wahlperiode, 175. Sitzung, 15.11.1989, 13270-13278.

Zweite und dritte Beratung von der Bundesregierung eingebrachten Entwurfs eines Gesetzes zur Regelung von Fragen der Gentechnik, 11. Wahlperiode, 204. Sitzung, 29.03.1990, 15891-15991.

Erste Beratung des von der Bundesregierung eingebrachten Entwurfs eines Gesetzes zum Schutz von Embryonen (Embryonenschutzgesetz – ESchG), 11. Wahlperiode, 183. Sitzung, 08.12.1989, 14166-14174.

Zweite und dritte Beratung des von der Bundesregierung eingebrachten Entwurfs eines Gesetzes zum Schutz von Embryonen (Embryonenschutzgesetz – ESchG), 11. Wahlperiode, 230. Sitzung, 24.10.1990, 18206-18220.

Sekundärliteratur

Alemann von, Ulrich/Tönnesmann, Wolfgang, 1995: Grundriss: Methoden in der Politikwissenschaft, in: *Alemann von, Ulrich* (Hrsg.), Politikwissenschaftliche Methoden. Grundriss für Studium und Forschung. Opladen, 17-140.

Beck-Gernsheim, Elisabeth, 1994: Gesundheit und Verantwortung im Zeitalter der Gentechnologie, in: *Beck, Ulrich/Beck-Gernsheim, Elisabeth* (Hrsg.), Riskante Freiheiten. Frankfurt/M., 316-335.

Deleuze, Gilles, 1992: Foucault. Frankfurt/M.

Ewald, François, 1989: Pariser Gespräche mit Michel Foucault, Gilles Deleuze, Georges Dumezil, Fernand Braudel, Georges Duby, Paul Veyne, François Furet und Roger Chartier, geführt von François Ewald. Berlin.

Foucault, Michel, [1969] 1981: Archäologie des Wissens. Frankfurt/M.

Foucault, Michel, [1970] 2001: Die Ordnung des Diskurses. Mit einem Essay von Ralf Konersmann. Frankfurt/M.

Gehring, Petra, 2004: Foucault – Die Philosophie im Archiv. Frankfurt/M., New York.

Hohlfeld, Rainer, 2000: Konkurrierende Koalitionen und Leitbilder in Pflanzenzüchtung und Medizin, in: *Barben, Daniel/Abels, Gabriele* (Hrsg.), Biotechnologie – Globalisierung – Demokratie. Politische Gestaltung transnationaler Technologieentwicklung. Berlin, 63-84.

Kamper, Dietmar, 2001: Normalität auf dem Prüfstand, in: *Stiftung Deutsches Hygiene-Museum und Deutsche Behindertenhilfe – Aktion Mensch e.V.* (Hrsg.), Der (im-)perfekte Mensch. Vom Recht auf Unvollkommenheit. Ostfildern-Ruit, 153-159.

Keller, Reiner/Hirseland, Andreas/Schneider, Werner/Viehöver, Willy, 2001: Zur Aktualität sozialwissenschaftlicher Diskursanalyse – Eine Einführung, in: *Keller, Reiner/Hirseland, Andreas/Schneider, Werner/Viehöver, Willy* (Hrsg.), Handbuch Sozialwissenschaftliche Diskursanalyse, Band 1: Theorien und Methoden. Opladen, 7-27.

Keller, Reiner, 2004: Diskursforschung. Eine Einführung für SozialwissenschaftlerInnen, 2. Auflage. Wiesbaden.

Narr, Wolf-Dieter, 2000: Globalisierung – Demokratie – Technikentwicklung: Zur Notwendigkeit neuer organisatorischer Formen, in: *Barben, Daniel/Abels, Gabriele* (Hrsg.), Biotechnologie – Globalisierung – Demokratie. Politische Gestaltung transnationaler Technologieentwicklung. Berlin, 35-60.

Narr, Wolf-Dieter, 2003: Zeit der Politik, Politik der Zeit – Zu Zeiten ihrer globalen Verkürzung und Verlängerung, in: *Kurunmäki, Jussi/Palonen, Kari* (Hrsg.), Zeit, Geschichte und Politik. Time, History and Politics. Zum achtzigsten Geburtstag von Reinhart Koselleck. Jyväskylä, 235-261.

Rabinow, Paul, 2004: Anthropologie der Vernunft. Studien zu Wissenschaft und Lebensführung. Frankfurt/M.

Rheinberger, Hans-Jörg, 1997: Von der Zelle zum Gen. Repräsentationen der Molekularbiologie, in: *Rheinberger, Hans-Jörg/Hagner, Michael/Wahrig-Schmidt, Bettina*
(Hrsg.), Räume des Wissens. Repräsentation, Codierung, Spur. Berlin, 265-279.

Rheinberger, Hans-Jörg, 1996: Jenseits von Natur und Kultur. Anmerkungen zur Medizin im Zeitalter der Molekularbiologie, in: *Borck, Cornelius* (Hrsg.), Anatomien
medizinischen Wissens. Medizin Macht Moleküle. Frankfurt/M., 287-306.

Teil 3: Politik der Sicherheiten

Susanne Krasmann

Der Feind an den Grenzen des Rechtsstaats

Das so genannte Feindstrafrecht ist die singuläre Erfindung eines deutschen Strafrechtsprofessors. Liest man es aber in Foucaultscher Perspektive als ein Programm, so erschließt sich, wie es sich als Lösungsstrategie für aktuelle Sicherheitsprobleme zu behaupten sucht und sich zugleich einreiht in national wie international zu beobachtende Entwicklungen in der Kriminal- und Sicherheitspolitik. Diese Entwicklungen führen zu einer Transformation von Staatlichkeit, sie stellen bisher gültige Prinzipien des demokratischen Rechtsstaats zur Disposition und verschieben das Verhältnis von Recht und Gewalt. Dass diese Transformation sich eher unmerklich vollziehen kann, hat seinen Grund in Sicherheitsstrategien, die nicht als Gewalt, sondern als Prävention daher kommen. Sie beruhen auf einer Grenzziehung, die Unterscheidungen wie die zwischen bedrohlichen Feinden und zu schützender Bevölkerung möglich macht und zugleich eindeutig erscheinen lässt. Das Feindstrafrecht ist exemplarisch für gegenwärtige Tendenzen der Sicherheitspolitik, deren Signatur sich bis nach Guantánamo erstreckt und die hier in Foucaultscher Perspektive als Renaissance souveräner Macht im Namen der Bevölkerungspolitik gelesen wird.

1 Feindstrafrecht – ein neues Paradigma?

„Ein Individuum, das sich nicht in einen bürgerlichen Zustand zwingen lässt, kann der Segnungen des Begriffs der Person nicht teilhaftig werden", so der Bonner Strafrechtswissenschaftler Günther Jakobs (2004: 92). Die Segnungen, von denen hier die Rede ist, sind rechtsstaatliche Garantien, die jedem Bürger zustehen. Die Individuen, denen sie nicht länger zugebilligt werden, sind die „Feinde", nach Jakobs' Definition notorische Delinquenten jeglicher Art: politische Kriminelle, Berufsverbrecher, Neigungstäter, eine Riege der Unverbesserlichen. Ob Terrorist, Sexualdelinquent oder organisierter Wirtschaftskrimineller, sie haben ihren Status als Bürger verwirkt und sollten, Jakobs zufolge, ausgeschlossen werden, weil sie eine elementare Bedrohung für die Gesellschaft darstellen (90, 93). Dafür steht das Konstrukt des Feindstrafrechts. Nicht zufällig suggeriert der Begriff, von einem zweiten, parallelen Strafrecht zu handeln, was rechtsstaatlich freilich eine Unmöglichkeit ist. So handelt es sich tatsächlich um ein Externalisierungsprogramm, um „die rechtliche Regelung einer Exklusion" (Jakobs 2000: 53), und das kann auch die Eliminierung jener unerwünschten Spezies heißen, die rechtlich kodifiziert und rechtsstaatlich sanktioniert werden soll. Feindstrafrecht, so heißt es bei Jakobs unumwunden, bedeutet „Krieg" (53) und gegen „das gefährliche Individuum [...] physisch effektiv" vorzugehen (Jakobs 2004: 89).

Dabei hatte eigentlich alles ganz anders angefangen. Als Feindstrafrecht bezeichnete der renommierte und durchaus als liberal geltende Strafrechtsprofessor Entwicklungen, die ursprünglich seine Besorgnis erregten: Eine zunehmende Präventionsorientierung in der Kriminal- und Sicherheitspolitik, die mit dem Stichwort einer „Kriminalisierung im Vorfeld" (Jakobs 1985: 751) auf den Begriff zu bringen ist, galt als Menetekel einer Aushöhlung der Prinzipien „des freiheitlichen Staates" (783). Mittlerweile erhebt Jakobs das Feindstrafrecht indes zu einem normativen Paradigma, das eben jene kriminalpolitischen Entwicklungen legitimieren soll.[1]

Auf den ersten Blick erscheint das Feindstrafrecht als ein singuläres Phänomen, die Schöpfung eines Akademikers, der damit allerdings Entwicklungen beschreibt, die mittlerweile als Paradigmenwechsel in der Kriminal- und Sicherheitspolitik verhandelt werden. Beispielhaft für diese Neuausrichtung ist eine präventionsorientierte Ausweitung polizeilicher Befugnisse (Denninger 1990; Schoch 2004), eine zunehmende Risikoorientierung im Strafrecht[2] und insgesamt die Implementierung einer Strategie der Kriminalitätsbekämpfung, die sich nicht mehr auf die Abwehr konkreter Gefahren oder die Aufklärung von Straftaten beschränkt, sondern Interventionen im Vorfeld propagiert und nicht Verdachts-

---

[1] Im Jahre 1985 warnt Jakobs (1985: 784) noch, das „Notstandsstrafrecht" dürfe nur „ausnahmsweise" gelten. „Die Gesellschaft", so heißt es 15 Jahre später (2000: 53), „wird also weiterhin Feinde haben, die – offen oder im Schafspelz – in ihr umherziehen. [...] Deshalb besteht zu einem Feindstrafrecht keine heute ersichtliche Alternative." Im Jahre 2004 schließlich genügt der bloße Hinweis auf ein emblematisches Bedrohungsszenario für den normativen Appell: „Wem das alles noch dunkel erscheint, dem sei durch einen Hinweis auf die Taten vom 11. September 2001 blitzartig zu einer Erhellung verholfen." (2004: 92). – Ich beziehe mich im Folgenden auf diese drei Texte, in denen Jakobs (1985, 2000, 2004) das Konzept extrapoliert.

[2] Beispielhaft dafür ist die sicherheitsorientierte Ausrichtung im Bereich der Sexualstraftaten: Der Schutz der Gesellschaft, so hier die grobe Linie, hat mehr und mehr Bedeutung bekommen gegenüber dem Freiheitsanspruch des Delinquenten (Dünkel/Smit 2004; Haffke 2005). Jakobs selbst bezieht sich auf Konzepte zur Bekämpfung der Drogen- und so genannten Organisierten Kriminalität, auf das Sexualstrafrecht ebenso wie auf die Gesetze zur Bekämpfung des Terrorismus bzw. so genannter politischer Kriminalität. In den Mittelpunkt des Feindstrafrechts stellt er das Konzept der „abstrakten Gefährdungsdelikte" (1985: 767) und knüpft damit an die Entwicklung eines Risikostrafrechts (Prittwitz 1993) an.

klärung, sondern Verdachtschöpfung betreibt (Pütter 2005: 8). Es liegt nahe, dass das Feindstrafrecht viel Beachtung gefunden hat, weil es diese Entwicklungen pointiert. So wurde es zunächst in juristischen Debatten kritisch rezipiert und findet in jüngster Zeit Apologeten, die hierin neue Möglichkeiten im Kampf gegen terroristische Bedrohungen erkennen.[3] Verwunderlich ist insofern auch nicht, dass es noch einen weiteren Paradigmenwechsel anzeigt, die zusehende Vermischung von Innen- und Außenpolitik, Polizei- und Militäreinsätzen.

Die Figur des Feindes ist bezeichnend für eine Grenzbeziehung. Sie bezieht sich im allgemeinen politischen Verständnis auf den Staat; der Feind kommt von außen, er gehört zur Ordnung des Krieges, während der Verbrecher aus dem Inneren der Gesellschaft kommt, man begegnet ihm mit den Mitteln des Strafrechts. Der politische Verbrecher hingegen verbindet beides. Im modernen Verständnis vom Staat kommt er aus dem Inneren der Gesellschaft und bewegt sich zugleich auf der Grenze, indem er die Verfassung bedroht. Die Geschichte der Terrorismusbekämpfung ist Zeugnis für den willkürlichen Gebrauch beider Kategorien: So gilt der Terrorist mal als eine politische Bedrohung, die entsprechende Ausnahmemaßnahmen begründet, mal gilt er lediglich als Krimineller, um ihm eben diese politische Bedeutung abzusprechen und den üblichen Strafrechtskatalog anwenden zu können. 9/11 ist zum Synonym geworden für eine keineswegs neue Vermengung beider Strategien (Hardt/Negri 2002: 52). Kriminalpolitik wird im Weltmaßstab geführt und ein *gerechter Krieg*, sei es gegen die Drogenmafia, den internationalen Terrorismus oder gegen Diktatoren/Diktaturen, durch *Polizeimoral* untermauert.

Das Konzept des Feindstrafrechts markiert einen komplementären Paradigmenwechsel: Es kommt als Strafrechtskonzept daher, versteht sich also nationalstaatlich, doch mit der generalisierten Figur des Feindes, die sich auf notorische Delinquenten jeglicher Art bezieht, holt es das Außen gleichsam nach innen. So wie die Intervention im Irak gegen das Regime von Saddam Hussein im Jahre 2003 auch als eine kriegerische Externalisierung von Kriminalpolitik lesbar ist (Funk 2002), so das Feindstrafrecht als eine Art kriegerischer Innenpolitik. Es überschreitet und verkehrt herkömmliche Grenzen und kann dabei auch als ein Motor der Veränderung moderner Staatlichkeit fungieren: Erklärtermaßen will Jakobs nicht eine bestehende Ordnung *erhalten*, sondern eine neue Ordnung *begründen* (Jakobs 2004: 95). Was er indessen nicht proklamiert, aber, so die These, gleichwohl bewirken kann, ist nichts weniger als den demokratischen Rechtsstaat zur Disposition zu stellen. Das Feindstrafrecht gibt vor, einen Ausschluss aus der

---

[3] Vgl. stellvertretend Denninger (2005); Frankenberg (2005); Stegmann (2004); sowie die Diskussion in Eser et al. (2000); eher affirmativ Kötter (2004); Hetzer (2004).

Gesellschaft und eine Eliminierung von Feinden als Ausnahme zu regeln. Doch im Sinne des italienischen Philosophen Giorgio Agamben (2002: 28) ist es „nicht die Ausnahme, die sich der Regel entzieht, es ist die Regel, die, indem sie sich aufhebt, der Ausnahme stattgibt." Die Ausnahme existiert nicht vor dem Recht, erst das Außerkraftsetzen des Rechts ermöglicht den Ausnahmezustand. Wird die Ausnahme indes rechtlich geregelt, so wird sie selbst zur Regel. Agamben bezieht sich auf Carl Schmitt, eine rechtsphilosophische Tradition, die Jakobs (2004: 89) verhehlt: Er vermeidet die unrühmliche Bestimmung des Politischen über die Freund-Feind-Dichotomie, die einst dazu diente, das Nazi-Regime zu legitimieren, und zieht es vor, so ehrenwerte Referenzen wie Rousseau und Hobbes oder Kant und Fichte anzuführen (Schmitt 1963, 1996; kritisch Prittwitz 2004).

In einer Foucaultschen Perspektive will ich im Folgenden die paradigmatische Bedeutung des Jakobschen Konzepts des Feindstrafrechts aufzeigen, paradigmatisch, indem die Figur des Feindes exakt jene Grenzbeziehung zwischen Regel und Ausnahme, Innen und Außen markiert, die bezeichnend für eine Transformation von (Rechts-)Staatlichkeit unter dem Signum von Sicherheit ist.

Foucault ausgerechnet für die Analyse von Staatlichkeit heranzuziehen, mag auf den ersten Blick verwunderlich erscheinen. Schließlich hieß eine gängige Kritik an seinen Analysen zur Regierung, der französische Philosoph vernachlässige in seinen Analysen den Staat und unterschätze dessen Macht. Foucault seinerseits stellte das Unterfangen einer allgemeinen *Theorie des Staates* in Frage, zugleich aber auch die Berechtigung jener Kritik. Gerade die Perspektive der Gouvernementalität erlaube, Transformationen von Staatlichkeit in den Blick zu nehmen und etwa zu untersuchen, wie sich das Verhältnis von Staat und Bürger, Staat und Gesellschaft, öffentlich und privat, Ökonomie und Politik zueinander verschiebt, wie sich damit die Konzepte selbst verändern, die wir von Staatlichkeit, Freiheit, Selbstverwirklichung, Partizipation usw. haben, und wie sich Subjektivität im Verhältnis zu Technologien des Regierens konstituiert (Foucault [1977-78] 2004a: 163f.). „Das Problem der Staatsbildung", so Foucault, „liegt im Zentrum der Fragen, die ich zu stellen versuche" (Foucault [1978-79] 2004b: 114).

Die Realitätsmächtigkeit des Feindstrafrechts erschließt sich, wenn man es in Foucaultscher Lesart als ein Programm begreift. Programme wie etwa politische Positionspapiere, Konzepte zur Umstrukturierung staatlicher Institutionen oder Verwaltungsabläufe, internationale Abkommen usw. sind nicht nur Theorie oder bloße Ideen. Programme können Realitäten schaffen, indem sie ein Thema zur rechten Zeit problematisieren und geeignete Strategien der Bewältigung drängender Probleme suggerieren; indem sie Vertrautes aufgreifen, um neue Zusammenhänge herzustellen und so die Wirklichkeit neu zu ordnen. Programme mögen visionär sein, gerade deshalb aber sind sie keineswegs als fiktiv zu bezeichnen.[4] Liest man das Feindstrafrecht als ein Programm, dann ist der Feind als seine zentrale Figur weniger als ein *Symptom* neuer Probleme der Sicherheit zu begreifen, vielmehr als Element einer politischen *Strategie*, in diesem Falle der Transformation von Sicherheitspolitik. Diese Transformation bedeutet eine Grenzüberschreitung, sie impliziert, wie zu zeigen ist, einen Bruch mit bisher geltenden Prinzipien des demokratischen Rechtsstaats.

Das Konzept des Programms ist in den Horizont der Foucaultschen Analyse von Rationalitäten und Technologien des Regierens eingebettet, die hier in groben Zügen für die Frage nach der Transformation von Staatlichkeit vorgestellt sei.

Foucault zufolge ist *erstens* der Staat nicht als ein einheitliches und statisches Gebilde zu begreifen, und so beschreibt auch der demokratische Rechtsstaat nicht nur die historische Errungenschaft eines bestimmten Staats- und Politikverständnisses, dessen Prinzipien der Freiheit, Rechtsunabhängigkeit usw. institutionell verankert sind. Diese müssen vielmehr immer wieder neu hergestellt, praktiziert und inszeniert werden. Sie bestätigen sich damit, aber sie verändern sich so auch ständig und produzieren spezifische Formen von Staatlichkeit: Der Staat ist der Effekt von Praktiken und Technologien des Regierens. Ein methodischer Ansatzpunkt für die Analyse der Transformation von Staatlichkeit sind gesellschaftliche Problematisierungen, die bisher geltende Selbstverständlichkeiten zur Disposition stellen. Die Frage ist dann, unter welchen Bedingungen sie sich gesellschaftlich akzeptabel machen und wie sie sich, beispielsweise in Gestalt politischer Programme, in ihrer Zeit verorten und insofern nicht zufällig an der Oberfläche der Geschichte (vgl. Veyne 1992) auftauchen.

Die Figur des demokratischen Rechtsstaats lässt sich somit *zweitens* nicht nur über das Recht und seine Institutionen oder etwa über die Frage nach der Legitimität von Recht, Macht und Gewalt definieren (vgl. Weber 1958). Das Verhältnis von Staat und Bürger ist nicht nur ein Rechtsverhältnis, das sich über Garantien und Freiheitsräume beziehungsweise -begrenzungen gestaltet, vielmehr ist es konstitutiv: Subjekte werden in wissensförmigen Praktiken erst als solche hervorgebracht. So werden Menschen je nach institutionellem Kontext als Bürger, autonomes Individuum, Unternehmer, Verbrecher, Feind usw. fokussiert, sie werden zu Subjekten gemacht und lernen, sich selbst als diese Subjekte zu begreifen. Um zu untersuchen, wie sich – unterhalb der Ebene von Staat und Gesellschaft – verschiedene Momente der Machtausübung wie Recht, Normen, Zwang, Gewalt, Freiheit usw. je nach Machtregime entfalten und zueinander ins Verhältnis setzen, entwickelte Foucault die drei Machttypen der Souveränität, Disziplin

---

[4] Programme sind jedoch nicht nur als Texte zu begreifen, vielmehr verknüpfen sie Diskursives und Nicht-Diskursives, Wissensformen mit Praktiken (Foucault 1984).

und Gouvernementalität. Er rekonstruierte, wie diese historisch nacheinander auftauchen konnten,[5] und er versuchte zu zeigen, wie sie in je unterschiedlichen Konstellationen nebeneinander koexistieren und, sich überlagernd, Staat und Gesellschaft formieren: Die Souveränität, die für das Zeitalter des Absolutismus paradigmatisch ist, ist die juridische Macht, die sich über das Recht legitimiert und mit Gesetz und Verbot eher repressiv operiert. Mit der Disziplin, die sich mit dem alten Policey- und Verwaltungsstaat formiert, gewinnt die Norm an Bedeutung gegenüber dem Recht. Es handelt sich um eine positive Form der Macht, die Wissensbereiche produziert und Erkenntnisobjekte zu Subjekten der Machtausübung formt. So entdeckt sie auch das Leben als eine Ressource, als eine Verkörperung von Energie. Der menschliche Körper wird zum Gegenstand der Disziplinierung im Sinne des ökonomischen Nutzens. Die Gouvernementalität schließlich, die für unsere Gegenwart bestimmend ist, taucht historisch zunächst als eine neue Rationalität des Regierens auf, die sich an den Gegenständen selbst orientiert: Staat, Ökonomie, Bevölkerung, das Verhalten von Individuen gilt es in ihren Eigenarten zu erkennen und zu respektieren, um sie um so besser lenken zu können.[6] So schließt die Gouvernementalität eine *Bio-Macht* ein, die sich nicht mehr nur, wie die Disziplin, auf den Körper der Individuen bezieht, sondern auch auf die Bevölkerung, deren Eigenarten sie in statistische Regelmäßigkeiten aufschlüsselt (Geburten-, Sterbe-, Krankheitsraten), um das Leben sichern und kultivieren zu können (Foucault [1976] 1983, [1975-76] 1999; Deflem 1997). Dabei steht die Gouvernementalität auch für ein verallgemeinertes liberales Prinzip (Cruikshank 1993: 342), für eine Kunst der Menschenführung, der es effektiver erscheint, Menschen über ihre Freiheit und Formen der Einbindung in Technologien der Macht zu regieren, als mittels Gewalt, Zwang und Repression zu operieren.

Historisch ist der Liberalismus in Foucaultscher Perspektive *drittens* nicht nur als eine politische Theorie zu begreifen, die Freiheit als ein Bürgerrecht garantiert und verteidigt wissen will. Der Schlüssel einer Kunst effektiven Regierens liegt nicht in den Freiheitsrechten, sondern in der Freiheit, die wie eine Ressource nutzbar zu machen ist. Der Liberalismus setzt die Freiheit gleichsam künstlich voraus und ermuntert zu ihrem Gebrauch, den es freilich zugleich zu

---

[5] Die Worte sind hier bewusst gewählt: Einerseits handelt es sich um Machtkonzepte, die in der spezifischen Bedeutung, die Foucault ihnen verlieh, als Neologismen oder Artefakte zu betrachten sind; zugleich ging es Foucault nicht um die rein theoretische Abstraktion, vielmehr entwickelte er die Machtkonzepte aus der Analyse historischer Praktiken heraus.

[6] Die moderne Form der Regierungstechnik ist Foucault ([1978-79] 2004b: 427-429) zufolge seit dem 16., 17. Jahrhundert nicht mehr an der „Wahrheit", sondern an einer „Rationalität" orientiert, nicht mehr an einer externen Wahrheit wie etwa der göttlichen Ordnung, sondern an der Rationalität der Dinge, sei es des Staates oder Souveräns, der Wirtschaft, der Bevölkerung oder eben der Rationalität des Verhaltens der Regierten.

steuern und zu begrenzen gilt. Hier kommt das Moment der Sicherheit beziehungsweise der Unsicherheit ins Spiel: Freiheit bedarf nicht nur der Sicherheit, der Absicherung eines Freiheitsraums; Unsicherheit, die Bedrohung der Freiheit, bildet vielmehr den Horizont ihrer Begrenzung. Der Verweis auf die Freiheit der Bürger, die bedroht ist, begründet den Einsatz von Sicherheitsmechanismen. Freiheit und Unsicherheit sind gleichermaßen Schlüssel effektiven Regierens. Gewalt und Zwang sind mit der Gouvernementalität folglich nicht verschwunden, sondern den Formen der Machtausübung inhärent oder systematisch mit ihnen verknüpft (Foucault [1977-78] 2004a; Dean 2002). Bio-Macht bildet hier ein wichtiges Scharnier. Im Namen der Bevölkerungspolitik erscheint das Recht, Leben zu vernichten und Menschen zu töten, wie eine Notwendigkeit, um den Wohlstand oder das Überleben der Bevölkerung zu sichern (Foucault [1975-76] 1999).

Vor dem Hintergrund dieser theoretischen Perspektive erschließt sich das Veränderungspotenzial des Feindstrafrechts als Programm nicht hinreichend, wenn man es lediglich als einen juristischen Diskurs begreift. Die Transformation des Staates befördert es, so die These, nicht über das Recht, vielmehr über ein neues Präventionsansinnen. Es sprengt die Grenzen des demokratischen Rechtsstaats über das Spiel von Unsicherheit und Sicherheitsversprechen. Wie im Folgenden zu zeigen sein wird, sind die entsprechenden Sicherheitsmechanismen bereits in gegenwärtigen politischen Strategien zu finden, man kann sie ferner als eine allgemeine Risikoorientierung identifizieren, die sich nicht nur in den Entwicklungen des deutschen Polizei- und Strafrechts widerspiegelt, die vielmehr auch in den Konzepten der post-sozialen oder neoliberalen Kriminologie der westlichen Welt angelegt ist. Diese Diskurse und Praktiken, die sich bereits artikuliert und durchgesetzt haben, fungieren wie ein Scharnier: Das Feindstrafrecht knüpft an sie an, um ihnen so eine neue Richtung zu geben.[7]

2   Risikoorientierung

Wohl kaum eine Diagnose zur Kontrollkultur der Gegenwart ist so bekannt und so treffend wie die des Kriminologen David Garland (2001, 1996). Demnach fallen die Kriminalpolitik und mit ihr der wissenschaftliche Diskurs in zwei Richtungen auseinander. Während die *criminology of everyday life* sich eher mit Problemen in

---

[7] Gesagt ist damit nichts über die Intentionen des Autors. Das Feindstrafrecht als ein Programm zu lesen heißt, es auf den Kontext seiner Zeit zu beziehen und zu fragen, wie es sich darin verortet, unabhängig von Motiven und dem Anliegen des Autors.

öffentlichen Räumen beschäftigt und dafür möglichst einfach-effektive Gegenstrategien entwickelt, dämonisiert eine *criminology of the alien other* bestimmte Typen von Kriminellen und fordert populistische Maßnahmen der Bestrafung oder des Wegschließens. Beide Stränge lassen sich als Effekt eines *missing link* dechiffrieren, einer neoliberalen Zurücknahme wohlfahrtsstaatlicher Konzepte in der Kriminalpolitik.

Die wohlfahrtsstaatliche Kriminologie hatte einen Normalisierungsanspruch. Kontrolle auszuüben sollte zugleich auch Resozialisierung und Reintegration des Täters in die Gesellschaft heißen. Die post-soziale Kriminologie, von der auch Garland spricht, scheut sich demgegenüber nicht, Ausgrenzen und Wegschließen zum Programm zu erheben. Unter dem Vorzeichen eines neoliberalen Rückzugs des Staates schwindet das soziale Interesse am Täter, wichtiger als Normalisierung wird die Regulierung von Problemen. Risikomanagement avanciert zur Schlüsseltechnologie. Anders als indes Garland meint, erweisen sich somit jene beiden Stränge der Kriminologie nicht als gegenläufige, sondern als komplementäre Strategien (Garland 1996: 462, 2001: 142ff.). Denn Risikotechnologien ermöglichen minimalistische Regulierungsmechanismen ebenso wie interventionistische Präventionsstrategien. Sie erlauben – und das lässt sich am Feindstrafrecht wie an den gegenwärtigen Tendenzen in der Sicherheitspolitik nachvollziehen – nicht nur eine Strategie des Rückzugs des Staates, sondern ebenso staatlichen Interventionismus.

Von der herkömmlichen Prävention im Sinne der Gefahrenabwehr unterscheiden Risikotechnologien sich wesentlich. Risiken beschreiben keine konkrete oder reale Gefahr, sondern stellen in gewisser Weise eine künstliche Kalkulationsgröße dar. Straftaten und -täter als Risiken zu betrachten heißt, diese probabilistisch zu ermitteln. Grundlage dafür ist die statistische Gesamtheit einer Gruppe. Deshalb sind Risiken, anders als die Gefahr, unabhängig von der Inaugenscheinnahme eines konkreten Falles zu identifizieren. So braucht man einen Sexualtäter streng genommen nicht einmal mehr zu kennen, um ihn wegzusperren: Die Einschätzung, ob man ihm Hafturlaub gewähren oder aus der Haft entlassen kann, erfolgt weniger auf dem Wege klinisch-psychiatrischer Begutachtung eines jeden Einzelnen, als auf der Basis eines objektivierten wissenschaftlichen Wissens über das Risiko. Weniger die Kenntnis individueller Pathologien begründet die Entscheidung, als die Zugehörigkeit zu einer Risikogruppe – die Rückfallwahrscheinlichkeit ist eine Frage statistischer Evidenz (Simon 1998: 460; Castel 1983).

Die gleichen Mechanismen kommen bei der risikoorientierten Terroristenermittlung, wie etwa bei der Rasterfahndung, in Anschlag. Nicht bestimmte Personen werden hier gesucht, sondern Typen. Sie sind gewissermaßen das Resultat von Hochrechnungen, denen eine Reihe von an sich neutralen und unverdächtigen Kriterien zugrunde liegt, beispielsweise die Herkunft oder die Ankunft mit dem Flugzeug aus einem bestimmten Land. Identifiziert man diese jedoch als Risikomerkmale, so können sie zu hinreichenden Anhaltspunkten des Verdachts werden, und mancherorts sogar zu Festnahme und Inhaftierung führen.

Auch aus dem Bereich der Kontrolle von Alltagskriminalität sind solche Strategien bekannt, die Straftaten oder Störungen, gemäß der Logik des Risikokalküls, nach Möglichkeit von vornherein auszuschließen suchen. Exemplarisch zu beobachten ist das an automatisierten Techniken der Kontrolle öffentlicher Räume, die einer neuen Machtökonomie gehorchen.[8] So ist etwa die Videokamera weniger als eine Technik totaler Überwachung zu begreifen, vielmehr als eine des Regierens aus der Distanz, die Verhalten nicht in erster Linie über direkte, menschliche Kommunikation zu steuern sucht, sondern indirekt über die Umwelt – die Kamera signalisiert ein Risiko und appelliert insofern an wie auch immer angemessene Verhaltensweisen. Dabei intendiert die Videoüberwachung nicht nur einen Selbststeuerungsmechanismus, vielmehr verbindet sich damit auch ein interventionistischer Impetus (Krasmann 2004). Es ist das gleiche Prinzip wie bei der Einschätzung der Gefährlichkeit von Sexualtätern, das hier wirksam wird.

So genannte harte und scheinbar weiche Kontrolltechnologien sind einander also nicht entgegengesetzt, vielmehr gleichen sie sich darin, dass bestimmte Personen sondiert, ausgeschlossen oder weggeschlossen werden, weil sie einer bestimmten Risikogruppe zuzuordnen sind und stören *könnten*, unabhängig davon, ob das tatsächlich der Fall sein wird (Hirsch/Shearing 2000). Insofern haben wir es nicht mehr mit Prävention im Sinne mehr oder weniger konkreter Gefahrenabwehr oder aber vorbeugender Maßnahmen zu tun, sondern mit einer Art *zuvorkommender* Prävention oder, wie es in der Friedens- und Konfliktforschung heißt, mit *Pre-emption*.[9] Diese impliziert, gegenüber der Gefahrenabwehr, nicht nur eine zeitliche Vorverlagerung der Interventionsschwelle. Mit der strategischen Fokussierung auf die Vorwegnahme einer Gefahr verschiebt sich vielmehr

---

[8] Einst genuin staatliche Aufgabenfelder werden externalisiert – freilich mit dem Effekt, dass der Staat um so effektiver funktionieren kann (Garland 1996: 454). Im Bereich der öffentlichen Sicherheit beziehungsweise der Kleinkriminalität übernehmen private Sicherheitsanbieter eher erste Ordnungsfunktionen, während es „Sache des Staates [bleibt], die ‚schwere Kriminalität' zu ‚bekämpfen'" (Trotha 2002: 353).

[9] „Während ein Präventivkrieg die Erfüllung von Kriterien fordert, um etwa die unmittelbare Gefahr der beabsichtigten Aggression eines Staates beurteilen zu können, sind Kriterien für einen Präventivschlag, geschweige denn -krieg", so Ulrich Arnswald (2003), „schlichtweg unbekannt". Ziel eines präemptiven Krieges oder auch eines „vorbeugenden Militärschlages" zur, wie ihn die Bush-Doktrin seit 2002 angeblich zur Selbstverteidigung völkerrechtswidrig proklamiert, sei es, „das Aufkommen möglicher Gefahren bereits im Keim [zu] ersticken". Zur anderslautenden Definition vgl. Denninger (2005: 362), der in der „Präemption" das engere Konzept gegenüber „dem viel weiteren, noch weniger bestimmten und begrenzbaren der ‚Prävention'" erkennt.

der Gegenstand selbst (Grimm 1986: 44). Nicht eine Tat oder Störung wird sich demnach realisieren, denn es gilt ja schon die *Möglichkeit* eines unerwünschten Ereignisses zu verhindern; zum Ereignis wird die Intervention selbst. Diese ist es, die eine *Spur* hinterlassen wird,[10] wenn in der Folge dann doch ein konkreter Täter verhört, eingesperrt oder ausgeschlossen wird.

Der Mechanismus, der sich mit Pre-emption verbindet, ist aber nicht nur in kriminologischen Konzepten zu finden, sondern bereits realer Bestandteil gegenwärtiger Strategien der Terrorismusbekämpfung. Dabei bildet der 11. September als Ereignis den Horizont einer Lesbarkeit von Gefahren, die wiederum „nicht mehr von einzelnen Tätern ausgehen, sondern von einer diffusen Bedrohungslage, die präventiv aufgeklärt werden muss" (Lepsius 2004: 83). Rasterfahndung oder biometrischer Pass, aber etwa auch der § 129 im deutschen Strafrecht, der es erlaubt, schon die Vorbereitung einer Straftat und die Zugehörigkeit zu einer kriminellen beziehungsweise terroristischen Vereinigung zu ahnden, fungieren dabei gleichsam als *Taktiken* eines Risikokalküls, das von konkreten Gefahren ebenso abstrahiert wie von tatsächlichen individuellen Handlungen. Im Horizont einer allgemeinen Bedrohungslage ändert sich so das Verhältnis von Sicherheit und Freiheit, und zwar nicht im quantitativen Sinne – je mehr Freiheit desto weniger Sicherheit und *vice versa* –, sondern qualitativ, wie der Rechtstheoretiker Oliver Lepsius (ebd.) konstatiert: „Die Freiheit des Einzelnen wird in dieser Konstellation nicht mehr individuell geschützt, sondern nur noch als Reflex der Freiheit der Gesellschaft. [...] Die individuelle Freiheit wird zu einer Freiheit unter Gesellschaftsvorbehalt." Gesellschaftsvorbehalt, so meine These, heißt aber nichts anderes, als die Freiheit unter Vorbehalt einer Freiheit des Staates zu stellen – Freiheit im Sinne möglicher Intervention: Wenn die soziale Kriminologie den Verbrecher als eine innere Gefahr der Gesellschaft erkannte, um ihn im Namen der Verteidigung des Sozialen zu kontrollieren, dann werden terroristische Bedrohungen jetzt als Risiken traktiert, die nicht nur die Gesellschaft und die Freiheit des Einzelnen bedrohen, sondern die Verteidigung des Staates als Garant der Sicherheit auf den Plan rufen.

3   Renaissance souveräner Macht im Horizont einer Bevölkerungspolitik

Auch im Feinstrafrecht ist *Pre-emption* zentral, darin besteht seine Anschlussfähigkeit an die risikoorientierten Konzepte der Kriminal- und Sicherheitspolitik:

---

[10] Vgl. den Diskussionsbeitrag von Baudrillard (2003) in Anspielung auf „Minority Report" von Steven Spielberg.

„[M]ehr als bei der Notwehr, bei der die erforderliche Abwehr immer nur Reaktion auf einen aktuellen Angriff sein kann," geht es, so heißt es hier, „auch um die Abwehr künftiger Angriffe" (Jakobs 2000: 51; vgl. 2004: 92). Den Paradigmenwechsel den die Figur des Feindes markiert, weiß Jakobs zunächst noch scheinbar harmlos in Kategorien der Systemtheorie zu verpacken: Feinde seien empirische Realität wie „störende Umwelt" des Rechts der Gesellschaft (2000: 53); und weil sie sich in die Systemlogik nicht fügten, könne eine Reaktion nicht nach den Regeln des Strafrechts erfolgen. Nicht allein die normative Integration der Gesellschaft steht auf dem Spiel – weshalb das Feindstrafrecht auch nicht dazu dient, lediglich auf einen Normbruch zu reagieren (Jakobs 1985: 775) –, sondern die Sicherheit der Gesellschaft, das Leben der Bevölkerung und vor allem das Rechtssystem (2004: 93). Der Feind erfüllt in dieser Logik eine Funktion. Als Bedrohung ist er immer schon präsent, er ist, wie terroristische Anschläge demonstrieren, *offensichtlich* anwesend, als Erwartung bleibt er zugleich eine *mögliche* Bedrohung. Der Feind ist eine *reale Möglichkeit*, um den hier nicht zufällig passenden Begriff von Carl Schmitt aufzugreifen, er ist per definitionem unsichtbar, unerkennbar – und das Wiedererkennen des Feindes daher immer ein performativer und produktiver Akt (Žižek 2002: 113). Der Feind muss mit dem Institut des Ausnahmerechts bekämpft werden, denn er ist per definitionem fremd, anders, nicht dazugehörig – das begründet seine Bekämpfung. Er gehört nach Draußen – das begründet das Ausnahmerecht. Die Bedrohung legitimiert die Grenzziehung, die Unterscheidung zwischen Innen und Außen, zugleich aber auch die Entgrenzung, einen inneren Kriegszustand, den das Feindstrafrecht wie eine Problemlösung propagiert.

Die Gleichzeitigkeit von Sicherheit und Bedrohung ist schon historisch ein konstitutiver Teil der Ordnung des modernen Staates, die das Gewaltmonopol garantiert. Sie ist die Voraussetzung einer Grenzziehung, die nicht nur der Unterscheidung zwischen Freund und Feind sowie Feind und Verbrecher erst ihren spezifischen Sinn verleiht, sondern auch der zwischen legitimer und illegitimer Gewalt. Die Konstituierung des Staates ist das Resultat einer Setzung oder, wie Gilles Deleuze (1987: 146) sagen würde, einer „Faltung", die rechtlose und gewaltdurchsetzte Verhältnisse als ein Außen postuliert, um das Innere als einen Schutzraum domestizierter und verstaatlichter Gewalt zu markieren.[11] Die Unterscheidung begründet zugleich eine Aneignung, die staatliche Aneignung legitimer Gewalt, die die Gewalt der anderen, der Bürger unterbinden soll. Die anhal-

---

[11] So setzte auch Hobbes die gewaltsame Unordnung, den so genannten Naturzustand des Kampfes aller gegen alle, als einen außerrechtlichen Zustand *künstlich* voraus, um den Leviathan und mit ihm die Funktion des Staates als Schutz der Bürger zu begründen; (vgl. Ortmann 2003: 24 und 93); Agamben 2002: 115ff.; Foucault [1975-76] 1999: 105).

tende Bedrohung der Bevölkerung ist damit keineswegs aus-, sondern gerade eingeschlossen. Das Gefühl der Sicherheit ist, wenn man so will, der Effekt eines Bedrohungsszenarios, dem das Versprechen der Sicherheit gegenüber steht. Zugleich bleibt die Möglichkeit des Ausnahmezustands präsent (vgl. Derrida 2002: 176ff.). Sie artikuliert sich immer wieder als ein grundlegendes Problem der Legitimität der Gewalt und des Rechts. Sie zeigt sich nicht nur in definierten Ausnahmesituationen, sondern etwa in dem ebenso alltäglichen wie grundsätzlichen rechtlichen Vorbehalt des Staates, den Schutz der Menschen unter die Bedingung ihrer Bürgerschaft zu stellen (vgl. Agamben 2002); oder in der Legitimität von Polizeigewalt, die sich, wie Giorgio Agamben (2001: 100) es formuliert, prinzipiell in einer „Zone der Unterscheidungslosigkeit zwischen Gewalt und Recht" bewegt.

Das Feindstrafrecht profitiert gleichsam von der Prekarität, die dem demokratischen Rechtsstaat eingeschrieben ist und die es erlaubt, diesen an seinen Grenzen auszuhöhlen. Dabei erweist sich das Feindstrafrecht, paradigmatisch verstanden, in bemerkenswerter Übereinstimmung mit der US-amerikanischen Guantánamo-Politik. Die Häftlinge dort können bekanntlich unbegrenzt und ohne weitere Begründung festgehalten werden, ohne als Kriegsgefangene anerkannt zu sein.[12] Das Gebot nationaler Selbstverteidigung schien diese Berechtigung zu *unbegrenzter Haft* als einem außerrechtlichen Zustand herzustellen. Staat und Regierung setzten sich damit über rechtliche Normen und internationale Konventionen hinweg, aber das Recht legitimierte nicht ihre Macht. Es fungierte, wie Judith Butler (2004: 50ff.) in ihrem jüngsten Buch „Precarious Life" analysiert,[13] nur als ein politisches Vehikel. Es wurde willkürlich suspendiert und bringt eine neue Form souveräner Macht hervor: Für die klassische Souveränitätsmacht hatte das Recht eine konstitutive und legitimierende Funktion. Deshalb wurde das *crimen laesae maiestatis* im *Ancien Régime* in der zur Schau gestellten

---

[12] Grundsätzlich geändert hat sich hieran bis dato nichts, weder nach dem Urteil des Obersten Gerichts im Juni 2004 über die rechtlichen Möglichkeiten der Gefangenen (vgl. Mayer 2005), noch nach der vom Kongress abgesegneten Initiative des republikanischen Senators John McCain, der zufolge eine Selbstverständlichkeit wieder Gesetz wurde: Entsprechend der Genfer Konvention dürfen US-Sicherheitskräfte an keinem Ort mehr foltern oder Gefangene menschenunwürdig behandeln. Ergänzend wurde jedoch auch bestimmt, dass den in Guantánamo festgehaltenen „feindlichen Kämpfern" weiterhin – entgegen der Diktion des Obersten Gerichts – das *habeas corpus*-Recht der Klage vor US-Bundesgerichten verwehrt werden soll. Beweise, dass sich die Lage dieser Häftlinge geändert habe, stehen überdies bis heute aus (vgl. Greenberg 2006).

[13] Wenn hier von einer Renaissance die Rede ist, heißt das gerade nicht – wie Butler (2004: 114) an einer Stelle nahe legt –, ein anachronistischer Machttypus werde gegenwärtig wieder wirksam; eher kann man, durchaus in Übereinstimmung mit der gesamten Argumentation von Butler, sagen, souveräne Macht wird, in neuer Gestalt, wieder sichtbar.

grausamen Praxis der Marter gesühnt, um das Recht und damit die Macht des Souveräns wiederherzustellen (Foucault [1975] 1977).

Die Situation in Guantánamo hingegen ist nicht, wie bei der klassischen Souveränität, das Resultat einer einheitlichen und vorausgesetzten souveränen Macht, die die Rechtsstaatlichkeit suspendiert. Souveräne Macht ist vielmehr umgekehrt der Effekt. Sie konnte, so Butler in Anknüpfung an Foucault, im neuen Gewand im Horizont einer die Gegenwart dominierenden Gouvernementalität auftauchen, in der das Recht, wie die Gewalt, als eine Machtressource unter anderen fungiert. Souveräne Macht wird durch das Außerkraftsetzen der Rechtsstaatlichkeit – performativ – erst hervorgebracht (Butler 2004: 66). Auch ist es nicht die Justiz, die über das Schicksal jedes Einzelnen entscheidet, es sind Administratoren und Experten des Militärs, die über das „bloße Leben" der Häftlinge verfügen (56). So gerät der Körper der Delinquenten in den Blick, die nicht als einfache Verbrecher gelten, denen aber auch nicht der Status als Kriegsgefangene zugestanden wird. Die *unlawful combatants* sehen sich auf ihr nacktes Dasein reduziert und staatlicher Gewalt ausgesetzt (vgl. Agamben 2002). Sie werden gefoltert und bestraft und in medialer Zurschaustellung triumphierend degradiert und dabei als anhaltende Gefahr dargestellt.

Das unilaterale Machtgebaren der USA freilich ist auf bundesrepublikanische Verhältnisse nicht übertragbar. Zudem ist das Feindstrafrecht kein bestimmtes Programm einer politischen Partei oder Regierung, sondern umgekehrt eher das Symptom einer dominanten Sicherheitsorientierung. Jedoch bestimmt Jakobs die Feinde als „Unpersonen",[14] und so sollen sie, wie die Häftlinge in Guantánamo, nicht als Bürger und nicht als Menschen gelten, ihnen wäre jedes Recht eines Bürgers und letztlich jedes Menschenrecht abzusprechen. Das Programm des Feindstrafrechts ist insofern auch eine, freilich implizite, Form des „entitlement to cruelty" (Simon 2001), das sich mit der Verunsicherung der Bevölkerung gemein zu machen sucht.

Feindstrafrecht ist Ausnahmerecht, es ist als solches zugleich aber auch Regel; nicht nur weil es sich über die herrschenden Regeln, die rechtsstaatlichen Prinzipien, definiert, mithin mit diesen eine gleichsam parasitäre Beziehung aufnimmt, sondern auch weil es selbst die Ausnahme regeln will. Dabei handelt es sich jedoch, damit komme ich auf meine Eingangsthese zurück, keineswegs nur um ein rechtliches Problem, auch darin gleicht es jener Guantánamo-Politik. Die Grenzüberschreitung vollzieht sich nicht zuerst über das Recht, sondern über das

---

[14] So heißt es bei Jakobs (2000: 53) wiederum in impliziter Reminiszenz an den Nationalsozialismus wörtlich: „Feinde sind aktuell Unpersonen. Auf den Begriff gebracht ist Feindstrafrecht also Krieg, dessen Gehegtheit oder Totalität (auch) davon abhängt, was vom Feind alles befürchtet wird. Das klingt anstößig und ist es auch, da es von der Unmöglichkeit umfassender Rechtlichkeit handelt".

sicherheitsorientierte Präventionsansinnen. Feindstrafrecht ist Bevölkerungspolitik, es handelt von einer neuen Form der Verteidigung der Gesellschaft im Namen der Sicherheit. Darüber erst legitimiert sich die Ausübung souveräner Macht, die Ausgrenzung und Vernichtung des Feindes soll im Namen der Sicherung des Lebens der Gesellschaft stattfinden. Freiheit als politisches Paradigma würde darüber ebenso preisgegeben wie der demokratische Rechtsstaat,[15] und auch das nicht nur im legalistischen Sinne: Das Feinstrafrecht höhlt nicht nur symbolisch rechtsstaatliche Prinzipien aus, mit seiner Durchsetzung würden sich auch die gesellschaftlichen Praktiken verändern.

Freilich, schon die Geschichte der Kriminologie ist auch eine Geschichte der „suitable enemies" (Christie 1986). Nicht erst die *criminology of the alien other* entdeckte den politischen Gewinn populistischer Zuspitzung und der Fokussierung bestimmter Tätergruppen, vielmehr kennt auch die *criminology of the self* ihre üblichen Verdächtigen, die sie als Risiken aussondiert. Und schon das soziale Paradigma sah nicht nur die „Besserung der Besserungsfähigen" vor, sondern, wie es beim Strafrechtsreformer des 19. Jahrhunderts Franz von Liszt ([1882] 1905: 173) höchst selbst hieß, ebenso die „Unschädlichmachung der Unverbesserlichen". Die klassisch-liberale Strafrechtstheorie schließlich erklärte sogar einen Verbrecher zum Feind: Weil Theoretiker der Aufklärung, wie Bentham oder Beccaria, jedem Menschen und also auch jedem Rechtsbrecher eine allgemeine Vernunftfähigkeit unterstellten, konnten sie umkehrt schließen, dass er sich für seine Tat und gegen das Recht entschied. Er wandte sich gegen die Gesellschaft und machte sich folglich selbst zum Feind der Gesellschaft (Foucault [1994] 2003: 80). So konnte Rousseau verlangen, den Vertragsbrüchigen zu verbannen oder den Staatsfeind zu töten. Freilich hatten die Liberalen sich mit der Verfassung des Rechtsstaats auch die Humanisierung der Rechtspraxis auf die Fahnen geschrieben. Das Recht garantierte beides, was indes auch hieß, sich wie Beccaria oder Kant für den unbedingten Vollzug einer Strafe auszusprechen. Das Recht war Garant der Mäßigung wie der Legitimation der Machtausübung (Rousseau [1769] 1986; Beccaria [1766] 1988; Kant [1797] 2000; Naucke 1989). Im Feindstrafrecht hingegen dient das Recht zwar als Legitimationsfolie, aber es ist gerade nicht ein Garant der Mäßigung, sondern ein Programm der Entgrenzung. Auch dient die Kategorie des Feindes hier nicht mehr der Normierung, sondern der Grenzziehung, der Ab- und Ausgrenzung. Diese Logik der Differenzierung aber ist als solche unendlich dehnbar. Deshalb kann als Feind nicht nur der politische Verbrecher gelten, sondern jeder Wiederholungstäter und letztlich jeder und jede. In

---

[15] Anders als der Rechtsstaat im Hobbesschen Sinne, stellt der *demokratische* Rechtsstaat die individuelle Freiheit über das Ziel der Friedenssicherung und der Staatserhaltung, vgl. Brunkhorst (2005: 76f.).

dieser Unbestimmtheit freilich ist das Feindstrafrecht willkürlich (Bielefeldt 2004), es stellt insofern gerade nicht Sicherheit, sondern Unsicherheit her. So würde, was die post-soziale Kriminologie exemplarisch am Sexualtäter erprobt hat, zu einem allgemeinen und fundamentalen Prinzip, in dem Exklusion allerdings nicht mehr nur Wegsperren oder von sozialer Teilhabe ausschließen hieße, sondern letztlich Vernichtung.

„Der politische Sinn der Feindschaft", so heißt es vielfach, „liegt in der Verschiebung interner Rivalitäten einer Gemeinschaft nach außen" (Palaver 2003: 73). Auch in diesem Sinne reduziert das Feinstrafrecht sich nicht auf Ideologie, seine Rede dient nicht nur der Legitimation. Als Programm ist es performativ (Rose/Miller 1992: 177). Es stellt Verknüpfungen her und erzeugt Vorstellungen, es scheint die Realität zu beschreiben und schreibt zugleich vor, wie die Probleme bearbeitet werden sollen. Dabei richtet es sich an Adressaten und es ist unsere Zustimmung, um die es wirbt. Solcher Appell indes verfängt bekanntlich gerade deshalb, weil die Adressaten davon ausgehen, der Feind könnte stets nur der andere sein.

Literatur

Agamben, Giorgio, 2002: Homo sacer. Die souveräne Macht und das nackte Leben. Frankfurt/M.

Agamben, Giorgio, 2001: Mittel ohne Zweck. Noten zur Politik. Freiburg, Berlin.

Arnswald, Ulrich, 2003: Präventiv-Krieg oder Präemptiv-Krieg? Der Irakkrieg als Beispiel für die „Enthegung des Völkerrecht", in: Freitag. Die Ost-West-Wochenzeitung 35, 22.8.

Baudrillard, Jean/Derrida, Jacques/Major, René, 2003: Terror, Krieg, Recht. Über globale Gewalt, Vorsorgestrategien und Weltunordnung, in: Lettre International 63, 19-25.

Beccaria, Cesare, [1766] 1988: Über Verbrechen und Strafen. Nach der Ausgabe von 1766 übersetzt und hrsg. von Wilhelm Alff. Frankfurt/M., Leipzig.

Bielefeldt, Heiner, 2004: Das Folterverbot im Rechtsstaat, in: *Deutsches Institut für Menschenrechte* (Hrsg.), Policy Paper No. 4. Berlin.

Brunkhorst, Hauke, 2005: Folter vor Recht. Das Elend des repressiven Liberalismus, in: Blätter für deutsche und internationale Politik (1), 75-82.

Butler, Judith, 2004: Precarious Life. The Powers of Mourning and Violence. London, New York.

Castel, Robert, 1983: Von der Gefährlichkeit zum Risiko, in: *Wambach, Manfred Max* (Hrsg.), Der Mensch als Risiko. Zur Logik von Prävention und Früherkennung. Frankfurt/M., 51-74.

Christie, Nils, 1986: Suitable Enemy, in: *Bianchi, Herman/van Swaaningen, René* (Hrsg.), Abolitionism: Towards a Non-Repressive Approach to Crime. Amsterdam.

Cruikshank, Barbara, 1993: Revolutions within: self-government and self-esteem, in: Economy and Society 22, 327-342.

Dean, Mitchell, 2002: Powers of Life and Death Beyond Governmentality, in: Cultural Values 6 (1&2), 119-138.

Deflem, Mathieu, 1997: Surveillance and Criminal Statistics: Historical Foundations of Governmentality, in: Studies in Law, Politics, and Society 17, 149-184.

Deleuze, Gilles, 1987: Foucault, Frankfurt/M.

Denninger, Erhard, 2005: Recht, Gewalt und Moral – ihr Verhältnis in nachwestfälischer Zeit. Ein Bericht, in: Kritische Justiz 38, 359-369.

Denninger, Erhard, 1990: Der Präventions-Staat, in: *Ders.*: Der gebändigte Leviathan. Baden-Baden, 33- 43.

Derrida, Jacques, 2002: Politik der Freundschaft. Frankfurt/M.

Dünkel, Frieder/Zyl Smit, Dirk van, 2004: Preventive Detention of Dangerous Offenders Reexamined: A Comment on two decisions of the German Federal Constitutional Court (BVerfG – 2 BvR 2029/01 of 5 February 2004 and BVerfG – 2 BvR 834/02 – 2 BvR 1588/02 of 10 February 2004) and the Federal Draft Bill on Preventive Detention of 9 March 2004, in: German Law Journal 5, 619-637.

Eser, Albin/Hassemer, Winfried/Burkhardt, Björn (Hrsg.), 2000: Die deutsche Strafrechtswissenschaft vor der Jahrtausendwende. Rückbesinnung und Ausblick. München.

Foucault, Michel, [1975] 1977: Überwachen und Strafen. Die Geburt des Gefängnisses. Frankfurt/M.

Foucault, Michel, [1976] 1983: Der Wille zum Wissen. Sexualität und Wahrheit 1. Frankfurt/M.

Foucault, Michel, 1984: Polemics, Politics, and Problematizations, in: *Rabinow, Paul* (Hrsg.), The Foucault Reader. New York, 381-390.

Foucault, Michel, [1975-76] 1999: In Verteidigung der Gesellschaft. Vorlesungen am Collège de France. Frankfurt/M.

Foucault, Michel, [1994] 2003: Die Wahrheit und die juristischen Formen. Mit einem Nachwort von Martin Saar. Frankfurt/M.

Foucault, Michel, [1977-78] 2004a: Geschichte der Gouvernementalität I: Sicherheit, Territorium, Bevölkerung. Vorlesung am Collège de France, hrsg. v. Michel Sennelart. Frankfurt/M.

Foucault, Michel, [1978-79] 2004b: Geschichte der Gouvernementalität II: Die Geburt der Biopolitik. Vorlesung am Collège de France, hrsg. v. Michel Sennelart. Frankfurt/M.

Frankenberg, Günter, 2005: Kritik des Bekämpfungsrechts, in: Kritische Justiz 38, 370-386.

Funk, Albrecht, 2002: Krieg als Terrorismusbekämpfung, in: Kriminologisches Journal 34, 132-142.

Garland, David, 1996: The Limits of the Sovereign State: Strategies of Crime Control in Contemporary Society, in: British Journal of Criminology 36, 445-471.

Garland, David, 2001: The Culture of Control, Crime and Social Order in Contemporary Society. Chicago, Oxford.

Greenberg, Karen, 2006: Europa ist der Komplize Amerikas. Ein Gespräch mit der amerikanischen Juristin Karen Greenberg über die Politik der Folter, in: Süddeutsche Zeitung, 25./26.2.

Grimm, Dieter, 1986: Verfassungsrechtliche Anmerkungen zum Thema Prävention, in: Kritische Vierteljahreszeitschrift für Gesetzgebung und Rechtswissenschaft (1), 38-54.

Haffke, Bernhard, 2005: Vom Rechtsstaat zum Sicherheitsstaat?, in: Kritische Justiz 38, 17-35.

Hardt, Michael/Negri, Antonio, 2002: Empire. Die neue Weltordnung. Frankfurt/M., New York.

Hetzer, Wolfgang, 2004: Terrorbekämpfung – Strafverfolgung oder Kriegsführung?, in: Kriminalistik 58 (H. 8-9), 508-517.

Hirsch, Andrew von/Shearing, Clifford, 2000: Exklusion from Public Space, in: *Hirsch, Andrew von/Garland, David/Wakefield, Alison* (Hrsg.), Ethical and Social Perspectives on Situational Crime Prevention. Oxford, Portland/Oreg., 77-96.

Jakobs, Günther, 2004: Bürgerstrafrecht und Feindstrafrecht, in: Höchstrichterliche Rechtsprechung Strafrecht (3), 88-94.

Jakobs, Günther, 2000: Das Selbstverständnis der Strafrechtswissenschaft vor den Herausforderungen der Gegenwart, in: *Eser et al.,* 47-56.

Jakobs, Günther, 1985: Kriminalisierung im Vorfeld einer Rechtsgutsverletzung, in: ZStW 97, 751-785.

Kant, Immanuel, [1797] 2000: Die Metaphysik der Sitten. Werkausgabe VIII, hrsg. v. Wilhelm Weischedel. Frankfurt/M.

Kötter, Matthias, 2004: Subjektive Sicherheit, Autonomie und Kontrolle. Eine Analyse des jüngeren Diskurses des Sicherheitsrechts, in: Der Staat 43 (3), 371-398

Krasmann, Susanne, 2004: Monitoring, in: *Bröckling, Ulrich/Dies./Lemke, Thomas* (Hrsg.), Glossar der Gegenwart. Frankfurt/M., 167-173.

Lepsius, Oliver, 2004: Freiheit, Sicherheit und Terror: Die Rechtslage in Deutschland, in: Leviathan 32, 64-88.

Liszt, Franz von, 1905: Der Zweckgedanke im Strafrecht (Marburger Universitätsprogramm 1882), in: Strafrechtliche Aufsätze und Vorträge. Erster Band 1875 bis 1891. Berlin, 126-179.

Mayer, Jane, 2005: Outsourcing Torture, in: The New Yorker, 14.2.

Naucke, Wolfgang, 1989: Die Modernisierung des Strafrechts durch Beccaria, in: *Günther Deimling* (Hrsg.), Cesare Beccaria. Heidelberg, 37-53.

Ortmann, Günther, 2003: Regel und Ausnahme. Paradoxien sozialer Ordnung. Frankfurt/M.

Palaver, Wolfgang, 2003: Vom Nutzen und Schaden der Feindschaft: Die mythischen Quellen des Politischen, in: *Brehl, Medardus/Platt, Kristin* (Hrsg.), Feindschaft. München, 71-78.

Prittwitz, Cornelius, 2004: Derecho penal del enemigo: Análisis criítico o programa del derecho penal?, in: *Santiago Mir Puig/Mirentxu Corcoy Bidasolo* (Hrsg.), La Política criminal en Europa. Barcelona, 107-120.

Prittwitz, Cornelius, 1993: Strafrecht und Risiko. Untersuchungen zur Krise von Strafrecht und Kriminalpolitik in der Risikogesellschaft. Frankfurt/M.

Pütter, Norbert/Narr, Wolf-Dieter/Busch, Heiner 2005: Bekämpfungsrecht und Rechtsstaat. Vorwärtsverrechtlichung in gebremsten Bahnen?, in: Bürgerrechte & Polizei/CILIP 82 (3), 6-15.

Rousseau, Jean Jacques, [1769] 1986: Vom Gesellschaftsvertrag oder Grundsätze des Staatsrechts. Stuttgart.

Rose, Nikolas/Miller, Peter, 1992: Political power beyond the State: problematics of government, in: British Journal of Sociology 43, 173-205.

Schmitt, Carl, [1934²] 1996⁷: Politische Theologie. Vier Kapitel zur Lehre von der Souveränität. Berlin.

Schmitt, Carl, 1963: Der Begriff des Politischen (Text von 1932 mit einem Vorwort und drei Corollarien). Berlin.

Schoch, Friedrich, 2004: Abschied vom Polizeirecht des liberalen Rechtsstaats? – Vom Kreuzberg-Urteil des Preußischen Oberverwaltungsgerichts zu den Terrorismusbekämpfungsgesetzen unserer Tage, in: Der Staat 43, 347-369.

Simon, Jonathan, 1998: Managing the Monstruous. Sex Offenders and the New Penology, in: Psychology, Public Policy, and Law 4, 452-467.

Simon, Jonathan, 2001: "Entitlement to cruelty": neo-liberalism and the punitive mentality in the United States, in: *Stenson, Kevin/Sullivan, Robert R.* (Hrsg.), Crime, Risk and Justice. The politics of crime control in liberal democracies. Cullompton/Devon, Portland/Oregon, 125-143.

Stegmann, Andrea, 2004: Organisierte Krimininalität. Feindstrafrechte Tendenzen in der Rechtsetzung zur Bekämpfung organisierter Kriminalität. Bern.

Trotha, Trutz von, 2002: Über die Zukunft der Gewalt, in: Monatsschrift für Kriminologie und Strafrechtsreform 85, 349-368.

Veyne, Paul, 1992: Foucault: Die Revolutionierung der Geschichte. Frankfurt/M.

Weber, Max 1958²: Politik als Beruf, in: *Ders.:* Gesammelte politische Schriften. Erw. Aufl., neu hrsg. v. Johannes Winckelmann.Tübingen.

Žižek, Slavoj, 2002: Vom *Homo sucker* zum *Homo sacer*, in: *Ders.:* Willkommen in der Wüste des Realen. Wien, 89-115.

Julia Lepperhoff

Soziale Sicherheit in Deutschland und Frankreich – eine vergleichende Analyse der aktuellen Sozialstaatsdebatte

1 Sozialstaatsforschung und Diskursanalyse

In der vergleichenden Sozialstaatsforschung, die in der Politikwissenschaft seit den 1990er Jahren einen starken Aufschwung erfahren hat, ist von einer Hinwendung zur Foucaultschen Diskursanalyse bislang wenig zu spüren. Der Schwerpunkt der Mainstream-Politikwissenschaft in der Auseinandersetzung mit Sozialstaatlichkeit liegt nach wie vor auf einer stark aggregierten, makropolitischen Ebene, die den Vergleich von Systemen oder nationalstaatlichen Politiken in den Vordergrund stellt. Gefragt wird dabei in der Regel nach Gemeinsamkeiten und Unterschieden, nach Kontinuitäten und Wandel von Sozialstaaten und zunehmend häufiger auch nach „Best Practice".

Zwar öffnet sich die vergleichende Sozialstaatsforschung allmählich für diskurstheoretische Bezüge und diskursanalytische Verfahren, diese nehmen jedoch nur selten die Arbeiten Foucaults zum Ausgangspunkt.[1] Diskursbegriffe in der Politikwissenschaft sind in der Regel sehr offen gehalten; dies gilt auch für die Sozialstaatsforschung. Unter Diskurs wird oftmals das gefasst, was im allgemeinen Sprachgebrauch auch als politisch-öffentliche Debatte oder Diskussion bezeichnet wird. Diese einfache Gleichsetzung weicht jedoch differenzierteren Definitionsversuchen.

---

[1] Ein viel diskutierter Ansatz der diskursanalytischen Forschung, der sich auch auf die Politik der sozialen Sicherheiten konzentriert, arbeitet mit dem Konzept der Gouvernementalität (Pieper/Gutiérrez Rodríguez 2003), und schließt damit eng an Foucault an. Am Beispiel der Gesundheitspolitik lässt sich der unterschiedliche Fokus gut verdeutlichen: Während in der vergleichenden Policy-Forschung ein weitaus engeres Verständnis von Gesundheitspolitik als Krankenversicherungspolitik vorherrscht, zielen Untersuchungen, die mit dem Konzept der Gouvernementalität arbeiten, auf den menschlichen Körper und wie dieser zum Gegenstand staatlicher Gestaltungsprozesse wird (z.B. Gottweis et al. 2004: 11ff.). Der Körper wird hier als Produkt einer spezifischen Verschränkung von Diskursen, Praktiken und Institutionen gedacht: Gesundheitspolitik wird als Körperpolitik konzipiert.

Entsprechend dem Gegenstandsbereich der politikwissenschaftlichen Disziplin steht bei der Diskursanalyse weniger die Sprachproduktion als solche, sondern vorrangig die Produktion und die Wirkung von politisch relevanten Deutungsmustern innerhalb öffentlicher Debatten im Zentrum (Keller 2001: 9; Nullmeier 2001: 285). In dieser Sichtweise werden Diskurse jedoch nicht nur geführt, um politische Zustimmung zu organisieren und die öffentliche Meinung zu beeinflussen. Sie gehen insofern über die Analyse strategischer Kommunikation hinaus, die primär als eine zweckrationale und zielgerichtete Form der Kommunikation an der analytischen Schnittstelle von Politik und Medien zu verstehen ist. Vielmehr werden in den Diskursen auch die handlungsleitenden Orientierungen und Werte der politischen AkteurInnen repräsentiert.

In diesem Zusammenhang haben in der vergleichenden Policy-Forschung Analyseansätze an Bedeutung gewonnen, die die bedeutungsproduzierende Rolle von Diskursen und deren eigenständigen Stellenwert für politische Prozesse anerkennen. Dabei sind die Meinungen jedoch geteilt, wie hoch dieser Stellenwert zu gewichten ist. Sollten Diskurse zentraler Gegenstand der Analyse sein, da es keine der Sprache und der Deutung vorgängige Wirklichkeit gibt, oder sind Diskurse als eine Variabel zur Erklärung von Policies und damit nur als *eine Dimension* im politischen Prozess zu konzipieren? Wie diese Entscheidung ausfällt, hängt entscheidend mit dem Diskursverständnis und der daraus folgenden analytischen Perspektive zusammen.

Im Folgenden soll eine vergleichende Analyse der aktuellen Sozialstaatsdebatte in Frankreich und Deutschland vorgestellt werden, die ich mit wissens- und ideenbezogenen Ansätzen aus der Policy-Forschung unternommen habe. Im Mittelpunkt steht dabei insbesondere der sozialpolitische Wandel der letzten zehn bis fünfzehn Jahre in beiden Ländern, der durch die empirische Rekonstruktion von gesundheitspolitischen Reformdebatten in der politischen Öffentlichkeit aufgezeigt werden soll. Zentrale These ist, dass – entgegen landläufigen Annahmen der vergleichenden Sozialstaatsforschung – markante Unterschiede zwischen den Sozialstaatsdebatten in Frankreich und Deutschland bestehen und dass sich zudem ein sukzessiver Wandel im Zuge der aktuellen Restrukturierung des Sozialstaats in beiden Ländern abzeichnet. Dabei wird insbesondere das sich verstärkende Spannungsverhältnis von Solidarprinzip und Kostendämpfungsbestrebungen, wie es für den Zeitraum ab 1990 typisch ist, länderspezifisch interpretiert.

Zunächst soll jedoch ausgeführt werden, warum die Perspektive auf Diskurse in der politikwissenschaftlichen Forschung zu Sozialstaaten bislang insgesamt vernachlässigt wird (2). Anschließend soll gezeigt werden, wie aus einer diskursorientierten politikwissenschaftlichen Perspektive sozialstaatliche Reformen in den Blick genommen werden können (3): Zu diesem Zweck werden beispielhaft einige Ergebnisse meiner vergleichenden Untersuchung über gesundheitspolitische Reformdiskussionen in Frankreich und Deutschland vorgestellt (4).

2 Erklärungsansätze der vergleichenden Sozialstaatsforschung

Im Mainstream der vergleichenden Sozialstaatsforschung werden nach wie vor Ansätze favorisiert, die Diskurse vernachlässigen und dabei ihrerseits eine ganz spezifische Perspektive auf den Gegenstand befördern: Diese Perspektive erschwert jedoch die Analyse länderspezifischer Unterschiede und behindert zudem die Untersuchung sozialpolitischen Wandels, wie er sich gegenwärtig in modernen Sozialstaaten vollzieht. Diese Problematik soll im Folgenden kurz anhand von Typologien und neo-institutionalistischen Ansätzen in der vergleichenden Sozialstaatsforschung illustriert werden.

Typologien, in denen moderne Sozialstaaten in Wohlfahrtsstaatsregime oder Länderfamilien gruppiert werden, sind in den 1990er Jahren ein zentraler Referenzpunkt für die vergleichende Analyse gewesen. Dabei existieren simplifizierende Modelle, die z.B. nur anhand einiger struktureller Grundmerkmale in Bismarck- und Beveridge-Systeme unterscheiden, neben einer komplexen Typenbildung, wie sie zum Beispiel im prominenten Ansatz von Esping-Andersen (1990) vorgenommen wurde.[2] Für die Analyse des aktuellen sozialpolitischen Wandels, seiner Verfasstheit und seiner Bedingungen bringt die Verwendung von Typologien jedoch mehrere gravierende Probleme mit sich:

1. Zunächst werden diese Typologien oftmals zur Beschreibung des Status Quo verwendet. Dabei werden indirekt konstante Bedingungen von Sozialstaatlichkeit vorausgesetzt, die jedoch angesichts der Restrukturierung von sozialen Politiken seit den 1980er Jahren de facto nicht mehr gegeben sind. So hält Borchert (1998: 145) für die von Esping-Andersen formulierten „Three Worlds of Welfare" fest, dass dieses Konzept, das eigentlich eine „Momentaufnahme der Nachkriegszeit" sei, zum „Werk für die Ewigkeit" gemacht werde. Entgegen der ursprünglichen Intention bleibt die Historizi-

---

[2] Entlang von Kriterien wie (a) dem Grad der De-Kommodifizierung, d.h. dem Maß, in dem die Marktabhängigkeit von Individuen durch soziale Rechte reduziert wird, (b) dem Grad der sozialen Stratifizierung als Indikator gesellschaftlicher Verteilungslogik und schließlich (c) dem jeweiligen Zusammenspiel von Staat, Markt und Familie unterscheidet Esping-Andersen die Systeme sozialer Sicherung der OECD-Staaten in konservative, liberale und sozialdemokratische Wohlfahrtsregime (Esping-Andersen 1990).

tät des sozialstaatlichen Arrangements auf diese Weise unterbelichtet, was Esping-Andersen selbst mehrfach kritisch angemerkt hat (1999: 73).

2. Zudem treten bei der Verwendung von Typologien die politisch handelnden AkteurInnen in den Hintergrund – und somit auch ihr Agieren und Debattieren in einer politischen Öffentlichkeit, die durch ein spezifisches institutionelles und wohlfahrtskulturelles Arrangement geprägt ist. Kurzum: Die Konflikthaftigkeit sozialpolitischen Wandels wird unsichtbar, und der Bedeutung von sozialen Kräften, politischen Konstellationen und Koalitionen wird eine untergeordnete Bedeutung zugesprochen.

3. Schließlich lassen sich potenzielle Unterschiede innerhalb einzelner Regime oder Länderfamilien – wie später noch anhand eines Vergleichs der Sozialpolitik in Frankreich und Deutschland gezeigt werden soll – kaum noch abbilden, da vom jeweiligen länderspezifischen Handlungskontext abstrahiert wird und standardisierte Typen entwickelt werden müssen.[3] So werden Frankreich und Deutschland bei Esping-Andersen und auch anderen Typologien im konservativen Wohlfahrtsstaatsregime zusammengefasst.

Ein weiterer, vielfach genutzter Ansatz in der vergleichenden Sozialstaatsanalyse ist der *Neo-Institutionalismus*. Mit der erneuten Hinwendung der Politikwissenschaft zur Staatstätigkeit, wie sie seit Mitte der 1980er Jahre u.a. in Formulierungen wie „Bringing the State back in" (Evans et al. 1985) zum Ausdruck kam, haben institutionelle Arrangements in der Sozialpolitik verstärkt Bedeutung bei der Analyse sozialstaatlicher Entwicklung erhalten. Eine der zentralen Thesen, die insbesondere vom historischen Institutionalismus gestützt wurde, ist die „Pfadabhängigkeit" von Sozialstaaten, d.h. ein System sozialer Sicherung entwickelt sich entlang eines einmal eingeschlagenen Pfads weiter. Dies wird darauf zurückgeführt, dass institutionelle Gelegenheitsstrukturen bestimmte Reformentwicklungen ermöglichen und andere behindern. Ermöglicht werden dabei gerade jene Veränderungen, die gegenüber dem bisherigen Entwicklungspfad An-

---

[3] Das *Benchmarking* von Sozialstaaten zur Identifikation von Best Practices kann als eine „realpolitische Version" der Typenbildung bezeichnet werden. Dabei werden anhand sozialstatistischer Indikatoren zu den Versorgungsstrukturen oder zur Kostendynamik des Sozialsystems Leistungsvergleiche der Sozialsysteme erstellt. Diese Leistungsvergleiche werden zunehmend als Begründungszusammenhang für sozialpolitische Reformen herangezogen und sollen der „Kontingenz politischer Prozesse die Rationalität politischer Planung entgegen(zu)setzen" (Straßheim 2003: 227). Auch bei dieser anwendungsorientierten Typenbildung erweist es sich als problematisch, dass von den Handlungs- und Strukturbedingungen des jeweiligen Kontextes abstrahiert wird. So weiß man zwar beispielsweise, dass das französische und das deutsche Gesundheitssystem im Hinblick auf die Arztdichte einen Spitzenwert aufweisen, kann jedoch nicht erklären, warum das so ist.

schlussfähigkeit besitzen, während Reformen, die mit dem institutionellen Arrangement nicht kompatibel sind, auf hohe Umsetzungsbarrieren stoßen.

Ein typisches Beispiel für diesen Ansatz in der vergleichenden Sozialstaatsforschung ist die viel zitierte Arbeit von Ellen Immergut (1992), die im Mehr-Länder-Vergleich zeigt, wie Gesundheitsreformen durch politisch-institutionelle Faktoren geprägt wurden. Sie begründet zum Beispiel die ärztefreundlichen Reformen in der III. und IV. Republik von Frankreich mit der Fragmentierung des Parteiensystems und dem geringen Grad der Interessenaggregation in Frankreich. Diese Bedingungen hätten es schlagkräftigen Gruppen wie der Ärzteschaft ermöglicht, gesundheitspolitische Entscheidungen im von Honoratioren geprägten Parlament massiv zu beeinflussen. Diese Entwicklung wurde erst mit einer Stärkung der Exekutive in der V. Republik gestoppt. In dieser Sichtweise erhalten Institutionen die Rolle von Handlungskorridoren der kollektiven AkteurInnen. Wie diese AkteurInnen konkret ihre Position formieren und wie diese wirkmächtig werden kann, wird in solchen Untersuchungen jedoch nicht zum Thema.[4] Auf diese Weise geraten zwar länderspezifische Unterschiede in den Blick, jedweder sozialpolitische Wandel lässt sich jedoch wiederum nur durch Institutionenwandel erklären. Dies führt zwangsläufig dazu, dass in diesem Ansatz die Kontinuitäten in der Sozialpolitik sehr hoch gewichtet werden. Insbesondere in der gegenwärtigen Restrukturierungsphase sind daher Fragen nach den Ursachen für „Pfadwechsel" nur schwerlich zu beantworten (Mahoney 2000).

Die *vergleichende Policy-Forschung* nimmt sich dieser Prozesshaftigkeit von Politik an und untersucht politische Prozesse und einzelne Policies, d.h. sozialpolitische Teilpolitiken und ihren Wandel.[5] Dabei liegt der eigentliche Gewinn der Policy-Forschung für die vergleichende Sozialpolitikanalyse darin, dass dieser Ansatz AkteurInnen und die Bedeutung ihrer Handlungen für staatliche Politiken fokussiert. Mit dieser handlungstheoretischen Perspektive wird nicht nur das „Primat der Struktur", sondern zugleich eine Sichtweise des Staates als zentraler und homogener Akteur aufgegeben. Grundlage des policy-analytischen Ansatzes ist vielmehr „die Abkehr von der Vorstellung einer zentralen politischen Bühne, eines einheitlichen politischen Prozesses" (Windhoff-Héritier 1985: 1). Eine notwendige Schlussfolgerung aus dieser Annahme ist es, den Staat als ein Set heterogener AkteurInnen zu konzeptualisieren und die Perspektive dahingehend zu öffnen, dass auch verbandsförmig organisierte AkteurInnen oder soziale Bewe-

---

[4] Einige wohlfahrtskulturelle Ansätze legen dabei durchaus einen Institutionenbegriff zugrunde, in denen Institutionen auf die in ihnen eingeschriebenen normativen Leitideen untersucht werden (z.B. Bode 1999).
[5] Hierbei handelt es sich vor allem um die historisch oder international vergleichende Analyse von Politikfeldern wie Familien-, Renten-, Gesundheits- oder Arbeitsmarktpolitik.

gungen als politisch handelnde kollektive AkteurInnen in den Blick genommen werden. Mit dieser Perspektive wird auch einem Verständnis von statischer Asymmetrie von Akteurgruppen entgegengewirkt. Macht wird im politischen Prozess nicht mehr als absolute Größe begriffen, sondern Machtpositionen werden vornehmlich im Politikprozess ausgehandelt und manifest (Schubert 1995: 222). Macht erscheint damit als interaktiv, wird allerdings durch spezifische Formen der (staatlichen) Steuerung und Interessenvermittlung kanalisiert.

Dahinter steht vielfach ein Konzept, das Interaktionen zwischen kollektiven AkteurInnen als ausschließlich interessengeleitete und zielgerichtete Beziehungen von Kosten-Nutzen-abwägenden AkteurInnen konzeptualisiert. Politisches Handeln wird so beispielsweise allein als Interesse einer Regierung an Wiederwahl interpretiert oder die Politik eines freiwilligen Einkommensverzichts der Kassenärztlichen Vereinigungen wird zu einem lediglich interessenpolitisch motivierten Zugeständnis erklärt. Die vergleichende Policy-Forschung konzentrierte sich daher auf materielle Steuerungsressourcen der AkteurInnen wie Recht oder Geld sowie auf Muster der Interessenvermittlung, wobei eine starke Orientierung an den Erkenntnissen der Neokorporatismusforschung zur Formierung und Inkorporierung kollektiver gesellschaftlicher AkteurInnen in staatliche Politik stattfand. Wissen und Ideen wurde in der vergleichenden Policy-Forschung jedenfalls keine eigenständige Bedeutung für den politischen Prozess zugemessen; sie wurden vielmehr auf Interessen zurückgeführt und gingen in diesen auf. Dadurch erhielten Diskurse oftmals den Status von „symbolischer Politik".

Im Zuge einer Abkehr von funktionalistischen und strukturalistischen Ansätzen vollzog sich seit Mitte der 1990er Jahre in der vergleichenden Policy-Forschung – wie in der Politikwissenschaft insgesamt – ein „discursive turn", durch den die Bedeutung und die Verfasstheit von Wissen, Ideen und Deutungsmustern der AkteurInnen sowie der politische Diskurs als der Ort, an dem diese handlungsleitenden Orientierungen sichtbar werden, stärker in den Blick gerieten. Vermehrt erhielt nunmehr die Annahme Zuspruch, dass politische Macht nicht zuletzt als diskursive Auseinandersetzung um Deutungsmacht verstanden werden muss. So stehen im Zentrum der wissens- und ideenbezogenen Ansätze in der vergleichenden Policy-Forschung weiterhin die AkteurInnen – jetzt aber verstärkt ihre Debatten in der politischen Öffentlichkeit. In der bundesdeutschen Politikwissenschaft ist als Vorreiter dieser Entwicklung im Besonderen Frank Nullmeier zu nennen, der mit seinem Ansatz der Wissenspolitologie diskurstheoretisch orientierten Analysen in der Sozialpolitik den Weg geebnet hat (Nullmeier/Rüb 1993; hierzu Henninger 2005). Im Mittelpunkt seines Ansatzes stehen die Wirklichkeitskonstruktion politischer AkteurInnen und die Produktion von politikrelevantem Wissen, das im politischen Prozess in Deutungskämpfen Geltung erlangen muss. Dabei gelangen diese Deutungsmuster laut Nullmeier/Rüb erst über die politisch-institutionellen Gegebenheiten im jeweiligen Politikfeld und die Verteilungsstruktur der Wissens- und Interpretationsressourcen im jeweiligen sozialpolitischen Netzwerk zur Geltung.

Insgesamt ist zu konstatieren, dass hinsichtlich der Begrifflichkeit, der theoretischen Reichweite der Ansätze als auch der methodischen Verfahren eine sehr große Spannbreite in der politikwissenschaftlichen Sozialstaatsanalyse besteht (Bleses/Rose 1998; Behning 1999; Kulawik 1999; Henninger 2000; Wogawa 2000; Bothfeld 2005). Der kleinste gemeinsame Nenner dieser Arbeiten ist „eine Politikanalyse, die die wirklichkeitskonstituierende und -gestaltende Kraft von Ideen, Wissen, Frames, Deutungsmustern oder eben Diskursen ins Zentrum stellt" (Nullmeier 2001: 285).

Der Mehrwert diskurstheoretischer Bezüge für die vergleichende Sozialpolitikanalyse liegt dabei vor allem auf zwei Ebenen: Mit der Nutzung solcher Ansätze kann ein „latenter Determinismus" (Kulawik 1999: 23) sozialpolitischer Analysen verhindert werden, da diese eine konzeptionelle Verbindung zwischen sozialpolitischen Institutionen und sozialpolitischem Akteurhandeln schlagen können und somit „das notwendige Verbindungsstück in der Formierung kollektiver AkteurInnen" (Kulawik 1999: 37) herstellen. Durch die Fokussierung sozialpolitischer Diskurse wird die Annahme in Frage gestellt, Sozialpolitik verlaufe in Abhängigkeit von einem vorgegebenen Pfad. Handlungsfähigkeit und Handlungsspielräume von AkteurInnen werden anerkannt und bilden den Ursprung für die Kontingenz politischen Handelns (Bothfeld 2005: 309). Zu rekonstruieren bleibt im konkreten Kontext, wie sich kollektive AkteurInnen formieren, wie ihre Deutungsmuster in Konkurrenz geraten und welche Wirklichkeitskonstruktionen in der politischen Auseinandersetzung schließlich zur Geltung gelangen.

Auch stellt es sich als ein Vorteil dar, dass mit der Analyse von handlungsleitenden Orientierungen und Diskursmustern in einer Phase des sozialstaatlichen Umbaus politischer Wandel besonders gut rekonstruiert bzw. antizipiert werden kann. Denn der Niederschlag von Reformpolitik und Akteurhandeln in Institutionen vollzieht sich zum einen sehr langsam und zum anderen nicht in einer direkten 1:1-Übersetzung, so dass ein sukzessiver Wandel jenseits der institutionellen Ebene ansonsten kaum erfasst werden kann. In einer Restrukturierungsphase hat zudem die strategische Besetzung diskursiver Räume und die Mobilisierung von neuen Bündnissen und Koalitionen für alle politischen AkteurInnen hohe Bedeutung, da Reformstrategien begründet und von den AkteurInnen mit Sinn gefüllt werden müssen (Legitimation und Repräsentation).

3   Forschungspraktisches Verfahren

Im Weiteren wird der Vergleich der französischen und der deutschen Sozialpolitik auf der Basis von zwei Ansätzen vorgenommen: dem Ansatz der Advocacy-Koalitionen sowie dem Ansatz der diskursiven Gelegenheitsstrukturen. Diese Ansätze können zwei Besonderheiten des sozialpolitischen Politikfeldes für eine vergleichende Analyse aufgreifen: Zum einen gilt Sozialpolitik im Vergleich zu anderen Politikfeldern als ein sehr formiertes und strukturiertes Politikfeld. Kaum ein Politikbereich wird als so verrechtlicht, vermachet und daher als besonders unbeweglich betrachtet. Sozialpolitische Debattenbeiträge sind insgesamt eng an die TrägerInnen der Debatte und den Kontext in diesem Politikfeld gebunden. Zum anderen gilt Sozialpolitik als ein sehr polarisiertes Diskursfeld und wird von den politischen AkteurInnen sehr kontrovers interpretiert. Im Rahmen eines Krisendiskurses verstärkt sich die Polarisierung sogar noch (Kriesi 2001). Darum muss die Analyse der Diskursebene mit der Analyse des Kommunikationsnetzwerkes der gesundheitspolitischen AkteurInnen verknüpft bleiben, um politisches Handeln analytisch nachvollziehen zu können.

Mit dem Ansatz der Advocacy-Koalitionen (Sabatier 1993; Sabatier/Jenkins-Smith 1999), der als interpretativer lerntheoretisch orientierter Ansatz entwickelt wurde, kann diese Herausforderung angenommen werden. Da davon ausgegangen werden kann, dass sozialpolitische AkteurInnen unterschiedliche Ressourcen zur Positionierung ihrer Deutungsmuster und Überzeugungen besitzen, wird die Diskursstruktur wieder an die sozialpolitischen AkteurInnen als TrägerInnen dieses Diskurses rückgekoppelt. Über *Advocacy-Koalitionen* wird der diskursive Politikprozess operationalisiert und nach Wissenskoalitionen gruppiert, die Deutungsmuster und handlungsleitende Orientierungen zur Reform des Systems sozialer Sicherung miteinander teilen. Diese Verbindung von akteur- und debattenzentriertem Ansatz soll schließlich zu einer Perspektivenerweiterung in der vergleichenden Policy-Forschung führen.

Grundlage des Ansatzes bildet ein Strukturmodell von handlungsleitenden Orientierungen der politischen AkteurInnen. Diese handlungsleitenden Orientierungen, im Weiteren als *Belief Systems* bezeichnet, werden von Sabatier in drei Schichten betrachtet: die allgemeine politische Philosophie eines Akteurs (innerer Kern), das Politikfeld betreffende grundlegende Wertvorstellungen und Kausalannahmen sowie einen Grundbereich instrumenteller Entscheidungen und Informationssuchprozesse. Sabatier bedient sich dieses Modells, um Policy-Wandel erfassen zu können. Obwohl er politische Veränderungen maßgeblich auf externe Faktoren zurückführt, nimmt Sabatier mit diesem Ansatz die politische Lernfähigkeit von AkteurInnen in den Blick (Bandelow 2003: 106-110; Bothfeld 2005: 81-

108). Seine zugrunde liegende Annahme ist, dass der Widerstand gegen Wandel innerhalb dieser Schichten abnimmt, d.h. dass Vorstellungen hinsichtlich der Instrumentenwahl einem Wandel eher offen stehen als die politischen Werte. Diese Prämisse lässt sich zusätzlich auf die Frage nach Gemeinsamkeiten und Unterschieden im Reformprozess übertragen. Dem liegt die Annahme zugrunde, dass sich im Hinblick auf den Vergleich von Frankreich und Deutschland Gemeinsamkeiten eher auf die grundlegenden Instrumente beziehen, im Kernbereich des Policy-Wissens aber deutliche Unterschiede bestehen.

Dieser analytische Rahmen bietet den Vorteil, dass in einem Diskurs herausgefilterte Positionen und Begründungen an ihre TrägerInnen, d.h. die AkteurInnen im politischen Prozess, gebunden bleiben. AkteurInnen und Diskurs werden über die Identifizierung von Belief Systems verschränkt. Nach der Bestimmung von Belief Systems in den sozialpolitischen Reformdebatten von Frankreich und Deutschland können im Anschluss Koalitionen hinsichtlich handlungsleitender Orientierungen lokalisiert werden, die gemeinsame politische Strategien verfolgen. In jedem Subsystem gibt es mehrere Advocacy-Koalitionen, deren Belief Systems im Kern übereinstimmen. So genannte „Policy-Broker" können im Diskurs vermittelnd eingreifen. Die AkteurInnen kämpfen für ihre Auffassung des jeweiligen sozialpolitischen Problems und versuchen die Deutungshoheit über Themen zu erreichen: Mit unterschiedlichen Argumenten und Strategien wollen sie ihre Positionen und Deutungen zu sozialpolitischen Fragen als allgemein verbindliche durchsetzen und damit Einfluss auf die politischen Reformentscheidungen nehmen (Gerhards/Lindgens 1995: 2).

Vor diesem Hintergrund findet auch das aus der Bewegungsforschung stammende Konzept der *diskursiven Gelegenheitsstrukturen* Eingang. Analog zu politisch-institutionellen Gelegenheitsstrukturen handelt es sich hierbei um zeit- und kontextbezogene Gelegenheiten, die eine Thematisierung von Problemlagen oder Ereignissen – prinzipiell auch durch AußenseiterakteurInnen – ermöglichen und/oder blockieren. Die AkteurInnen, die in der Lage sind, an die in der Wohlfahrtskultur dominanten Diskurse anzuschließen und ein Thema auf die politische Agenda zu bringen, sind dabei als besonders strategiefähig einzuschätzen (Hellmann/Koopmans 1998). Warum manche Belief Systems erfolgreicher sind als andere, erklärt sich somit nicht allein mit der materiellen Stärke der Akteurkonstellation, sondern hängt auch damit zusammen, welche Thematisierung von sozialpolitischen Krisensituationen überhaupt auf wohlfahrtskulturelle Resonanz stößt.

Insgesamt kann auf diese Weise der politische Prozess rekonstruiert werden, ohne einerseits AkteurInnen auf Interessenlagen und materielle Ressourcen zu reduzieren, ohne jedoch andererseits die Struktur der Wissensproduktion und die unterschiedlich verteilten Chancen zur Produktion hegemonialen Wissens zu vernachlässigen.

4 Gesundheitspolitische Reformdiskussionen im Ländervergleich

Für den Vergleich wurden insgesamt fünf gesundheitspolitische Reformdiskussionen in Frankreich und Deutschland im Zeitraum von 1990 bis 2003 interpretiert (vgl. Lepperhoff 2004). Die folgende Synopse zeigt stark vereinfacht Ergebnisse des Vergleichs:

Vergleichskriterien	Deutschland	Frankreich
Institutionelles Strukturprinzip	Gesetzliche Krankenversicherung	Gesetzliche Krankenversicherung
Wohlfahrtskultur	Sozialversicherung	Sozialversicherung *und* Universalismus *und* Liberalismus
Advocacy-Koalitionen	Wenige und weitgehend stabile Koalitionen	Zahlreiche und instabile Koalitionen (Staatlicher Interventionismus)
Allg. sozialpolitischer Krisendiskurs	„Standort"	„Standort" *und* Exklusion
Dominierende handlungsleitende Orientierungen:		
- Begründung sozialer Rechte	Ökonomischer Status	Staatsbürgerschaftsstatus
- Bezugsgruppe	Arbeitnehmer-/Versichertengemeinschaft	Staatsbürgernation
- Zuständigkeit	Inkorporierung Sozialpartner/gesundheitspol. AkteurInnen	Staatliche AkteurInnen
- Kernprinzip	Solidarische Krankenversicherung	Universalismus
- Zentraler Begriff	Beitragssatzstabilität	Nationale Solidarität
- Gründungsmythos	Bismarck	Bismarck *und* Beveridge
Reformstrategien	Konsolidierung (Ausweitung des Finanzierungsmodus) Stärkung des Versicherungsprinzips	Konsolidierung (Fiskalisierung) Stärkung des Versicherungsprinzips + Ausdehnung des Solidarprinzips für bestimmte Gruppen

Den gemeinsamen institutionellen Kernbestand stellt in Frankreich wie in Deutschland die soziale Krankenversicherung dar, die in der Sozialstaatsforschung auch den Anlass für die Zuordnung beider Staaten zur selben Länderfamilie bietet. Jenseits dessen eröffnen sich jedoch zahlreiche Unterschiede: Zunächst lässt sich zeigen, dass die Wohlfahrtsstaatskultur im deutschen System durch eine große historische Kontinuität im Hinblick auf die Sozialversicherungslogik geprägt ist, die sich deutlich von der erst nach 1945 gegründeten Sécurité Sociale abhebt, in der sich verschiedene sozialpolitische Einflüsse überlagern. Dies zeigt sich in einer Koppelung von sozialversicherungsrechtlichen und universalistischen Merkmalen sowie in der Fortsetzung liberaler Traditionen sozialer Sicherung in Frankreich. Das hybride Potenzial des französischen Gesundheitssystems weist also ein breiteres Spektrum von Anknüpfungspunkten für gesundheitspolitische Reformdiskussionen und eine größere Offenheit für Policy-Wechsel auf. Scheinbar inkrementalistische Maßnahmen können in bestimmten Konstellationen wiederum Pfade generieren, die ihrerseits – wenn sie sich einmal als erfolgreiche Strategie etabliert haben – nur schwer wieder zu verschütten sind. Die gegen massiven Widerstand durchgesetzte Einführung der Steuer CSG zur Finanzierung der Familienleistungen Anfang der 1990er Jahre, die später sukzessive erhöht und auf weitere Teilbereiche sozialer Sicherung ausgeweitet wurde, ist hierfür ein gutes Beispiel. Zudem führt diese Ausgangssituation im Hinblick auf die Reformstrategien im französischen Fall zu einer Parallelität von zum Teil extrem gegensätzlichen Entwicklungen: Ein Beispiel für diese Gleichzeitigkeit unterschiedlicher Maßnahmen ist die Stärkung des Versicherungsprinzips, die parallel zur (nachholenden) Ausweitung sozialer Rechte durch die Einführung einer allgemeinen Krankenversicherung verläuft.

Des Weiteren lässt sich zeigen, dass der allgemeine sozialpolitische Diskurs über die Zukunft des Sozialstaates, die seit 1990 zu einem der wichtigsten Themen auf der innenpolitischen Agenda wird, in den einschlägigen Diskurs des Politikfelds Gesundheit diffundiert und die gesundheitspolitische Reformentwicklung entscheidend mitgestaltet. Dabei ist die Thematisierung des Sozialstaats als Kostenfaktor in Frankreich und in Deutschland eine zentrale Konfliktlinie in der Diskussion (Standortdebatte). Eine große Differenz zwischen Frankreich und Deutschland besteht aber darin, dass die Thematisierung der sozialpolitischen Krise in Frankreich nicht auf die ökonomische Ebene beschränkt bleibt, sondern durch eine gesellschaftspolitische Dimension der sozialpolitischen Krise ergänzt und Ende der 1990er Jahre vorübergehend sogar dominiert wird. Leitthema ist die soziale Exklusion in Verbindung mit einer zunehmenden Polarisierung der Gesellschaft durch die arbeitsmarkt- und sozialpolitische Krise. Die gesellschaftspolitische Krisenwahrnehmung bildet den Resonanzboden für die Reformdiskussionen im Teilbereich gesundheitlicher Sicherung.

5 Diskursmuster und Belief Systems

Die Diskursmuster, die einen wesentlichen Einfluss darauf nehmen, in welcher Form Orientierungen zum Gegenstand öffentlicher Debatten und politischer Mobilisierung werden, erscheinen zumindest im Bereich der untersuchten gesundheitspolitischen Auseinandersetzungen in Frankreich und Deutschland relativ ähnlich. Festzustellen ist eine *länderübergreifende Funktionslogik*, die darin besteht, dass Diskursmuster im Sinne der diskursiven Gelegenheitsstrukturen an die jeweils dominante Wohlfahrtskultur eines Sozialstaates anschließen müssen, um erfolgreich zu sein. Nachfolgend sollen diese Annahme im Zusammenhang mit fünf zentralen Diskursmustern skizziert werden, die im Rahmen des Vergleichs identifiziert werden konnten.

Ein zentrales Muster der Debatten in Frankreich und Deutschland ist die Bezugnahme auf eine *Gefährdung des Systems sozialer Sicherung „von außen"*. So kann eine sozialstaatliche Reform – wie in Frankreich – als eine Bedrohung für die individuelle Freiheit und die Demokratie, ebenso aber auch – wie in Deutschland – als eine ökonomische Gefährdung interpretiert werden. Während in Frankreich das vorherrschende Diskursmuster vor allem die Gefahr der inneren Spaltung zum Ausdruck bringt, wird in Deutschland in erster Linie auf die Bedrohung durch ökonomische Konkurrenz von außen Bezug genommen. Gefährdung und Bedrohung sind hier wie dort als Muster im sozialstaatlichen Diskurs identifizierbar. Gleichzeitig werden in Frankreich die Leitthemen vom Standort und der Fracture Sociale bzw. der Exclusion als Dramatisierungsdiskurse geführt, da sie die Forderung unterstreichen, individuelle bzw. Gruppeninteressen einem höheren Ziel und externen Zwängen unterzuordnen.

Ein weiteres Diskursmuster in Frankreich und Deutschland ist die Bezugnahme auf den *Gründungsmythos* des sozialen Sicherungssystems. Eine reformpolitische Position eines Akteurs kann auf diese Weise als direkte Fortsetzung (im Sinne) dieses Gründungsgedankens interpretiert werden und wird so zustimmungsfähig. Dieses Muster lässt sich auch als „sozialpolitische Variante der Naturalisierung" bezeichnen, da die Bezugnahme auf einen Gründungsmythos politischer Erklärungsnotwendigkeit enthebt. Entsprechend der unterschiedlichen historischen Entwicklung wird dieses Muster in Frankreich und in Deutschland in verschiedener Weise aufgegriffen: In Frankreich wird der Widerspruch zwischen dem Ideal universalistischer Staatsbürgerschaftsrechte nach dem Beveridge-

Gedanken auf der einen Seite, wie er insbesondere im Kriegs- und Nachkriegsfrankreich stark rezipiert wurde, und der institutionellen Ausrichtung an der Sozialversicherung auf der anderen Seite als „Exception Française" stilisiert. Die Ambivalenz zwischen Leitidee und Institution wird positiv gewendet und im Diskurs zur spezifischen, der eigenen Geschichte besonders angemessenen Strategie geformt. In Deutschland hingegen begründet die lange Tradition des Sozialversicherungsgedankens und die strukturell-institutionelle Kontinuität des Bismarckschen Systems eine ungebrochene Bezugnahme auf die Lohnarbeitszentrierung der deutschen Sozialversicherung und das damit eng verbundene Äquivalenzprinzip (Gleichwertigkeit von Beitragszahlungen und Leistungen). Sogar im Bereich der Krankenversicherungspolitik kann dieses Muster Wirkung entfalten, obwohl dieser Bereich wie kaum ein anderer Teilbereich sozialer Sicherung in Deutschland durch das Solidar- und Bedarfsprinzip strukturiert wird. Dies kann vor allem vor dem Hintergrund erfolgen, dass im Verlauf der 1990er Jahre die gesundheitliche Versorgung zunehmend als Markt gedacht wird, in dem gesundheitliche Leistungen enger an die zuvor entrichteten Beiträge gekoppelt werden müssen. Hinzu kommt in Deutschland der historische Rekurs auf die Tradition des Selbstverwaltungsprinzips, das für die wirkungsmächtigen Ideen der Subsidiarität und der konsensorientierten Sozialpartnerschaft anschlussfähig ist.

Als ein anderes länderübergreifendes Diskursmuster lässt sich feststellen, dass eine Art *Master Frame* notwendig ist, also ein übergeordneter Interpretationsrahmen im sozial- und gesundheitspolitischen Kommunikationsnetzwerk, der den Kernbestand des Systems sozialer Sicherung verkörpert. Vieldeutige sozialpolitische Realitäten können so in einer „Formel" verdichtet werden. In Phasen der Krisenzuspitzung wird in Frankreich als wichtigste Folie das Prinzip des Universalismus aktiviert, das als Ausweitung sozialer Rechte interpretiert und reformpolitisch beispielsweise gegen Ende der 1990er Jahre als (verspätete) Generalisierung der Krankenversicherung umgesetzt wird. Gesundheitspolitische Maßnahmen werden mit der *Solidarité Nationale* begründet, die das Solidarprinzip in den Kontext von sozialen Rechten stellt und zugleich mit dem Anspruch auf nationale Einheit verknüpft. Das Ziel einer finanziellen Konsolidierung der Sozialversicherungssysteme ist in einer zugespitzten Krisensituation in der Regel für sich allein nicht begründungsfähig, sondern muss in oben beschriebenen Deutungskontext integriert und mit ihm verzahnt werden, um an den dominanten Sozialstaatsdiskurs anknüpfen zu können. Dies gilt auch für die jüngsten Reformbemühungen von 2004. In Deutschland lässt sich als zentraler Interpretationsrahmen der „Erhalt der solidarischen Krankenversicherung" fassen, eine Formel, in der sowohl Solidar- als auch Versicherungslogik begrifflich und ideell ihren Platz finden. Das Gut einer solidarischen Krankenversicherung gerät seit

Beginn der 1990er Jahre in Konflikt mit der politischen Zielgröße der Beitragssatzstabilität, die inzwischen quasi einen Wertestatus erhalten hat. Dies hat dazu beigetragen, dass Gemeinwohl in Deutschland weniger als ideelle Größe interpretiert wird, sondern zunehmend auch als monetäre Größe der Beitragssatzstabilität. Die Frage, ab wann die Gesetzliche Krankenversicherung in Deutschland noch als solidarische Krankenversicherung bezeichnet werden kann, hängt an der Interpretation der gesundheitspolitischen AkteurInnen, die wiederum unmittelbar an die Finanzentwicklung der Krankenkassen geknüpft ist. Defizitäre Budgets der Krankenversicherungen werden dabei zu Verbündeten im Konsolidierungskurs. Auch bei teilweise drastischen Leistungsreduzierungen konnte die Gesetzliche Krankenversicherung vor diesem Hintergrund noch als solidarische Krankenversicherung definiert werden, solange keine ideellen Kernbestände berührt wurden, wie sie z.B. in der immer wieder diskutierten Abschaffung der beitragsfreien Mitversicherung von Familienangehörigen zu finden ist. Nicht zuletzt wird es angesichts der inhaltlichen Neutralität der Finanzierungsproblematik möglich, dass alle AkteurInnen an dieses Diskursmuster anschließen können. So können vollkommen konträre Reformvorhaben mit diesem Muster begründet werden.

Bei der Analyse von Diskursmustern lässt sich als eine weitere zentrale Gemeinsamkeit zwischen französischer und deutscher Sozial- bzw. Gesundheitspolitik konstatieren, dass die *Koppelung von Belief Systems an Definitions- und Deutungsmonopole* zur Durchsetzung von sozialpolitischen Reformen zentral ist. So liegt in Frankreich durch eine Konkurrenz der fragmentierten Verbände um die Zulassung zum gesundheitspolitischen Kommunikationsnetzwerk die Definitions- und Deutungsmacht weitgehend bei den staatlichen AkteurInnen. Dieses Monopol erhöht die Durchsetzungskraft des von den staatlichen AkteurInnen getragenen Belief Systems des (selektiven) Universalismus gegenüber den ebenfalls stark ausgeprägten Leitthemen „Liberalisierung" und „Sozialversicherungslogik". Diese Dominanz kann nur dann unterlaufen werden, wenn es gelingt, ein anderes System durch Skandalisierung eines aktuellen Konflikts zum Thema öffentlicher und politischer Mobilisierung zu machen. Dies ist in Frankreich phasenweise unter spezifischen Kontextbedingungen immer wieder gelungen. In Deutschland besteht kein wirkliches Deutungsmonopol einzelner AkteurInnen im Bereich gesundheitlicher Sicherung, so dass unterschiedliche Belief Systems um Geltung konkurrieren. Das trotz Verschiebungen relativ kleine und stabile Verbandssystem hat eine selektive Wirkung und lässt keine öffentliche Mobilisierung zum Thema der Krankenversicherungspolitik zu, was zu einem relativen Kräftegleichgewicht führt. Zugleich divergieren die Belief Systems aber auch weniger als in Frankreich. Sie sind von der Sozialversicherungslogik überformt,

Universalismus spielt eine geringe Rolle und auch liberale Belief Systems sind erst in den letzten Jahren von größerer Bedeutung für die Gesundheitspolitik. Des Weiteren wird bei einem Vergleich der Diskursmuster deutlich, dass in der Sozialpolitik beider Länder *Legitimationsdiskurse* überwiegen, die zu einer diskursiven Schließung der Diskursarena führen. Nur selten werden Konsensdiskurse geführt, bei denen auf der Zielebene Übereinstimmung besteht. Grundsätzlich scheinen in der Sozialpolitik abgeschlossene Wissensmärkte, wie sie Nullmeier/Rüb bereits für die Rentenpolitik festgestellt haben, zu dominieren. Der Diskurs kann aber zur Modifikation einzelner Aspekte der sozialen Sicherungssysteme beitragen, die wiederum sukzessive auf den Status Quo der Interpretation wirken. AkteurInnen, die diese diskursiven Gelegenheitsstrukturen nutzen können, müssen als besonders strategiefähig gelten.

Schließlich müssen – auf der Ebene konkreter Strategien – *Skandalisierung und De-Thematisierung als zentrale Diskursstrategien* benannt werden. Je stärker die Reformdiskussion das innere politische Kommunikationsnetzwerk verlässt und sich in der politischen Medienöffentlichkeit abspielt, desto stärker werden Skandalisierung (über Personalisierung etc.) auf der einen Seite und öffentliche De-Thematisierung auf der anderen Seite. Damit wird auch deutlich, dass Politiken sich an der Logik der Berichterstattung über Politik orientieren, die dem jeweiligen Nachrichtenwert eines politischen Themas und damit auch bestimmten Regeln der Mediendarstellung folgt (Vereinfachung komplexer Sachfragen etc.).

6   Schlussbemerkungen

Der Blick auf die Ansätze vergleichender Sozialstaatsforschung sollte verdeutlichen, dass Fragen nach Diskursen in der vergleichenden Sozialstaatsforschung bislang vergleichsweise unterentwickelt sind. Dabei ist es in den in der Politikwissenschaft dominierenden Analyseperspektiven in der vergleichenden Sozialstaatsforschung konzeptionell angelegt, Gemeinsamkeiten sehr stark zu betonen. Zugleich können diese Ansätze neue Entwicklungen in der Sozialpolitik nur schwerlich erfassen. Die Integration diskurstheoretischer Bezüge in die vergleichende Policy-Forschung war vor allem dem Unbehagen gegenüber solch funktionalistischen und strukturalistischen Ansätzen geschuldet. Dabei bestehen die Vorzüge eines diskurstheoretisch orientierten Verfahrens für die Analyse von Sozialstaatlichkeit vor allem darin, dass es den Blick für Differenzen und die Heterogenität der Politiken sozialer Sicherheit öffnen kann und dass es die Analyse dynamisiert.

Die Ergebnisse zeigen für den deutsch-französischen Sozialstaatsvergleich–im Gegensatz zu gängigen Ansätzen der vergleichenden Sozialstaatsforschung – ein widersprüchlicheres Bild. Auch wenn sich die gesundheitspolitischen Maßnahmen zur kurzfristigen Kostendämpfung in Frankreich und Deutschland in den letzten dreizehn Jahren angenähert haben, stehen die strukturell nachhaltigeren Reformen doch in einem gänzlich unterschiedlichen wohlfahrtskulturellen Kontext, der bei einem isolierten Blick auf die Reformstrategien oder die institutionellen Strukturprinzipien nicht zu erkennen ist. Die Bedeutung dieses wohlfahrtskulturellen Kontextes für die unterschiedlichen Belief Systems der sozial- und gesundheitspolitischen AkteurInnen besser sichtbar zu machen, kann als Stärke einer solchen Herangehensweise betrachtet werden. In einem Vergleich dieser Form wird nicht zuletzt auch die sehr beschränkte Übertragbarkeit von Reformkonzepten in einem anderen Länderzusammenhang deutlich.

Literatur

Bandelow, Nils, 2003: Lerntheoretische Ansätze in der Policy-Forschung, in: *Maier, Matthias Leonhard/Hurrelmann, Achim/Nullmeier, Frank/Pritzlaff, Tanja/Wiesner, Achim* (Hrsg.): Politik als Lernprozess? Wissenszentrierte Ansätze in der Policy-Analyse. Opladen, 98-121.

Bleses, Peter/Rose, Edgar, 1998: Deutungswandel der Sozialpolitik. Die Arbeitsmarkt- und Familienpolitik im parlamentarischen Diskurs. Frankfurt/M.

Behning, Ute, 1999: Zum Wandel der Geschlechterrepräsentationen in der Sozialpolitik. Ein policy-analytischer Vergleich der Politikprozesse zum österreichischen Bundespflegegeldgesetz und zum bundesdeutschen Pflege-Versicherungsgesetz. Opladen.

Borchert, Jens, 1998: Ausgetretene Pfade? Zur Statik und Dynamik wohlfahrtsstaatlicher Regime, in: *Lessenich, Stephan/Ostner, Ilona* (Hrsg.): Welten des Wohlfahrtsstaatskapitalismus. Der Sozialstaat in vergleichender Perspektive. Frankfurt/M., 137-176.

Bothfeld, Silke, 2005: Vom Erziehungsurlaub zur Elternzeit. Politisches Lernen im Reformprozess. Frankfurt/M.

Esping-Andersen, Gösta, 1990: The Three Worlds of Welfare Capitalism. Cambridge.

Esping-Andersen, Gösta, 1999: Social Foundation of Postindustrials Economies. Oxford.

Evans, Peter B./Rueschemeyer, Dietrich/Skocpol, Theda, 1985: Bringing the State Back in. Cambridge.

Gerhards, Jürgen/Lindgens, Monika, 1995: Diskursanalyse im Zeit- und Ländervergleich. Methodenbericht über eine systematische Inhaltsanalyse zur Erfassung des politischen Diskurses – über Abtreibung in den USA und der Bundesrepublik in der

Zeit von 1970 bis 1994. Discussion Paper FSIII 95-105. Wissenschaftszentrum Berlin.

Gottweis, Herbert/Hable, Wolfgang/Prainsack, Barbara/Wydra, Doris, 2004: Verwaltete Körper. Strategien der Gesundheitspolitik im internationalen Vergleich. Wien.

Hellmann, Kai-Uwe/Koopmans, Ruud (Hrsg.), 1998: Paradigmen der Bewegungsforschung. Opladen.

Henninger, Annette, 2000: Frauenförderung in der Arbeitsmarktpolitik. Feministische Rückzugsgefechte oder Zukunftskonzept? Opladen.

Henninger, Annette, 2005: Politik als Kopfgeburt? Nutzen und Grenzen des wissenspolitologischen Ansatzes für die Untersuchung von Geschlechterpolitik, in: *Harders, Cilja/Kahlert, Heike/Schindler, Delia* (Hrsg.), Forschungsfeld Politik. Geschlechtskategoriale Einführung in die Sozialwissenschaften. Wiesbaden, 193-213.

Hirschman, Albert O., 1995: Denken gegen die Zukunft. Die Rhetorik der Reaktion. Frankfurt/M.

Immergut, Ellen, 1992: Health Politics. Interests and Institutions in Western Europe. Cambridge.

Keller, Reiner/Hirseland, Andreas/Schneider, Werner/Viehöver, Willy, 2001: Zur Aktualität sozialwissenschaftlicher Diskursanalyse. Eine Einführung, in: *Keller, Reiner/Hirseland, Andreas/Schneider, Werner/Viehöver, Willy* (Hrsg.), Handbuch Sozialwissenschaftliche Diskursanalyse. Band 1, Theorien und Methoden. Opladen, 7-27.

Kriesi, Hanspeter, 2001: Die Rolle der Öffentlichkeit im politischen Entscheidungsprozess Ein konzeptueller Rahmen für ein international vergleichendes Forschungsprojekt. Discussion Paper P01-701. Wissenschaftszentrum Berlin.

Kulawik, Teresa, 1999: Wohlfahrtsstaat und Mutterschaft. Schweden und Deutschland 1870-1912. Frankfurt/M.

Lepperhoff, Julia, 2004: Wohlfahrtskulturen in Frankreich und Deutschland. Gesundheitspolitische Reformdiskussionen im Ländervergleich. Wiesbaden.

Mahoney, James, 2000: Path Dependence in Historical Sociology, in: Theory and Society 29, 507-548.

Nullmeier, Frank, 2001: Politikwissenschaft auf dem Weg zur Diskursanalyse? in: *Keller, Reiner/Hirseland, Andreas/Schneider, Werner/Viehöver, Willy* (Hrsg.), Handbuch Sozialwissenschaftliche Diskursanalyse. Band 1, Theorien und Methoden. Opladen, 285-311.

Nullmeier, Frank/Rüb, Friedbert W., 1993: Die Transformation der Sozialpolitik. Vom Sozialstaat zum Sicherungsstaat. Frankfurt/M., New York.

Pieper, Marianne/Encarnación, Gutiérrez Rodríguez, 2003: Gouvernementalität. Ein sozialwissenschaftliches Konzept im Anschluss an Foucault. Frankfurt/M.

Sabatier, Paul A., 1993: Advocacy-Koalition, Policy-Wandel und Policy-Lernen. Eine Alternative zur Phasenheuristik, in: *Héritier, Adrienne* (Hrsg.), 1993: Policy-Analyse, Kritik und Neuorientierung, PVS-Sonderheft 24. Opladen, 116-148.

Sabatier, Paul A., 1999: Theories of the Policy Process. Boulder, Colorado.

Sabatier, Paul A./Jenkins-Smith, Hank C., 1999: The Advocacy Coalition Framework. An Assessment, in: *Sabatier, Paul A.* (Hrsg.), (1999): 117-166.

Schubert, Klaus, 1995: Struktur-, Akteur- und Innovationslogik. Netzwerkkonzeptionen und die Analyse von Politikfelder, in: *Jansen, Dorothea/Schubert, Klaus* (Hrsg.), Netzwerke und Politikproduktion. Marburg, 222-240.

Windhoff-Héritier, Adrienne, 1985: Politikarena und Policy-Netz. Zum analytischen Nutzen zweier Begriffe. Discussion Paper IIVG/dp 85-212. Wissenschaftszentrum Berlin.

Wogawa, Diane, 2000: Missbrauch im Sozialstaat. Eine Analyse des Missbraucharguments im politischen Diskurs. Opladen.

Marianne Pieper

Diskursanalysen – Kritische Analytik der Gegenwart und wissenspolitische Deutungsmusteranalyse

Ein Kommentar zu den Beiträgen von Susanne Krasmann und Julia Lepperhoff

Politiken der Sicherheit bilden die thematische Klammer der Beiträge von Susanne Krasmann und Julia Lepperhoff. Beide fokussieren dieses Feld aus unterschiedlichen Perspektiven. Das betrifft sowohl den Gegenstand ihrer Analysen als auch die theoretischen und methodischen Instrumentarien. Susanne Krasmann untersucht die Produktion eines *Feindstrafrechts,* das sich als Lösungsstrategie für aktuelle Sicherheitsprobleme geriert, mit einer von Foucault entlehnten kritischen Analytik der Gegenwart. Julia Lepperhoff nimmt vergleichend die Sozialstaatsdebatten in Frankreich und Deutschland mit Mitteln einer wissens- und ideenbezogenen Policy-Forschung in den Blick. Beide Arbeiten sind jenem Spektrum von Untersuchungsinstrumentarien zuzuordnen, die gegenwärtig unter dem Topos des *discursive turn* Eingang in politikwissenschaftliche Forschung finden.

Allerdings ist festzustellen – und das dokumentieren auch die unterschiedlichen theoretischen Bezüge und Analysestrategien der Beiträge von Krasmann und Lepperhoff –: unterhalb des viel zitierten Signifikanten *discursive turn* gleiten im Spiel von Signatur, Ereignis und Kontext die Bedeutungen zwischen den verschiedenen theoretischen Positionen und prägen unterschiedliche Konturen aus. Der Diskursbegriff ist somit eine schillernde Figur. Sein Theorieinventar stammt aus ganz unterschiedlichen *Werkzeugkisten* und entspringt ganz disparaten Traditionslinien[1]. Auch bezeichnet *Diskursanalyse* keineswegs einen einheitlichen Methodenkanon (Bublitz 2003; Ehlich 1994; Fohrmann/Müller 1988; Jäger 1999; Keller et. al. 2001; Laugstien 1999). Mit anderen Worten: Wir bewegen uns auf einem

---

[1] Eine Übersicht dazu bieten z. B. Vogt (1987) und Laugstien (1999).

etwas unübersichtlichen Terrain, das von unterschiedlichen theoretischen und methodischen Positionen her reklamiert wird.

Die verschiedenen theoretischen Referenzen des Diskursbegriffes berühren nicht nur die Frage spezifischer theoretischer Vokabulare, die möglicherweise austauschbar wären, was beispielsweise die vielfach gepflegte synonyme Verwendung der Begriffe *Diskurs* und *Deutungsmuster* zu suggerieren scheint. Solche Vokabulare und deren Theoriegepäck sind vielmehr performativ: Sie eröffnen im günstigen Fall – ungewohnte und innovative – Perspektiven und sie präformieren und produzieren in einem bestimmten Umfang, was sagbar ist und was als sichtbar hervorgebracht werden kann. Sie sind also Ermöglichungen und Limitierungen von Erkenntnisleistungen zugleich. Donna Haraway (1995: 80ff.) spricht in diesem Zusammenhang von „vision"[2] als einem „optischen Apparat", der immer bereits situiert sei und daher unausgesprochen eine bestimmte Perspektivität voraussetze und erzeuge. Daher fordert Haraway die Entwicklung einer kritischen Praxis zur Wahrnehmung der bedeutungserzeugenden Technologien.

So verstehe ich in diesem Kontext meinen Auftrag als Beobachterin der Erzeugungstechnologien von Aussagen in den jeweiligen Ansätzen.

Daher werde ich zunächst die Voraussetzungen der jeweiligen Untersuchungsinstrumentarien klären, um dann die beiden Beiträge in diesem Kontext zu verorten und deren Erkenntnisleistungen zu diskutieren.

1   Foucaults „Werkzeugkiste" einer kritischen Analytik der Gegenwart

Vor allem die Rezeption der Arbeiten Michel Foucaults hat dem Diskursbegriff in den Geistes- und Sozialwissenschaften zu erheblicher Popularität verholfen. Aber der Rekurs auf ein an Michel Foucault angelehntes Vorgehen bietet nicht die gewünschte „Ordnung in der Werkzeugkiste" im Sinne einer Orientierung an einem klaren Methodenkanon oder eines kohärenten Vorgehensmodus. Weder weisen dessen Arbeiten einen völlig homogenen Diskursbegriff auf, noch reklamiert Foucault den Begriff *Diskursanalyse* für seine Untersuchungen. Er ist nicht der Analytiker der Gegenwart, der sich in ein starres Korsett kodifizierter Methoden und stillgestellter theoretischer Konzepte zwängen ließe. Vielmehr ent-

---

[2] Allerdings ist das Bedeutungsfeld von „vision" in der englischen Sprache weitaus größer als im Deutschen, wo unter „Vision" eher ein Trugbild bzw. eine Erscheinung verstanden wird. Im Englischen dagegen bezieht sich „Vision" ebenso Sehvermögen, wie das Gesehene, Vorstellung Weitblick und Erscheinung mit ein und rekurriert damit gleichermaßen auf Gegenstände der Wahrnehmung wie imaginierte Vorstellungen. Gerade im Spiel mit dieser Doppeldeutigkeit des Begriffs arbeitet Donna Haraway den visionären Part jeder noch so „realistischen" Vision heraus.

zieht sich das Werk Foucaults der vereinheitlichenden Kanonisierung. Wir haben es mit einem Denken im Prozess zu tun, das sich in seinem Verlauf immer wieder selbst korrigierte und veränderte. Daher fallen Foucault-basierte Vorgehensweisen – je nach gewähltem historischem Abschnitt des Werkes und je nach dem Theorieinventar, dessen man sich bedient – durchaus sehr verschieden aus. Allerdings dürfte eine spezifische Signatur Foucaults unverkennbar sein: Denn er bricht mit der Vorstellung, dass wissenschaftliche Erkenntnis etwas Vorgefundenes repräsentiere oder optik-analog widerspiegele. Vielmehr konstituierten Aussagen und institutionelle Praktiken zuallererst die Gegenstände, von den gesprochen wird und um die es geht, und verleihen ihnen Materialität. Entitäten wie z.b. „Subjekt", „Bevölkerung", „Feind" werden nicht als überzeitliche Universalien oder gleichsam natürlich vorhandene oder „prädiskursive" Gegebenheiten betrachtet, sondern als historisch und geopolitisch situierte Konzepte, als „transitorische Figuren" (Dosse 1999: 300), deren Bedingungen des Auftauchens zu einem spezifischen historischen Zeitpunkt in einem spezifischen Kontext zu untersuchen sind.

In der „Archäologie des Wissens" ([1969] 1981) definiert Foucault Diskurse als „eine Menge von Aussagen, die dem gleichen Formationssystem zugehören" (1981: 156). Das bedeutet, dass nicht jede beliebige Äußerung zur Formation eines Diskurses beiträgt, sondern nur eine solche, die das Niveau und die Materialität einer *Aussage* annimmt, der man „besondere Existenzmodalitäten" (Foucault 1981: 156) zuweisen könne. Foucault unterscheidet Aussagen von Äußerungen, die mit der Flüchtigkeit des Augenblicks alltäglich entstehen, aber keinen darüber hinausgehenden Bestand besitzen. Ein Diskurs wird demnach nur durch solche Aussagen formiert, „die über ihr Ausgesprochenwerden hinaus gesagt sind, gesagt bleiben und noch zu sagen sind" (Foucault 1991: 18). Eine solche wiederholbare Materialität erhalten Aussagen, indem sie als „seriös" anerkannt und autorisiert worden sind, z. B. durch Validierungsprozesse und Expertengemeinschaften und durch ihre Stellung im Netz anderer seriöser Aussagen (Dreyfus/Rabinow 1997: 72). Eine Aussage (énoncé) ist eine historisch vorfindliche Einheit von Sinn und Evidenz, die nach spezifischen institutionalisierten Regeln hervorgebracht wird.[3] Unter Regeln sind Problematisierungsweisen zu verstehen, die eine je historisch spezifische soziale Wirklichkeit begrifflich und strategisch hervorbringen (Bublitz 2001: 44f.). Ein Diskurs kann daher nur als solcher identifiziert und von anderen abgegrenzt werden, wenn die *Formationsregeln* der ihn konstituierenden Aussagen bestimmt werden können. Insofern verweisen dis-

---

[3] Zur Problematik der Bestimmung von „Aussagen" im Werk Foucaults: vgl. Deleuze 1992: 9ff.; Dreyfus/Rabinow 1994: 80 ff.; Frank 1988: 38 ff.

kursive Formationen und Aussagen zirkulär aufeinander, denn nach Foucault (1981: 170) wird die „Regelmäßigkeit der Aussage durch die diskursive Formation selbst definiert, ihre Zugehörigkeit und ihr Gesetz bilden dieselbe Sache". Weder Aussagen noch Regeln lassen sich auf ein autonomes, schöpferisches Subjekt zurückführen, das die Verfügungsgewalt über sie hätte und als Urheberin des Diskurses fungiert. Die Archäologie zielt darauf ab, jene Bedingungen zu beschreiben, die einer Aussage wiederholbare Materialität verleihen; „(d)erselbe Raum der Verteilung ist erforderlich, dieselbe Streuung der Singularitäten, dieselbe Ordnung der Orte und Plätze, dieselbe Beziehung zu einem institutionalisierten Milieu: als dies bildet die ‚Materialität', die sie wiederholbar macht" (Dosse 1999: 300). Anders als die Bezeichnung *Archäologie* nahe legt, geht es gerade nicht darum, etwas Verborgenes bzw. eine untergründig wirksame Tiefenstruktur zu erschließen. Vielmehr spricht Foucault ironisierend davon, dass er „ein glücklicher Positivist" sei, da er die Beschreibung der Verhältnisse der Äußerlichkeit an die Stelle transzendentaler Begründungen setze (Foucault 1981: 182). Dies bedeutet jedoch keineswegs, dass Foucault im Sinne einer klassisch positivistischen Methodik verfährt. Anders als diese problematisiert er gerade die Relation von Sprache und Welt. Vielmehr zielt er darauf dass er Phänomene der Humanwissenschaften und deren Aussagen in ihrer *Positivität* betrachte, ohne sich in Debatten um deren Wahrheitsansprüche zu verwickeln.

Auch wenn davon ausgegangen wird, dass Diskurse systematisch diejenigen Gegenstände produzieren, von denen sie sprechen, sollte einer vorschnellen empirisch-sozialkonstruktivistischen Vereinnahmung vorgebeugt werden.[4] Denn für Foucault gründen diskursive Praktiken bereits immer in den nichtdiskursiven, die deren Schatten bilden, ohne im Sagbaren aufzugehen (Krasmann 1995: 257). In der „Archäologie des Wissens" bleibt die Frage der Beziehungen zwischen diskursiven und nicht-diskursiven Praxisformen, also den institutionellen Zusammenhängen und Machttechnologien noch weitgehend ungeklärt. In den 1970er Jahren hingegen wendet sich Foucault verstärkt der Konzeption des Machtbegriffs zu. In seiner Antrittsvorlesung am Collège de France zur „Ordnung des Diskurses" ([1970] 1991) hatte Foucault noch das Verhältnis von Diskursproduktionen und den diese beschränkenden nicht-diskursiven restriktiven Strategien und Regulierungsmechanismen zum Ausgangspunkt gewählt und Macht eher repressiv konzipiert als „Ausschließung", „Verknappung" und als Wirken einer „diskursiven Polizei" (Foucault [1970] 1991: 25). In seinen folgenden Arbeiten distanziert er sich klar von der juridisch-repressiven Machtkonzeption, indem er sich auf die Produktivität des Verhältnisses konzentriert und die Auf-

---

[4] Zu den „Spielarten des Konstruktivismus" vgl. Karin Knorr-Cetina (1989).

fassung vertritt, dass Macht und Wissen einander nicht äußerlich seien: Macht-ausübung produziere ständig Wissen und umgekehrt bringe Wissen Machtaus-übung mit sich (vgl. Foucault 1976: 120). Ging es in der *Archäologie* um die Rekon-struktion und Beschreibung von Regeln, die diskursive Praktiken steuern, so verändert sich die Gewichtung der methodischen Konzeption: die *Archäologie* wird der *Genealogie* untergeordnet (Foucault [1971] 1987). In dieser Perspektive werden Macht-Wissensverhältnisse in ihrer historischen Gewordenheit analy-siert. Macht ist demnach nichts, über das ein Individuum oder eine Gruppe ver-fügt, wie sich auch Wissen nicht als subjektives oder objektives bestimmen lässt. In der *Genealogie* geht es darum, Macht und Wissen als „zentralen Bestandteil in der historischen Transformation verschiedener Macht-Wissensregimes" (Drey-fus/Rabinow 1994: 147) zu untersuchen. Foucaults Analyse konzentriert sich nunmehr auf die Diagnose und Geschichte jener gesellschaftlichen Praktiken, die Kreuzungspunkte von Wissen und Macht bilden und durch die das gegenwärtige Verständnis von Individuum, Gesellschaft und Humanwissenschaften hervorge-bracht wird (Dreyfus/Rabinow 1994: 197). Mit dem Begriff des „Dispositivs" entwickelt Foucault ein Analyseraster, das ihm ermöglicht, jenes heterogene Feld von „Strategien der Machtverhältnisse, die Wissenstypen stützen und umge-kehrt" (Dreyfus/Rabinow 1994) zu beschreiben und zu rekonstruieren. Dieses Feld setzt sich sowohl aus diskursiven wie nicht-diskursiven Praktiken zusam-men und umfasst gleichermaßen Diskurse, architektonische Vorrichtungen, Re-gulierungen, Gesetze, Verwaltungsmaßnahmen, wissenschaftliche Aussagen, philosophische Normen, Moral usw.. Allerdings fokussiert die Genealogie bis hin zu „Überwachen und Strafen" ([1975] 1977) und „Der Wille zum Wissen" ([1976] 1983) vor allem den Körper und dessen individualisierende disziplinäre Zurich-tungen, ohne die komplexeren Prozessen von Subjektivierung zu untersuchen. Wenn jedoch Subjekte lediglich als Knotenpunkte im Netz von Macht- und Wis-sensproduktionen verstanden werden, bleiben die grundsätzlichen Vorausset-zungen von Widerstandpraktiken unklar. Auch erweist sich die einseitige Fokus-sierung auf lokale Praktiken und spezifische Institutionen wie Kliniken und Ge-fängnisse als unzureichend, wenn nicht zugleich der Staat als Resultante gesell-schaftlicher Kräfteverhältnisse verstanden wird (Lemke 1997: 110ff; 2005: 333). Es galt daher, das analytische Inventar anzureichern, um die Relation von Subjekti-vierungsprozessen und Herrschaftsformen adäquat in den Blick nehmen zu kön-nen. In Foucaults Kartographie der Macht taucht nun als Ausweg und neue Di-mension eine „Subjektivierungslinie" (Deleuze 1992: 157) und ein Interesse an politischen Rationalitäten und der Genealogie des modernen Staates auf. Mit dem Neologismus *gouvernementalité* fasst Foucault programmatisch die Verkoppelung von Machtformen und Subjektivierungsprozessen als „Führung der Führungen", bei denen Selbsttechnologien (Selbstführung) und Herrschaftstechnologien (Regierung durch andere) als ineinandergreifende Praktiken gedacht werden (Foucault [1978] 2000: 50). Ein umfassender und dezentrierter Begriff von *Regierung* oder *Führung* setzt unterhalb staatlicher Institutionen an und bezieht sich auf unterschiedliche Handlungsformen und Praxisfelder, die in sehr verschiedener Weise auf die Lenkung und Führung von Individuen und Kollektiven zielen. Dies ermöglicht zu analysieren, wie Herrschaftstechniken sich mit „Praktiken des Selbst" verbinden und Formen politischer Regierung auf die Techniken der Selbst-Regulation zurückgreifen (Lemke 2005: 334). Die Analytik der Gegenwart fokussiert die Konstituierung von Subjektivität, die nicht nur in Machtpraktiken und Wissensformationen, sondern auch in ihrer Beziehung zu den Selbstverhältnissen zu untersuchen sind. Subjektivierungspraktiken sind damit kein autonomes Terrain, sondern finden immer innerhalb eines ökonomischen, politischen und gesellschaftlichen Feldes statt. Sie sind daher in einem Verhältnis zu diesen zu analysieren, ohne dass allerdings ein Determinierungsverhältnis unterstellt wird.

Susanne Krasmann nimmt den Faden ihrer „kritischen Analytik der Gegenwart" im Spätwerk Foucaults dort auf, wo Subjektivierung und Staatsformierung als zwei ineinanderlaufende und nicht voneinander zu trennende Prozesse gedacht und untersucht werden.

Die Arbeit von Julia Lepperhoff hingegen fokussiert ein anderes Theorie- und Forschungsinstrumentarium – wissenspolitische Diskursanalysen –, das im Anschluss skizziert werden soll.

2   Wissenspolitische Diskursanalysen

In Feldern politikwissenschaftlicher Forschung hat sich neben dem Mainstream von Rational-Choice-Ansätzen und dem (Neo-)Institutionalismus eine Forschungsrichtung etabliert, die ebenfalls den Diskursbegriff für sich reklamiert. Unter dem Etikett „wissenspolitische Diskursanalyse" (Nullmeier 2001) firmieren allerdings weniger an Foucault angelehnte Forschungsperspektiven als vielmehr Analysen, die Wissensbestände politischer Akteure und Aushandlungsprozesse in komplexen politischen Meinungsbildungs- und Entscheidungsprozessen untersuchen. In einer allmählichen Ablösung von der konzeptionellen Bindung an die dominierenden strukturalistischen und funktionalistischen Modelle fand eine Hinwendung der Politikanalyse zu Verfahren statt, die im weitesten Sinne dem Sozialkonstruktivismus bzw. der Wissenssoziologie (Berger/Luckmann 1980) und dem „interpretativen Paradigma" (Wilson 1973) zuzuordnen sind. Die Anfang der 1990er Jahre entwickelte wissenspolitische Forschung (Nullmeier/Rüb 1993) fokussiert die „politische Konstruktion von Wirklichkeit" (Nullmeier et. al. 2003: 16) durch Bedeutungszuschreibungen der politischen AkteurInnen. In diesem Kontext wird der Diskursbegriff adaptiert, wenn die „wirklichkeitskonstituierende und –gestaltende Kraft von Ideen, Wissen, Frames, Deutungsmustern oder eben Diskursen" (Nullmeier 2001: 285) zum Schwerpunkt wissenspolitischer Analysen gewählt wird.

Auch wenn gelegentliche Reminiszenzen an Foucault erkennbar werden (Keller 1997: 316), ist dieser Diskursbegriff anders akzentuiert als in der zuvor skizzierten Analytik der Gegenwart. Zwar findet auch hier zumeist die Abgrenzung von einer eher alltagssprachlichen Verwendung von Diskurs als öffentlicher Debatte oder Auseinandersetzung in Schrift und Rede statt (Nullmeier 2001: 292). Abgegrenzt vom *Wissen* als allgemeiner Kategorie wird der Diskurs als dessen Spezifizierung bestimmt und als Wissensformation von „größerer Stabilität" betrachtet, die eher mittel- und langfristigen Umwälzungen unterliege (Nullmeier 2001: 294). Die Versuche der Bestimmung von Diskursen als inhaltlich strukturierte Einheiten oder als durch *story-lines* gebündelte „Interpretationsrepertoires" (Keller 1998) formieren diskursive Ensembles nach *Themen* und nicht nach „*Formationsregeln*. Damit bleiben allerdings Fragen offen – z.B. hinsichtlich der Identifizierbarkeit und der Existenz überlappender Diskurse (Nullmeier 2001: 293). Insbesondere die Konzeptionen von Subjektivität und Macht weisen gegenüber der Foucaultschen Analytik der Gegenwart Unterschiede auf: Anders als in diesem Kontext zielen wissenspolitische Diskursanalysen auf die intentionalen Deutungsaktivitäten politischer AkteurInnen und deren Produktionen politikrelevanten Wissens. Im Mittelpunkt steht das Handeln kollektiver AkteurInnen, die politische Wirklichkeitskonstruktionen in einem anhaltenden Prozess des *symbolischen Kampfes* um Durchsetzung ihrer Deutungen bzw. um die Formulierung von Problemdefinitionen, Verantwortlichkeiten, Handlungsstrategien usw. hervorbringen (Keller 1997: 314). Das Untersuchungsterrain sind dementsprechend die politischen Arenen, in denen wissensbasierte Koalitionsbildungen und Vernetzungen – wie „Epistemic Communities", „Diskurskoalitionen" oder „Advocay Koalitionen" (Sabatier/Jenkins-Smith 1999) stattfinden. So verbinden sich in letzteren beispielsweise eine Vielzahl von AkteurInnen in einem Politikfeld quer zu formalen institutionellen Zusammenschlüssen auf der Basis der Affinität von Überzeugungssystemen (*belief systems*) und deren Übereinstimmung mit den in staatlichen Programmen oder Gesetzen enthaltenen „impliziten Theorien" (Nullmeier 2001: 296). Die politisch-institutionellen Anordnungen in den jeweiligen Politikfeldern und die unterschiedliche Akkumulation von Wissens- und Interpretationsressourcen in den jeweiligen politischen Netzwerken strukturieren die Durchsetzung von Deutungsmustern. Macht wird damit nicht auf den Besitz ökonomischer Ressourcen reduziert, da die Prozesse der Wissensproduktion und -durchsetzung als komplexere Strukturen analysiert werden. Gleichwohl bleibt die Konzeption von Macht mit dem Blick auf ungleich verteilte Chancen zur Produktion hegemonialen Wissens an die Vorstellung gebunden, dass Macht eine Substanz sei, in Aneignungskategorien begriffen werden könne und sich im Besitz von Akteuren befinde. Im Zentrum der Untersuchungen steht nicht die Analytik von Machtverhältnissen, sondern die Rekonstruktion der Durchsetzung themenspezifischer Deutungsmuster in öffentlichen Debatten.

In diesem Feld wissenspolitischer Diskursanalysen mit dem Fokus auf Wissensvergemeinschaftungen ist Julia Lepperhoffs vergleichende Analyse der Sozialstaatsdebatten in Frankreich und Deutschland situiert. Ihr Augenmerk richtet sich auf die Formierung kollektiver AkteurInnen und die Untersuchung, wie deren Deutungsmuster in Konkurrenz treten und welche Wirklichkeitskonstruktionen in der politischen Arena durch die Bildung von Koalitionen bezüglich handlungsleitender Orientierungen und auf Grund spezifischer Durchsetzungsstrategien hegemonial werden.

3 Programmanalyse als Analytik der Transformation von Machtverhältnissen

Während der Ansatzpunkt der Untersuchung von Julia Lepperhoff in den Mikropolitiken der AkteurInnen bzw. der Formierung von Akteurskoalitionen liegt, die sich über gemeinsam geteilte Wirklichkeitskonstruktionen zusammenschließen und Kämpfe um Deutungshoheit ausfechten, fokussiert Susanne Krasmanns kritische Analytik der Gegenwart eine andere, gewissermaßen *vorgeordnete* Ebene: Die Formierung und Artikulation des Programms einer neuen Sicherheitspolitik (hier allerdings nicht der Sozialpolitik, sondern des *Feindstrafrechts*). Sie beschreibt damit nicht nur die Produktion eines Präventionsansinnens, sondern unterzieht dies einer Analytik hinsichtlich der von ihm ausgehenden Machteffekte. D.h. Susanne Krasmann zeichnet nicht nur die Neuformatierung der Umrisse des Denkens und der Ebene der Wissensproduktion im juridischen Diskurs nach. Sie fragt vielmehr danach, welche Machttechnologien mit diesen Wissensformationen verkoppelt und in sie eingeschrieben sind und wie diese im Hinblick auf eine Transformation des demokratischen Rechtsstaats und dessen bislang konsentiertes Verhältnis von Recht und Gewalt wirksam werden.

Susanne Krasmann liest das Konzept des Bonner Strafrechtswissenschaftlers Günther Jakobs zum Feindstrafrecht nicht als singuläres Produkt eines juristisch gebildeten Akademikers, sondern als *programmatisches Konzept* im Kontext weiterer autorisierter Sprechakte und Technologien, die sie als gegenwärtige Tendenzen der Sicherheitspolitik identifiziert. Ihre methodische Vorgehensweise trägt die Signatur der Foucaultschen *Analytik der Gegenwart* mit einer speziellen Fokussierung auf jene Machtanalytik, die im Spätwerk Foucaults auftaucht und in den Gouvernementalitätsstudien (*studies of governmentality*, vgl. Osborne 2001) aufgegriffen und ausdifferenziert wurde. Damit ist eine spezifische Untersuchungsebene – und eine besondere Theoriearchitektur implementiert, die sich in spezifischer Weise um die Elemente *Wissen/ Wahrheit, Technologien der Macht* und *Subjektivität* gruppiert. Die Perspektive der Gouvernementalität eröffnet somit den Raum, Transformationen von Staatlichkeit mit Blick darauf zu untersuchen, wie sich die Konzepte verschieben, die Vorstellungen von Staatlichkeit, Freiheit, Partizipation formen und wie sich Subjektivitäten in Relation zu Technologien des Regierens konstituieren.

Ihre Foucault-basierte Untersuchungsarchitektur hat Susanne Krasmann selbst an anderer Stelle als „Analytik der Oberfläche" (Krasmann 2003: 155) charakterisiert. Es handelt sich um ein Vorgehen, dass sich weder in Fragen von Wahrheits- und Geltungsansprüchen verwickelt, noch an der Aufdeckung eines tieferen Sinns oder den Intentionen und Deutungsmustern einzelner AkteurInnen – wie hier des Strafrechtsprofessors Jakobs – arbeitet. Es geht vielmehr um eine Forschungsperspektive, die *Emergenzen* aufsucht, das – nicht zufällige – Auftauchen bestimmter Probleme und Problemstellungen, d.h. bestimmter Weisen der Problematisierung, welche realitätsstiftenden Charakter besitzen. Ziel der Untersuchungen ist es daher nicht, herauszufinden, wie es *wirklich* war oder ist, sondern der Geschichte der Gegenwart gewissermaßen eine Stichprobe zu entnehmen – im vorliegenden Beispiel den Text von Günther Jakobs zum *Feindstrafrecht* –, um an konkreten Verfahren der Machtausübung anzusetzen und von dort ausgehend zu allgemeineren Aussagen darüber zu gelangen, wie bestimmte Ordnungen – in einer spezifischen historischen Situation – zu autonomen Systemen des Denkens werden können (Krasmann 2003: 159; Osborne 2001: 13). Das geschieht hier durch die Einordnung in den Kontext des Sexualstrafrechts und die dort stattfindende Produktion eines Ausnahmezustandes. Und es findet statt durch die Verortung in einer historisch-genealogisch blickenden Perspektive auf das Feindstrafrecht und die Geschichte der Kriminologie, die die Prozessualität und Kontingenz, d.h. die sozio-historische Situiertheit von Programmatiken, Rationalitätstypen und Regierungstechnologien – in diesem Falle der Sicherheitstechnologie (*Pre-emption*/zuvorkommenden Prävention) – in den Blick zu nehmen sucht.

Hinsichtlich der Theoriearchitektur wird deutlich, dass Susanne Krasmann Wissen mit Foucault als eine komplexe Formation versteht, in der spezifische Wahrheitsansprüche geltend gemacht werden und sich diskursive und nicht-diskursive Elemente mischen und Arrangements eingehen können, ohne sich schlicht aufeinander reduzieren zu lassen. Vielmehr wird die Beziehung zwischen Problematisierungsformen zu diskursiven und nicht-diskursiven Praktiken untersucht. Die Analytik der Problematisierungen stellt damit eine spezifische Ebene der Kritik dar, indem die historische Perspektive die Willkürlichkeit und Kontingenz von Praktiken erkennbar macht und den Bruch zu bisher geltenden Prinzipen und Denkweisen und Praktiken *sichtbar* werden lässt.

3.1 Machtanalytik

In diesem Sinne ist Wissen nicht einfach auf Ideen oder Theorien zu begrenzen, sondern umfasst darüber hinausgehend auch ein praktisches Wissen von Techniken und Verfahren, die zum Gegenstand der Analyse werden.

Susanne Krasmann untersucht in ihrem Beitrag Programme, weil sie mit Foucault davon ausgeht, dass diese eine neue Realität konstituieren, indem sie Problemstellungen artikulieren, Regulierungsziele formen und geeignete Strategien des Umgang mit auf Bewältigung drängenden Problemen suggerieren. Programme des Regierens zu analysieren beinhaltet daher nicht nur Ideen oder Theorien herauszupräparieren, sondern zielt darauf ab, mögliche *Machteffekte politischer Rationalitäten* herauszuarbeiten. Darin besteht einer der zentralen Unterschiede zu einer Deutungsmusteranalyse. Diese Rationalitäten des Regierens formen die Umrisse und Weisen des Denkens, sie eröffnen den Raum der Intelligibilität, ein Möglichkeitsfeld des Denkens, der Artikulation von Aussagen und der Erzeugung von Praktiken. Regierungstechnologien beschreiben die Übersetzung von Weisen des Denkens in Praktiken und Strategien.

Das bedeutet auch die Entfaltung eines eigenen Registers der *Macht*. Diese wird nicht als Substanz oder als Besitz gedeutet, Vielmehr ist „Macht der Name, den man einer komplexen strategischen Situation in einer Gesellschaft gibt" – wie Foucault ([1976] 1983: 114) formuliert hat. Damit ist Macht nicht das Resultat der Intentionen von MachtinhaberInnen. Sie wird stattdessen als relational betrachtet, als ein Kräfteverhältnis, das eigenen Dynamiken folgend, nicht statisch, sondern in Bewegung ist.

Eine Verschaltung von Wissen und Macht findet statt, indem Macht sich über Wissen in Praktiken einschreibt und sich auf diese Weise materialisiert. Foucault hatte für die Gegenwartsgesellschaften Formen der Menschenführung diagnostiziert, die weniger über repressive Mechanismen der Macht fungierten als vielmehr über Formen der Einbindung in Technologien der Macht, deren Ziel die Kultivierung und Regulierung der Bevölkerung ist (Foucault [1977-78] 2004a: 174). Biomacht und Biopolitik bilden das Begriffsdoppel, mit dem Foucault das Machtparadigma beschreibt, das sich auf die Disziplinierung individueller Körper und die Regulierung des Kollektivkörpers im Sinne einer Optimierung und Steigerung der produktiven und reproduktiven Dimensionen des Lebens und damit auf die Produktivmachung der Bevölkerung richtet. Soweit folgt Susanne Krasmann der Foucaultschen Machtanalytik, die in den Vorlesungen von 1978 und 1979 die Biopolitik in einer Erweiterung der Perspektive in das Analyseraster und die Machttechnologien der Gouvernementalität einfügt (Foucault [1977-79] 2004 a und b; Sennelart 2004: 447ff.).

In einem nächsten Schritt allerdings geht Susanne Krasmann mit dem italienischen Rechtsphilosophen Giorgio Agamben (2002) und mit Judith Butler (2004) über Foucault hinaus und eröffnet ein neues Register der Macht. Foucault hatte die Geburt der modernen Biomacht in scharfer Konturierung gegen die souveräne Macht (des absolutistischen Herrschers) und deren repressive, ausschließende und abschöpfende Tendenzen abgegrenzt und seine Aufmerksamkeit auf die Phänomene einer systematischen Produktivmachung von Subjektivität, Leben und Sexualität gerichtet. Susanne Krasmann weist diese strikte Trennung zwischen einem juridisch-souveränen und einen biopolitisch-produktiven Machtparadigma zurück und nimmt eine Neujustierung der Machtanalytik vor. Mit dem Grenzregime des Ausnahmezustandes wird ein Typus der Macht implementiert, der den Bereich der legitimen sozialen Akteure von Bereichen der *Anderen (Feinde)* abgrenzt, über die präventiv verfügt werden muss. Susanne Krasmann konstatiert hier einen neuen Typus von Macht, eine souveräne Macht, die nicht einheitlich vorausgesetzt existiert, sondern als Effekt entsteht, wenn die Rechtstaatlichkeit und Menschenrechte in Räumen des Ausnahmezustandes durch die Produktion der Grenzfigur eines „nackten Lebens" (Agamben 2002: 145) außer Kraft gesetzt werden. Mit den neuen gouvernementalen Logiken seien Gewalt und Zwang nicht eliminiert worden, sondern in die neuen Formen der Macht eingelassen oder bildeten deren Ressource in der Konstituierung von Ausnahmezuständen und Zonen der Ununterscheidbarkeit von Bedrohung und Realität.

3.2 *Subjektivität*

Dementsprechend werden Subjekte nicht als dem Sozialen gleichsam vorgängige Referenzpunkte und Entitäten begriffen. Vielmehr zeigen die Untersuchungen gerade, wie Subjekte in einem Möglichkeitsfeld von Machttypen und Wissensformen produziert werden. Das Subjekt taucht hier als eine im Werden begriffene Immanenzform auf und als Effekt spezifischer Kräfteverhältnisse, die nicht nur über Produktivmachung und die *Anrufung* autonomer Subjektivität operieren, sondern am Kreuzungspunkt von souveräner und produktiver Macht auch über biopolitische Zäsuren von *bloßen Körpern* und sozialen Subjekten. Im Beispiel des *Feindstrafrechts* wird das BürgerInnensubjekt gleichsam über den Ausschluss des *Feindes* als eines durch die souveräne Biomacht produzierten „nackten Lebens" (Agamben 2002: 81ff.) hervorgebracht.

Irreführend wäre es allerdings, hier eine Homologie zwischen den so gewonnenen Subjektformierungen und empirischen Subjekten zu unterstellen. Diese Analytik charakterisiert vielmehr die *Formen von Subjekten als ein Auftauchen an der Oberfläche* – es sind programmatische Subjekte.

3.3 Desiderata – Auseinandersetzung mit der Analyse programmatischer Konzepte

Die Analyse programmatische Konzepte lässt neben ihren unverkennbaren Gewinnen auch einige Desiderata offen. Durch die Engführung der Untersuchungsperspektive auf die Analyse autoritativer Texte wird nicht sichtbar, wie sich solche Programmatiken in soziale Praxen umsetzen. Programme werden realitätsstiftend, weil sie Umrisse des Denkens formieren, die Räume der Intelligibilität markieren und die Erzeugung von Praktiken und Strategien erkennen lassen. Aber die Frage, in welcher Weise und durch welche Prozesse sie in sozialen Praxen hegemonial werden, wird letztlich nicht vollständig beantwortet. Formen des Konfliktes und des Umkämpftseins von Programmen werden nicht sichtbar. Die Grenzen der gouvernementalen Logiken und die widersetzlichen Begehren der Subjekte, die solchermaßen formiert werden sollen, die Widerstände dagegen, „dermaßen regiert zu werden" bleiben angesichts der auf die Strukturen und Regierungstechnologien fokussierten Perspektive ausgeblendet. Damit besteht das Problem einer Totalisierung von Programmen. Allerdings bildet die Analyse der Programme einen unverzichtbaren Untersuchungsschritt, um die Strukturierung eines Feldes möglicher Handlungen von AkteurInnen im Kontext spezifischer Rationalitätsformen im Sinne von „Anrufungen" (Althusser 1977) in den Blick zu nehmen. Doch bleiben dabei die Emergenz alltäglicher Mikropolitiken und die beweglichen und nicht so leicht fixierbaren Praxen empirischer Subjekte, deren Ins-Verhältnis-Setzen und Positionieren im Kontext spezifischer Rationalitätsformen zu den programmatischen Anrufungen und zur Vielstimmigkeit von Anrufungen unausgeleuchtet.

Betrachtet man die Anmerkungen zur kritischen Analytik der Gegenwart, ließe sich das Forschungdesign von Julia Lepperhoff fast als komplementäres Modell lesen, weil sie die Perspektive der empirischen Subjekte oder AkteurInnen in den Blick nimmt und die *Umarbeitung von Programmen* sowie deren Hegemonial-Werden untersucht. Allerdings bleibt hier die Frage der Machteffekte und Technologien der untersuchten Programmatiken eine Leerstelle.

Ausgangspunkt der Studie von Julia Lepperhoff ist eine Relativierung funktionalistischer und strukturalistischer Untersuchungsarchitekturen, die Mainstream-Ansätze der vergleichenden Sozialstaatsanalyse kennzeichnen. An diesen moniert die Autorin das Stillstellungs- und Verewigungspotential von Sozialstaatstypologien, den deterministischen Duktus einer Debatte über Pfadabhängigkeit sowie die Akteurs- und Prozessvergessenheit. Ansätze der *Vergleichenden Policy-Forschung* mit dem Analysefokus auf der Prozessualität von Politik bzw. Teilpolitiken sowie deren Wandel und eine Hinwendung zur AkteurInnenperspektive versprechen hier eine Brechung des Primats der Struktur und eines als Zentrum gedachten homogenen Staates und somit eine Überwindung deterministischer Perspektiven. Als Forschungsdesiderat erkennt Julia Lepperhoff die Berücksichtigung von *Wissen und Ideen*, die nicht als Korrelat von Akteursinteressen und Rational-Choice-Prozessen gedeutet werden. Mit Rekurs auf den *discursive turn* fragt sie daher nach der *Bedeutung und Verfasstheit von Kommunikationsprozessen* und entwirft ein Forschungsdesign, das die AkteurInnen – d.h. deren *Agieren und Debattieren* in der politischen Öffentlichkeit in den Mittelpunkt stellt, um von dort ausgehend *handlungsleitende Orientierungen* sowie *Diskursmuster* der Placierung und Repräsention zu untersuchen. Damit rekurriert sie auf den wissenspolitologischen Ansatz von Frank Nullmeier (2001).

Julia Lepperhoff operiert mit einem changierenden Diskursbegriff. Dieser wird einerseits im Sinne einer politischen öffentlichen Debatte verwendet. Andererseits wird mit Diskurs auch die Hervorbringung und Wirkung politisch relevanter Deutungsmuster innerhalb öffentlicher Debatten beschrieben, die auch die handlungsleitenden Orientierungen und Werte der politischen AkteurInnen umfassen. In diesem Sinne sieht Julia Lepperhoff „Diskurse" als „themenspezifische und an spezifische Akteure gekoppelte Debatten in der politischen Öffentlichkeit", in denen sich wiederum als kleinere thematische Einheiten spezifische „Diskursmuster" identifizieren lassen.

Neben dem Diskursbegriff als Bedeutungsproduktion und als Debatte zieht Julia Lepperhoff noch eine weitere Ebene in die Analyse ein: die Ebene der Interaktion und der Netzwerkbildung, die für das Hegemonialwerden von Diskursen eine Rolle spiele. Hier greift sie auf das Konzept der *Advocacy-Koalitionen* von Sabatier und Jenkins-Smith (1999) zurück, das über so genannte *Belief-Systems* koalitionsbildend operiere. Unterstellt wird dabei, dass sich so genannte *Wissenskoalitionen* von AkteurInnen auf der Basis gemeinsam geteilter Deutungsmuster und handlungsleitender Orientierungen – der Belief-Systems – bildeten. Damit nimmt Frau Lepperhoff ein dynamisches Moment von Policy-Wandel und Policy-Lernen in den analytischen Bezugsrahmen und das Untersuchungsdesign auf.

4   Desiderata der wissenspolitischen Diskursanalyse

Vor dem Hintergrund dieser Theorie- und Untersuchungsarchitektur stellt sich zum einen die Frage, wie die AkteurInnen konturiert werden. Mit dem Blick auf intentionale Deutungsaktivitäten, Belief-Systems und Lernprozesse politischer AkteurInnen implementiert die Studie einen Subjektbegriff, der einerseits die Prozessualität von Positionierungen in Wissens- und Wahrheitsregimen und die Dynamiken der Durchsetzung von Diskursmustern aufnimmt, aber andererseits mit der Perspektive auf Intentionalität dem Modell eines konstituierenden Subjekts verhaftet bleibt. Damit wird die komplexe Produktion von Subjektivität in einem entscheidenden Punkt verkürzt. Deren Produktionsprozesse im Kontext spezifischer Regierungstechnologien und den ihnen inhärenten programmatischen Kalkülen und Rationalitätsformen bleibt ausgeblendet. Es handelt sich hier um eine deskriptive Analyse der Prozesse des Hegemonialwerdens von Deutungs- bzw. Diskursmustern, die eine differenzierte Perspektive für Ländervergleiche bietet. Allerdings bleibt die Frage der Programmrationalitäten und mit ihnen verkoppelten Machttechnologien und -wirkungen unbeantwortet.

Interferenzen und Leerstellen. Zwischen einer wissenssoziologischen Vorgehensweise – wie Julia Lepperhoff sie vorschlägt und einer kritischen Analytik der Gegenwart – wie sie Susanne Krasmann vorgeführt hat, gibt es eine Reihe von Berührungspunkten und Interferenzen, aber auch Unterschiede, die jeweils Erkenntnismöglichkeiten öffnen oder limitieren: Wissenspolitische Verfahren untersuchen Prozesse der sozialen Konstruktion von Wirklichkeit durch politische AkteurInnen, und sie befassen sich mit Interaktionen innerhalb einer symbolischen Ordnung.

Die kritische Analytik der Gegenwart untersucht dagegen Machteffekte im Realen, d.h. Effekte von Macht, die sich an der Oberfläche als Form des Sichtbaren und Sagbaren zeigen und sich in Praktiken und Institutionen materialisieren.

Es wird analysiert, was innerhalb einer bestimmten Ordnung gesagt und getan werden kann.

Vergleichbar sind die Analytik der Oberfläche und die wissenssoziologischen Verfahren darin, dass sie Evidenzen in Frage stellen und die Selbstverständlichkeit von Weisen des Denkens, Sehens und Handelns unterminieren und in ihrer Produziertheit erkennbar machen.

Der Unterschied zwischen beiden Untersuchungsarchitekturen besteht allerdings darin, dass die wissenssoziologischen Verfahren zu einer eher enthistorisierten Perspektive neigen. So tauchen die Sozialpolitikkonzepte nur als handlungsleitende Orientierungen der AkteurInnen auf, als deren – gemeinsam geteilte – Belief-Systems, die sich in Koalitionsbildungen bei politischen Entscheidungsprozessen aktuell artikulieren und zu *Diskursmustern* verdichten, was Prozesse des Umkämpftseins und des Hegemonialwerdens von Deutungssystemen zeigen kann, aber nicht deren historisch genealogische Kontextualisierung sowie die Machteffekte und durch sie implementierte Technologien und Praktiken.

Die Frage nach den historischen Bedingungen der Möglichkeit des Auftauchens bestimmter Ereignisse und der Gültigkeit spezifischer Aussagen wird in der Analytik der Oberfläche dagegen historisch kontextualisiert untersucht, indem Realitätstypen oder Regierungstechnologien genealogisch analysiert werden.

Das Verfahren richtet sich darauf, gleichsam eine *positive Geschichte* zu schreiben, die verdeutlicht, dass das Gegebene stets ein Konstrukt ist und dass das Objekt in den Formen seiner Problematisierung selbst erst entsteht (Dean 1998: 188), insofern werden *Spiele der Wahrheit* rekonstruiert. Damit sind jene Prozeduren gemeint, die als *Programme* bestimmte Weisen der Problematisierung selbst als Wahrheiten hervorgebracht haben, die als solche anerkannt werden. Damit rekonstruiert die Analytik der Oberfläche die Effekte von Macht im Realen, distanziert sich aber – wie Foucault – vom soziologischen Realismus und der Erforschbarkeit sozialer Praxis.

Die wissenssoziologische Diskursanalyse dagegen zielt gerade auf die Untersuchung von Mikropraktiken empirischer politischer Akteure und deren Aushandlungsprozesse von Deutungsmustern und könnte damit einen Beitrag leisten zu der Frage, wie sich Programme in soziale Praxen übersetzen und hegemonial werden. Allerdings bleibt diese Perspektive der Zentrierung auf ein intentional handelndes, konstituierendes Subjekts verhaftet, auch wenn der Fokus hier auf der Konstruktion von politischer Wirklichkeit in Interaktionen liegt und die Analyse sich nicht auf individuelle, sondern auf kollektive Akteure richtet. Die komplexen Produktionsprozesse von Subjektivität bleiben damit ausgeblendet. Überdies droht diese Perspektive auf einen Machtbegriff verengt zu werden, der

Macht lediglich als *Besitz* (Deutungsmacht, Ressourcen) der Akteure sehen kann. Das Potenzial, das in der Analyse der Performativität von Konzepten und Programmen und deren Übersetzungen in Technologien liegt – wie etwa die von Susanne Krasmann beschriebene zirkuläre Produktion von Risiko- oder Bedrohungsszenarios und Sicherheitsversprechern mit dem Effekt der Einwilligung in Einschränkungen demokratischer Freiheitsrechte und der Produktion von Unsicherheit – bleibt damit ausgeblendet.

Zusammenfassend lässt sich sagen, dass in der Analytik Susanne Krasmanns das Auftauchen von Subjektformen an der Oberfläche – gewissermaßen die programmatische Anrufung zu erkennen ist. Formen der Widerstände und Verschiebungen durch empirische Subjekte werden nicht sichtbar.

Im Ansatz von Julia Lepperhoff dagegen tauchen empirische Subjekte als Akteure sowie deren Interaktionsdynamiken auf, die Aufschlüsse über ein Hegemonialwerden und ein Umarbeiten von Programmatiken bieten können. Hier bleibt allerdings als Leerstelle eine Analytik der programmatischen Anrufung und deren historischer Kontextualisierung offen.

Anzuregen bleibt, im Idealfall die Forschungsarchitekturen zu integrieren und jeweils in die eine oder die andere Richtung hin zu erweitern. Im Fall der wissenspolitischen Deutungsmusteranalyse wären Programme als spezifische Vermittler zu betrachten, über die soziale Praxis durch entsprechende Technologien mit Führung ausgestattet wird; und es wäre in beiden Forschungsarchitekturen zu untersuchen, wie Subjektivität innerhalb fortlaufender Prozesse im Doppelsinne von *assujettissement*, d.h. in der Doppelbewegung von Subjektivierung und Unterwerfung zwischen programmatischen Anrufungen – die nicht monistisch, sondern vielstimmig gedacht werden müssen – und den Mikropraktiken der Akteurinnen produziert wird.

Literatur

Agamben, Giorgio, 2002: Homo sacer. Die souveräne Macht und das nackte Leben. Frankfurt/M.

Althusser, Louis, 1977: Ideologie und ideologische Staatsapparate. Aufsätze zur marxistischen Theorie. Hamburg.

Berger, Peter L./Luckmann, Thomas, 1980: Die gesellschaftliche Konstruktion der Wirklichkeit. Frankfurt/M.

Bublitz, Hannelore, 2003: Diskurs. Bielefeld.

Butler, Judith, 2004: Precarious Life. The Power of Mourning and Violence. London, New York.

Deleuze, Gilles, 1992: Foucault. Frankfurt/M.

Dosse, Francois, 1999: Geschichte des Strukturalismus, Bd. 2: Die Zeichen der Zeit 1967-1991. Frankfurt/M.

Dreyfus, Hubert L./Rabinow, Paul, 1997: Michel Foucault. Jenseits von Strukturalismus und Hermeneutik. Weinheim.

Ehlich, Konrad, 1994: Diskursanalyse in Europa, Frankfurt/M.

Fohrmann, Jürgen/Müller, Harro (Hrsg,), 1988: Diskurstheorien und Literaturwissenschaft. Frankfurt/M.

Foucault, Michel, [1971] 1987: Nietzsche, die Genealogie, die Historie, in: *Ders.*: Von der Subversion des Wissens. Frankfurt/M., Berlin, Wien, 83-109.

Foucault, Michel, [1975] 1977: Überwachen und Strafen. Die Geburt des Gefängnisses. Frankfurt/M.

Foucault, Michel, [1976] 1983: Der Wille zum Wissen. Sexualität und Wahrheit 1. Frankfurt/M.

Foucault, Michel, 1976: Mikrophysik der Macht. Über Strafjustiz, Psychiatrie und Medizin. Berlin.

Foucault, Michel, [1969] 1981: Archäologie des Wissens, Frankfurt/M.

Foucault, Michel, [1970] 1991: Die Ordnung des Diskurses, Frankfurt/M.

Foucault, Michel, [1978] 2000: Die Gouvernementalität, in: *Bröckling, Ulrich/Krasmann, Susanne/Lemke, Thomas* (Hrsg.), Gouvernementalität der Gegenwart. Studien zur Ökonomisierung des Sozialen. Frankfurt/M., 41-67.

Foucault, Michel, [1977-78] 2004a: Geschichte der Gouvernementalität I. Sicherheit, Territorium, Bevölkerung. Vorlesungen am Collège de France 1977-1978, hrsg. von Sennelart, Michel. Frankfurt/M.

Foucault, Michel, [1977-79]2004b: Geschichte der Gouvernementalität II. Die Geburt der Biopolitik. Vorlesungen am Collège de France 1978-1979, hrsg. von Sennelart, Michel. Frankfurt/M.

Frank, Manfred, 1988: Zum Diskursbegriff bei Foucault, in: Fohrmann, Jürgen/ Müller, Harro (Hrsg.), Diskurstheorien in der Literaturwissenschaft. Frankfurt/M., 25-44.

Haraway, Donna (1995): Situiertes Wissen. Die Wissenschaftsfrage im Feminismus und das Privileg einer partialen Perspektive, in: *Dies.*, Die Neuerfindung der Natur. Primaten, Cyborgs und Frauen. Frankfurt/M., 73-97.

Jäger, Siegfried, 1999: Kritische Diskursanalyse. Eine Einführung. Duisburg.

Keller, Reiner, 1997: Diskursanalyse, in: *Hitzler/Ronald/Hohner, Anne* (Hrsg.), Sozialwissenschaftliche Hermeneutik. Opladen, 309-334.

Keller, Reiner, 1998: Die gesellschaftliche Konstruktion des Wertvollen. Opladen.

Keller, Reiner/Hirseland, Andreas/ Schneider, Werner/Viehöver, Willy (Hrsg,), 2001: Handbuch sozialwissenschaftliche Diskursanalyse, Bd. 1: Theorien und Methoden. Opladen.

Knorr-Cetina, Karin, 1989: Spielarten des Konstruktivismus. Einige Notizen und Anmerkungen, in: Soziale Welt 40, 86-96.

Krasmann, Susanne, 1995: Simultaneität von Körper und Sprache bei Michel Foucault, in: Leviathan, Heft 2, 240-262.

Krasmann, Susanne, 2003: Die Kriminalität der Gesellschaft. Zur Gouvernementalität der Gegenwart. Konstanz.

Laugstien, Thomas, 1999: Diskursanalyse in: Historisch-kritisches Wörterbuch des Marxismus, Bd. 2, hrsg. von *Haug, Wolfgang-Fritz*, 2. Aufl. Hamburg, 727-743.

Lemke, Thomas, 1997: Eine Kritik der politischen Vernunft. Foucaults Analyse der modernen Gouvernementalität. Berlin, Hamburg.

Lemke, Thomas, 2005: Nachwort. Geschichte und Erfahrung. Michel Foucault und die Spuren der Macht, in: *Defert/Daniel/ Ewald Francois/ Legrange Jacques* (Hrsg.), Michel Foucault. Analytik der Macht. Frankfurt/M., 317-347.

Nullmeier, Frank/Pritzlaff, Tanja/Wiesner, Achim, 2003: Mikropolicy. Ethnographische Politikforschung am Beispiel Hochschulpolitik. Frankfurt/M., New York.

Nullmeier, Frank, 2001: Politikwissenschaft auf dem Weg zur Diskursanalyse?, in: *Keller, Reiner/Hirseland, Andreas/Schneider/Werner/Viehöver, Willy* (Hrsg.), Handbuch Sozialwissenschaftliche Diskursanalyse, Bd. 1: Theorien und Methoden. Opladen, 285-311.

Nullmeier, Frank/ Rüb, Friedbert, 1993: Die Transformation der Sozialpolitik. Vom Sozialstaat zum Sicherungsstaat. Frankfurt/M., New York.

Osborne, Thomas, 2001: Techniken und Subjekte. Von den ‚Governmentality-Studies' zu den ‚Studies of Governmentality, I: Demokratie. Selbst. Arbeit. Analysen liberaldemokratischer Gesellschaften im Anschluss an Foucault, in: Mitteilungen des Instituts für Wissenschaft und Kunst, 56, 2/3, 12-16.

Sabatier, Paul, A./Jenkins-Smith, Hank C., 1999: The Advocacy Coalition Framework. An Assessment, in: Sabatier, Paul A. (Hrsg.), Theories of the Policy Process. Boulder, Colorado, 117-166.

Sennelart, Michel, 2004: Situierung der Vorlesungen, in: *Michel Foucault*, Geschichte der Gouvernementalität II. Die Geburt der Biopolitik. Vorlesungen am Collège de France 1978-1979, hrsg. von Sennelart, Michel. Frankfurt/M., 445-489.

Vogt, Rüdiger, 1987: Zwei Modelle zur Analyse von Diskursen, in: *Ders.*, Über die Schwierigkeit der Verständigung beim Reden. Opladen, 29-44.

Wilson, Thomas P., 1973: Theorien der Interaktion und Modelle soziologischer Erklärungen, in: *Arbeitsgruppe Bielefelder Soziologien* (Hrsg.), Alltagswissen, Interaktion und gesellschaftliche Wirklichkeit, Bd. 1. Reinbek, 54-79.

Teil 4: Politik der Identitäten

Claudia Bruns

Wissen – Macht – Subjekt(e). Dimensionen historischer Diskursanalyse am Beispiel des Männerbunddiskurses im Wilhelminischen Kaiserreich

Die Schriften des französischen Philosophen Michel Foucault verstehen sich selbst nicht als kompakter methodischer Leitfaden für eine veränderte Forschungspraxis.[1] Sie ermöglichen dennoch eine Art Perspektivverschiebung gegenüber jenen Traditionen, Vorstellungen und Fragen der Geschichtswissenschaft, die sich mit den Begriffen Ideengeschichte, Ideologiekritik und Historische Sozialwissenschaft verbinden. Natürlich macht eine an Foucault orientierte Diskursanalyse auch viele wichtige Anleihen bei diesen Theorien.[2] Im Folgenden möchte ich jedoch das Trennende hervorheben, um deutlicher zu machen, was die Diskursanalyse für die historische Forschung leistet. Um eine solche Perspektivverschiebung plastisch werden zu lassen, möchte ich sie für die drei Felder des Wissens, der Macht und der Subjektformation skizzieren, um anschließend zu zeigen, welche Impulse die Geschichte des Männerbundes durch die Diskursanalyse bekommen könnte.[3]

---

[1] Dieser Beitrag beruht auf einem Vortrag für die Tagung „Endlich Ordnung in der Werkzeugkiste. Zum Potenzial der Foucaultschen Diskursanalyse" 29.-30. April 2005 in Berlin, auf die der vorliegende Tagungsband zurück geht. Der Text ist ebenfalls erschienen in: Österreichische Zeitschrift für Geschichtswissenschaften 2005, 16, 4: 106-122 sowie in: Franz X. Eder (Hrsg.), 2006: Historische Diskursanalysen. Theorie, Genealogie, Anwendungen, Wiesbaden: 189-203.

[2] So führt die Diskursanalyse etwa, um nur ein Beispiel zu nennen, die Kritik der deutschen Historischen Sozialwissenschaft an einer Idealisierung des Subjekts fort, die die politische Ideengeschichte lange dominierte, um sie ihrerseits zu radikalisieren. Sarasin 2003: 14; das komplexe Verhältnis von Foucault zur Gründerfigur der historischen Sozialwissenschaften, Max Weber, untersucht u.a. Neuenhaus 1993; zum spannungsreichen Verhältnis von Geschichtswissenschaft und Foucaultscher Diskursanalyse vgl. auch: Maset 2002 u. Brieler 2001.

[3] Zu den an Foucault anknüpfenden diskursanalytischen Schulen und Methoden – vor allem der „amerikanisch-pragmatischen" und der „französisch-poststrukturalistischen" – siehe als erste Orientierung Angermüller /Bunzmann/Nonhoff 2001; gelungene Einführungen bieten auch Keller 2004; Landwehr 2001; Bublitz 1999 und Link 1997; einen eigenen, stärker sprachanalytisch orientierten Versuch methodi-

Eine diskursanalytische Herangehensweise eröffnet die Möglichkeit, Fiktion und Realität, Denken und Handeln, Kultur und Politik als besonders eng miteinander verschränkt zu konzipieren: Statt Makro- und Mikroebene, Struktur und Praxis gegeneinander zu setzen, rückt ihre Verwobenheit ins Zentrum der Aufmerksamkeit. In diesem Sinn möchte der vorliegende Beitrag der verbreiteten Polemik entgegentreten, dass die Diskursanalyse notwendigerweise das Subjekt abschafft und damit auch die Akteure und Akteurinnen, weil vermeintlich nur noch der Diskurs handelt.[4] Einer Diskursanalyse kann es keinesfalls um die Aufhebung handelnder Subjekte gehen, sondern allein um deren radikale Historisierung. Dabei können auch einzelne AutorInnen und Werke in den Blick genommen werden – sofern letztere in ihrer Verwobenheit mit dem Diskursfeld und die handelnden Subjekte in ihrer Eigenmächtigkeit wie auch in ihrer Abhängigkeit von machtgesättigten überindividuellen Aussagesystemen und Sinnproduktionen gezeigt werden.

Es gilt, gerade die „Paradoxien der Subjektivierung" (Butler 1997: 39) herauszuarbeiten, die deutlich machen, dass ein sich bestimmten Normen widersetzendes Subjekt von eben diesen Normen befähigt und hervorgebracht wird. Das sich in historischen Zeugnissen artikulierende ‚Gefühl' subjektiver „Authentizität" und „Originalität" würde sich dann von allen Seiten als bedingt erweisen, nämlich als ein Produkt von spezifisch historischen Wissens-, Macht- und Subjektformationen. Die politische Sprengkraft dieser historisierenden Sicht auf die Bedingungen des modernen bürgerlich-autonomen Subjekts kommt jedoch nur dann zum tragen, wenn es gelingt, die Ebene subjektiven Erlebens in historische Diskursanalysen zu integrieren.[5]

---

scher Operationalisierung legte 1993 Siegfried Jäger als „Kritische Diskursanalyse" vor; zur Anwendung auf die Geschichtswissenschaft vgl. auch: Martschukat 2002.

4 Ähnlich resümiert u.a. Sarasin die Vorbehalte vieler Historiker in Bezug auf eine Rezeption diskursanalytischer Theorien, vgl.: Anm. 1, 29 f.; vgl. auch: Maset 2002: 37-42.

5 Das durch eine bestimmte Lesart der Aufklärung implementierte System von Wahrheit, Natürlichkeit, Authentizität und Identität, auf dem unsere Grundannahmen vom „wahren" Subjekt fußen, die unter anderem politische In- und Exklusionen (bis heute) legitimieren, würde sich als historisch bedingt erweisen und einer neuen Form der Kritik zugänglich.

1 Dimensionen historischer Diskursanalyse

1.1 Wissen

Ideengeschichtliche Ansätze zielen – plakativ gesprochen – vor allem darauf, Traditionen der Wissensgenese nachzuzeichnen und eine Denkfigur bis zu ihren (möglichst antiken) Anfängen zurückzuverfolgen. Bestimmt werden soll, wann eine Idee zum ersten Mal auftauchte und wie sie modifiziert und verbreitet wurde und welche Vorläufer und Nachahmer sie hatte. Der Erfinder einer Idee gilt – wenn auch nicht mehr als Genius – so doch zumindest als ihr relativ autonomer Schöpfer, dessen Einbindung in einen sozialen Zusammenhang entweder auf der biographischen Ebene oder auf der Ebene der Wissenstradition vollzogen wird.

Eine diskursanalytische Perspektive hingegen versucht den Blick nicht zurück, sondern (nach vorn und) auf die konkrete Situation zu richten. Sie spürt nicht unbedingt Traditionslinien nach, sie fragt vielmehr nach der strategischen Bedeutung des Wissens in einem spezifischen historischen Augenblick.

Während ideologiekritische Konzeptionen unter „Ideologie" ein Set falscher oder unvollkommener Ideen verstehen, die nicht oder noch nicht den Status der Wissenschaftlichkeit erreicht haben, interessiert sich eine Diskursanalyse für die historisch unterschiedlichen Rationalitätsformen des Wissens. Ihr geht es nicht darum, ob eine Aussage in einem universellen Sinn wahr oder falsch ist, sondern um ihre historisch-spezifische Gültigkeit. In diesem Sinn lässt sich ein Diskurs auch als Differenz zwischen dem, was jemand zu einer bestimmten Zeit potentiell nach den Regeln der Grammatik äußern konnte und dem, was tatsächlich gesagt worden ist, bestimmen. Nur wer nicht allzu weit von den Handlungsmöglichkeiten abweicht, die durch den Diskurs vorgegeben werden, befindet sich im „Wahren" (Foucault 1991: 63; Landwehr 2003: 105). Wissen ist somit nicht (mehr) losgelöst von Macht zu sehen, vielmehr entwickelt es sich immer schon in einem Feld von Machtbeziehungen, ohne allerdings in diesen aufzugehen.

In diesem Sinn lässt sich etwa folgendes Set von Fragen an Wissensdiskurse stellen: Warum wird Wissen zu einem bestimmten Zeitpunkt formuliert und (erneut) stark gemacht? Auf welche Weise werden Kohärenz, Plausibilität und damit Wahrheit erzeugt? Welche (Macht-)Funktionen übt ein Wissensdiskurs aus? Welche Ein- und Ausschlüsse sind mit ihm verbunden? Mit welchen Legitimationsstrategien ist dies jeweils möglich? Wie werden benachbarte Wissensdiskurse integriert?

Bezogen auf den Männerbunddiskurs ist so etwa zu fragen, warum sich der Berliner Männerbundtheoretiker Hans Blüher bei der Einführung des homoerotischen Männerbundmodells ab 1912 und verstärkt während des Ersten Weltkriegs auf den antiken Erosbegriff Platons berief. Die traditionelle Ideengeschichte würde vor allem der Frage nachgehen, wie Blühers Erosbegriff sich in die lange abendländische Geschichte der Platon-Rezeption einfügt, wie seine spezifische Lesart Platons aussah und auf welche Weise er die Bedeutung des antiken Erosbegriffs verfehlte. Hingegen stellt sich in diskursanalytischer Perspektive die Frage, warum Blüher gerade zu dieser Zeit auf Platon verwies und welche Funktion sein Rekurs für die Legitimierung seiner Äußerungen hatte.

Warum wurde es im Kontext des Männerbunddiskurses überhaupt notwendig, über Sexualität und Eros zu sprechen? Auf welche Weise wurde Sexualität gegen Ende des 19. Jahrhunderts zu einem zentralen Thema, dessen Enträtselung „wahre Aussagen" über Individuen und Gemeinschaft versprach? Was wollte man von der Sexualität wissen, welche Rationalitäten lagen diesem Wissen zugrunde und wie wurden diese (von wem und zu welchem Zeitpunkt) eingesetzt? Welche sozialen Praktiken waren mit diesem Wissen verbunden? Und wie verschränkte es sich mit anderen Spezialdiskursen?

In diesem Sinn können dann verschiedene Texte befragt und mikroanalytisch in ihrem rhetorischen System analysiert werden. Ziel ist es, Reihen von ähnlichen Äußerungen in verschiedenen Texten, Praktiken, institutionellen oder architektonischen Systemen zu ermitteln, die einem gemeinsamen Regelsystem von „Aussagen" folgen, das den Diskurs strukturiert.

Ein Diskurs beschränkt sich (in der Regel) nicht auf eine bestimmte Fachdisziplin, sondern überschreitet deren Grenze. Der Männerbunddiskurs etwa entwickelte sich in ganz unterschiedlichen Spezialdiskursen der Jahrhundertwende: in Anthropologie, Ethnologie, Medizin, Sexualwissenschaft, Homosexuellenemanzipation, Jugendbewegung, Politik und Pädagogik. In diesen Wissensfeldern dominierten verschiedene Wahrheits- und Erkenntnissysteme, die sich dennoch aufeinander bezogen und gegenseitig beglaubigten.

Die diskursanalytische Perspektive versucht keinem der Diskurse oder Praxisfelder per se einen Vorrang einzuräumen. Hier distanziert sie sich auch von der historischen Sozialwissenschaft und deren Neigung, bestimmte ökonomisch-soziale (Herrschafts-)Strukturen zu privilegieren und als vorrangig gegenüber dem Handeln des Einzelnen zu betrachten. Um die Wechselwirkung zwischen der Struktur und dem handelnden Individuum herausarbeiten zu können, nimmt die an Foucault orientierte Diskursanalyse ein vielschichtiges Netz von Machtbeziehungen an und gibt die einseitige Fokussierung auf Herrschafts- und Institutionsanalysen auf.

1.2 Macht

Lange Zeit wurde das Politische als Wissen vom Staat, von Herrschern und deren (kriegerischer) Machtstrategien verstanden. Im Verlauf des 20. Jahrhunderts haben sich die Bestimmungen des Politischen von einem „(herrschafts-)technischen", über einen „staatszentrierten" hin zu einem „macht-" und schließlich „konfliktzentrierten" Politikbegriff verändert (Kreisky/Sauer 1998). Diesen Bestimmungen liegt trotz aller Unterschiede ein gemeinsames, auf Herrscher, Staaten und Institutionen verengtes Verständnis des Politischen zugrunde (Boukrif et.al. 2002: 1-3). Auch in der historischen Sozialwissenschaft hat man sich überwiegend auf die Analyse von Institutionen, Interessengruppen und die Herausbildung offizieller Politik konzentriert. Formen „privater" Macht wurden von „öffentlich-politischer" Herrschaft abgrenzt oder nur am Rande behandelt (Wehler 1987: 10; Maset 2002: 73). Dies hatte zur Folge, dass die im bürgerlichen Zeitalter eingeführte Trennung zwischen Öffentlichkeit und Privatheit nicht problematisiert, sondern fortgeschrieben wurde. Im Raum des Politischen begegnen sich der dominanten Vorstellung zufolge gleichberechtigte, vernunftgesteuerte, zu freiem Willen und autonomen Entscheidungen befähigte Subjekte. Diese überaus wirkmächtige Konzeption implizierte auch, dass sich im politischen Handeln nur männliche Subjekte aufeinander beziehen konnten. Traditionell als weiblich codierte Bereiche etwa in der Familie und implizite Formen politischer Einflussnahme wurden als „unpolitisch" dethematisiert.[6]

Vor diesem Hintergrund erscheint es nicht nur aus feministischer Perspektive notwendig, Macht- und Politikbegriffe einzusetzen, die es ermöglichen, implizite (Geschlechter-)Hegemonien – die als Vorannahme in die Analyse eingehen – zu problematisieren.[7] Foucault hatte zwar kein explizites Interesse an einer Kritik der Geschlechterhierarchien, entwickelte aber ein Machtmodell, das den relationalen und produktiven Charakter von Macht betont und zugleich bestimmte Grundannahmen vom autonomen Subjekt zum Gegenstand der Analyse macht. Die Frage ist dabei nicht, wer (von vorneherein) Macht innehat, sondern wie

---

6 Nicht zuletzt Max Weber legte nachhaltig die Weichen für das staats- und institutionenzentrierte Politikverständnis des 20. Jahrhunderts, indem er die Frage nach Machtvermehrung, die Aneignung von Führungsrollen oder zumindest die Teilhabe an Führungspositionen in der modernen Massendemokratie zum zentralen Gegenstand der Politik erhob. Von einem „weiten Politikbegriff" distanzierte er sich, weil „das ja sogar die ‚Politik einer klugen Frau, die ihren Mann zu lenken trachtet' (…) umschließen würde" (Weber 1987: 7). Die private Ebene wurde mit persönlicher und emotionsgesteuerter Einflussnahme gleichgesetzt und als außerpolitisch definiert.
7 Die Perspektive auf Macht als Position und Besitz tendiert überdies dazu, den Ausgang von Konflikten als Ergebnis der Ausgangsbedingungen, nicht jedoch als etwas erst im Verlauf von Konflikten „Produziertes" zu sehen.

Macht als politische Technologie funktioniert. Macht wird demnach nicht besessen, sondern existiert nur in actu – selbst dann wenn sie sich, um sich in ein zerstreutes Möglichkeitsfeld einzuschreiben, auf permanente Strukturen stützt.

Machtverhältnisse unterscheiden sich Foucault zufolge von Gewaltverhältnissen, insofern sie nicht direkt brechend, zerstörend oder zwingend auf Körper oder Dinge einwirken, sondern ein bestimmtes Verhalten mehr oder weniger wahrscheinlich machen, anstacheln oder ablenken, erleichtern oder erschweren. Erst dort, wo für das Gegenüber keine Reaktions- und Handlungsmöglichkeiten mehr existieren und die Determinierungen gleichsam gesättigt sind, entsteht ein Herrschafts- oder Gewaltverhältnis.[8]

Statt eine starre Dichotomie zwischen Unterwerfung und Widerstand, Oben und Unten, Herrschenden und Beherrschten, Emanzipation und Anpassung vorauszusetzen, macht Foucault darauf aufmerksam, dass jede Form des Eingreifens in den Diskurs auch eine Übernahme von dessen Regeln erfordert. Gerade diejenigen, die intervenieren, sind dem Diskurs unterworfen. Sie müssen dessen Regeln befolgen, um ein Aber formulieren zu können. Und doch sind gerade sie es, die dynamische Prozesse auslösen.

Aus diskursanalytischer Perspektive wird auch die Vorstellung problematisch, dass Macht in erster Linie auf den Geist bzw. auf das Bewusstsein wirkt. Macht hat vielmehr unmittelbare körperlich-materielle Wirkungen: Sie prägt das Selbstverhältnis des Einzelnen, beeinflusst seinen Körper und formt seine Gesten, Gefühle und Handlungsweisen. Die Vorstellung von ideologischer Macht hingegen, die sich primär als Verschleierung präsentiert, verfehle – so Foucault – das tatsächliche Funktionieren von Machtprozessen, da sie den Glauben an den Primat des Bewusstseins und die Freiheit des Willens aufrechterhalte – beides integrale Bestandteile bürgerlich-kapitalistischer Vergesellschaftung.

1.3 Subjekt(ivierung) und Regierung

Für eine veränderte politische Geschichtsschreibung sind Foucaults Analysen nicht zuletzt auch deswegen relevant, weil sie Machtpraktiken zugleich auf individueller und gesellschaftlicher Ebene lokalisieren. Gerade wenn das Politische nicht auf das Handeln staatlicher Institutionen beschränkt, sondern – wie in den

---

8 Machtverhältnisse operieren mit Hilfe von Strategien der Auseinandersetzung. Mit „Strategien" ist die Wahl der Mittel zur Erreichung eines Zwecks bezeichnet, sodann die aufgewandte Rationalität und die Weise, in der man versucht, den Anderen in den Griff zu bekommen und ihm seine Kampfmittel zu entziehen. In solchen strategischen Machtrelationen gibt es zugleich immer das Potential, das Verhältnis umzukehren. Foucault 1994: 252-264.

Gouvernementalitätsstudien Foucaults angeregt – der Regierungsbegriff weiter gefasst wird, gerät das Zusammenspiel von Formen der Regierung durch Andere und der Selbstregierung in den Blick. Diese Perspektive scheint mir besonders geeignet, um die politischen Formen unterhalb der institutionalisierten Politik zu erfassen.[9] Regierung kann so als ein „Kontaktpunkt" beschrieben werden, „an dem die Form der Lenkung der Individuen durch andere mit der Weise ihrer Selbstführung verknüpft ist".[10] Subjektbildungen und die Konstruktion subjektiver „Wahrheiten" wären demnach ein konstitutiver Teil jenes politischen Prozesses, der politischem Handeln in institutioneller Form zu Grunde liegt und dieses damit allererst ermöglicht. Das Politische wäre nicht mehr eindeutig personell, institutionell oder lokal bestimmt (Laclau/Mouffe 2000: 148-149 u. 224). Was allerdings nicht bedeutet, dass „alles politisch", sondern das Politische „überall gegenwärtig" ist (Landwehr 2003: 104).

Ein solcherart kulturtheoretisch erweitertes Verständnis des Politischen eröffnet die Möglichkeit, die Prozesse der Subjektkonstitution nicht als eine Grenze des Regierungshandelns zu verstehen, sondern als Verhältnis der Subjekte zu sich selbst und zu den Anderen.[11] Die diskursiv produzierten, historischen Subjektivierungsweisen begrenzen dabei den Handlungsspielraum der Individuen, ohne diesen zu determinieren (Bublitz 1999: 60).

Eine Diskursanalyse des Männerbunds würde vor dem Hintergrund einer solchen Perspektivverschiebung nach der Genese der politischen Rationalität des männerbündischen (Kollektiv-)Subjekts fragen. Sie möchte wissen, auf welche Weise eine männerbündische „Erfahrung" produziert wurde, die viele Menschen der Weimarer Republik für sich als „authentisch" charakterisierten. Mit einer solchen historischen (Re-)Konstruktion von Erfahrung ist zugleich das Ensemble der oben skizzierten drei Dimensionen angesprochen: Ein Feld des Wissens, das über Begriffe, Konzepte, Theorien, wissenschaftliche Disziplinen etc. definiert ist; eine Anzahl von Machtbeziehungen, die das Erlaubte vom Verbotenen, das Na-

---

9 In der Konzeption der historischen Sozialwissenschaft, die die Macht der Verhältnisse betont, wird die Lage des Subjekts hingegen tendenziell zu seinem Platzhalter, da Subjekt und „agency" in diesem makroanalytischen Ansatz in einem Netz von Positionen und Konstellationen verschwinden (Maset 2002: 74).
10 „Regierung" meint weniger einen Unterwerfungsmechanismus als das bewegliche Verhältnis zwischen Zwangsmechanismen und Prozessen, „durch das das Selbst durch sich konstruiert und modifiziert wird". Regierung bezieht sich also vor allem auf Prozesse der (Selbst-)Produktion, die an Regierungsziele gekoppelt sein können (Foucault 1993: 203-204; vgl. auch: Lemke/Krasmann/Bröckling 2000: 29 sowie: Lemke 1997:143-150).
11 Sie reizen zu einem Handeln an, das den einzelnen ermächtigt, individualisiert und sexualisiert und ihm zugleich mit dieser Ermächtigung die Auflage gibt, sich in eine (sexualisierte, rassistische, geschlechtliche) Ordnung einzufügen.

türliche vom Unnatürlichen, das Normale vom Pathologischen etc. unterscheiden; und eine Beziehung des Individuums zu sich selbst, die es ihm erlaubt, sich als (männerbündisches) Subjekt unter anderen anzuerkennen.[12]

Dass ein Mensch männerbündische – und damit auch antifeministische sowie antisemitische – Überzeugungen, Praktiken und Gefühle äußert, ließe sich dann nicht einfach als Folge einer prekären sozialen Lage, etwa einer wirtschaftlichen Krisen- oder Notsituation oder seiner Angst vor der Frau deuten. Es müsste vielmehr erklärt werden, wie eine Verbindung zwischen dem Erlebnis von Angst und Not auf der einen Seite und der Diskriminierung von Frauen (und Juden) hergestellt wurde.

Zusammenfassend lässt sich festhalten, dass eine an Foucault orientierte Diskursanalyse danach fragen würde, in welcher Weise Diskurse und AkteurInnen durch Wissens-, Macht- und Subjekt-Praktiken daran beteiligt sind, eine gültige Definition von Wirklichkeit durchzusetzen, die sich dem Einzelnen als „reale", „authentische" und „persönliche" Erfahrung präsentiert (Landwehr 2003: 115). Statt nach den persönlichen Motiven der einzelnen SprecherInnen in einem diskursiven Feld zu forschen – womit neuerlich bestimmte Vorannahmen vom autonomen, rationalen Subjekt in den Text eingehen – regen Foucaults Texte dazu an, stärker nach der Gewordenheit dieses Subjekts selbst zu fragen, das sich in einem bestimmten Wahrheits-, Wissens- und Machtfeld konstituiert. Persönliche Motive von AkteurInnen können deshalb trotzdem zum Gegenstand der historischen Untersuchung werden. Allerdings erst dann, wenn DiskursteilnehmerInnen sich tatsächlich darüber mitteilen. Wird eine solche Äußerung als „Aussage" in einem historisch-spezifischem System von Wahrheits- und Wissenszusammenhängen verortet, entgeht man der Gefahr, den handelnden Personen nachträglich eine bestimmte (meist von aktuellen psychologischen Annahmen geprägte) Subjektvorstellung zu unterstellen.

2   Der Männerbunddiskurs im Kaiserreich

Die Geschichte des Männerbunds ist oft als Analyse einer gleich bleibenden Struktur männlicher Bündnisse von der Antike bis in die Gegenwart geschrieben worden. Der Männerbund stieg bei linken Kritikern wie rechten Befürwortern zu

---

12 Dieses Vorgehen stellt einen Versuch da, das von Shulamit Volkov beschriebene „missing link" zwischen historischem Subjekt und seinen Denk- und Verhaltensstrukturen herzustellen. Die Konzentration auf die Frage nach dem Wie, unter Zurückstellung der Suche nach Ursprüngen und Ursachen, könnte dazu beitragen, den Schlüssel zum Erfolg des männerbündischen Denkens und seines Antifeminismus wie auch Antisemitismus zu liefern (Volkov 2000: 23-25).

einer „kulturellen Universalie" auf, die in allen Gesellschaften und zu allen Zeiten zu finden sei (so z.B.: Blazek 1999; Weissmann 2004). Für die hier vorgestellte Form der Diskursanalyse rückt indes das historische „Ereignis", das „Auftauchen" des „Männerbunddiskurses" an der Oberfläche der Worte, in den Mittelpunkt. Diese Perspektive macht sichtbar, dass der Männerbunddiskurs eine ‚Erfindung' bürgerlicher Männer der Jahrhundertwende war und also keineswegs ein transhistorisches Phänomen war, das unverändert von den Griechen bis heute existierte. Geschlechtsexklusive Zusammenschlüsse von Männern gab es zwar schon früher, doch erst um die Jahrhundertwende wurde der „Männerbund" zum Einsatz in einem strategischen Wissens- und Machtfeld. Ohne das moderne Wissen der Ethnologie, Medizin und Sexualwissenschaft sowie ein bestimmtes Verständnis vom modernen Subjekt wäre er nicht möglich gewesen – auch nicht ohne die Frontstellung bildungsbürgerlicher Männer gegen die sich emanzipierenden Frauen sowie gegen Adel, Arbeiterklasse und Juden.

Formierung des Wissens vom „Männerbund" um 1900. Um die Jahrhundertwende „erfand" der Bremer Ethnologe Heinrich Schurtz den „Männerbund", indem er bei so genannten „primitiven Völkern" in allen Teilen der Welt „Männerhäuser" entdeckte, zu denen Frauen keinen Zutritt hatten (Schurtz 1902). Er reagierte damit auf wissenschaftliche Diskussionen, die um den männlichen oder weiblichen Ursprung der Menschheit kreisten. Der Baseler Jurist und Altphilologe Johann Jakob Bachofen behauptete 1861, dass es am Anfang der Geschichte eine Phase der Promiskuität und des Mutterrechts gegeben habe. Erst allmählich hätte sich der Mann gegen die Frau durchgesetzt. Bachofen löste damit eine Debatte um die prekäre Vorherrschaft des Mannes aus, die bis weit ins 20. Jahrhundert aktuell blieb. Schurtz versuchte hingegen, den männlichen Ursprung jeder sozialen Höherentwicklung erneut zu beweisen. Er nahm an, dass sich bei den „Urvölkern" die Grundlage der Zivilisation besonders deutlich erkennen ließe und erklärte den „primitiven" Männerbund – und nicht die von der Frau dominierte Familie – zur tragenden Kraft des modernen Staates (Bruns 2005a; Brunotte 2004: 25-29).

Etwa zeitgleich entfalteten einige Soziologen und Anthropologen ähnliche Gedanken. Otto Ammon erklärte beispielsweise in der Zeitschrift für Socialwissenschaften, dass die „geselligen Triebe" „mit den Familientrieben nichts gemein [hätten], sondern von ihnen ganz unabhängig" seien.[13] Erst die antifamiliären

---

13 Schurtz sah sich durch Ammons Thesen bestätigt, auf die er erst nach der Abfassung seiner eigenen Schrift aufmerksam geworden sein will. „Eine solche Übereinstimmung der Ergebnisse ist ein erfreulicher Beweis für die Richtigkeit der Rechnung" (Schurtz 1902: 22; Ammon1901: 103).

„socialen Triebe" brächten den Mann dazu, sich für das Staatswesen „altruistisch" aufzuopfern (1901: 110-102). Und Otto Weininger wollte bereits vor Schurtz auf denselben Gedanken gekommen sein, denn:

> Das Weib ist wirklich auch vollkommen unsozial; (…) Für den Staat, für Politik, für gesellige Gemütlichkeit hat die Frau keinen Sinn (…). Die Familie endlich ist geradezu das unsoziale (…) Gebilde. (Weininger 1922 [1903]: 258).

Zur selben Zeit kam es auch in Medizin und Sexualwissenschaft zur Problematisierung von gesunder, normaler Männlichkeit. Seit den 1870er Jahren erregte die Figur des „Homosexuellen" große Aufmerksamkeit, welche sich um die Jahrhundertwende zu einer regelrechten Obsession steigerte. Der „Homosexuelle" avancierte vor allem deswegen zum bevorzugten Objekt der Sorge, weil er nicht mehr nur als Sünder und Sodomit, sondern als ein verweiblichter Mann galt – mit einem spezifischen Charakter sowie abweichenden anatomischen Merkmalen und Verhaltensweisen.

Mit der Figur des „verweiblichten" „Homosexuellen" stieg der Druck auf Männer, den stetig verfeinerten Normalitätskriterien zu genügen, um nicht als krank, deviant, sozial nutzlos oder als Gefahr für die Bevölkerung angesehen zu werden. Dem Neurologen Paul Julius Möbius genügte schon die Entdeckung „weiblicher Züge" an einem Mann, um seine zivilisationsbedingte fortschreitende „Entartung" zu diagnostizieren.[14]

3 Verschränkung von Wissen, Macht und Widerstand

3.1 Homosexualität als männliche Sozialität

Gegen diese Zuschreibungen setzten sich um die Jahrhundertwende einige Anhänger der noch jungen Homosexuellenbewegung zur Wehr. Während der Kreis um den Berliner Arzt und Sexualreformer Magnus Hirschfeld in erster Linie auf gleiche Rechte setzte, zielte die Gruppe der „Maskulinisten" auf eine Kulturrevolution, um das als „feministisch" und später auch als „semitisch" diagnostizierte Zeitalter zu beenden. Ihre Vertreter wollten die männlichen Werte und Tugenden der „germanischen Rasse" stärken und durch die Renaissance antiker erotischer

---

14 „Mit der Civilisation wächst die Entartung, d.h. die Abweichung von der ursprünglichen Art; (…) Eine der wichtigsten Arten geistiger Abweichung besteht darin, dass der Geschlechtscharakter an seiner Bestimmtheit verliert, dass beim Mann weibliche Züge, beim Weibe männliche auftreten" (Möbius 1901: 132).

„Männerfreundschaften" und „Männerbünde" eine neue männlich dominierte Welt schaffen.

Die Anhänger maskulinistischer Positionen bildeten eine Gruppe um den Berliner Verleger Adolf Brand, der über Jahrzehnte eine eigene Zeitschrift (Der Eigene) herausgab und mit öffentlichen Veranstaltungen auf sich aufmerksam machte. In diesem Kontext bekräftigte der Kunsthistoriker und Philosoph Eduard von Mayer 1903 Schurtz' These, wonach die „Mannheit" die erste und letzte Erscheinung der Welt sei, während man die „Weibheit" nur als Folgeerscheinung, als das „Zweite", bezeichnen müsste. Zwar sei die Wiederherstellung einer „männlichen Rassekultur, wie Sparta sie gekannt hat, heute leider ein Unding: die Menschheit ist [...] merklich weibisch geworden", doch müsse man der Frau den öffentlichen Einfluss entziehen. Kämpferisch rief er zu einer erneuerten und gestärkten Männlichkeit auf: „Ihr Männer seid Männer! – dann werden wir auch wieder eine männliche, was männliche, eine menschliche Kultur haben" (Mayer 1903: 52).

Diese „maskulinistischen" Versuche, sich als Teil hegemonialer Männlichkeit zu definieren, wurden zu einem zentralen Motor der Ausbreitung und Ausdifferenzierung des Männerbunddiskurses. Dabei konnten sich auch die widerständigen Maskulinisten nicht völlig außerhalb herrschender Diskurslogiken bewegen. Zum einen vermochten sie sich nicht jenseits des Sexualitätsdispositivs – unabhängig vom eigenen sexuellen Begehren – zu definieren. Zum anderen versuchten sie sich gerade über antifeministische und antisemitische Ausgrenzungsstrategien mit der Mehrheit der Männer zu solidarisieren und damit Gehör zu verschaffen.

Umgekehrt war die allgemein verbreitete Zurückweisung der Ansprüche der Frauenemanzipation wiederum die Voraussetzung für die maskulinistische Strategie, sich über „supervirile" Männlichkeit mit besonderer staatlich-sozialer Nützlichkeit in das Feld des Normalen einzuschreiben. Was so ihrer Normalisierung und Integration dienen sollte, verstärkte umgekehrt die gesellschaftliche Fragmentierung.[15]

Der (maskulinistische) Widerstand bewegte sich innerhalb der Machtbeziehungen, gegen die er antrat. Als Emanzipationsdiskurs stabilisierte er zugleich gesellschaftliche Hierarchien. Umgekehrt konnte für die Maskulinisten aus hierarchischer Zweigeschlechtlichkeit eine Möglichkeit zur Aufhebung gesellschaftlicher Differenz werden.

---

15 Zu Begriff der Normalisierung und zur Entstehung des Normalisierungsdiskurs im 19. Jahrhundert vgl.: Link 1997.

Eine weitere Strategie bestand darin, die „sociale Frage" „auf das engste mit der Frage des Eros" zu verknüpfen, so der Zoologe Benedict Friedlaender. Aus der verbreiteten Annahme, dass sexuelle Bindungen auch die soziale Ordnung bestimmten, versuchte man eine besondere soziale Aufgabe mann-männlicher Sexualität abzuleiten. Diese sah man vor allem in der Staatsbildung.

Hans Blüher hielt es 1912 nicht mehr für notwendig zu beweisen, dass Homosexualität nützlich für die Gesellschaft sei: Schließlich habe Freud nachgewiesen, dass jedes soziale Gebilde auf sexuellen Bindungen beruhe. Homosexualität sei keineswegs als pathologische Abweichung von der Norm zu bewerten, sondern mache den Mann überhaupt erst zum „zoon politikon" und verleihe ihm die Fähigkeit zum sozialen Zusammenschluss. Dieser Trieb-Logik zufolge eignet sich ein Mann umso mehr für Politik, Staat und Erziehung, je stärker seine erotischen Bindungen an andere Männer sind. Der Staat gehe nicht aus der Familie hervor, sondern sei allein ein Produkt des Mannes (Blüher 1912: 70).

Die maskulinistischen Theoretiker versuchten also durch eine diskursive Übersetzung sexueller in soziale Bindungsfähigkeit ihren Anspruch auf den Status von nützlichen, wertvollen und (supra-)normalen Gesellschaftsmitgliedern zu legitimieren. Dies trug umgekehrt dazu bei, politische Formationen und den sozialen Zusammenhalt der Nation in biologischen (sexuellen) Termini zu diskursivieren. Damit ist weniger eine ideologische „Verschleierung" des politischen Diskurses gemeint als die Hervorbringung einer bestimmten (biologischen) Rationalität, die es erlaubt, gesellschaftliche Probleme in einer bestimmten Art und Weise zu artikulieren und damit Handlungsfelder zu strukturieren. Da zeitgleich auch in anderen Diskursen ähnliche Verbindungen von Männlichkeit und Sozialität postuliert wurden – in Ethnologie, Medizin, Sexualwissenschaft, Psychoanalyse und Politik – erschien diese Sicht vielen Zeitgenossen plausibel.

3.2 Die Explosion des Männerbunddiskurses: Skandale in Politik und Jugendbewegung

Damit lagen die verschiedenen diskursiven Elemente bereit, die der Berliner Student und Apothekersohn Hans Blüher 1912 nutzte, um ein aktuelles und brisantes Phänomen zu erklären: die Jugendbewegung. Selbst ein ehemaliger Wandervogel schuf er einen Bezugs- und Interpretationsrahmen, an dem sich die folgenden Jugendgenerationen und jugendbewegte Erwachsene abarbeiteten. Spätestens nach dem Ersten Weltkrieg war der Männerbund nicht nur ein populärer Diskurs, sondern auch eine Lebensform für die bündische Jugend rechter und linker Bewegungen.

Blühers These von der Wandervogelbewegung als „erotischem" und män-
nerbündischem „Phänomen" wäre für die Zeitgenossen nicht im selben Maße
glaubwürdig gewesen, wenn nicht zuvor eine Reihe von Skandalen im Umfeld
von Kaiser Wilhelm II. zur Popularisierung des Wissens über die bis dahin noch
weitgehend unbekannte Figur des (effeminierten) „Homosexuellen" gesorgt
hätte. Die Vorstellung von einer ebenso staatsgefährdenden wie staatstragenden
homosexuellen „Verbündelung" des adeligen Beraterkreises des deutschen Kaisers formierte sich zwischen 1906 und 1908 vor den staunenden Augen der wilhelminischen Öffentlichkeit. Ihre politische Brisanz wirkte noch 1934 in der Konstruktion des homosexuellen Staatsfeinds durch die Nationalsozialisten nach (zur
Nieden 2005: 17-51). Die politischen Skandale um den Fürsten Eulenburg waren
auch der Anstoß für eine Diskursivierung von Homosexualität in der Wandervogelbewegung und regten den jungen Blüher dazu an, die Debatte um den Männerbund voranzutreiben (Bruns 2005b: 52-80). Durch seine Bücher wurde er „mit
einem Schlage ein berühmter und berüchtigter Mann" (Blüher 1953: 342). Seine
Wirkung auf die sich als „vaterlos" empfindende Generation der Jugendbewegung vor und nach dem Ersten Weltkrieg war außerordentlich.

4   Subjekteffekte: neue Praktiken der (Selbst-)Regierung

Das biographische Beispiel Hans Blühers. An der Biographie Hans Blühers lässt
sich exemplarisch zeigen, wie Macht- und Wissensdiskurse bis in die persönlichen Erlebnisse und Techniken der Selbstkonstitution hinein wirksam wurden.[16]
Als problematisch erlebte er das disziplinierende Schulsystem, die dogmatischen
Lehren der evangelischen Kirche, den wilhelminischen Patriotismus, den normie-
renden Leistungsdruck des bürgerlichen Elternhauses, den Mangel an überzeu-
genden Vorbildern und den Druck zur Regulierung der eigenen (sexuellen) Gefühle, um sich als ‚echter Mann' zu beweisen.

---

16 Zur Biographie als subjektivem Ort der Verschränkung von Wahrheit, Wissen und Macht vgl.: Bublitz
1999: 201. „Sich selbst eine Lebensform zu geben, bedeutet dann, sich in den Kategorien zu bewegen, die
das ‚Archiv des Wissens' vorgibt. Dies führt zu Fiktionalisierungen biographischen Erlebens, das als
solches für authentische Subjektivität gehalten wird, in Wirklichkeit aber sowohl in der individuellen
Konstruktion und Rekonstruktion gesellschaftlichen Wahrheitskonstrukten folgt. Die Möglichkeit einer
‚biographischen Prothese', d. h. einer Bewegungs-‚Freiheit' des/der einzelnen in (un)be- und gewussten
Denkräumen, die die eigene Biographie strukturieren, beinhaltet also gesellschaftlich konstruierte Be-
grenzungen der eigenen biographischen ‚Identität', die zumindest nachträglich für individuell bewusste
Entscheidungen gehalten werden." Zum Beispiel werden die Wahrheiten des Individuums vor allem im
Geschlecht gesucht. Ebd.

Vor diesem Hintergrund empfand Blüher seine überaus emphatische Bindung an andere Jungen und den Führer der Wandervogelgruppe, die mit einer Abneigung gegen Mädchen und Frauen einherging, als „Befreiung" und „Revolution". Doch diese Gefühle wurden nach den Eulenburg-Skandalen auch im Wandervogel verdächtig.[17] Sie wurden von anderen Gruppenmitgliedern vor dem Hintergrund des sich ausbreitenden Sexualitätsdispositivs als „absonderliche Freundschaft", „sexuelle Irrung" und „sittliche Verfehlung" wahrgenommen und provozierten eine erste Spaltung und beinahe Blühers Ausschluss aus der Bewegung.[18]

Blühers neue Antworten bewegten sich dennoch im Rahmen der zur Verfügung stehenden diskursiven Denk- und Handlungsmöglichkeiten. Über einen Wandervogelführer lernte Blüher die Strategien der Homosexuellenemanzipation und ihre Vertreter kennen sowie die aufkommende psychoanalytische Theorie. Er nutzte beides, um persönliche Erlebnisse und Erfahrungen neu zu erklären und zu interpretieren. Doch nur weil seine Männerbundtheorie auch die Problem- und Gefühlslagen seiner Generation traf und somit anschlussfähig an diskursiv produzierte Wahrheiten war – die ganze Bewegung stand inzwischen im Verdacht, ein „Päderastenclub" zu sein –, konnten sie öffentlich wirksam werden und ihrerseits auf die Wissens- und Machtdiskurse zurückwirken, diese modifizieren und verändern.

5 Diskurs – M/macht – Erfahrung

Blühers Theorie ermöglichte es, Empfindungen kommunizierbar zu machen, indem sie Begriffe für jene Bereiche einführte, für die es noch keine Worte gab. Sie verwandelte damit Gefühle und Erlebnisse in eine beschreibbare kollektive „Erfahrung". Mit Blühers Triebtheorie konnten junge Menschen ihre Beziehungen als Zeichen „unbewusster" erotischer Gefühle deuten. Werner Kindt, Leiter

---

17 Es war die Zuneigung zueinander und zu ihren Führern, verbunden mit der Abneigung gegen Mädchen und Frauen, die die Jungen während ihrer Adoleszenz erlebten. Man fragte sich, woher diese Gefühle kamen, ob Erotik oder gar Homosexualität im Spiel waren (Geuter 1994: 118-155).

18 Es geht mir weniger um die Darstellung der Elemente, die die inneren Merkmale der Kontinuität und Selbstidentität der Person stiften, als um die Frage, „in welchem Maß die Identität, die innere Kohärenz des Subjekts und sogar der selbstidentische Status der Person durch die Regulierungsverfahren der Geschlechter-Ausbildung und Teilung konstituiert" werden, wie Judith Butler es formuliert hat. So verstanden wäre „Identität" eher ein normatives Ideal als ein deskriptives Merkmal der Erfahrung. Die Kohärenz und Kontinuität, die sich eine Person gibt, sind aus dieser Perspektive keine logischen oder analytischen Merkmale der Persönlichkeit, sondern „eher gesellschaftlich instituierte und aufrechterhaltende Normen der Intelligibilität" (Butler 1991: 38).

des Wandervogel e.V., schrieb im Alter von siebzehn Jahren, am 22. Januar 1916, an seine Mutter:

Durch lange Jahre durch hatte ich immer Freunde im Wandervogel. Ich brauche nur an Lambrecht zu denken. Nun ging aber aus diesem Buche [Blühers, C.B.], von dem ich Dir schon mehrfach sagte, deutlich hervor, daß alle solche Freundschaften durchweg ein Merkmal von Homosexualität bilden. Und in der Tat mußte ich mir gestehen, daß die Kennzeichen, die der Verfasser dieser Schrift angab, auch bei mir zutreffen.[19]

Gerade weil die männerbündische Triebtheorie ein vermeintlich „wahres", aber nur „unbewusst" gefühltes Inneres des Subjekts adressierte, trug sie dazu bei, diesen imaginären „Kern" überhaupt erst herzustellen, ihn gleichsam zu konzeptionalisieren. Ein Wandervogelführer soll beispielsweise an Blüher geschrieben haben:

Gott, ja, was ist uns nicht alles klar geworden. Wir haben uns an die Stirn geschlagen. Ja, das war es ja, was wir auch schon jahrelang geahnt und gefühlt hatten! Du sprachst es aus. Nun da wir den Schlüssel hatten, tat sich uns Kammer für Kammer auf.[20]

Die Vorstellung vom unbewussten, erotischen Inneren war insofern modern, als sie dem aufgeklärten, autonomen, rationalen Subjekt ein romantisches, individuelles, abgründiges und leidenschaftliches Selbst entgegenstellte. Dieses wurde historisch in dem Moment umso glaubwürdiger, als das einseitig rationale Denken im reformorientierten Teil des wilhelminischen Bürgertums selbstreflexiv und problematisch wurde. Politische Dimensionen einer solchen Konstruktion vom authentischen Triebsubjekt wurden ebenfalls sichtbar. Das „unbewusst" Sexuelle konnte von Jugendlichen nicht nur zur Erklärung ihrer intimsten Gefühle und Leidenschaften herangezogen werden, sondern es diente zugleich dem Verständnis sozialer Distinktion sowie diesbezüglichen Vorlieben und Abneigungen. Die Verschränkung von Sozialem und Sexuellem, so flexibel normalistisch das Anliegen der Maskulinisten zunächst war, trug andererseits dazu bei, fixe, „protonormalistische" Ausgrenzungen über den sexuellen Trieb zu begründen.[21] Sie lieferte nicht nur eine moderne Erklärung für die „abgöttische Liebe"

---

19 Brief an die Mutter; Archiv der deutschen Jugendbewegung. Nachlass W. Kindt: Mappe 2.
20 Erweiterter Anhang zur zweiten Auflage 1914 (1912): 151.
21 Zur Geschichte des diskursiven Kampfes zwischen „flexibel normalistischen" Grenzaufweichungen und „protonormalistischen" Versuchen, Normalitätsgrenzen im Verlauf des langen 19. Jahrhunderts erneut zu fixieren vgl.: Link 1997.

der Jungen zu ihren Führern, sondern verschob auch die gesellschaftlichen Auseinandersetzungen über die Integration von Mädchen und Juden in den Wandervogel in einen Bereich (sexueller) „innerer Wahrheiten", in dem es nichts mehr auszuhandeln gab. So schrieb ein anderer Wandervogelführer an Blüher:

> Nun aber lese ich dein Buch in diesen Tagen und finde darin eine nie erwartete, ganz neue Anschauung, die scheints, den Anspruch erheben darf, richtig zu sein. Noch wühlt alles in mir. (...) Die Beobachtung einer gewissen Weiberfeindlichkeit im Wandervogel habe ich sehr oft gemacht. Ebenso, daß eine ganze Ortsgruppe an einer Person hing. Ziemlich allgemein ist die Auffassung, daß diejenigen, die mit Mädels poussieren, nicht in den W.-V. gehören (Blüher 1914: 22).

Und Kindt notierte zu Blüher anlässlich einer „Aussprache im kleinen Kreis", die am 8. August 1920 stattfand, in sein Tagebuch:

> Konni [Kleymann, C.B.] führt aus, die Idee des W.V. sei allein Freundschaft von Jung zu Jung. Das Geistige komme dann als Sekundäres hinzu. Ein Bund müsste aufgebaut sein auf persönlich-erotischer Bindung von Mensch zu Mensch, also Auslese nach dem Gesichtspunkt: Gefällst Du mir, mag ich Dich gern leiden. [...Er] könne natürlich keine Mädchen als Wandervögel anerkennen.[22]

Analog zur Abwertung von Mädchen – denen Blüher „ungeistige" und unbündische Eroskräfte attestierte – unterstellte er ab 1916 auch Juden ein gestörtes Verhältnis zum Eros. Juden litten unter einer zu starken Fixierung auf die Familie, ihre Fähigkeit zur erotischen Bindung an andere Männer sei verkümmert. Diese „Männerbundschwäche" mache sie unfähig zur Staatsbildung und stelle damit den fundamentalsten Gegensatz zum abgründigen, mit dem Eros verbundenen „Germanen" dar (Blüher 1921 [1919]: 170). Eugen Diederichs, führender Verleger der Jugendbewegung, konstatierte 1922, dass es Blüher erstmals gelungen sei, die „Judenfrage unter eine[m] kosmischen Gesichtspunkt" zu sehen (Diederichs 1922: 607). Tatsächlich habe der deutsche „Germane" den Drang, „aus seinem Unbewußten heraus die eigene Form zu gestalten", während den einseitig intellektuellen Juden ein solcher Bezug zum „dämonischen Grund" und zum „Chaotischen" fehle. Dieser Unterschied innerster Art sei die eigentliche Ursache für den „anwachsenden Antisemitismus nach der Kriegszeit", so Diederichs, dessen Empfinden von vielen Aktivisten der Jugendbewegung geteilt wurde (Diederichs 1922: 608).

---

22 Tagebucheintragung vom 8.8.1920; Archiv der deutschen Jugendbewegung. Nachlass W. Kindt.

So lässt sich zeigen, dass das, was die Jugendlichen als tiefste Gefühle empfanden, sich in Kategorien bewegte, die das „Archiv" des Wissens vorgab. Dieses führte zu Fiktionalisierungen biographischen Erlebens, die als solche für authentische Subjektivität gehalten wurden, jedoch immer auch entlang gesellschaftlicher Wahrheits-Konstrukten verliefen. Die Machteffekte dieses Vorgangs zeigten sich nicht nur in Form von juristischen Verboten oder disziplinärer Kontrolle, sondern auch über die Lust und die Anreizung zum Wissen (Bublitz 1999: 207). Der Verweis auf den eigenen (mann-männlichen) Eros entwickelte sich zu einer geheimnis- und lustvollen, intimen Wahrheit, die das Subjekt anreizte, sich in diesem schmeichelhaften und modernen Spiegel neu zu betrachten und gleichzeitig seine soziale Distinktion, seinen geschlechtlichen und rassistischen Ein- und Ausschluss konstituierte.

Diskurse schrieben sich in individuelle Selbstentwürfe und -Praktiken ein und wurden von den Individuen in ihre „biographischen Operationen" eingebaut – beides sorgte für eine kontrollierte Verteilung von Wissen. Insofern ist der Körper eines der zentralen Felder, auf dem historische Kämpfe und Praktiken ausgetragen wurden (Bublitz 1999: 205). Formen der „Selbstregierung" erweisen sich hier aufs engste mit der „Regierung anderer" verknüpft. Denn die neuen Gefühle hatten durchaus praktisch-politische Konsequenzen: Nach 1918 wanderten die Mädchen überwiegend getrennt von den Jungen, Juden wurden aus der sich echt „deutsch", „germanisch" und „männlich" empfindenden Bündischen Jugend verdrängt. Die Politik des Eros wurde gerade im Rekurs auf eine innere Wahrheit des Subjekts wirkmächtig.

Literatur

Ammon, Otto, 1901: Der Ursprung der socialen Triebe, in: Zeitschrift für Socialwissenschaft 4, 101-113.
Angermüller, Johannes/Bunzmann, Katharina/Nonhoff, Martin (Hrsg.); 2001: Diskursanalyse. Theorien, Methoden, Anwendungen. Hamburg:
Blazek, Helmut, 1999: Männerbünde. Eine Geschichte von Faszination und Macht. Berlin.
Blüher, Hans, 1912: Die deutsche Wandervogelbewegung als erotisches Phänomen. Ein Beitrag zur Erkenntnis der sexuellen Inversion. Mit einem Vorwort von Magnus Hirschfeld und einem Nachwort von Hans Blüher. Berlin.
Blüher, Hans, [1912] 1914^2: Die deutsche Wandervogelbewegung als erotisches Phänomen. Ein Beitrag zur Erkenntnis der sexuellen Inversion. Verb. Auflage mit einem Vorwort von Hans Blüher zur 2. Aufl. Berlin.

Blüher, Hans, [1919] 1921: Die Rolle der Erotik in der männlichen Gesellschaft. Eine Theorie der menschlichen Staatsbildung nach Wesen und Wert. Bd. 2. Familie und Männerbund. Jena.

Blüher, Hans, 1953: Werke und Tage. Geschichte eines Denkers. München.

Boukrif, Gabriele/Bruns, Claudia/Heinsohn, Kirsten/Lenz, Claudia/Schmersahl, Kathrin/Weller, Katja (Hrsg.), 2002: Geschlechtergeschichte des Politischen. Entwürfe von Geschlecht und Gemeinschaft im 19. und 20. Jahrhundert. Münster.

Brieler, Ulrich, 2001: Die Unerbittlichkeit der Historizität. Foucault als Historiker. Köln.

Brunotte, Ulrike, 2004: Zwischen Eros und Krieg. Männerbund und Ritual in der Moderne. Berlin.

Bruns, Claudia, 2005a: „Die eigenartige Thätigkeit des Mannes bei der Gesellschaftsbildung …" Heinrich Schurtz' ethnologische Perspektiven auf das Geschlechterverhältnis um 1900, in: *Graduiertenkolleg „Identität und Differenz"* (Hrsg.), Ethnizität und Geschlecht, 115-136.

Bruns, Claudia, 2005b: Skandale im Beraterkreis um Kaiser Wilhelm II. Die homoerotische „Verbündelung" der „Liebenberger Tafelrunde" als Politikum, in: *zur Nieden* (Hrsg.), Homosexualität und Staatsräson, 52-80.

Bublitz, Hannelore, 1999: Foucaults Archäologie des kulturellen Unbewussten. Zum Wissensarchiv und Wissensbegehren moderner Gesellschaften. Frankfurt/M.

Butler, Judith, 1991: Das Unbehagen der Geschlechter. Frankfurt/M.

Butler, Judith, 1997: Körper von Gewicht. Die diskursiven Grenzen des Geschlechts. Frankfurt/M.

Diederichs, Eugen, 1922: Antisemitismus, in: Die Tat vom 14.08.1922, 607-609.

Foucault, Michel, 1993: About the beginning of the Hermeneutics of the Self, in: Political Theory 21, 2, 198-227.

Foucault, Michel, 1994[2]: Das Subjekt und die Macht, in: *Dreyfus, Hubert/Rabinow, Paul,* Michel Foucault. Jenseits von Strukturalismus und Hermeneutik. Mit einem Nachwort von und einem Interview mit Michel Foucault. Weinheim, 252-264.

Foucault, Michel, 1991: Politics and the Study of Discourse, in: *Burchell, Graham/Gordon, Colin/Miller, Peter* (Hrsg.), The Foucault Effect. Studies in Governmentality. Hemel, Hempstead, 53-72.

Geuter, Ulfried, 1994: Homosexualität in der deutschen Jugendbewegung. Jungenfreundschaft und Sexualität im Diskurs von Jugendbewegung, Psychoanalyse und Jugendpsychologie am Beginn des 20. Jahrhunderts. Frankfurt/M.

Jäger, Siegfried, 1993: Kritische Diskursanalyse. Eine Einführung. Duisburg.

Keller, Reiner, 2004: Diskursforschung. Eine Einführung für SozialwissenschaftlerInnen. Wiesbaden.

Kreisky, Eva/Sauer, Birgit, 1998: Geschlechterverhältnisse im Kontext politischer Transformation. In: PVS Sonderheft 28, 220-240.

Laclau, Ernesto/Mouffe, Chantal, 2000[2]: Hegemonie und radikale Demokratie. Zur Dekonstruktion des Marxismus. Wien.

Landwehr, Achim, 2003: Diskurs – Macht – Wissen. Perspektiven einer Kulturgeschichte des Politischen, in: Archiv für Kulturgeschichte 85, 1, 71-117.

Landwehr, Achim, 2001: Geschichte des Sagbaren. Einführung in die Historische Diskursanalyse. Tübingen.

Lemke, Thomas, 1997: Eine Kritik der politischen Vernunft. Foucaults Analyse der modernen Gouvernementalität. Berlin, Hamburg.

Lemke, Thomas/Krasmann Susanne/Bröckling, Ulrich, 2000: Gouvernementalität, Neoliberalismus und Selbsttechnologie. Eine Einleitung, in: *Dies.* (Hrsg.), Gouvernementalität der Gegenwart. Studien zur Ökonomisierung des Sozialen. Frankfurt/M., 7-40.

Link, Jürgen, 1997: Versuch über den Normalismus. Wie Normalität produziert wird. Opladen.

Martschukat, Jürgen (Hrsg.), 2002: Geschichte schreiben mit Foucault, Frankfurt/M.

Maset, Michael, 2002: Diskurs, Macht und Geschichte. Foucaults Analysetechniken und die historische Forschung, Frankfurt/Main, New York.

Mayer, Eduard, 1903: Männliche Kultur. Ein Stück Zukunftsmusik, in: Der Eigene. Ein Blatt für männliche Kultur, Kunst und Literatur 4. 1, 46-59.

Möbius, Paul Julius, 1901: Stachyologie. Weitere vermischte Aufsätze. Leipzig.

Neuenhaus, Petra, 1993: Max Weber und Michel Foucault. Über Macht und Herrschaft in der Moderne. Pfaffenweiler.

Sarasin, Philipp, 2003: Geschichtswissenschaft und Diskursanalyse. Frankfurt/M.

Schurtz, Heinrich, 1902: Altersklassen und Männerbünde. Eine Darstellung der Grundformen der Gesellschaft. Mit einer Verbreitungskarte.

Weber, Max, 1987: Politik als Beruf. Berlin.

Volkov, Shulamit, 2000[2]: Antisemitismus als kultureller Code. Zehn Essays. Erw. Aufl. München.

Weininger, Otto, [1903] 1922[24]: Geschlecht und Charakter. Eine prinzipielle Untersuchung. Wien, Leipzig.

Wehler, Hans-Ulrich, 1987: Deutsche Gesellschaftsgeschichte. Bd 1. Vom Feudalismus des alten Reiches bis zur defensiven Modernisierung der Reformära 1700-1815. München.

Weissmann, Karlheinz, 2004: Männerbund. Schnellroda.

zur Nieden, Susanne, 2005: Homophobie und Staatsräson, in: *Dies.* (Hrsg.) Homosexualität und Staatsräson, 17-51.

zur Nieden, Susanne (Hrsg.), 2005: Homosexualität und Staatsräson in Deutschland 1900-1945. Männlichkeit, Homophobie und Politik in Deutschland. Frankfurt/M., New York.

Juliette Wedl

Die Spur der Begriffe. Begriffsorientierte Methoden zur Analyse identitärer Zuschreibungen

„Es ist ein Kreuz mit dem deutschen Wein. Aber wie sollte es ihm auch gutgehen zwischen Puritanern und Genießern, zwischen Ossis und Wessis, Modernisten und Traditionalisten in einem Land, das zwischen den Freunden der dienenden Süße und Befürwortern totaler Trockenheit geteilt ist und von Biertrinkern bewohnt wird?" (Die Zeit 48/1996) Im zitierten Artikel zum Thema deutscher Weinanbau erscheint das Begriffspaar Ossi-Wessi zunächst als eine symmetrische Herkunftsbezeichnung. Diese Annahme wird durch die gleichgestellte Nennung beider Begriffe gestützt. *Ossis* und *Wessis* sind zwei semantisch, aber nicht hierarchisch differenzierte Teilmengen einer größeren Einheit: der deutschen Bevölkerung. Gleichzeitig findet durch die vorhandene Reihung mehrerer bipolarer Differenzierungsschemata eine Nivellierung des Kontrastes der einzelnen Paare statt: Die Herkunft ist nur eines von mehreren Erklärungselementen. Erst eine Analyse des Sprachgebrauchs vermag zu zeigen, dass sich mit der medialen Bezeichnungspraxis Ossi-Wessi mehr verbindet als eine neutrale Unterteilung der Bevölkerung nach geographischen Gesichtspunkten oder eine bloße Stereotypisierung. Genauer besehen unterliegen die Begriffe *Ossi* und *Wessi* unterschiedlichen Gebrauchsregeln. Und es spricht einiges für die These, dass die Zuschreibungen *Ossi* und *Wessi* zwei klar unterscheidbaren Diskursen angehören, denen je spezifische Muster der Identitätskonstruktion zugrunde liegen. Wie noch zu zeigen sein wird, ist diese These das Ergebnis einer Analyse der medialen Verwendungsweise der beiden Begriffe.

In welcher Weise tragen spezifische Bezeichnungspraxen und Begriffe bzw. Begriffssysteme in den Medien zur Konstruktion Deutschlands bei? Um diese der Analyse zugrunde liegende Frage zu beantworten, liegt es nahe, auf einen Methodenansatz zurück zu greifen, der sich systematisch mit dem Erscheinen und der Funktion von *Begriffen* im Sprachgebrauch beschäftigt. Da Bezeichnungs- und Benennungspraxen eine zentrale Strategie identitärer Zuschreibungen sind, ist man bei identitätspolitischen Fragestellungen in besonderer Weise auf eine begriffsorientierte Analyse verwiesen.

In diesem Beitrag stelle ich ein Set diskursanalytischer Instrumente vor, die auf unterschiedliche Weise an Begriffen ansetzen. Dabei wird gezeigt, wie sich dieses Set als „Werkzeugkiste" für die empirische Analyse von Identitätskonstruktionen nutzen lässt. Eine Schwierigkeit ergibt sich dadurch, dass die ausgewählten methodischen Versatzstücke aus verschiedenen sprachphilosophischen Theorieschulen stammen, die nicht ohne weiteres kompatibel sind. Dies macht es erforderlich, die Methodenbausteine jeweils im Hinblick auf ihre Kohärenz zueinander zu prüfen. Im Rahmen einer Foucaultschen Diskursanalyse muss zudem überlegt werden, inwiefern die Instrumente sich mit dem Vorschlag einer *archäologischen* Methode verknüpfen lassen. Sind begriffsorientierte Diskursanalysen im deutschsprachigen Raum zumeist einer handlungstheoretischen Sprachphilosophie verpflichtet, so operieren die an Foucault anknüpfenden diskursanalytischen Ansätze eher struktural. Zu erkunden ist insofern, wie sich die unterschiedlichen Spielarten der Diskursanalyse verbinden und für die empirische Untersuchung von identitären Zuschreibungen fruchtbar machen lassen. Schließlich interessiert, welche Bedeutung Foucault selbst Begriffen einräumt und welchen Erkenntnisgewinn die Verknüpfung von Begriffsanalyse und Diskursanalyse prinzipiell verspricht. Folgt man zudem der von Foucault aufgeworfenen Frage nach den Machteffekten von Diskursen, dann scheint für sozial- und politikwissenschaftliche Studien zudem eine machtanalytische Rahmung jeder semantischen Analyse geboten.

Zunächst werden im folgenden fünf methodische Zugänge diskutiert: 1. die an die „Politische Semantik" von Josef Klein anschließende Betrachtung der *Begriffskonkurrenzen* im Sprachgebrauch; 2. die *Analyse diskursiver Grundfiguren*, wie sie etwa Dietrich Busse im Anschluss an seine „Historische Semantik" vorschlägt; 3. die von der strukturalistischen Linguistik inspirierten Zugriffe auf die *epistemische Struktur des Begriffssystems*; 4. die von der französischen Diskursanalyse für große Textmengen entwickelten *statistischen Instrumente*; 5. die dezidiert an Foucault anknüpfenden Versuche, sich die *Möglichkeitsbedingungen und Machtwirkungen des Gesagten* zu erschließen. Wird zur Illustration bei all dem bereits sporadisch auf empirisches Material zurückgegriffen, stelle ich im zweiten Teil des Beitrags das Forschungsdesign einer begriffssemantisch informierten Diskursanalyse am konkreten Beispiel der medialen Bezeichnungspraxis von *Ossi* und *Wessi* umfassender vor. Dabei greife ich auf erste Ergebnisse meines Dissertationsprojektes zurück, das unter dem Arbeitstitel „Konstruktion der Deutschen Einheit zwischen Nationalisierung und Europäisierung" derzeit an der Universität Potsdam durchgeführt wird und die nationale Selbstdarstellung Deutschlands in ausgewählten Printmedien untersucht.

1   Das Feld der Begriffe: Ein Set methodischer Zugriffe

Die fünf Methodenbausteine werden im Folgenden im Kontext ihres jeweiligen sprachphilosophischen Hintergrundes betrachtet: der in der Tradition Ludwig Wittgenstein stehenden handlungstheoretischen Schule und der von Ferdinand de Saussure beeinflussten strukturalistischen Schule.

1.1   Kommunikationstheoretisch fundierte Ansätze der Diskurssemantik

„Die Bedeutung eines Wortes ist sein Gebrauch in der Sprache." Dieser vielzitierte Satz Wittgensteins ([1953] 1984: 262) weist darauf hin, dass Wortbedeutungen sich im Gebrauch erst konstituieren. Wie bei einem Schachspiel die Figuren wird der Gebrauch von Wörtern und Sätzen durch Regeln definiert, die feststehend und den Beteiligten geläufig sind. Die Wörter selbst haben hingegen keine festgelegte Bedeutung, sondern diese konstituiert sich erst in der kommunikativen Handlung. Zum Verständnis dieses „Sprachspiels" bedarf es der Kenntnis des außersprachlichen Kontextes wie der Situation der Sprechenden, der zeitlichen und geopolitischen Situierung.

In Deutschland haben sich vor allem zwei diskursanalytische Schulen herausgebildet, die auf diesen sprachphilosophischen Annahmen beruhen: die Georg Stötzel verpflichtete linguistische Diskursgeschichte der „Düsseldorfer Schule" sowie die maßgeblich von Busse entwickelte „Historische Semantik", die zudem von Foucault beeinflusst ist (vgl. Bluhm u.a. 2000). Beide Ansätze setzen die Bedeutung von Begriffen mit dem Sprachgebrauch in Beziehung. Sprachliche Äußerungen werden als kommunikative Akte und somit als Handlungen betrachtet, durch die ein gesellschaftlich vermitteltes Eingreifen in die Wirklichkeit mit dem Ziel stattfindet, „bei einem oder mehreren Adressaten Sinn zu konstituieren" (Busse 1987: 259). Dabei liegt jeweils die Vorstellung eines intentional sprechenden Subjektes zugrunde. Ansätze dieser Strömung der Diskurssemantik verstehen sich als „Bewusstseinsgeschichte historischer Zeiten" (Busse), als „Sprachgeschichte im Sinne einer Mentalitätsgeschichte" (Hermanns) und als „Geschichte öffentlicher Diskursthemen" bzw. „Konfliktdiskurse" (Stötzel) (vgl. Bluhm u.a. 2000). Unter *Diskurs* wird hier überwiegend eine öffentliche Debatte zu einem Thema verstanden, wobei nach den Bedeutungen der Begriffe darin gefragt wird. Untersuchungsgegenstände sind z. B. die Bedeutungskonkurrenzen von Schlüsselwörtern (Strauß u.a. 1989) oder die Strategien des öffentlichen Sprachgebrauchs (Liedke u. a. 1991; Stötzel/Wengeler 1995).[1] Obwohl manche der hier vertretenen Diskurskonzepte sich dezidiert auf Foucault berufen, stellt sich das Problem der Kohärenz (vgl. auch Busse 1987: 221). Bekanntlich grenzt Foucault sein Vorgehen explizit von einer Mentalitäts-, Bewusstseins- oder Ideengeschichte ab, um sich stattdessen für die den Diskurs konstituierenden Formationsregeln zu interessieren. Diese werden im Diskurs selbst verortet, „sie auferlegen sich folglich gemäß einer Art uniformer Anonymität allen Individuen, die in diesem diskursiven Feld sprechen" (Foucault [1969] 1997: 92). Kategorien wie der/die Autor/in, das Publikum, das Medium, die Intention der Sprechenden etc., die für die handlungstheoretisch fundierte Diskurssemantik von Bedeutung sind (vgl. den Analyseleitfaden bei Busse 1987: 264ff.), werden von Foucault als Bestandteil eines metaphysisch fundierten Subjekt-Paradigmas dekonstruiert: Das Denken und das Subjekt historisierend wendet sich Foucault gegen ein Subjektverständnis, das dieses als autonom und souverän begreift. Dem entsprechend sollen im Sinne Foucaults sprachliche Praktiken „losgelöst von der konstitutiven Aktivität eines Subjekts analysiert" werden (Bublitz 2003: 47). Trotz dieser Abgrenzungen können m. E. einige Zugänge der genannten Ansätze produktiv in eine Foucaultsche Diskursanalyse integriert werden. Sieht man einmal von den handlungstheoretischen Prämissen ab, so lassen sich bei der konkreten Arbeit am Text vor allem zwei begriffsorientierte methodische Zugriffe nutzen: die Analyse von Begriffskonkurrenzen und die Analyse diskursiver Grundfiguren.

Die Analyse von Begriffskonkurrenzen. Die Analyse von Begriffskonkurrenzen wird in akteursbezogenen Analysen der Sprachgeschichte und -politik angewandt; untersucht wird die Bezeichnungs- und Bedeutungsvielfalt von Begriffen im öffentlichen Sprachgebrauch und der „Kampf um Wörter". Josef Klein (1989; 1991) arbeitet die verschiedenen Ebenen heraus, auf denen Begriffe in Konkurrenz geraten können: Eine *Bezeichnungskonkurrenz* liegt vor, wenn unterschiedliche Begriffe für die Bezeichnung eines Sachverhaltes verwandt werden. *Bedeutungskonkurrenzen* entstehen, wenn der gleiche Begriff mit differenten Inhalten oder Wertungen verbunden wird. Auf der Ebene der Denotation, d. h. der begrifflichen Hauptbedeutung, kann eine bereits etablierte Bedeutung durch Hinzufügung oder Tilgung inhaltlicher Elemente umgedeutet werden. Ziel einer

---

[1] Zu Recht hinterfragt Jung (2001: 44) die Verengung des Blicks auf Schlagwörter. Wie besonders die enunziationstheoretisch fundierte Diskursanalyse in Frankreich (vgl. Maingueneau 1991: 107-168) zeigt, bilden andere Worttypen wie beispielsweise auf eine Wir-Ihr-Dichotomie hinweisende Pronomen interessante Anknüpfungspunkte für eine Analyse (vgl. auch Busse 2003).

solchen Sprachpolitik ist es, den Zugriff auf bestimmte Sachverhalte zu erleichtern oder zu erschweren und Begriffe zur Stützung eigener Standpunkte zu benutzen. Eine Bedeutungsmodifikation auf der Ebene der Konnotation, d. h. der emotionalen Mitbedeutung, versucht die Form der Zustimmung oder Ablehnung zu verändern. Ein Beispiel ist die Verschiebung von positiv zu negativ besetzten politischen Schlagwörtern.

Soll im Rahmen einer Foucaultschen Diskursanalyse nach solchen *Begriffskonkurrenzen* gefragt werden, gilt es, sich von der Vorstellung intentional handelnder Subjekte zu lösen. Im Sinne Foucaults ist der *Diskurs* eine institutionalisierte und geregelte Redeweise, ein den konkreten Subjekten vorgängiges Ordnungsmuster des Wissens und der sozialen Wirklichkeit; von daher spielt das Bewusstsein und die Intention der Sprechenden keine Rolle. Entsprechend wird in einem gegebenen Textkorpus nicht die interaktive Sprechsituation gesehen, sondern eine durch Regeln geordnete sprachliche Produktion. In dieser Perspektivierung kann die Analyse der Begriffskonkurrenzen dazu beitragen Hinweise auf das Sagbare und dessen Grenzen zu erhalten, indem die Gegenstände von Debatten in ihrer Vielfalt sichtbar werden.

Den Ertrag eines solchen Ansatzes möchte ich anhand der 1998 entflammten so genannten Kopftuchdebatte anschaulich machen (ausführlich Wedl 2006a). Diese Debatte, die einen bis vor dem Bundesverfassungsgericht ausgetragenen Rechtsstreit begleitet, kreist um die Frage, ob muslimische Lehrerinnen in deutschen Schulen ein Kopftuch tragen dürfen. Ein diskursanalytischer Blick auf die Berichterstattung in der Zeitung *Die Welt* zeigt: Offenbar ist das muslimische Kopftuch kein gleichbleibender Gegenstand. In den ersten Jahren der Debatte sind die inhaltlichen Bedeutungsbestimmungen des Kopftuches noch einheitlich und folgen den jeweils aktuellen Urteilssprüchen: Zunächst – der Interpretation der damaligen baden-württembergischen Kultusministerin Annette Schavan (CDU) folgend – ein politisches wird das Kopftuch mit dem Urteilsspruch des Verwaltungsgerichtes Mannheim zu einem religiösen Symbol. Erst mit dem Urteil des Bundesverfassungsgerichtes im Herbst 2003[2] setzt ein massives Ringen um die Bedeutung des Kopftuches ein, das zu einer markanten Bedeutungsvervielfältigung führt: Es wird zusätzlich zum Symbol von Identität, und die vorherige Bestimmung als religiöses und politisches Symbol wird zunehmend von den Bedeutungselementen einer fremden und ungerechten Ordnung der Geschlechterverhältnisse, des Rechts und der Werte ergänzt bzw. abgelöst. Semantisch liegt

---

[2] Das Bundesverfassungsgericht entschied, dass ein Kopftuchverbot für Lehrerinnen auf der bestehenden Gesetzesgrundlage nicht Rechtens ist, erlaubte den Ländern aber gleichzeitig unter Berücksichtigung des Gleichheitsgrundsatzes entsprechende Gesetzesänderungen vorzunehmen.

die Figur des fremden Anderen zugrunde, von dem durch Abgrenzung implizit das Eigene definiert wird. Ein Bruch mit dieser Diskursfigur setzt mit der Stellungnahme des damaligen Bundespräsidenten Johannes Rau Ende Dezember 2003 ein: Dem Kopftuch wird nun das Symbol des Kreuzes gegenüber gestellt. Mit dieser kontrastiven Bedeutungsbestimmung kommt das Moment der Vergleichbarkeit auf der Basis des Religiösen ins Spiel. In der Folge werden beide Symbole als religiöse Symbole behandelt und zugleich zueinander in Konkurrenz gebracht. So wird das Kopftuch zu einem Symbol, das sowohl vom Eigenen unterscheidbar, als auch mit ihm vergleichbar ist, womit die Figur der Alterität Eingang in den Kopftuchstreit findet: Das ganz Andere wird abgelöst vom mit dem Eigenen verschränkten Anderen. Das Eigene wird im Zuge dieser Verschiebung selbst zum Gegenstand definierender Äußerungen, in denen v. a. das Christentum, die Demokratie und die Gleichberechtigung der Geschlechter eine zentrale Rolle spielen. Unabhängig davon, ob das Kopftuchverbot befürwortet oder abgelehnt wird, liegt den Diskursfiguren ein Ausschlussmechanismus zugrunde. Im Gegensatz zum Anderen wird das Eigene letztlich als homogen, selbstverständlich und essentiell mit Deutschland verbunden definiert.

Das Beispiel verdeutlicht, wie eine Analyse von Begriffskonkurrenzen ohne handlungstheoretische Prämissen auskommen kann. In foucaultscher Perspektive interessiert weniger die Bedeutung, die ein individuell-intentional sprechendes Subjekt einem Begriff verleiht, sondern die Art und Weise, wie Wissensordnungen das Denken und Sprechen bestimmen. So gesehen sind es Wissensordnungen, die diskursive Figuren – wie die des Eigenen versus den fremden Anderen oder die Figur der Alterität – hervorbringen.

Diskurssemantische Grundfiguren. Die in der obigen Analyse herauskristallisierten diskursiven Figuren entsprechen in etwa dem, was Busse (2003: 29) als „diskurssemantische Grundfiguren" bezeichnet: Diese „ordnen textinhaltliche Elemente, steuern u. U. ihr Auftreten an bestimmten Punkten des Diskurses, bestimmen eine innere Struktur des Diskurses, die nicht mit der thematischen Struktur der Texte, in denen sie auftauchen, identisch sein muss. Sie bilden ein Raster, das selbst wieder als Grundstruktur diskursübergreifender epistemischer Zusammenhänge wirksam werden kann." Erkenntnistheoretisch ist dieser Ansatz zwar in die kommunikationstheoretisch fundierte historische Semantik eingebettet (Busse 1987), doch überwiegen bei diesem Konzeptbaustein strukturbezogene, epistemologische Überlegungen (Busse 2003). Das Konzept der diskursiven Grundfiguren kann deshalb m. E. problemlos unabhängig von der handlungstheoretischen Herkunft genutzt werden. Mit dem Ziel, die Tiefenstruktur von Wissen offen zu legen, geht Busse der Genese von Begriffssystemen und der

Regelhaftigkeit gesellschaftlichen Wissens nach. Methodisch wird auf die semantische Merkmals-, Präsuppositions-, Argumentations- und Isotopie-Analyse sowie auf die neuere kognitive Semantik zurückgegriffen. Die Suche nach Tiefenstrukturen, Rastern und Regeln entspricht dabei dem Anliegen einer strukturalistisch geprägten Diskurssemantik, die die epistemische Struktur ins Zentrum rückt.

1.2 Strukturalistisch geprägte Ansätze der Diskurssemantik

„[D]ie Sprache ist ein System von bloßen Werten, das von nichts anderem als dem augenblicklichen Zustand seiner Glieder bestimmt wird." (de Saussure [1916] 2001: 95) Auch de Saussure illustriert den von ihm vertretenen Sprachbegriff am Beispiel des Schachspiels: Ebenso wie bei einem Schachspiel, bei dem der Wert der einzelnen Figuren abhängig von ihrer jeweiligen Stellung auf dem Schachbrett ist, ist die Bedeutung sprachlicher Zeichen nichts primär Vorhandenes, sondern bildet sich allein im Verhältnis zu allen anderen Wörtern. Der Strukturalismus begreift Sprache als ein regelhaftes System von Zeichen, die ihrerseits aus Ausdruck (Signifikant) und Inhalt/Bedeutung (Signifikat) bestehen.[3] Die eine Struktur bildenden Beziehungen der Zeichen zueinander gilt es in der strukturalen Analyse zu untersuchen. Die Zeichen können nur in ihrer Beziehung zu anderen Elementen, durch die sie definiert sind, beschrieben werden.[4]

Die epistemische Struktur des Begriffssystems. Angeregt durch den linguistischen Strukturalismus stellt sich die Frage, wie die aktuelle Verwendung von Begriffen durch überindividuelle, anonyme Regeln gesteuert wird, die in den Epistemen, also den historischen Wissensordnungen einer Gesellschaft, verankert sind. In der begriffsorientierten Analyse gilt es besonders nach den Differenzen und Oppositionen zwischen Begriffsinhalten zu forschen. Betrachtet man die semantischen Beziehungen als Netzwerk von Differenzen, so können latente oder manifeste Diskurspole und Oppositionsmuster aufgezeigt werden (Bublitz 2001: 247ff.). Das Beziehungsnetz in dem Begriffe ihre Bedeutung erhalten, macht etwa bei der Kopftuchdebatte die Bedingungen sichtbar, unter denen z. B. das musli-

---

[3] Nach de Saussure ist das Verhältnis von Ausdruck und Inhalt arbiträr, d. h. die Verbindung ist unmotiviert und willkürlich, sowie auf der synchronen Ebene (individuell) unveränderbar, d. h. dem Kollektiv auferlegt. Historisch, d. h. diachron gesehen ist hingegen eine Transformation im Sinne einer Verschiebung der Beziehung zwischen Signifikant und Signifikat möglich.
[4] Im Unterschied zu Wittgenstein sind die Beziehungen das Äquivalent der Spielregeln beim Schach. Sie sind gesellschaftlich festgelegte Grundsätze bezüglich des „Lebens der Zeichen" (de Saussure).

mische Kopftuch in Opposition zum christlichen Kreuz thematisierbar wird, oder das Eigene im Unterschied zum fremden Anderen.

Zwar an die strukturalistische Perspektive anknüpfend, interessiert sich Foucault doch anders als de Saussure weniger für das Sprachsystem (*langue*) als für das Sprechen (*parole*) – also das Gesagte. Damit wendet er sich ganz – im Sinne der *pragmatischen Wende* der französischen Linguistik – der Äußerung (*énonciation*) zu, die sich vom handlungstheoretischen Äußerungsbegriff als Akt der Kommunikation unterscheidet: Äußerungen sind in einem dezentrierten Subjektverständnis Teil der Diskurse und somi großflächiger Formationen (Angermüller 2001). Gleichzeitig dezentralisiert und historiert Foucault den Strukturbegriff (vgl. Bublitz 2003: 31ff.). Das Konzept des radikalen Bruchs übernimmt er dabei der von Gaston Bachelard und Georges Canguilhem beeinflussten Philosophie der modernen Epistemologie. Begriffe und Begriffssysteme bilden hier einen zentralen Anknüpfungspunkt der Analyse. Wissenschaft wird nicht als kontinuierlich fortschreitende und sich vergrößernde Anhäufung von Erkenntnissen innerhalb eines spezifischen Wissensgebietes betrachtet, sondern als „stets neubegonnene Produktion eines Begriffssystems" (Marti 1999: 49). Bachelard betont, dass der Fortschritt des Wissens immer diskontinuierlich verläuft und von epistemologischen Brüchen durchzogen ist, „weil jede Erkenntnis, anstatt an einem leeren, bislang unentdeckten Ort aufzutreten, vielmehr die Zerstörung früherer Gewissheiten darstellt, die bereits den Ort dieser Erkenntnis besetzt gehalten hatten" (Pfaller 1997: 63).

Auch wenn die Arbeiten Foucaults Zeiträume von mehreren Jahrhunderten umfassen, so lassen sich doch Analysen denken, die gegenwärtige Debatten als Segment langfristiger Diskurse begreifen und die jeweils zugrunde liegende Wissensordnung herausarbeiten. Lässt man sich von Foucaults Konzept einer epistemischen Struktur des Begriffssystems anregen, ist von der traditionellen begriffsgeschichtlichen Vorstellung einer kontingenten Entwicklung des Wissens Abstand zu nehmen. Mit der „Archäologie des Wissens" lässt sich stattdessen systematisch nach den Grenzen, Wendepunkten, Umkehrungen, Grenzwerten und Schwellen der diskursiven Ereignisse fragen (Foucault [1968] 2001a: 890f.). Die Analysen der Begriffskonkurrenzen, der diskursiven Grundfiguren und der Oppositionsmuster können in jeweils unterschiedlicher Weise dazu beitragen, die Brüche, Transformationen und Vielfältigkeit der Begriffe und Begriffssysteme aufzudecken.

Statistische Instrumente der Diskursanalyse. Im Rahmen der französischen Diskursanalyse haben sich mit der *Lexicométrie* Ansätze entwickelt, die statistische Instrumente zur Analyse von Texten verwenden (Lebart/Salem 1994; Maingueneau 1991: 48ff.).[5] Die Verfahren dienen dazu, die Vokabulare und zugrunde liegenden Regeln unterschiedlicher SprecherInnenpositionen herauszuarbeiten. Verglichen werden verschiedene Textabschnitte eines Werkes oder auch unterschiedliche zeitliche Perioden, Medien oder soziale Gruppen. Dabei verweisen Co-Occurencen, d. h. das gemeinsame Vorkommen von zwei oder mehr Wortkategorien innerhalb einer Texteinheit, auf sich wiederholende Segmente (*segments répétés*) im Sinne von Wortreihungen oder Sprachformeln, z. B. die innere (versus die äußere) Einheit. Tatsächlich können ein präzises Inventar und die Quantifizierung von Lexik und Sprachformeln Hinweise auf die zeitliche Entwicklung und räumliche Zirkulation, die Abwesenheit oder das Verschwinden von Begriffen und Bedeutungen geben (vgl. Jung 1994; Liebert 2003). Semantische Verknüpfungen und Konnotationen verweisen auch auf Begriffsnetze und Begriffskonkurrenzen (vgl. Galliker u.a. 1997).

Der Erkenntniswert wortstatistischer Untersuchungen lässt sich am Beispiel der öffentlichen Debatte über den Begriff „Leitkultur" (inklusive der verwandten Sprachformeln „deutsche", „humanistische" und „christliche" Leitkultur) illustrieren.[6] Achtet man auf Syntax und Äußerungsformen in den Medien, lässt sich feststellen, ob eher eine Determination oder Nicht-Determination des Begriffes *Leitkultur*, ob eher eine Abgrenzungs- oder Befürwortungssyntax dominiert. Die überwiegend abgrenzenden und relativierenden Äußerungen zur Leitkultur verweisen auf ein Feld der Nichtsagbarkeit, dessen Grenzen genauer zu bestimmen sind. Mit Hilfe der Wortstatistik können determinierende Äußerungen des Begriffs erfasst, semantische Kontexte einfach und schnell eingesehen sowie semantische und interdiskursive Verknüpfungen aufgedeckt werden. Im zitierten Beispiel werden so etwa neben einem Vokabular, welches auf das Christentum, den Humanismus, die Demokratie und die Einwanderungspolitik verweist, weitere thematische Felder sichtbar, die das Beziehungsnetz der Begriffe charakterisieren.

Besonders erhellend ist es schließlich, das Netz von Oppositionen freizulegen, in das der Begriff Leitkultur verstrickt ist: so etwa die Opposition zum Multikulturalismus, zum Islam, zur Triade Parallelgesellschaft – Integration – Assimilation.

---

[5] Exemplarisch aufgeführt sei das DV-Programm Lexico3 (http://lexico3.no-ip.org/). Vergleichbare Methoden sind im Rahmen der Diskursanalyse in Deutschland wenig verbreitet, abgesehen von einigen Vorstößen in der linguistischen Diskursanalyse (vgl. Jung 1994). In Frankreich ist die computergestützte Diskursanalyse hingegen allgemein gebräuchlich und umfasst verschiedene Ansätze (vgl. Marchand 1998).
[6] Auch hier greife ich auf Material des o. g. Dissertationsprojekts zurück.

Das Beispiel zeigt bereits, dass die statistische Erfassung von Begriffen und ihren Merkmalen eher Indikatoren für eine Analyse als Ergebnisse liefert. Die wortstatistischen Befunde sind – aus sozialwissenschaftlicher Perspektive – in eine qualitative interpretative Analytik einzubetten. Dabei handelt es sich weniger um eine Methode im eigentlichen Sinne, als um ein vorsichtig einzusetzendes Hilfsmittel, dessen Anwendung theorie- und hypothesengeleitet sein muss. Computergestützte Verfahren erweisen sich dennoch als sinnvolles Werkzeug für semantische Analysen auch im Rahmen sozialwissenschaftlicher Untersuchungen (vgl. Diaz-Bone 1999): Die computergestützte Linguistik erfordert zwar eine je nach Software unterschiedlich aufwendige digitale Aufbereitung der Texte, doch vermag sie einen großen Korpus mit vergleichsweise geringem Aufwand auf lexikalische Merkmale hin zu durchforsten. Das Verfahren dient dabei weniger einer – von Foucault dezidiert abgelehnten – erschöpfenden Bestandsaufnahme von Begriffen; vielmehr geht es darum, die spezifischen, distinktiven semantischen Merkmale von sprachlichen Äußerungen sowie die Beziehungen zwischen den Begriffen zu charakterisieren. Insofern sind Wortstatistiken vor allem nützlich bei der Analyse von Begriffssystemen.

Möglichkeitsbedingungen und Machtwirkungen des Gesagten. „Es geht im Gegenteil darum, zu begreifen, wie diese Aussagen als Ereignisse in ihrer spezifischen Eigenart sich über Ereignisse äußern können, die nicht diskursiver Natur sind, sondern einer technischen, praktischen, ökonomischen, sozialen oder politischen Ordnung zugehören können. Den Raum, in dem sich die diskursiven Ereignisse verteilen, in seiner Reinheit erscheinen lassen, heißt [...] sich frei zu machen, um zwischen ihm und anderen externen Systemen ein Spiel von Beziehungen zu beschreiben. Beziehungen, die sich [...] im Feld der Ereignisse errichten müssen." (Foucault [1968] 2001a: 901) Mit dieser frühen Klarstellung legt Foucault den Akzent auf die Beziehung zwischen sprachlichen und nichtsprachlichen Ereignissen, wobei ihn am Sprachgebrauch das tatsächlich Gesagte interessiert. Betrachtet werden die spezifischen Bedingungen der Sagbarkeit, die durch eine bestimmte Konstellation der Wissensordnung hergestellt werden, sowie die Kräftespiele und Beziehungsnetze, die das Ensemble von Erscheinungen hervorgebracht haben. Das Ziel der Foucaultschen Analytik besteht darin, jene historischen Ereignisse zu beschreiben, die signalisieren, dass spezifische Äußerungen durch Wiederholung und Modifikation über lange Zeit die Geltung von *wahren* Aussagen erhalten haben. Von den mit der Zeit zu Aussagen verdichteten Äußerungen gehen insofern Machteffekte aus, als sie im Laufe der Zeit als Selbstverständlichkeit erscheinen; sie konstituieren das Sagbare und die Wirklichkeitsordnung. Mit *Diskurs* wird dabei die innere Struktur der Denk- und Wissenssysteme bezeichnet. Foucault analysiert dem entsprechend nicht das System der Sprache, sondern das System des Wissens und die damit verbundenen Machteffekte. Es geht darum, „Diskurse sowohl als Effekte historischer Praktiken zu analysieren als auch die aus Diskursen folgenden (Macht-) Effekte und Praktiken in die Analyse einzubeziehen" (Bublitz 2001: 251).

Offenkundig erfordert eine solche Perspektive eine machtanalytische Rahmung der Analyse.[7] Fruchtbar hierfür ist beispielsweise der Ansatz von Andrea D. Bührmann (2004: 32-39), die analog zur Analyse der diskursiven Formationen eine Systematisierung der Analyse der Machtbeziehungen vorschlägt. Die Dispositivanalyse Sigfried Jägers (2001), der das Zusammenspiel von diskursiven und nicht-diskursiven Praktiken sowie Sichtbarkeit bzw. Vergegenständlichung betrachtet, geht ebenfalls in diese Richtung. Beide Ansätze bieten Anknüpfungspunkte, um eine theoretische Perspektive auf Macht in eine Methode zur Analyse von Macht umzusetzen.

1.3 Zwischenfazit

Insgesamt dürfen die vorgestellten Analysekonzepte nicht darüber hinwegtäuschen, dass die Termini Macht, Diskurs, Dispositiv und Wissen in Diskursanalysen allenfalls „eine methodologische Funktion [haben]. Sie erlauben es, spezifische Achsen auf das zu untersuchende Material anzulegen, ohne dass sie im Voraus definitorisch festgelegt werden. [...] Ihre Relevanz ergibt sich allein daraus, was sie ermöglichen, ob sie neue und produktive Perspektiven ermöglichen, kurz: daraus, was durch sie in den Blick gerät." (Seier 1999: 84f.)

Welche Rolle können nun *Begriffe* allgemein in einer an Foucault anknüpfenden Diskursanalyse spielen? Offenbar sind Begriffe hier weder zur Identifizierung eines Diskurses geeignet noch selbst Gegenstand der Analyse. Folgt man der „Archäologie des Wissens" (Foucault [1969] 1997: 83), dann geht es darum, „die Organisation des Feldes der Aussagen [zu] beschreiben, in dem sie auftauchen und zirkulieren". Die Begriffe einer diskursiven Formation weisen ein für diese Formation spezifisches Bündel von Beziehungen zueinander auf, das es zu erfassen gilt. Bilden die Beziehungen zwischen den Begriffen ein „theoretisches Raster", so geht es nicht darum, die Begriffe „in der Einheit einer deduktiven Architektur neu anzuordnen;" vielmehr soll „das allgemeine Gesetz ihrer Streu-

---

[7] Die Analyse von Machtbeziehungen und -effekten entspricht weniger einem linguistischen Interesse (Jung 2001: 46f.). Die Eingebundenheit diskursiver Ereignisse in nicht-diskursive Praktiken bzw. das in einem Set von Praktiken inkorporierte Macht-Wissens-Verhältnis ist daher nicht Gegenstand einer linguistischen Diskurssemantik oder -analyse.

ung, ihrer Heterogenität, ihrer Unvereinbarkeit (sei diese nun gleichzeitiger oder sukzessiver Natur): die Regel ihrer unüberwindlichen Vielfältigkeit" aufgedeckt werden. (Foucault [1968] 2001a: 912). Die Betrachtung der Beziehungen zwischen den Begriffen in ihrer Vielfältigkeit hat nicht das Ziel, die Ereignisse des Redens als regellose Beliebigkeit erscheinen zu lassen, sondern die Ordnung des Gesagten und dessen Möglichkeitsbedingungen zu erkennen. Damit wird eine Analyse angeregt, die den Gebrauchsregeln von Begriffen nachgeht. Wie eine solche Untersuchung konkret aussehen kann, zeige ich im Folgenden am Beispiel der Bezeichnungspraxis Ossi-Wessi (ausführlich Wedl 2006b).

2 Analyse der Gebrauchsregeln am Beispiel der Bezeichnungspraxis Ossi-Wessi

2.1 Korpusbildung

Die Materialgrundlage der folgenden Analyse bildet das 1996 einsetzende Online-Archiv der Wochenzeitung *Die Zeit*. Über die Stichwort-Suche wurden Artikel ermittelt, die in den Jahren 1996 bis 2005 mindestens einen der beiden Begriffe *Ossi* oder *Wessi* einschließlich ihrer flektierten Formen enthalten. Das Untersuchungsinteresse konzentrierte sich auf die entsprechenden Textpassagen sowie die daran angrenzenden Äußerungen als Kontext. Durch die Arbeit mit Suchbegriffen war es nicht nur möglich, den Korpus schnell zusammen zu stellen, sondern unabhängig von Überschrift oder Archivsystematik relevante Texte zu erfassen. Eine sorgfältige Prüfung der Sinnhaftigkeit des Korpus ist jedoch bei dieser Methode besonders geboten (Keller 2004: 86). Einschränkend wirkt sich aus, dass nur bestimmte Texte in digitalisierter Form vorhanden sind, etwa ein eingegrenztes Spektrum an Zeitungen und Zeitungsjahrgängen. Auf dem Zeitungsmarkt dominieren überregionale Zeitungen aus Westdeutschland, die überwiegend ab Mitte der 1990er Jahre digitalisiert sind; die meisten ostdeutschen Zeitungen sind Regionalzeitungen, deren digitales Archiv deutlich später beginnt. Für meine Untersuchung erfolgt daraus eine zeitliche Beschränkung auf die Jahrgänge ab 1996. Nicht berücksichtigt wird somit die Berichterstattung, die dem historischen Ereignis der deutschen Einheit voranging und unmittelbar folgt.

Innerhalb der deutschsprachigen Medienlandschaft gilt *Die Zeit* als liberale Zeitung, die sich an eine akademische, bildungsbürgerliche Öffentlichkeit richtet und „aggressive[...] Vermarktungsstrategien oder [...] Skandalberichterstattungen" meidet (Huhnke 1996: 103). Bereits seit den 1960er Jahren zeigt sie sich gegenüber der politischen Opposition und den neuen sozialen Bewegungen sowie deren Themen aufgeschlossen. Ein stigmatisierender Sprachgebrauch gehört – im Unterschied zur Boulevardpresse – nicht von vornherein zum Sprachstil der Zeitung. Damit besteht Grund zur Annahme, dass Sprachstil und Haltung nicht per se von Ablehnung gegenüber der ostdeutschen Bevölkerung geprägt sind. Gleichzeitig handelt es sich um eine westdeutsche Zeitung, so dass anzunehmen ist, dass die Berichterstattung entsprechend geprägt ist. Untersucht wird somit – am Beispiel einer Zeitung – in gewisser Hinsicht eine westliche Bezeichnungspraxis. Allerdings wird der überregionale Zeitungsmarkt fast vollständig durch westdeutsche Zeitungen dominiert, so dass die Vermutung nahe liegt, dass der westdeutsche Blick in den Medien hegemonial ist. In Bezug auf die politische Aufarbeitung der Folgen der deutschen Einheit entsteht so etwas wie ein Deutungsmonopol.

2.2 Analyseebenen

Im ersten Schritt der Analyse habe ich die Verteilung der Begriffe über die Jahre und Rubriken betrachtet. Die Verwendungshäufigkeit und Verbreitung jedes einzelnen Begriffs gibt Hinweise auf die allgemeine Relevanz der Bezeichnungspraxis. Insgesamt ist zwar häufiger von *Ossis* die Rede als von *Wessis*, deutlich wird jedoch, dass es sich keinesfalls um eine einseitige Bezeichnungspraxis handelt.[8] Im Vergleich der einzelnen Rubriken zeigt sich, dass die Bezeichnungspraxis vor allem in der Rubrik Politik zum Einsatz kommt, wobei seit 2001 insgesamt ein deutlicher Anstieg der Verwendungshäufigkeit zu verzeichnen ist.

In einem zweiten Schritt wurde analysiert, ob bestimmte Regeln die Aussagen konstituieren. Hierzu wurde der Kontext bestimmt, in dem die Begriffe *Ossi* und *Wessi* stehen, sowie nach markanten Unterschieden gefragt, z. B. hinsichtlich der Äußerungsmodalitäten, der Semantik oder des Gegenstandes. Relevante Fragen waren: Wer erscheint im Text als Äußerungssubjekt, welche SprecherInnenposition und welcher institutionelle Ort ist mit diesem verbunden? Welche Subjektposition haben die Bezeichneten? Welche Bezüge, Abgrenzungen, Oppositionen, Charakterisierungen, Konnotationen und Denotationen etc. gehen mit der Benennung einher? In welchem Kontext stehen die Begriffe? Welche Funktionen und (Macht-) Effekte haben die Bezeichnungspraktiken?

Für die Beschreibung der einzelnen Äußerungen bzw. ihrer Kontext- und Gebrauchsregeln wurde das Codierprogramm *Atlas.ti* zu Hilfe genommen, wo-

---

[8] 105 Artikel verwenden ausschließlich den Begriff *Ossi*, 81 Artikel den Begriff *Wessi* und 40 Artikel verwenden beide.

mit dieser Analyseschritt deutlich erleichtert wurde (vgl. Diaz-Bone 2002: 197-206). Entgegen gängigen inhaltsbezogenen Codierungsverfahren und dem eigentlichen Anwendungsgebiet des Programms ging es nicht um die Reduzierung der diskursiven Ereignisse auf spezifische Merkmale, sondern um die Charakterisierung der Äußerungen in ihrer Vielfältigkeit und Spezifizität. Dies führte zu einer Mehrfach-„Codierung" der Textpassagen.

Im Ergebnis zeigt die Analyse der Bezeichnungspraxis, dass die Aussagen, die auf *Ossis* bzw. auf *Wessis* Bezug nehmen, unterschiedlichen Gebrauchsregeln folgen und verschiedenen Diskursen angehören. Hinweise auf Begriffskonkurrenzen wurden hingegen nicht gefunden. Inwiefern diese bei einer Erweiterung der Fragestellung auf andere Bezeichnungspraxen wie Ostler-Westler, Ostdeutsche-Westdeutsche zum Tragen käme, wäre noch zu prüfen.

„Wessi" – Der Entwicklungshilfe- und Fremdheitsdiskurs. Westdeutsche werden vor allem dann als *Wessi* tituliert, wenn sie sich – kurzzeitig oder dauerhaft – in einem der ostdeutschen Bundesländer aufhalten, wie folgender Sparkassendirektor: „Er ist, ein Wessi aus dem Breisgau, 1990 nach Delizsch gekommen, um beim Aufbau des Sparkassensystems zu helfen, und ist dort hängengeblieben." (Die Zeit 25/2001) Als *Wessis* werden überwiegend Einzelpersonen bezeichnet, deutlich seltener Gruppen. Die Rede ist vom Sparkassendirektor, dem Chefredakteur oder dem Bürgermeister. Durch die Individualisierung widersetzt sich der Herkunftsverweis der Homogenisierung, die solchen Zuschreibungen tendenziell eigen ist.

Häufig bringt die Bezeichnung *Wessi* eine Distanz hervor, wobei Ostdeutschland als – für Westdeutsche – fremdes Territorium erscheint und implizit zu einem anderen Deutschland wird. Die Herkunft wird zum entscheidenden Differenzkriterium, welches in der Fremde deutlich wird und deutlich gemacht werden muss. Die zu einer Besonderheit gerinnende Herkunft wird zum Distinktionsmittel. Markiert wird die Abweichung von einem als Normalität gesetzten Aufenthaltsort der westdeutschen Bevölkerung.

Die Verwendung der umgangssprachlichen Vokabel wie auch die Äußerungskontexte rufen den Eindruck hervor, es werde die alltagsrelevante Denk- und Sprechweise der ostdeutschen Bevölkerung oder spezifischer Personen(kreise) wiedergegeben. Durch den Kontrast Ostdeutschland-Wessi wird die Gruppe der Ostdeutschen als Äußerungssubjekt nahegelegt, wobei diese meist implizite Ihr-Konstruktion die Abgrenzung unterstreicht. „Was sich westdeutsche Zeitungen leisten, wäre bei uns nicht denkbar', sagt Köhler, den demnächst ein Wessi ablösen soll." (Die Zeit 16/1996)

Sichtbar wird die Struktur eines von Hierarchien durchzogenen Fremd-
heitsdiskurses, der in Bezug auf einzelne Personen häufig den Charakter eines
Diskurses der Entwicklungshilfe annimmt. Die Hervorhebung der Herkunft stellt
ein hierarchisches Verhältnis zwischen West- und Ostdeutschland her, bei dem
die Ostdeutschen die Anderen, Fremden und Hilfsbedürftigen sind. In obigem
Zitat wird der Sparkassendirektor zum helfenden Wohltäter, der in der Fremde
„hängen bleibt". Er ist nicht „von hier", kein Einheimischer, sondern ein Zugezo-
gener bzw. ein Entwicklungshelfer, der beim „Aufbau" hilft.

Die nach der deutschen Vereinigung praktizierte Umstrukturierung des ostdeutschen Arbeitsmarktes, die viele Westdeutsche auf mittlere und gehobene
Führungspositionen beförderte, wird durch die Bezeichnungspraxis *Wessi* als
Entwicklungshilfe hervorgebracht. Erzeugt wird in dieser Verknüpfung eine an
die Herkunft gebundene (natürliche) Differenz.

„Ossi" – Der Eigenschaftsdiskurs. Im Unterschied zum Fremdheits- und Entwicklungshilfediskurs findet die herkunftsbezogene Personencharakterisierung
Ossi überwiegend unabhängig vom Aufenthaltsort Anwendung. Während eine
Person oder Gruppe westdeutscher Provenienz erst in Ostdeutschland zum *Wessi*
wird, ist eine Person oder Gruppe aus Ostdeutschland immer *Ossi*. Bezeichnet
wird ein fundamentaler Wesenszug und die Bezeichnungspraxis schreibt sich in
einen tendenziell essentialistischen Eigenschaftsdiskurs ein. Zu Gregor Gysi,
Spitzenpolitiker der PDS, heißt es: „Er kennt und verkörpert die Befindlichkeiten
der Ostdeutschen, auch wenn er sich selbst längst nicht mehr als Ossi fühlt." (Die
Zeit 24/2005) Vermittelt wird eine Situierung unabhängig von subjektiven Befindlichkeiten, womit die Unmöglichkeit einhergeht, sich von der ostdeutschen Herkunft und den damit assoziierten Eigenschaften definitiv zu lösen. So finden
diese Eigenschaften, anders als bei der Bezeichnung als *Wessi*, Eingang in einen
(tiefenpsychologischen) Sozialisationsdiskurs.

Gestützt wird diese Strategie durch die überwiegende Verwendung als
Gruppenbezeichnung, welche eine entindividualisierte, meist amorphe Masse
und nicht Individuen in Erscheinung treten lässt. So heißt es unter der Überschrift „Ost-SPD: Der Innenminister und die PDS" beispielsweise: „Pure West-
partei. Zahnlose Kompromißlerin des Großkapitals. Unerträgliche Führungsfigu-
ren: der Egomane Gerhard Schröder, der Populist Lafontaine, der Ölgötze Schar-
ping. Und die paar Ossis fallen um, bevor sie aufgestanden sind." (Die Zeit,
31/1996) Bleibt die Karikatur westdeutscher Führungspolitiker personalisiert,
werden ostdeutsche Politiker und Politikerinnen der SPD unter der anonymen
Sammelbezeichnung *Ossi* als wenig profiliert und standhaft charakterisiert. Die
Gruppenkonstitution wird zusätzlich unterstützt durch die Verwendung von

Wir-Konstruktionen, wenn von *uns Ossis* oder *wir Ossis* die Rede ist. Der Gruppenbezug forciert den Charakter eines Stereotyps.

Die mitunter vorhandene Verknüpfung mit stigmatisierenden und stereotypisierenden Zuschreibungen, für die es kein Pendant in Bezug auf Westdeutsche gibt, trägt gleichfalls zur Verallgemeinerung bei und unterstreicht den Eigenschaftscharakter. So ist beispielsweise von „moralinen Ossis" (Die Zeit 25/1998) die Rede und im Zusammenhang mit dem SPD-Politiker Wolfgang Thierse heißt es: „weil er den Konsens so liebt, wie alle Ossis" (Die Zeit 11/2001). Die Gebrauchskontexte des Begriffes *Ossi* beinhalten häufig implizite wie explizite Wertungen und regen zu Assoziationsketten an. Insgesamt spielt die Bezeichnungspraxis auf der Klaviatur der Vereigenschaftung von Herkunft.

3   Fazit und Ausblick

Erscheint *Ossi* und *Wessi* zunächst als analoges Begriffspaar eines gleichen Ordnungssystems, deckt die Analyse die Singularität der Begriffe auf: Sie gehören unterschiedlichen Diskursen an und vernetzen sich zu unterschiedlichen Aussagen. Mit den spezifischen Gebrauchsregeln geht die Konstitution unterschiedlicher Subjektpositionen einher. In beiden Begriffsanwendungen erscheinen die *Ossis* als das Andere, in dessen Abgrenzung im Sinne des „konstitutiven Außen" (Derrida) das Eigene sich konturiert. Während die Position der *Wessis* als das Eigene – in der Berichterstattung einer westdeutschen Zeitung – differenziert und individuell ist, gerinnt das Andere – die *Ossis* – zu einer homogenen Masse.

Die betrachteten Diskursstrukturen wirken in Form einer Normalisierungsmacht. Sowohl der an Ostdeutsche gebundene Eigenschaftsdiskurs als auch der primär an Westdeutsche gebundene Fremdheits- bzw. Entwicklungshilfediskurs setzen eine Normalität, der ein deutlicher Westzentrismus innewohnt. Dabei entstehen unterschiedliche Muster der Identitätskonstruktion: Konstituiert sich bei Ostdeutschen die Herkunft als verallgemeinerte Eigenschaft – als würde die Herkunft schon alles sagen – produzieren die Gebrauchsregeln die westdeutsche Herkunft als das Normale, das nur in der „Fremde" betonenswert ist. Die Norm ist und bleibt, zumindest in der hier untersuchten Zeitung, der Westen, womit die Bezeichnungspraxis auf einer grundlegenden Hierarchie basiert.

Ziel dieses Beitrags war es, verschiedene Methodenbausteine vorzustellen und diese im Hinblick auf die Anwendbarkeit in einer begriffsorientierten Diskursanalyse zu testen. Da die ausgewählten methodischen Versatzstücke Ansätzen mit unterschiedlichem erkenntnistheoretischen Hintergrund entnommen wurden, war besonders auf die Kohärenz zu achten. Insgesamt zeigt sich: Offenbar kann eine von handlungstheoretischen Annahmen befreite Analyse der Begriffskonkurrenz dazu dienen, die Vielfalt der Bedeutung eines Begriffes im Gesagten einer bestimmten Zeit zu beschreiben. Dies wurde am Beispiel der Kopftuchdebatte gezeigt. Hier gibt die Bedeutungsfülle Hinweise auf das Sagbare und dessen Grenzen. Zudem konnte mit dem Erfassen diskursiver Grundfiguren ein Einblick in die Ordnungen und Regeln gewonnen werden, die dem Gesagten zugrunde liegen. Hierzu tragen auch Analysen der Oppositions- und Beziehungsmuster sowie wortstatistische Verfahren bei, wobei letztere zusätzlich die Streuung der Begriffe und die innere Struktur der Begriffssysteme beleuchten. Mit der Betrachtung der Gebrauchsweise von Begriffen, wie sie in der Analyse der Bezeichnungspraxis Ossi-Wessi zum Tragen kommt, werden die „Konstitutions- und Gültigkeitsfelder" sowie die „Gebrauchsregeln" (Foucault [1969] 1997: 11) in Bezug auf ein Objekt bzw. einen Begriff erhellt. Am Ende zeigen sich also jene Regeln, nach denen ein Diskurs funktioniert.

Die dargestellten Ansätze, in denen Begriffe als „Spuren" für die Analyse fungierten, fügen sich in der vorgeschlagenen Perspektivierung in eine machtanalytisch gerahmte archäologische Diskursanalyse ein. Insgesamt tragen die ausgewählten methodischen Instrumente dazu bei, die Beziehungen zwischen Begriffsinhalten zu erfassen, ihre Verkettungen, Überlagerungen, Interaktionen und zirkulären Aktionen (Foucault [1990] 1992: 37), sowie die Abweichungen, Entfernungen, Oppositionen und Differenzen zu beschreiben (Foucault [1968] 2001b: 704), um so am Ende die innere Struktur des Diskurses zu erfassen. Stets jedoch ist der Nutzen der verschiedenen Methoden von der Fragestellung und dem Untersuchungsgegenstand abhängig. Insofern sind sie als flexible Instrumente einer „Werkzeugkiste" zu begreifen.

Literatur

Angermüller, Johannes, 2001: Diskursanalyse: Strömungen, Tendenzen, Perspektiven. Eine Einführung, in: *Ders./Bunzmann, Katharina/Nonhoff, Martin* (Hrsg.), Diskursanalyse: Theorien, Methoden, Anwendungen. Hamburg, 7-22.

Bluhm, Claudia/Deissler, Dirk/ Scharloth, Joachim/Stukenbrock, Anja, 2000: Linguistische Diskursanalyse: Überblick, Probleme, Perspektiven, in: Sprache und Literatur in Wissenschaft und Unterricht 88, 3-19.

Bublitz, Hannelore, 2001: Differenz und Integration. Zur diskursanalytischen Rekonstruktion der Regelstrukturen sozialer Wirklichkeit, in: *Keller, Reiner/Hirseland, Andreas/Schneider, Werner/Viehöver, Willy* (Hrsg.), Handbuch Sozialwissenschaftliche Diskursanalyse. Bd. 1: Theorien und Methoden. Opladen, 225-260.

Bublitz, Hannelore, 2003: Diskurs. Bielefeld.

Bührmann, Andrea D., 2004: Der Kampf um ,weibliche Individualität'. Zur Transformation moderner Subjektivierungsweisen in Deutschland um 1900. Münster.

Busse, Dietrich, 1987: Historische Semantik. Stuttgart.

Busse, Dietrich, 2003: Begriffsgeschichte oder Diskursgeschichte? Zu theoretischen Grundlagen und Methodenfragen einer historisch-semantischen Epistemologie, in: *Dutt, Carsten* (Hrsg.), Herausforderungen der Begriffsgeschichte. Heidelberg, 17-38.

Diaz-Bone, Rainer, 1999: Probleme und Strategien der Operationalisierung des Diskursmodells im Anschluß an Michel Foucault, in: *Bublitz, Hannelore/ Bührmann, Andrea D./Hanke, Christine/Seier, Andrea* (Hrsg.), Das Wuchern der Diskurse. Perspektiven der Diskursanalyse Foucaults. Frankfurt/M., New York, 119-135.

Diaz-Bone, Rainer, 2002: Kulturwelt, Diskurs und Lebensstil. Eine diskurstheoretische Erweiterung der bourdieuschen Distinktionstheorie. Opladen.

Foucault, Michel, [1990] 1992: Was ist Kritik? Berlin.

Foucault, Michel, [1969] 1997: Archäologie des Wissens. Frankfurt/M.

Foucault, Michel, [1968] 2001a: Über die Archäologie der Wissenschaften. Antwort auf den Cercle d'épistémologie, in: *Foucault, Michel*, Schriften in vier Bänden. Dits et Écrits Bd. I, 1954-1969. Frankfurt/M., 887-931.

Foucault, Michel, [1968] 2001b: Réponse à une question, in: *Foucault, Michel*, Dits et Écrits Bd. I, 1954-1975. Paris, 701-723.

Galliker, Mark/Herman, Jan/Wagner, Franc/Weimer, Daniel, 1997: Co-Occurrence-Analysis von Medientexten: Verschiebung von Schuldzuweisung im öffentlichen Diskurs, in: *Jung Matthias/Wengeler, Martin/Böke, Karin* (Hrsg.), Die Sprache des Migrationsdiskurses: Das Reden über ‹Ausländer› in Medien, Politik und Alltag. Opladen, 214-229.

Huhnke, Brigitta, 1996: Macht, Medien und Geschlecht. Eine Fallstudie zur Berichterstattungspraxis der DPA, der taz sowie der Wochenzeitungen Die Zeit und Der Spiegel von 1980 – 1995. Opladen.

Jäger, Siegfried, 2001: Diskurs und Wissen. Theoretische und methodische Aspekte einer Kritischen Diskurs- und Dispositivanalyse, in: *Keller, Reiner/Hirseland, Andreas/Schneider, Werner/Viehöver, Willy* (Hrsg.), Handbuch Sozialwissenschaftliche Diskursanalyse. Bd 1: Theorien und Methoden. Opladen, 81-112.

Jung, Matthias, 1994: Zählen oder Deuten? Das Methodenproblem der Diskursgeschichte am Beispiel der Atomenergiedebatte, in: *Busse, Dietrich/Hermanns, Fritz/Teubert, Wolfgang* (Hrsg.), Begriffsgeschichte und Diskursgeschichte. Methodenfragen und Forschungsergebnisse der historischen Semantik. Opladen, 60-81.

Jung, Matthias, 2001: Diskurshistorische Analyse. Eine linguistische Perspektive, in: *Keller, Reiner/Hirseland, Andreas/Schneider, Werner/Viehöver, Willy* (Hrsg.), Handbuch Sozialwissenschaftliche Diskursanalyse. Bd 1: Theorien und Methoden. Opladen, 29-51.

Keller, Reiner, 2004: Diskursforschung. Eine Einführung für SozialwissenschaftlerInnen. Wiesbaden.

Klein, Josef, 1989: Wortschatz, Wortkampf, Wortfelder in der Politik, in: *Klein, Josef* (Hrsg.), Politische Semantik. Bedeutungsanalytische und sprachkritische Beiträge zur politischen Sprachverwendung. Opladen, 3-50.

Klein, Josef, 1991: Kann man „Begriffe besetzen?" Zur linguistischen Differenzierung einer plakativen politischen Metapher, in: *Liedtke, Frank/Wengeler, Martin/Böke, Karin* (Hrsg.), Begriffe besetzen. Strategien des Sprachgebrauchs in der Politik. Opladen, 44-69.

Lebart, Ludovic/Salem, André, 1994: Statistique Textuelle. Paris.

Liebert, Wolf-Andreas, 2003: Zu einem dynamischen Konzept von Schlüsselwörtern, in: Zeitschrift für Angewandte Linguistik 38, http://www.uni-koblenz.de/~diek mann/ zfal/zfalarchiv/zfal38_3.pdf, 14.04.2006.

Liedtke, Frank/Wengeler, Martin/Böke, Karin (Hrsg.), 1991: Begriffe besetzen. Strategien des Sprachgebrauchs in der Politik. Opladen.

Maingueneau, Dominique, 1991: L'Analyse du Discours. Paris.

Marchand, Pascal, 1998: L'Analyse du Discours Assistée par Ordinateur. Paris.

Marti, Urs, 1999: Michel Foucault. München.

Pfaller, Robert, 1997: Althusser. Das Schweigen im Text. Epistemologie, Psychoanalyse und Nominalismus in Louis Althussers Theorie der Lektüre. München.

Saussure, Ferdinand de, [1916] 2001: Grundfragen der allgemeinen Sprachwissenschaft. Berlin.

Seier, Andrea, 1999: Kategorien der Entzifferung: Macht und Diskurs als Analyseraster, in: *Bublitz, Hannelore/ Bührmann, Andrea D./Hanke, Christine/Seier, Andrea* (Hrsg.), Das Wuchern der Diskurse. Perspektiven der Diskursanalyse Foucaults. Frankfurt/M., New York, 75-86.

Stötzel, Georg/Wengeler, Martin (Hrsg.), 1995: Kontroverse Begriffe. Geschichte des öffentlichen Sprachgebrauchs in der Bundesrepublik Deutschland. Berlin, New York.

Strauß, Gerhard/Haß, Ulrike/Harras, Gisela, 1989: Brisante Wörter von Agitation bis Zeitgeist. Ein Lexikon zum öffentlichen Sprachgebrauch. Berlin, New York.

Wedl, Juliette, 2006a: Stoff von Anderswo: Fremdes und Eigenes in der „Kopftuchdebatte", in: *Flegel, Silke/Hoffmann, Frank* (Hrsg.), „Barrieren, die man durchschreiten kann, wenn man das Geschick dazu hat". Grenzmarken und Grenzgänge im Europa des 19. und 20. Jahrhunderts. Hamburg, 339-374.

Wedl, Juliette, 2006b: Die Mauer im Diskurs: Regeln der medialen Berichterstattung über „Ossis" und „Wessis" in der Wochenzeitung Die Zeit seit Mitte der 1990er Jahre, in: *Wedl, Juliette/Dyroff, Stefan/Flegel, Silke* (Hrsg.), Selbstbilder – Fremdbilder – Nationenbilder. Historische und zeitgenössische Beispiele kollektiver Konstruktionen in Europa. Hamburg, 83-102.

Wittgenstein, Ludwig, [1953] 1984: Philosophische Untersuchungen. Frankfurt/M.

Die Zeit, 16/1996: Männer, die das Sagen haben. Von Wolfram Runke.

Die Zeit, 31/1996: Ost-SPD: Der Innenminister und die PDS. Von Christoph Dieckmann.

Die Zeit, 48/1996: Das sauersüße Qualitätsprodukt. Von Wolfram Siebeck.

Die Zeit, 25/1998: Die zerrupfte Einheit. Von Christoph Dieckmann.

Die Zeit, 11/2001: Sprechen Sie Deutsch? Von Robert Leicht.

Die Zeit, 25/2001: Zum Beispiel Delitzsch: Warum der Osten auf der Kippe steht. Von Theo Sommer.

Die Zeit, 24/2005: Glaube, Linke, Hoffnung. Von Tina Hildebrandt.

Teil 5: „Foucault – Warum nicht?"

Angelika Magiros

Foucaults Werkzeuge für eine Analyse der Fremdenfeindlichkeit: Mein fiebriges „Foucault – warum nicht?"[1]

„Foucault – warum nicht?" Ich war sofort von diesem Motto eingenommen, denn es hört sich so angenehm gelassen an. Es klingt nach einer Position, die sich gleich weit entfernt von zwei sehr unfruchtbaren Lesarten des Foucaultschen Werks befindet: gleich weit entfernt einerseits von einer eifrigen Exegese, die über die angemessene Würdigung und die einzig korrekte Interpretation auch noch des kleinsten Begriffs aus Foucaults Feder wacht – und andererseits von einem eisernen theoretischen Konservatismus, dem „diese ganze ästhetizistische postmoderne Spielerei" von vornherein verdächtig und jedenfalls analytisch unzulänglich vorkommt. „Foucault – warum nicht?" drückt aus, dass man in vielen Werkzeugkisten zu stöbern gewillt ist, wenn es denn der Sache dient, und dass nichts dagegen spricht, sich in diesem Sinn eben auch Foucaults Inventar anzuschauen (zumal dieses doch mittlerweile bereits zum klassischen theoreti- schen Instrumentarium gehört). In der Tat ist „Instrumentarium" hier der richtige Begriff: Schimmert nicht durch dieses nonchalante „Foucault – warum nicht?" ein sehr instrumenteller Standpunkt hindurch? Es ist das Verhältnis des Handwer- kers oder der Ingenieurin zur Theorie, und exakt dieser Wille zum praktischen Zugriff auf Foucaults Thesen ist das, was mir von Anfang an am Motto gefiel.

Jedoch folgte meine *eigene* Arbeit mit Foucaults Texten, merkwürdig genug bei so viel Sympathie, einer *anderen* Haltung. Sie war fiebriger als dieses höchst charmante, dabei etwas achselzuckende „Warum nicht?" In der Analyse der modernen Fremdenfeindlichkeit habe ich Foucaults Bücher alias Werkzeuge als besonders leistungsstark und griffig erfahren; entsprechend groß war die Enttäu- schung, als sie nicht mehr zu funktionieren schienen. Ich möchte es einmal fol- gendermaßen ausdrücken: Mein „Foucault – warum nicht?" setzt sich zusammen aus einem betonten „Warum" und einem betonten „nicht", aus einem „Warum Foucault, genau der und kein anderer?" und einem „Alles, bloß nicht Foucault!"

---

[1] Für Vorüberlegungen zum vorliegenden Text vgl. Magiros 2005.

Diesen intellektuellen Weg mit scharfen Wendungen möchte ich hier nun vorstellen – in der Hoffnung, dass man in ihm, obwohl es „meiner" ist, etwas Überindividuelles erkennen kann: das allgemeine Problem einer postmodernen Gesellschaftsanalyse, die aus der Kritik der Moderne und ihrer spezifischen Machtverhältnisse entstand und nun mit einer Art Nachziehen, mit der Verjüngung, mit einem „selbst postmodern werden" ihrer Phänomene konfrontiert ist.[2]

Um welche Phänomene handelt es sich? Wie bereits angedeutet ist mein wissenschaftliches Thema (das natürlich auch ein politisches ist) die Fremdenfeindlichkeit in der Moderne. Getreu der These, dass es „Fremde" nicht gibt, sondern dass sie gesellschaftlich konstruiert werden und die Konstrukteure sich dabei in der Geschichte der Moderne die unterschiedlichsten Opfergruppen modelliert haben – je nachdem, wer „auffällt ohne Schutz" (Horkheimer/Adorno 1971: 154) –, verstehe ich Fremdenfeindlichkeit in einem weiten Sinn: Rassismus und Antisemitismus, die Gewalt gegen Behinderte und Obdachlose, die Ablehnung anderer Religionen oder „Kulturen".

Michel Foucaults theoretische Werkzeugkisten erschienen mir schon auf den ersten Blick als die richtigen, um genau das zu analysieren, was bereits der Alltagsverstand als Charakteristikum moderner Fremdenfeindlichkeit wahrnimmt: ihren Biologismus, ihre Art, sich regelmäßig als naturwissenschaftlich, ja medizinisch geleitetes Handeln darzustellen. Ob Foucault nun den Umgang mit dem Irrsinn in „Wahnsinn und Gesellschaft" (Foucault [1961] 1973) beschreibt, die Konstruktion der Sexualität in „Der Wille zum Wissen" (Foucault [1976] 1983), die Entwicklung der Institution des Gefängnisses in „Überwachen uns Strafen" (Foucault [1975] 1977) oder die Geschichte des Rasse-Begriffs in seinen Vorlesungen zur „Verteidigung der Gesellschaft" (Foucault [1976] 1999) – immer steht im Zentrum seiner Genealogien, wie das vormoderne juridisch-religiöse Denken über Fremdheit an der Schwelle zur Moderne zu einem pathologisierenden Denken wird. Wo der Fremde früher Gesetzesbrecher, „Böser", Gegner oder Störenfried war, da wird er in der Moderne mit Krankheit identifiziert: Der Wahnsinnige erscheint nun als Geisteskranker, die sexuelle Abweichung – vormals eine Übertretung der Ehegesetze – als Perversion, der Verbrecher als Delinquent mit psycho- und soziopathischer Natur und die „andere Rasse" nicht mehr als politischer Feind, sondern als biologische Gefahr. Foucault weist nach, wie diese moderne, pathologisierende Rationalität – die nicht mehr einfach nur Macht, sondern die Macht des Guten, eine heilende, schützende Macht sein will – abwehrend, unterdrückend und gewalttätig bleibt.

---

[2] Für den Parcours in aller Ausführlichkeit vgl. Magiros 2004.

Vor allem aber hat Foucault Konzepte zu bieten, die die moderne Fremdenabwehr in Allgemeineres einbinden können. Zunächst den Begriff der Bio-Macht, der in „Der Wille zum Wissen" als Synonym für die moderne politische Rationalität überhaupt fungiert. Moderne Macht, so die These dort, zielt direkt auf die Lebensfunktionen der Gesellschaftsglieder: „(...) eine relative Herrschaft über das Leben beseitigte einige Drohungen des Todes. In dem von ihnen gewonnenen und forthin organisierten und ausgeweiteten Spielraum nehmen Macht- und Wissensverfahren die Prozesse des Lebens in ihre Hand, um sie zu kontrollieren und zu modifizieren." (Foucault [1976] 1983: 169/170) Im Namen der „Sicherheit", des „Kampfes gegen Krankheit" und der „Verbesserung der vitalen Konstitution" bewertet, formt und diszipliniert die Bio-Macht sowohl die individuellen Körper als auch das „bio-psychologische Niveau" ganzer Bevölkerungen. In der Moderne funktioniert das Recht zunehmend als Norm und die Politik als eine verallgemeinerte Medizin. In eine solche Bio-Macht jedoch passt die Behandlung des Fremden als „Krankem"oder „Krankheitserreger" – vom Therapiezwang gegen ihn bis hin zu den Vernichtungspolitiken der Nazis –, zynisch gesprochen, nur zu gut.

Viele Interpreten und Interpretinnen sehen in diesen in den siebziger Jahren entwickelten Thesen den Schlüssel zu Foucaults Werk. Als Theoretiker der Macht scheint Foucault ihnen – im Guten oder im Schlechten – zu sich gekommen zu sein. So ist eine Konzentration auf Foucaults Machtbegriff „im Guten" insbesondere in empirischen Untersuchungen zu finden. Nützlich erscheint dort – etwa in der feministischen Forschung, bei der Frage der Formierung von Geschlechteridentitäten – die „konkretistische" Konzeption von Macht, die auch die alltäglichen und direkten, auf die Körper und Selbstdefinitionen ausgeübten Disziplinierungen in den Blick nehmen kann. „Im Schlechten" wird dagegen argumentiert, die „Aporien" und „performativen Widersprüche", die Foucaults Werk von Anfang an durchzogen hätten, seien schließlich in seinem „totalen" Machtbegriff kulminiert.[3] Doch nach *meiner* Interpretation ist der Begriff der Bio-Macht *nicht* Foucaults letzte Instanz. Vielmehr stößt man in den früheren Büchern, insbesondere in „Die Ordnung der Dinge" (Foucault [1966] 1974), auf die Analyse einer noch zentraleren Struktur moderner Ratio: auf die Genese und Kritik des modernen Humanismus.[4] Jahrhunderte lang, so Foucaults These dort, war es das er-

---

[3] In Deutschland ist Jürgen Habermas der prominenteste Vertreter dieser Kritik an Foucaults „aporetischer" Argumentation, vgl. etwa Habermas 1985a: 297-343. Siehe auch meine Kritik an Habermas' Kritik weiter unten im vorliegenden Beitrag.

[4] Die in „Die Ordnung der Dinge" formulierte kritische Genealogie der modernen Wissenschaften, die – so Foucaults These dort – den Menschen als Subjekt/Objekt ihrer Reflexion allererst konstruiert hätten, hat manchen Kritiker (unnötigerweise) zweifeln lassen, ob ein solcherart „anti-humanistischer" Foucault

schöpfende Ziel der Wissenschaften, wohlgeordnete Tableaus der Phänomene zu erstellen. Doch eingangs der Moderne zerbrechen diese „Episteme". Die Humanwissenschaften verstehen ihre Forschungen in bezug auf die Formen der menschlichen Existenz nicht mehr nur als ordnende, beschreibende Tätigkeit, sondern als Wissenschaften, die sich endlich dem Sinn und dem Wesen des menschlichen Seins auf die Spur setzen können: Es „erfindet sich die europäische Kultur eine Tiefe, in der (...) von großen verborgenen Kräften, die von ihrem ursprünglichen und unzugänglichen Kern her entwickelt sind, und vom Ursprung, von der Kausalität und der Geschichte die Rede sein wird." (Foucault [1966] 1974: 308) Mit der Eroberung dieser „Tiefe", man kann sagen: mit dem wissenschaftlichen „an sich reißen" dieser Fragen nach Ursprung und Entwicklung des Menschen setzt nun aber eine perfide, typisch moderne Hoffnung ein: dass der Mensch irgendwann seine eigentliche Wahrheit finden und ein souveränes, seinem Wesen angemessenes, von keiner entfremdenden Endlichkeit verzerrtes Leben führen kann. Natürlich wird diese Hoffnung immer wieder enttäuscht, doch niemals so gründlich, dass der moderne Mensch von ihr ablassen könnte. Foucault spricht von einem „Imperativ, der das Denken von innen heimsucht" (Foucault [1966] 1974: 394/395), von einem regelrechten Drang des modernen Menschen, sich aus seinen Entfremdungen zu befreien, dereinst seine Endlichkeit für immer in seiner Souveränität aufgehen zu lassen und mit sich selbst identisch zu werden.

Und wäre es nicht die perfekte Überwindung der Endlichkeit, wenn der Mensch seine Krankheiten, seine Schwäche, seine Dysfunktionen und schließlich seine Sterblichkeit in den Griff bekommen und loswerden würde? „Die Gesundheit tritt an die Stelle des Heils", denn keine der Humanwissenschaften ist „der sie alle tragenden anthropologischen Struktur so nahe" wie die Medizin, so stellt Foucault – quasi im Vorgriff auf seinen späteren Begriff der Bio-Macht – schon in seinem frühen Buch über „Die Geburt der Klinik" fest (Foucault [1963] 1988: 208): Ist nicht das bio-mächtige Ideal des gesunden Menschen die *Inkarnation* des perfekten, mit sich identischen, sozusagen großbuchstabierten Menschen?

Man kann an dieser Stelle schon sehen, worin der Wert der Foucaultschen Schriften für mein Thema besteht. Immer wieder wird der Hass auf das Fremde als randständiger Rest überholter Irrationalität inmitten unserer eigentlich toleranten modernen Gesellschaft bezeichnet – eine Verharmlosung, die weit reichende politische Strategien nicht erlaubt. Anspruchsvolle kritische Analysen der

---

auf der Seite der Emanzipation und der Freiheit steht. Krudestes Beispiel in diesem Zusammenhang: Gilles Deleuze erwähnt einen Psychoanalytiker, der Foucaults Buch „in die Nähe von ‚Mein Kampf' rückte." (Deleuze 1992: 9).

Fremdenfeindlichkeit steuern dagegen und versuchen, die Abwehr des Fremden so zu beschreiben, dass ihre Verankerung in der Mitte der Gesellschaft sichtbar wird und sie als genuiner Teil des modernen gesellschaftlichen Allgemeinen erscheint.[5] Man muss sich hier etwa nur die berühmte historische These vergegenwärtigen, dass, wer vom Kapitalismus nicht reden wolle, auch vom Faschismus schweigen sollte (Horkheimer 1988: 308/309), oder an die vielen Studien, in denen die Verwebung der verschiedenen gesellschaftlichen Machtlinien – Geschlechterverhältnisse, Kapitalismus, Nationalismus und Fremdenfeindlichkeit – analysiert wird.[6] In diese Kette der „produktiven Verallgemeinerungen" sehe ich Foucault und seine Begriffe eingereiht: So wie die moderne Pathologisierung des Fremden in die Bio-Macht passt, so passt diese nur zu gut in die humanistische Logik. Verknüpft man Foucaults Thesen mithilfe dieses Doppelfadens, so kann man tatsächlich moderne Fremdenfeindlichkeit auf eine interessante Art als Teil einer modernen Totalität beschreiben: als Versuch, Endlichkeit zu überwinden innerhalb einer Rationalität, die ganz allgemein und im Kern einen gefährlich-utopistischen Traum von vollendeter Identität – vom Menschen, der mit seiner Wahrheit eins geworden ist – verfolgt.

Anders gesagt, mein „Warum Foucault und genau der?" beruhte auf der Entdeckung, dass seine Texte eine konsequente, durchgängige Identitätskritik zu bieten haben: eine Kritik, die von den abstraktesten Strukturen moderner Vernunft, wie sie etwa in „Die Ordnung der Dinge" beschrieben werden, bis hin zu den konkretesten Diskursen über „Rasse", „Delinquenz", „Geisteskrankheit" oder „Perversion" verläuft und letztere in ein allgemeines analytisches Licht tauchen kann. Doch zu dieser „inhaltlichen" Konsequenz kam – als starker Pluspunkt – noch eine methodische hinzu, d.h. Foucaults konsequenter theoretischer *Standpunkt*. Es mag überraschen, Foucault gerade auf diesem Gebiet Konsequenz zu bescheinigen, denn die prominentesten Einwände gegen sein Werk lauten auf das genaue Gegenteil: Foucault verwickele sich in einen performativen Widerspruch, ja in ein regelrechtes Selbstdementi, da er vor lauter harscher Kritik der modernen Vernunft nicht mehr angeben könne, worauf denn seine eigene Vernunft basiere, von welcher Grundlage aus er denn eigentlich diese seine Kritik formuliere. „Normativ verworren", so lautet das Urteil der Philosophin Nancy Fraser (Fraser 1994: 50), und auch Habermas moniert, dass Foucault „seine von

---

[5] Die treffende Formulierung von der „Mitte der Gesellschaft" als dem Ort der Fremdenfeindlichkeit stammt meines Wissens vom Duisburger Institut für Sprach- und Sozialforschung (DISS), das 1990 unter diesem Titel eine Tagung zum Thema Rassismus und Rechtsextremismus in Europa durchführte. Vgl. die Tagungsbeiträge in Jäger/Jäger (1991/1992).

[6] Aus dem weiten Feld der Literatur zu diesem Aspekt vgl. etwa die „Klassiker" Balibar/Wallerstein 1990 und Haraway (1988) oder auch Anthias/Yuval-Davis (1992).

Aktualität versehrte Kritik der Macht zur Analytik des Wahren derart in Gegensatz bringt, daß jener die normativen Maßstäbe entgleiten, die sie dieser entlehnen müsste." (Habermas 1985b: 131) Doch hier liegt ein Missverständnis vor. Übersehen solche Interpretationen nicht schlicht die Zielrichtung von Foucaults These, oder vielmehr: Verwechseln sie sie nicht mit ihrer eigenen? Denn wenn man eine Kritik der kalten, administrativen, instrumentellen Vernunft ausarbeiten möchte – einer Rationalität, die ihr eigentliches, utopisches Potenzial von sich abgespalten habe –, dann mag es nötig sein, diese vergessene Idee der Vernunft, diese verdrängte Wahrheit ihrer selbst analytisch auszugraben und als Grundlage der menschlichen Freiheit zu befestigen. Doch anders, wenn man – und exakt *dies* ist Foucaults Stoßrichtung – die Crux und Gefahr der modernen Ratio gerade in ihrem sozusagen „heißen" Aspekt sieht, gerade in ihrem Utopismus, in ihrem imperativen und imperialen Bestreben, den Menschen und seine Vernunft mit sich selbst, mit seiner Wahrheit, mit seinen eigenen Grundlagen zu vereinen. Dann nämlich tut man doch gut daran, nicht auch noch *selbst* eine solche Grundlage zu behaupten! Kurz und gut, Foucaults Theorien erschienen mir in jeder Hinsicht konsequent und fruchtbar.

Doch so zufrieden kann man nicht lange sein. Wie nicht anders zu erwarten, erschien die Empirie, die Welt, das Phänomen auf dem Schauplatz und machte meiner „Identität" mit der Foucaultschen Theorie ein Ende. Seit den 80er Jahren sind die anti-rassistischen Bewegungen und die wissenschaftliche Rassismus-Diskussion mit einer bestimmten, höchst aktuellen, modernisierten, ja postmodernen Form der Fremdenfeindlichkeit konfrontiert: mit dem Neo-Rassismus. Wie immer er genannt wird: differentialistischer Rassismus, kultureller Rassismus, Rassismus ohne Rassen – sein Kennzeichen ist, dass er die Menschen nicht mehr in biologisch Höher- bzw. Minderwertige einteilt, sondern in verschiedene Kulturen, die sich gerade aufgrund ihres je eigenen irreduziblen Werts nicht über Gebühr vermischen dürften.[7]

Diese neo-rassistische Variante bleibt Abwehr des Fremden, denn politisch entpuppt sich „Nicht-Vermischung" als Programm gegen „ungeregelte Einwanderung", für Ghettoisierung und Stigmatisierung von Abweichung im gesellschaftlichen Inneren. Doch sind die diskursiven Veränderungen im Vergleich zu dem, was noch Foucault als moderne Fremdenabwehr galt, sehr deutlich. Dieser Neo-Rassismus ist nicht (zumindest nicht in erster Linie) biologistisch-medizinistisch, sondern kulturalistisch. Er reklamiert auch nicht für sich, objektive Wahrheit über den Menschen zu verkünden oder auch nur zu suchen. Im

---

[7] Vgl. aus der langen Reihe der Texte, die sich mit dem neuen Rassismus beschäftigen, wieder die „Klassiker": Balibar (1990) und Taguieff (1992).

Gegenteil, seine Rede ist in gewissem Sinn „leer" oder „dünn" geworden: Kaum findet man in ihr noch ein konkretes Chakteristikum der eigenen oder fremden Kultur, die er da anruft; sein Metier ist nicht die inhaltliche Bestimmung seiner Objekte, sondern die rein relationale Aussage. Ja, schließlich trifft man gar auf eine Art offenen Subjektivismus, der geradezu stolz auf das konstruierte Moment, auf das Selbstgemachte seines Diskurses verweist. Man wisse doch, „daß das Ding an sich dem Verstand und der Wahrnehmung gleichermaßen unzugänglich" sei, dass es aber für beide genüge, „wenn sie sich als die *Gegebenheiten* eines Subjektes aufbauen" könnten, „daß man, gerade *weil* die reine Wahrheit *unentscheidbar*" sei, „mehr denn je ‚heroisch' *schaffen, aufbauen und gestalten*" müsse (de Benoist 1985: 32, Herv.i.O.). Und so sei eben auch die eigene Kultur allein dadurch definiert, dass man selbst sie definiere: „Unterscheiden zu können, zwischen ‚Wir' und ‚Die', das macht ‚kulturelle Identität' aus." (Bauer 1991: 138)

Wie sollte man mit Foucaults Begriffen *diese* neue Form des Phänomens analysieren können? Ist nicht das Konzept der Bio-Macht machtlos gegenüber Diskursen, in denen sich das „Bio" zugunsten der „Kultur" zurückzieht? Und ist nicht der Standpunkt des offenen Subjektivismus und Konstruktivismus, den der neue Rassismus vertritt, der genaue Gegenpart zum humanwissenschaftlichen Objektivismus, d.h. zu jenem identitären Denken, das Foucault vor Augen hat? Ja mehr noch: Subjektivismus und Konstruktivismus sind doch sogar die Säulen, auf denen Foucaults eigener Standpunkt aufruht. Es ist der Standpunkt, den ich gerade noch als so konsequent hervorgehoben habe und den Foucault einnimmt, um gegen die Wahrheitsdiskurse theoretisieren zu können! Es ist in der Tat so, als ob die reaktionäre Seite der Postmoderne – für die der Neo-Rassismus ein gutes Beispiel, ein typischer Ausdruck ist – ihre progressiven Vertreter „epistemologisch" eingeholt hat. Jedenfalls war an diesem Punkt meiner Analyse der modernen Fremdenfeindlichkeit mein betontes „nicht"' fällig: „Wer, welches Werkzeug ist hier anzusetzen? – Alles, bloß nicht Foucault!"

Doch welches dann? Meine Antwort lautete: Die Kritischen Theoretiker Max Horkheimer und Theodor W. Adorno und ihre These von der Dialektik der Aufklärung.

Nicht, dass Horkheimer und Adorno sich in ihrem berühmten gleichnamigen Buch (Horkheimer/Adorno 1971) bereits *selbst* einem kulturalistischen Neo-Rassismus gegenüber sehen; vielmehr analysieren sie dort bevorzugt den Positivismus – den „Mythos dessen, was der Fall ist" (Horkheimer/Adorno 1971: IX) – als den Prototyp moderner Rationalität. Doch die Art, *wie* sie diesen Positivismus beschreiben, war das Interessante. Im Vergleich zu den vormodernen religiösen Systemen erscheint der Positivismus ihnen nämlich als bereits sehr „dünne" Ideologie. Sie sehen in ihm einen selbsternannten „Triumph subjektiver Rationalität" (Horkheimer/Adorno 1971: 27), der keine höhere Ordnung mehr, *nichts* mehr akzeptiert als die bloßen Fakten. Und just der Biologismus und Sozialdarwinismus gelten ihnen als Paradebeispiele eines solchen Positivismus: Der moderne Verstand erkennt nur noch ein einziges verpflichtendes Gesetz an, und das ist „das des Stärkeren", da „es den Vorzug der Tatsächlichkeit gegenüber der verlogenen Ideologie" genießt (Horkheimer/Adorno 1971: 90). Mit anderen Worten: Die biologistische Ideologie, dass das Starke und Gesunde sich durchsetzen und das Schwache, Kranke, Alte und Fremde untergehen wird, ist nichts Anderes als die bloße diskursive Verdopplung dessen, was in einer herrschaftlichen Gesellschaft tatsächlich *geschieht*. Der Traum aller Erkenntnis, „die Gleichung von Geist und Welt geht am Ende auf" (Horkheimer/Adorno 1971: 27) – auf höchst ungute Weise: Die Ideologie will nicht mehr „mehr" ausdrücken als die Fakten, sie wiederholt nur noch die Welt und geht keinen Deut mehr über sie hinaus; sie ist deckungsgleich, immanent, identisch mit ihr geworden.

Diese Aussage Horkheimers und Adornos musste man nur noch zuspitzen, um sie für die Analyse des Kulturalismus nutzbar zu machen. Wenn ihnen schon der *Positivismus*, die ideologische Wiederholung des Faktischen, als immanent erscheint, dann muss man sagen: Nichts gegen den Neo-Rassismus! *Der* nämlich – Kultur als „Gegebenheit des Subjekts" ist ja sein Credo – ist *noch* immanenter; er wiederholt ideologisch nicht mehr nur noch die Welt, sondern schon nur noch seine eigenen Konstruktionen, sein Geist sieht in der Welt nicht mehr nur nicht „mehr" als diese, sondern schon nicht mehr „mehr" als sich selbst. Kurz gefasst: Nach der Geist-Welt-Gleiche des sozialdarwinistischen Biologismus herrscht nun, im neuen Rassismus, die Geist-*Geist*-Gleiche.

Man sieht sofort, was dieser analytische Wechsel zu den Werkzeugen der Kritischen Theoretiker bedeutete. Der Neo-Rassismus liegt jenseits dessen, was mit Foucaults Begriffen der Moderne zu erfassen ist, doch aus der Perspektive der „Dialektik der Aufklärung" kann er als *Verlängerung* der Moderne erkannt werden. Er kann sozusagen als überspitzter Positivismus erscheinen; und dies, obgleich beide Rationalitäten – der Neo-Rassismus mit seiner Konzentration aufs Subjekt und der Positivismus mit seiner Rede von den Fakten – „äußerlich" das genaue Gegenteil sind. Wo für Foucault das Ende der theoretischen Fahnenstange erreicht ist, nämlich angesichts entobjektivierter, „dünner", in gewisser Weise schweigsamer Diskurse, da ist die „Dialektik der Aufklärung" in ihrem Element!

Doch warum eigentlich? Die Antwort ist einfach und schwierig zugleich: Horkheimer und Adorno können schweigsame Diskurse analysieren, weil sie eine Theorie des *Verschweigens* haben. „Die reine Immanenz des Positivismus ist nichts anderes als ein gleichsam universales Tabu." (Horkheimer/Adorno 1971: 18) Einfach ist diese Antwort, denn es ist in der Tat nur logisch: Wenn die analytische Verbindung zwischen Diskursen nicht über das herzustellen ist, was sie *sagen* – über das „Äußerliche", wie mein Alltagswort dafür lautete –, dann eben über das, was sie *nicht* sagen, über ihr Tabu, über das, was sie verschweigen, über ihren „inneren", verdrängten Sinn, über ihre Wahrheit, die in ihnen selbst verleugnet wird. Doch sofort wird angesichts meiner Formulierungen deutlich, was das Schwierige an der Antwort ist: „Innerer Sinn, verdeckte Wahrheit"? Das sind doch genau jene Begriffe und damit analytischen Positionen, die Foucault unter allen Umständen vermeiden möchte – und vollkommen zu Recht, da diese Vermeidung unlösbar und absolut konsequent mit seiner Kritik der modernen Sehnsucht nach Identität verbunden ist. Kann man also, anders gesagt, die postmodernen, subjektivistischen, kulturalistischen, neo-rassistischen Diskurse nur um den Preis analysieren, dass man hinter Foucaults Identitätskritik zurückfällt?

Es sieht zunächst danach aus. Oft wird die „Dialektik der Aufklärung" als eine mehr oder weniger offene Naturromantik vorgestellt.[8] Auf die Frage, welches ‚Material' denn in den herrschaftlichen Verhältnissen im Allgemeinen und im Positivismus im Besonderen mit einem Tabu belegt, verkannt und verdrängt wird, antworten die Interpreten und Interpretinnen der „Dialektik der Aufklärung": „Das ist die Natur!" Und was könnte Foucaults Anliegen wohl mehr untergraben als eine These von der „verdrängten Natur"?

Doch weit gefehlt. Nicht die *Natur* ist jene verkannte Wahrheit des Menschen, auf die sich Horkheimer und Adorno positiv beziehen, sondern das *widersprüchliche Verhältnis* des Menschen zu ihr. „Der herrschenden Praxis und ihren unentrinnbaren Alternativen ist nicht die Natur gefährlich, mit der sie vielmehr zusammenfällt, sondern daß Natur erinnert wird."(Horkheimer/Adorno 1971: 227) Nicht von ungefähr ist an dieser Stelle explizit von der „Erinnerung" die Rede, denn sie – jener merkwürdige Zustand, in dem etwas da und doch nicht da ist, präsent und doch entfernt – drückt präzise die Konstellation aus, auf die es den Kritischen Theoretikern hier ankommt: Der Mensch ist das Wesen, das in einer Art *double bind* zur Natur lebt. Und dieser double bind ist schärfer zu fassen als eine vergleichsweise schlappe, konturlose Ambivalenz. Der Mensch ist zugleich abhängig, den Bedingungen der Natur unterworfen, *und* unabhängig,

---

[8] Wieder ist hier Habermas' Interpretation exemplarisch zu nennen (sein Werk ist offensichtlich das eines Viel-, aber auch eines Vielfalschverstehers). Vgl. etwa folgendes Zitat: „Im Gesang der Sirenen lockt eine amorphe Natur den Menschen zur unvermittelten Rückkehr, bietet ihm ein Entrinnen aus der Zivilisation an, die Erleichterung, sich seiner Identität zu entledigen. Gelegentlich will es scheinen, als ob Adorno selbst diesem Gesang erliege." (Habermas 1971: 182). Doch Habermas' Auseinandersetzung mit seinen intellektuellen „Vätern" ist, auch wenn ich ihr nicht zustimmen kann, sehr fesselnd. Bis zur Langweiligkeit grobschlächtig dagegen wirkt Sibylle Tönnies' Missverständnis über den angeblichen „Atavismus" in der „Dialektik der Aufklärung" (Tönnies 1996).

indem er sich ihrem direkten Zugriff und Kommando entziehen kann. Er ist souverän gegenüber der Natur *und* ihr als endliches Wesen unterworfen. Er kann Entscheidungen treffen *und* sie können die falschen sein. Es ist ein nicht zu kittender Riss, eine schmerzende und aufregende Gleichzeitigkeit des Gegensatzes, es ist ein veritabler Widerspruch, und *er* ist es, der in der herrschaftlichen Gesellschaft verleugnet wird.

In *jeder* historischen Form herrschaftlicher Gesellschaft wird der Widerspruch des Menschen verleugnet, so führen Horkheimer und Adorno ihre These weiter, *besonders* aber in der modernen, positivistischen. Die moderne Ratio der Faktizität nannte sich selbst den „Triumph subjektiver Rationalität", doch das ist sie eben nicht. Sie ist *kein* Triumph, sondern ein besonders ängstliches, besonders stark den Widerspruch verdrängendes Denken. Denn anders als in den alten veritablen Glaubenssystemen und transzendenten Ideologiegebäuden – die die empirische Welt ausdrücken und gleichzeitig auch ‚mehr' sein wollten als sie, die also selbst ein widersprüchliches Verhältnis etablierten und damit ungewollt an den ursprünglichen Widerspruch des Menschen anknüpften –, anders also als in diesen „vermittelten"' Überbauten ist in der ideologischen *Immanenz*, in der eine totale Geist-Welt-Gleiche herrscht, auch noch die *kleinste* Erinnerungsspur an den double bind, an das versetzte, vermittelte Wesen des Menschen ausgemerzt.

Der Mensch ist also „Widerspruch", „Inkongruenz", „Nicht-Identität". Horkheimer und Adorno haben eine Wahrheit, vielmehr die *einzige* Wahrheit über den Menschen zu bieten, die mit Foucaults Identitätskritik zu vereinen ist. *Ihre* Perspektive auf die Endlichkeit und die Souveränität – dass der Mensch inmitten seiner beiden Seiten lebt und keine von ihnen dauerhaft loswerden *kann*, dass es für ihn keine stabile Grundlage *gibt*, dass er keine Wahrheit *hat* – ist die einzige, die nicht in den von Foucault beschriebenen Imperativ hineingezogen wird, sondern diesen sogar als sinnlos entlarvt. Mit der These von der „Dialektik der Aufklärung" wird Foucaults Kritik der Identität nicht etwa untergraben; sie lässt sich vielmehr mit dieser These fortführen. Indem in Horkheimers und A- dornos Denken diese Kritik so völlig „unfoucaultsch", nämlich als das Benennen einer verdrängten, verschwiegenen Wahrheit formuliert ist, kann man mit ihm gerade *sie* –kann man gerade *Foucault* – auch auf jene postmodernen, „dünnen" Rationalitäten anwenden, die für Foucault *selbst* außer analytischer Reichweite sind. Kurz und dialektisch: Um Foucaults identitätskritische These weiterzuführen, muss man an diesem einen zentralen Punkt – an dem der menschlichen Nicht-Identität – seine Methodik der Wahrheitsvermeidung durchbrechen, die doch gerade im strikten Dienst seiner These entstanden ist. Auch ich bin offenbar, über den Umweg der „Dialektik der Aufklärung", in den Hafen des „Foucault – warum nicht?" eingelaufen und beginne, nach aller Fiebrigkeit, seine Werkzeuge gelassen als die eines Klassikers zu betrachten. Nur, dass Foucault in meiner Arbeit auf merkwürdige Art zum Klassiker geworden ist – geradezu auf „umgekehrte" Art: Üblicherweise überlebt die Methodik eines klassischen Werks seine konkreten, inhaltlichen, „materialen" Thesen; aus Foucaults Werk dagegen verstetigt sich die materiale Grundidee der Identitätskritik, indem man von seiner Methodik ablässt.

Welches sind die Perspektiven, die sich aus einer solchen „foucaultschhorkheimeradornoschen" Analyse postmoderner Fremdenfeindlichkeit ergeben? Welches sind insbesondere die politischen Perspektiven?

Zunächst eine einfache Perspektive: Wenn schon der Positivismus, die Geist-Welt-Gleiche, als besonders ängstliches, besonders stark den Widerspruch verdrängendes Denken erschien – wie ängstlich muss es dann erst im Inneren der neo-rassistischen Rationalität aussehen, die doch als Überspitzung des Positivismus, als Geist-Geist-Gleiche, als immanenteste Immanenz zu erkennen war. Neo-Rassisten – das wären dann die wahren „Jammerlappen" vor der Nicht-Identität des Menschen! Es mag im täglichen politischen Geschäft ganz günstig sein, hinter den „heroisch" offen subjektivistischen, angeblich so illusionslosen Selbstbeschreibungen postmoderner Ideologien die inkarnierte Furcht zu entdecken (die sich das Allgemeine vor allem deswegen wegdenkt, um mit ihm auch die Einsamkeit des Subjekts wegdenken zu können, die sich im Vergleich mit diesem Allgemeinen immer ergibt).

Doch interessanter noch ist es, eine zweite Perspektive zu entwickeln, in der Horkheimers und Adornos Begriff der Verdrängung aufgenommen, jedoch kreativer und lockerer gehandhabt wird als in der „Dialektik der Aufklärung" selbst. Man kann, konkreter gesprochen, die Abwehr des Fremden nicht nur als „reines Tabu", sondern vielmehr als *Arrangement* definieren, dessen (fauler) Trick darin besteht, die beiden Seiten des Menschen so zu verwandeln, dass sie nicht mehr als unlösbarer Widerspruch erscheinen, sondern als die Aspekte *einer* einzigen Handlungsanweisung zum – vermeintlichen – Glück. Abhängigkeit und Sinnlichkeit, d.h. die Tatsache, dass der Mensch nicht ohne Umgebung existiert, modelt sich das identitäre Bewusstsein um in die gehorsame Teilhabe an einem „Ganzen"; und die Fähigkeit des Menschen, sich über die Bedingungen zu erheben, hat in diesem Arrangement die Form des Hochmuts und der Abwehr gegen alles angenommen, was dieses Ganze stört. So ziehen in der Tat die Endlichkeit und die Souveränität an einem Strang, und das, was das Wesen dieser menschlichen Doppeleigenschaft ausmacht – ihre aufregende und schmerzhafte Nicht-Identität – ist bis zur Unkenntlichkeit „wegarrangiert".

Das wäre eine sehr allgemeine, quasi transepochale Definition, doch mithilfe der These von der zunehmenden Immanenz lässt sich aus ihr auch eine historische Reihe der Fremdenfeindlichkeiten formulieren. Es ist nämlich dieses vom identitären Denken beschworene Ganze, das sich durch die Zeiten hindurch verändert: War es in vormodern-religiösen Zeiten die gültige, göttliche Ordnung (die gegen den Bösen und Sündigen verteidigt wurde), so in der Moderne die aufstrebende Bewegung der Materie (aus der das Kranke ausgeschieden werden musste). Wo die Identität des Menschen mit sich selbst vormals den Weg über den Himmel nehmen musste, da musste sie in der Moderne, immanenter, nur noch den über eine irdische, geschichtliche Teleologie gehen. Jetzt aber, in der *Post*moderne, muss sie *gar* keinen Umweg mehr nehmen. Die Identität des Menschen mit sich selbst ist jetzt direkt, unvermittelt, gänzlich immanent geworden, das Ganze – eben wie die „Kultur" der Neo-Rassisten – wird *völlig* ohne objektives Kriterium, und das heißt: als einfache Verdopplung des Subjekts konstruiert; das Ganze, das das Subjekt umgibt, ist nicht mehr „mehr" als es selbst, es ist nichts weiter als ihm ähnlich. Es ist seine künstliche Verlängerung, das geklonte Subjekt in Überdimension. Und so kommt es, dass die postmoderne Abwehr des Fremden aggressiv bleibt, aber mit äußerst „*dünnen*" Beschreibungen ihres Objekts einhergeht: Ein Ganzes, das nicht mehr, aber auch nicht weniger sein soll als der Klon seiner Teile, produziert automatisch das Fremde als seine äußere Begrenzung, doch muss andererseits dieses Fremde nur „da" und darüber hinaus gar nichts sein – nicht erst „böse" oder „krank" – um als störend zu erscheinen. Die Leere des Neo-Rassismus wäre demnach ein Hinweis darauf, dass die identitären Rationalitäten in ein neues Zeitalter eingetreten sind: von der Formation der Gültigkeit über die der Geschichtlichkeit zu einer der Künstlichkeit.

Politisch ist diese Perspektive, da sie uns anzeigt, wo wir sozusagen „gerade dran sind", wie unser Kampffeld definiert ist.[9] In der Tradition der vorangegangenen linken, demokratischen, aufgeklärten sozialen Kämpfe sollten wir versuchen, die Prinzipien der identitären Rationalität umzudrehen, zu besetzen, für uns zu benutzen. So nämlich machten es die frühen Aufklärer, als sie der autoritären, gesetzten Gültigkeit eine *andere* Gültigkeit entgegensetzten: die der empirischen Erkenntnis, die die Gehorsam fordernde Autorität zersetzte. So machten es auch die späteren kritischen Modernen und Kritiker der Moderne, als sie einer evolutionistischen Geschichtlichkeit, die nur dem Starken eine Zukunft versprach, *ihre* Geschichtlichkeit entgegenhielten: die der politischen Genealogien, die die angeblich natürliche Stärke der Starken dekonstruierte. Das hieße, dass es nun an uns wäre, die *Künstlichkeit* zu erobern. Im Neo-Rassismus ist sie ein Synonym für Abschottung: Selbstherrlich werden die Kollektive kraft heroischer

---

[9] Das „wir" hier soll keinen und keine vereinnahmen. Doch fällt es mir schwer, über politische Auseinandersetzungen zu sprechen, ohne das Moment des Kollektiven zu berücksichtigen.

Subjektivität erschaffen, doch was dabei herauskommt, ist die Beschränktheit in Reinform, denn sie erlaubt sich nur das Ähnliche. *Unsere* Künstlichkeit wäre genau andersherum gelagert: *Wir* würden sagen, dass die Vielfalt der Lebensweisen, denen man folgen kann, prinzipiell unbegrenzt ist, dass es aber bestimmter Dinge und Möglichkeiten bedarf, um sie zu erfinden und ausprobieren zu können – dass man materielle Ressourcen, Chancen, Sicherheit und nicht zuletzt den Fremden braucht, der uns das ‚lebendige Material' der Kreativität liefern kann. In *unserer* – gleichzeitig unbegrenzten und bedürftigen – Künstlichkeit wäre der souverän-abhängige, widersprüchliche Mensch sehr gut aufgehoben.

Zurück zum Anfang: zum Motto der Überlegungen. Man könnte sagen, dass es für die Stärke des Klassikers Foucault spricht, wenn er seine eigene Methodik überdauert – und es würde stimmen. Man könnte aber auch sagen, dass es für die Stärke der Welt, der zu analysierenden Probleme, für die Übermacht der Phänomene über die Theorie spricht, wenn sie diese Theorie auch dort zur Veränderung zwingen, wo sie immer noch Recht hat. Dieser zweite Satz, Kern einer untreuen Treue zu Foucault, ist zu *meinem* Motto im postmodernen Umgang mit Foucaults Werkzeugkisten geworden – und ich hoffe, dass ich mich mit ihm schließlich doch noch als von der gleichen handwerklichen Haltung bestimmt erwiesen habe wie das gelassene „Foucault – warum nicht?" es immer schon war.

Literatur

Anthias, Floya/Yuval-Davis, Nira (unter Mitarbeit von *Cain, Harriet*), 1992: Racialized Boundaries. Race, Nation, Gender, Colour and Class and the Anti-Racist Struggle. London, New York.

Balibar, Etienne, 1990: Gibt es einen ‚Neo-Rassismus'?, in: *Ders./Wallerstein, Immanuel,* Rasse Klasse Nation. Ambivalente Identitäten. Hamburg, Berlin, 23-38.

Balibar, Etienne/Wallerstein, Immanuel, 1990: Rasse Klasse Nation. Ambivalente Identitäten. Hamburg, Berlin.

Bauer, Marcus, 1991: Vielfalt gestalten. Rechte Perspektiven zum Projekt ‚multikulturelle Gesellschaft', in: *Ulbrich, Stefan* (Hrsg.), Multikultopia. Gedanken zur multikulturellen Gesellschaft. Vilsbiburg, 137-157.

Benoist, Alain de, 1985: Kulturrevolution von rechts. Gramsci und die Nouvelle Droite. Krefeld.

Deleuze, Gilles, 1992: Ein neuer Archivar, in: *Ders.*, Foucault. Frankfurt/M., 9-36.

Foucault, Michel, [1961] 1973: Wahnsinn und Gesellschaft. Eine Geschichte des Wahns im Zeitalter der Vernunft. Frankfurt/M.

Foucault, Michel, [1966] 1974: Die Ordnung der Dinge. Eine Archäologie der Humanwissenschaften. Frankfurt/M.

Foucault, Michel, [1975] 1977: Überwachen und Strafen. Die Geburt des Gefängnisses. Frankfurt/M.

Foucault, Michel, [1976] 1983: Der Wille zum Wissen. Sexualität und Wahrheit 1. Frankfurt/M.

Foucault, Michel, [1963] 1988: Die Geburt der Klinik. Eine Archäologie des ärztlichen Blicks. Frankfurt/M.

Foucault, Michel, [1976] 1999: In Verteidigung der Gesellschaft. Vorlesungen am Collège de France 1975-76. Frankfurt/M.

Fraser, Nancy, 1994: Widerspenstige Praktiken. Macht, Diskurs, Geschlecht. Frankfurt/M.

Habermas, Jürgen, 1971: Theodor W. Adorno. Ein philosophierender Intellektueller, in: *Ders.,* Philosophisch-politische Profile. Frankfurt/M., 176-184.

Habermas, Jürgen, 1985a: Der philosophische Diskurs der Moderne. Frankfurt/M.

Habermas, Jürgen, 1985b: Mit dem Pfeil ins Herz der Gegenwart. Zu Foucaults Vorlesung über Kants ‚Was ist Aufklärung‘, in: *Ders.,* Die neue Unübersichtlichkeit. Kleine Politische Schriften V. Frankfurt/M., 126-131.

Haraway, Donna, 1988: Von Affen und Müttern. Eine Allegorie für das Atomzeitalter, in: Das Argument. Zeitschrift für Philosophie und Sozialwissenschaften Nr. 172, 803-819.

Horkheimer, Max, [1939] 1988: Die Juden und Europa, in: *Ders.,* Gesammelte Schriften Bd. 4. Schriften 1936-1941 (hrsg. von Schmidt, Alfred). Frankfurt/M., 308-331.

Horkheimer, Max/Adorno, Theodor W., [1947] 1971: Dialektik der Aufklärung. Philosophische Fragmente. Frankfurt/M.

Jäger, Margret/Jäger, Siegfried (Hrsg.), 1991/1992: Aus der Mitte der Gesellschaft. Teil I-IV. DISS-Texte Nr. 20-23. Duisburg.

Magiros, Angelika, 2004: Kritik der Identität. ‚Bio-Macht‘ und ‚Dialektik der Aufklärung‘: Werkzeuge gegen Fremdenabwehr und (Neo-)Rassismus. Münster.

Magiros, Angelika, 2005: Identitäre Arrangements. Aufklärungskritik als Analyse der Fremdenfeindlichkeit, in: Forum der Wissenschaft Nr. 2/2005, 62-65.

Taguieff, Pierre-André, 1992: Die Metamorphosen des Rassismus und die Krise des Anti-Rassismus, in: *Bielefeld, Uli* (Hrsg.), Das Eigene und das Fremde. Neuer Rassismus in der Alten Welt? Hamburg, 221-268.

Tönnies, Sibylle, 1996: Die Feier des Konkreten. Linker Salonatavismus. Göttingen.

Wolf- Dieter Narr

Vom Foucault lernen – Erkennen heißt erfahren riskant experimentieren

Nackt sah ich uns alle.

(Aus Andersen, Des Kaisers neue Kleider[1]
und Nietzsche, Jenseits von Gut und Böse,[2]
zusammengezogenes Motto.)

Lernen ist nie auszuschöpfen. Diese Beobachtung gilt schon infolge der von Hannah Arendt hervorgehobenen Geburtlichkeit und Geschichtlichkeit menschlicher Gesellungen. Es findet als vorbewusst-bewusster Vorgang nur statt, Nietzsches Einsicht eingedenk, die er ironisch wider Descartes formulierte: sum ergo cogito. Wer sich nicht in immer neuer Anstrengung bewusst wird, in ihren/seinen sozialen Betten und Kissen liegend, in denen sie/er neu alt wird, wer um die Entstehungs- und Wirkungsbedingungen ihr/ihm wichtiger Lernerfahrungen anderer nicht weiß, wie sollte sie oder er aus mühsam erkämpfter Distanz *Eigenes* und *Anderes* neu verknüpfen können? Die *Materialität* allen Lernens zu begreifen gehört zur ersten Voraussetzung, lernen zu können und nicht nur Konventionen mimetisch zu habitualisieren. Emphatisch moderne (und auch modische) Wissenschaft ist darum mit höchst diversen Qualitäten innovationsgeil (*Centers of Excellence*). Sie ist indes in der Regel nicht lernfähig. Sie verstößt gegen geschwätzig verkehrte Reflexion.

Sum ergo cogito. Das breite materialistische Wissen um die Voraussetzungen und Funktionen des (eigenen und anderen) Wissens schließt veränderte Wahrnehmungen ein: wie des eigenen *Subjekts* so des erkennend und mit anderen Mitteln traktierten *Objekts*. Auf sie hat der Anthropologe und Psychoanalytiker Georges Devereux nachdrücklich aufmerksam gemacht. Nur, indem das angeblich souverän erkennende *ich* seiner eigenen Objektivität als subjectum

---

[1] „Aber er hat ja gar nichts an!" (Andersen [1927] 2006: 117).
[2] „ ,Das habe ich gethan' sagt mein Gedächtniss. Das kann ich nicht gethan haben – sagt mein Stolz und bleibt unerbittlich. Endlich – giebt das Gedächtniss nach." (Nietzsche [1886] 2002, Viertes Hauptstück, 68: 86).

bewusst wird, nur indem dieses vielstellig unterworfene Subjekt den determinie-renden Riesenrest außer sich selber, die Fülle der *Objekte* zugleich als eigenstän-dige (Quasi-)Subjekte begreift, kann es *Objektivität* in ihrer ungeheuerlichen Be-stimmungsmacht durchschauen. Es vermag außerdem, mit den jeweiligen *Objek-tivitäten*, dem in der Fülle diverser Qualitäten kaum ausmachbaren Anderen an sich selber, angemessener zu verfahren. Indem alle Sinne benutzt werden. Indem all das Andere nicht mit einem Begriffsfänger pauschal gehascht und/oder wie mit einer Begriffsklatsche totgeschlagen wird. Siehe aufherrschte, herrschaftsvol-le, Anderes übermächtigende Erkenntnisillusion! Um all das Andere, unvermeid-lich meist zeittypisch ausgewählt, nicht zuletzt in seinen sich ins *Eigene* erstre-ckenden Geltungen, seinen Kontinuitäten und Brüchen auszumachen, ist mög-lichst immanentes Verfahren geboten, das sich auf das schreckend faszinierend unverständliche Andere einlässt. Hierzu bietet sich genealogisch rückwärtiges Aufdröseln an. Dieses darf nicht zu schmal als prospektive oder retrospektive Geschichtsbetrachtung angelegt sein (sei es römisch: ab urbe condita der Als-Ob-Evolution bis zur Gegenwart nach; sei´s von hier und heute, dem global auszwei-genden Banyantree der Gegenwart zurück bis zu den auf dieses Heute angeblich zuführenden historischen Ausgangsbedingungen).

Lernen wie Fragen wie Philosophieren hebt damit an, dass man sich wun-dert und/oder über Probleme stolpert wie Jean Paul Sartre einst im Jardin de Luxembourg über eine Wurzel, ein *Ding an sich*. Erst wenn dieses verwunderlich problematische Ding/Andere irgendwie unmittelbar/mittelbar affiziert, wenn man es ein Stückweit zum Eigenen machen kann, hebt Lernen auch als ein Stück *Wiedererkennen* an. Das ist der tiefere, geradezu antiautoritäre Sinn der platoni-schen Lehre von der Anamnesis. An der Hebammenkunst des Sokrates hat er sie exemplifiziert. Man muss und kann nicht die platonisch ontologische Wahrheits-lehre der eingeborenen Ideen und der den Philosophen wenigstens zugänglichen Sphäre wahren, schattenlosen Lichts übernehmen. In der „milieu"-wissenschaftlich interpretierten Lehre der Erkenntnis als Akt des Wiedererken-nens oder des schon *an sich* vorhandenen Wissens, das nur maijeutisch herausge-holt werden muss, sind dennoch Lichtflecken der Einsicht ins Lernvermögen zu beobachten.

In Sachen Michel Foucault funktioniert bei mir das, was ich eingangs über Subjekt/Objekt als verstehend missverstehendes Lernkarussell angetippt habe, ebenso wie die Beobachtungen zum anamnetischen Prozess. Foucault, eine halbe Generation älter als ich, in verschiedenem französischen und trotz aller Über-schneidungen zeitgeschichtlichem Kontext aufgewachsen, Foucault, lange vor meinen Runzelringen des Alters gestorben, hat mich mit seinen Wahnsinns- und dann vor allem seinen Gefängnisarbeiten genealogisch diskursiv und nicht zuletzt seinem geradezu panoptischen Machtbegriff, sobald deutsche Übersetzungen vorlagen (mein eigenes Französisch ist bei weitem zu marginal), auch als *öffentlicher Intellektueller* aus der Distanz fasziniert. Ich habe mich jedoch nie „frontal" mit ihm befasst. Als früher „Links"-Weberianer einer Generation, die jedenfalls zu einem Teil nationalstaatliche Orientierung passiv und aktiv ausgebrannt hatte (und, soweit es mich betrifft, nur im Sinne einer historischen Größe und analytisch kritisch etwas damit anzufangen weiß), als einer, der erst in seinen späten zwanziger und frühen dreißiger Jahren Marx vom schon selbst gefertigten schwanken Boden Kritischer Theorie aus umfänglicher rezipierte, habe ich Michel Foucaults Nachfahrungen ausgegrenzter Normalitäten sympathisch zur Kenntnis genommen. Kritik regte sich bei mir dort, wo er mir in seinem Verfahren, metaphorisch archäologisch angelegt, zuweilen dem Worthof zu entsprechen schien, den Hegel angeblich in seiner Aussprache des ihm zeitgenössischen Theologen Schleiermacher vermittelte: S c h l e i e r macher. Meine geradezu bis zur eigenen Idiotisierung antimodische Sozialisation und deren habituelle Folgen kamen hinzu. Erst die von Brigitte Kerchner, Silke Schneider und anderen organisierte Tagung zum *Gebrauchswert* von Foucaults Diskursanalyse (soweit sie schreiben, sind sie in diesem Band versammelt): „Endlich Ordnung in der Werkzeugkiste"(!, mein Ausrufezeichen) war mir willkommener Anlass, mich intensiver mit Michel Foucaults Werk, der Fülle seiner Einsichten, seinen eigenartigen Begriffen, seiner Detektivgeschichte der Diskursformen und ihren „Wahrheits-wie Machtfunktionen" auseinander zu setzen.

Das, was ich hier als deren Teilresultat vorlege, stimmt nicht mit der Fülle meiner Foucaultgesichte überein. Solche sind erheblich durch die neuerdings zugänglichen Vorlesungsskripte nicht zuletzt zur „Gouvernementalität" stimuliert worden (Foucault [1977-79] 2004; vgl. vor allem Ulrich Bröckling u.a. 2000). Hätte ich Zeit und Platz, versuchte ich, das, was ich von Foucault im Laufe seiner kontinuierlichen, mit kleinen Bruchlinien versehenen Werkgeschichte wahrgenommen habe und was mir einleuchtet, in Richtung einer Analyse der je nach Politikbegriff verschwindenden – so meine Lesart – oder expandierenden globalisierten *Politik* aufzuheben – so eine, von mir geteilte, aber unzureichende macht- und herrschaftskritische Lesart. Das heißt: ich versuchte die Einsichten, die in seiner Werkgeschichte stecken, Foucault-archäologisch, dort anzueignen, wo ich die Sequenz der Formen von Gouvernementalität (Foucault entschuldigt sich an geeigneter Stelle für den „barbarischen" Ausdruck) seit der absolutistischen Souveränität bis zu den Sicherheitsdispositiven sehr erhellend finde. Ich ginge jedoch zugleich darauf aus, Foucaults material fundierte Funde vor allem „ökonomisch" (nie nur neoklassisch abgehungert) zu ergänzen und sie insoweit zu verändern, als ich die Basis der Kritik hervorhöbe, möglichst ohne sie zum Kanon zu erheben (davor kann Foucault trefflich schützen). Da solcher Zeitplatz nicht gegeben ist, beschränke ich mich darauf, thesenförmig – eher im Sinne des verdichteten Ausdrucks als klarer und eindeutiger Behauptungen – einige der Merkmale des Foucaultschen Werkes zu pointieren, die ich am liebsten wie mir selbst so den Lesenden lernstimulierend weitergäbe. Ich verfahre deshalb weitgehend *positiv*. Sprich, ich setze mich nicht mit Foucault auseinander. Ich vermeide dies auch dort, wo er mir kaum vermeidlich zu zeitgebunden argumentiert (etwa in den meisten Partien seiner sehr lückenreichen Auseinandersetzung mit Marx und dem uns gemeinsam abholden Marxismus. Foucault ist in dieser Auseinandersetzung, sehe ich es recht, vor allem durch seine negativen Erfahrungen mit der KPF und ihren intellektuellen Packeseln bestimmt worden. Eine gewichtige und zweischneidige Folge dieser negativen Fixierung über lange Zeit könnte in seiner beachtenden Nichtbeachtung ökonomischer Strukturen und Funktionen und deren gesamtgesellschaftlicher Penetranz gesichtet werden – unbeschadet seinem wichtigen Nachvollzug neoliberaler Diskurse im II. Band der Gouvernementalität und anderwärts). Ich unterlasse es gleichfalls, im einzelnen über die Beiträge dieses Bandes und die dort beispielhaft praktizierten Grade und Grenzen der Diskursanalyse zu sprechen. Ich verzichte jedoch nicht nur deswegen darauf, weil ich am Ende nicht als besserwissender Rezensent auftreten möchte. Ich verzichte auf eine kritische Summe vielmehr, weil sich in diesem Band eine erkleckliche Zahl von Aufsätzen findet, die belegen, wie trefflich in der Sache mit der Diskursanalyse verfahren werden kann. Sie hat Foucault nicht zuletzt in seiner „Archäologie" (Foucault [1969] 1981) eher methodisch abstrakt vorgeführt, ansonsten vom „Wahnsinn" an praktiziert (s. weit über ihren verdichteten Aufsatz im Band hinaus Petra Gehring 2006). Dieses hohe Qualitätsurteil gilt, auch wenn einem emphatischen „Institutionalisten" Weberscher Provenienz wie mir (einem „Formfanatiker") eine Reihe von verdinglichten – das heißt u.a. institutionalisierten – Prozeduren, Formen und Habitus fehlt bis hin zum alles durchströmenden Fluss des panstrategisch und panfunktional gewordenen Kapitalismus in der Varietät seiner partiell noch nationalstaatlich gestauten Formen. Den Ausschlag aber gibt: solche Vertiefungen der diskursanalytisch einbezogenen Sachverhalte – der *faits sociaux* – und solche Weitungen bis zur globalen Konkurrenz und ihrer Verinnerlichung beispielsweise in Sachen Biopolitik, Gentechnik und Sicherheitspolitik sind nicht *gegen* Foucaultsche Konzepte, nie Rezepte, sondern mit ihnen zu vollziehen.

1 Erfahrung und Erkenntnis

Meines Wissen hat sich Foucault explizit nur in diversen Diskussionen dazu geäußert (s. überaus lesenswert Foucault [1978] 1996). Was von seinem Leben bekannt ist, was er selbst ausgedrückt hat, wenngleich es in seinen *versachlichten* Werken nur indirekt vorkommt – auch weil Foucault aus Gründen, die noch zu berühren sind, ein eigenartiges Rumpelstilzchen gespielt hat -, ist m. E. jedoch von zentraler Bedeutung. Wer immer die variantenreich überall begegnende Mikrophysik der Macht aufspüren möchte, wer ihre Zusammenhänge, ihr nicht scheidbares Ineinander mit makrophysischen Machtdynamiken zu erkunden ausgeht, der muss sich mikrophysisch mit eigenem Risiko in ganzer Person einlassen. Wann und wie immer die Leidenschaft zur Sache erwacht ist, als eine *akademische* im abwertenden Sinne des Wortes kann sie nicht gedeihen. Erfahrung im Sinne des eigenen Mit- und Nachfahrens in einem sachgemäß wörtlichen Sinne ist die Bedingung, ohne die soziale Tatsachen nicht von innen her entwickelnd verstanden werden können. Wie der Wortgeber Nietzsche von seiner „Geburt der Tragödie aus dem Geist der Musik" an am besten belegt, gilt diese Beobachtung auch und gerade dort, wo genealogische Untersuchungen, worauf Foucault in der Regel Wert gelegt hat, im zeitlichen Abstand erfolgen sollten. Dann ist die erkenntnisbedingende Distanz möglich. Die Hand vor dem eigenen Auge verdunkelt dieses nur. Foucaults riesiger Erstling „Wahnsinn und Gesellschaft" demonstriert den nötigen Erfahrungshintergrund und das Erfordernis, an allen Ecken und Enden sich – auch historisch – fahrend einzulassen und auszusetzen. Diese Beobachtung gilt, obwohl sich Foucault bekanntlich mit der Gegenwart nicht direkt befasst, sondern ein gutes Jahrhundert vor ihr einhält. Eigene Erfahrung als Motiv, Erfahrungssucht als erkenntniserpichte Leidenschaft und darin mitschwingendes Engagement, wie immer sich dieses aktuell äußere, schließen die schon mehrfach apostrophierte, gleichfalls erkenntnisbedingende Distanz nicht aus. Sie erfordern sie geradezu. So „marmorkühl" die Einsicht in historische Diskurse ausfallen mag und ausfallen sollte – weg von der Attitüde „moralischer Brüllaffen" (Nietzsche), die der (Selbst-)Erkenntnis schadet, aber bei professionellen Historiken so beliebt ist -, so sehr ist die Voraussetzung aller *objektiven* und historisch emphatischen Diskursanalyse, dass diejenigen, die sie unternehmen, von *innen* kommen. Dass sie in Sachen Wahnsinn begreifen und immer erneut differenziert verstehen, wie Gesellschaften in ihren historischen Folgen, indes nicht im Sinne eines evolutiven Fortschritts, Normalität und Anormalität trennend verbinden und das jeweils *Anormale* divers abzugrenzen, auszugrenzen und eventuell zu vernichten ausgehen. Verkürzt gesprochen: wer ob gegebener und historisch begegnender Normalitäten und ihren Ausgrenzungen –

in der BRD z.B. aktuell gerade in Form der *Integration* – nicht ab und an verrückt wird und erst verrückt *normal* ist, sollte jedenfalls von Themen à la „Wahnsinn und Gesellschaft" oder „Überwachen und Strafen" seine/ihre Erkenntnishände lassen.

Ich unterstreiche den Erfahrungsunter-, hinter- und durchdringenden Dauergrund aller Erkenntnis mit Foucaults Hilfe deshalb so stark, weil zum einen Foucaults bekannter und vielfach oberflächlich fassbarer *Antisubjektivismus* damit verwechselt zu werden droht, als beförderten seine Diskurs-, Dispositiv- und Gouvernementalitätsanalyse und seine, oft sehr komplexen methodischen Äußerungen den so genannten Schreibtischgelehrten oder die endlich mit an den Tisch gerückte Gelehrte. Zum anderen sind just die Sozialwissenschaften dabei zu verkennen, seitdem längst alle *bewegten* Zeiten *zivilisiert* verblichen sind, wie entscheidend im Unterschied zu distanzloser *Politikberatung* als *geheimer Staats- oder Kapitalrat* die eigene Erfahrung *mittendrin* ist. Sie wird analytisch unter anderem dadurch auf Distanz gehalten, dass genealogisch diskursanalytisch verfahren wird.

2 Der „erklärte Tod des Subjekts" um des Subjekts als eigener, sozial materiell begründeter Person willen

Dass Foucault den „tollen Menschen" in Nietzsches „Fröhlicher Wissenschaft" radikalisierend *Der Mensch ist tot* vertreten und in mehr oder minder distanzierender Weise kommentiert hat, ist ihm als *Antihumanismus* vorgeworfen worden. Sein *Objektivismus* wird, sehe ich recht, von nicht wenigen seiner ihm Anhängenden bis zum Missverständnis geteilt – Foucault als *Guru*, eine Figur, der er *einsam* zu entfliehen suchte, wäre einer eigenen, freilich eher nebensächlichen Untersuchung wert. Der erklärte oder eher implizit vollzogene *Tod des Subjekts* hat diverse Gründe und Facetten. Zum Teil tragen sie spezifisch zeitgenössische gallische Farben. Beherzigenswert scheinen mir vor allem drei Aspekte, die anders und ähnlich zugleich begründet werden könnten, kommt man aus der „Frankfurter Schule" (s. den insgesamt bemerkenswerten, um „Überwachen und Strafen" primär kreisenden Sammelband der „Kriminalsoziologischer Revue" 1978; dort Burger u.a.: 3 f.; s. außerdem Baier 1978)[3]. Zum einen distanzierte sich Foucault von allem *o-Mensch-Gerede*, dem historischen wie gegenwärtigen Missbrauch

---

[3] Da ich ansonsten auf die in der Zwischenzeit riesig angewachsene, von mir nur sehr sparsam gekannte Sekundärliteratur vollständig verzichte, führe ich beide Belege im Sinne einer Lessingschen „Rettung" an. Die „Kriminalsoziologische Bibliographie" gibt es nicht mehr; der mir etwas jüngere Lothar Baier, der *alles* über Frankreich wusste und mehr, ist vorzeitig gestorben.

emphatischer humanistischer Leerformeln. Solche tauchen heute vor allem rund um den Menschenrechtsjargon auf. Er wirkt angesichts herrschender Wirklichkeit und ihrer *Tendenz* zumeist wie ein strukturelles Oxymoron. Voraussetzungen und Folgen der Menschenrechte verharren stumm. Zum anderen nahm er, im soziologisch historischen Zusammenhang Frankreichs leichter einzusehen (von Emil Durkheim bis zur Annales-Schule), historisch wie gegenwärtig wahr, wie sehr ein Subjekt – metaphorisch in seinem *aufrechten Gang* verstanden – eine allemal prekäre, randständige Erscheinung darstellt, und dies inmitten der sich überschneidenden Disziplinierungsformen, Dispositive und ihrer diskursiven Ausdrücke. Gerade diese Einsicht machte Foucault, sehe ich es recht, praktisch unvermeidlich zum punktuellen Rebellen. Zum dritten hieß historisch gegenwärtige Suche nach Wirklichkeit und Wirksamkeit gerade nicht der *handlungstheoretischen* Täuschung erliegen, als machten Männer, Frauen und schließlich auch Wissenschaftler nicht nur *die*, sondern *ihre*, von ihnen erfundene und bestimmte Geschichte.

Methodisch haben alle drei Aspekte erhebliche Konsequenzen. Sie bestehen nicht darin, Milieus. Interessen, Taktiken und Strategien zu verkennen (alles von Foucault wohlbegründete Vokabeln). Indes: gerade, um sie nüchtern und Max-Weberisch gesprochen „wirklichkeitswissenschaftlich" wahrzunehmen, muss man das eigene Selbst nach des Historikers Ranke berühmten Worten „gleichsam auslöschen", mehr noch, man muss wissen, dass dieses nicht als wirkendes Licht brennt. Foucaults, übrigens durchgehend nachdrücklich historische Abstraktion vom Subjekt – und *historisch* meint allemal menschengemachte, nicht jedoch menschenbewusste, gar von einzelnen durchschaute und bestimmte Zusammenhänge – erreicht im Umkreis ebenso seines wie unseres Erkennens nur dort ihre Grenze, wo er zuweilen eine Art *voraussetzungslose* Form des diskursiven Nachvollzugs als möglich unterstellt. Zuweilen erweckt er den Anschein, dem er in seinen Interviews meist widerspricht, als könne man – mit welchen Qualitäten eine oder einer auch versehen sein mag -, vom eigenen Kontext, vom eigenen Interesse, von der eigenen „sociological imagination" (C.W. Mills) gänzlich absehen. Gerade Foucault und anders Adorno sind es, die unnaiv, also reflexiv dazu anregen und aufrufen, die sich verdichtenden Bedingungsgeflechte nicht passiv, gar sie „realpolitisch" adelnd hinzunehmen. Frei nach Bert Brecht: wer dort handlungstheoretisch/illusionär ruhig über die Straße geht, hat die Nachricht über die menschentümelnd hermetische Geschichte und ihre Gegenwart noch nicht empfangen (als Assoziationsbasis dient, fast hätte ich pädagogisch mit dürrem Zeigerfinger formuliert, hoffentlich allen bekannt, Brechts Gedicht „An die Nachgeborenen").

3   Wider die Identitätssucht

In einer streifenden Bemerkung habe ich oben Foucault eher kritisch ein Rumpelstilzchen genannt. Unter dem Stichwort *Identität* verändert sich mein Akzent.
Einer eigenen, zeitgeschichtlich breit eingebetteten Analyse wäre es wert, nachzu-
fahren, mit welchem Bündel an Argumenten sich ungefähr im letzten Viertel-
jahrhundert ein seltsamer *Identitätsdiskurs* durchgesetzt hat. Zwischenzeitlich
steigt er aus allen akademisch/außerakademischen Abzugskanälen auf. Er hat
über seine macht- und herrschaftsstrategische Funktion hinaus aller Mutmaßung
nach mit dem lärmig übertönten *Tod des Subjekts* zu tun (vgl. mit einigen weiteren
Hinweisen Narr 1999). Drei knappe Apostrophen sollen aktuell genügen. Zum
ersten: Foucault ist in all seinen Äußerungen dem Versuch, ihn *dingfest* einzufan-
gen, mit gutem Grund entflohen. Nicht nur, weil er mit Nietzsche hätte sagen
können: „nur wer sich wandelt, ist mit mir verwandt" (aus den Dionysos Dithy-
ramben) und wie dieser über seine Haustür hätte kleben, schon nicht mehr na-
geln können: „Ich wohne in meinem eigenen Haus. Hab niemanden nie nichts
nachgemacht. Und lache noch jeden Meister aus, der sich nicht selber ausge-
lacht." Vielmehr hätte diese Ihn-Identifiziererei trotz der erstaunlichen Kontinuität seines Werks und seines Habitus genau das an seiner *Wirklichkeitssicht* verkennen lassen, worauf es ihm zu Recht ankam. Sein emphatischer – wie allemal
unvermeidlich begrenzter – Nominalismus wäre an ihm selbst verletzt worden,
indem man ihn wie in dem von ihm untersuchten Linneischen System, als
„Schmetterlingsblütler" taxonomiefest angenadelt hätte. Sein implizites Verständnis des zentralen, des immer prekären und darum am meisten verletzten
Menschenrechts der Integrität kam hinzu. Zum zweiten: schon die Mode individueller Identitätssucht, auf einer Art Proustschen Suche nach der immer schon verlorenen und nie gewonnenen Eigenart, führt gerade individuell all die Menschen
in *ihrem Widerspruch* als Ensemble gesellschaftlicher Diskurse, eingespannt in
geltende Dispositive, jedenfalls erkennend in die Irre. Fast könnte man sagen: je
mehr irgendwelche *Identitäten* merkmalsgefüllt werden, desto mehr belegen sie,
wie fast durchgehend verdinglicht, also aussagbar, das *unaussagbare* Individuum
komponiert ist (*individuum est ineffabile* schreibt Goethe an Lavater). Die Worte
Spiel und *Möglichkeit* tauchen nicht ohne Grund in allen Foucaultschen Darlegungen immer erneut auf. Zum dritten: *kollektive Identitäten* taugen nur als Macht-
und Herrschaftsmittel. Im deutschen Extrem, das *Normalität* belegt: du bist nichts,
dein Volk ist alles. Das aber, was *Volk* „*ist*"(ein deutsch in schlammiger Tiefe
grundelndes Pseudosubjekt), die Menge der *Bevölkerung* (siehe Foucaults Darlegungen zur Bevölkerung als dem schaffenden Spiegel der Veränderungen von
Gouvernementalität im Zuge des 18. und 19. Jahrhunderts), wird strategisch wie

eine Einheit zusammengezwungen aufgeherrscht und nationalhymnisch wie fahnenklirrend verinnerlicht. Bedenklicher sind die Folgen der Wissensmacht. Nicht nur wird Geschichte evolutionär getrimmt (und i. S. des *nation-building* ex cathedra *Westen* urbi et orbi in die Zukunft verlängert). Vielmehr werden die Fülle der sich überlagernden und ineinander verhakten Diskurse und Dispositive, werden Kontinuitäten und Brüche, werden die Fülle der Mehrwertigkeiten und die in ihnen steckenden Möglichkeiten identifikatorisch stramm gemacht. Hypothetische Geschichts- und Politikschreibung werden einbahnstraßig linearisiert. Damit verbunden ist unvermeidlich eine Geschichte als herrschaftliche Disziplinierung und/oder sichernde Disponierung. Sie schaffen Normalität, indem sie abgrenzen und ausgrenzen, sodass alle „sozialen Schließungen" (ein wichtiger Weberscher Terminus) nur als perverse Ausschließungen machtwirksam werden (s. als kleines Symptom die aktuelle Leitkulturdebatte oder die Diskussion über die „europäischen Werte"). Das alles andere als willkürliche Management von Normalität und Anormalität, um macht- und herrschaftsängstlich Gleitflächen und Gleitgrenzen zu vermeiden, bildet nicht von ungefähr ein zentrales Interesse Foucaults von allem Anfang an. Man könnte sogar behaupten, sein Denken, Forschen, Schreiben, Handeln habe um all das gekreist, was Grenzen konstitutiv und schrecklich bedeuten. Darum vermeidet er in seinen eher methodischen Schriften, so sehr es ihm auf Präzision ankommt, alle Reduktionismen, die Komplexitäten zerhacken und schattenfreies identifikatorisches Verfahren.

4   Genealogie als die Devise aller Kritik

Wenn alles klappt, was es meist nicht tut, lernt man spätestens im 3. Semester, dass alle Sachverhalte in zwei Richtungen transparent zu machen sind: in ihrer Genesis, sprich woraus und wie sie geworden, wie sie sich in kontinuierlichen Brüchen bis heute entwickelt haben; in ihrer Geltung, sprich welche Aufgaben/Funktionen nehmen sie wahr, welchen Interessen dienen sie, wie wirken sie? Abgesehen von der funktionalen Faszination, der auch kritisch gerichtete Sozialwissenschaften häufig erliegen – ein Gutteil der Marx-Rezeption und Anwendung ging just deswegen Ende der 60er/Anfang der 70er Jahre des kurzen letzten Jahrhunderts halbschief –, besteht in genetischen Betrachtungen, die immer erst verstehende Kritik erlauben die Gefahr, dass sie zu gegenwartsgestreckt ausfallen. Im besonnten oder düsteren Rück- und Vorausblick drohen sie ein Lob oder eine Verdummung der Vergangenheit zu enthalten. Foucault, der den Ausdruck *Genealogie* von Nietzsche anverwandelnd und forttreibend übernommen hat, geht wie dieser nicht darauf aus, einen möglichst geraden Weg zur Gegenwart ins

Gestrüpp zu schlagen. Bei Nietzsche wird eine solche Intention schon durch seinen späteren, für die „Geburt der Tragödie" so noch nicht geltenden aphoristischen, in Klein- und Kleinstessays lose geknüpften Stil widerlegt. Dieser zeichnet beispielsweise die vielstimmige und doch eine einheitliche Melodie ergebende „Genealogie der Moral" aus. Indem Foucault „verständlich machen" will, „dass das Wirkliche möglich ist" ([1977-79] 2004 II: 58), ist ihm keine „Reduktion der Komplexität" (N. Luhmann) im Sinn. Genealogisch kommt es ihm stattdessen darauf an, widerspenstig sperrige *Objektivitäten* sozialer Definitionsmächte im Vergleich mit späteren Formen und Funktionen plastisch greifbar zu machen. Erneut bedürfte es eines eigenen Unternehmens, das genealogische Verfahren, exemplarisch wenigstens mit phänomenaler Konkretion und Farbe versehen, anschaulich und abstrakt zugleich vorzustellen. Darauf gehe ich nicht aus. Ich picke nur einige Merkzeichen heraus, die mir im Zusammengang der Foucaultschen Genealogie bemerkenswert erscheinen. Zum ersten: Foucaults Genealogie – nota bene auch Nietzsche nicht, selbst nicht im „Ursprung" –, ist nicht darauf erpicht, den allerersten „Ursprung" ausfindig zu machen. Ursprungsphilosopheme sind ihm fremd. Neuerdings strudeln sie von Martin Heidegger bis Giorgio Agamben verführerisch ein und sind wie ein geheimes Tiefwissen beliebt. Darum beruft sich auch Agamben zu Unrecht auf Foucault. Er missbraucht dessen biomächtige Analyse über die unvermeidlichen Verdrehungen aller Interpretationen hinaus. Als reiche es aus, einmal heideggersierend die Wahrheit des Seins ausgekundschaftet zu haben oder im Gefolge Carl Schmitts und anderer – mit Hilfe einer höchst eigenartig interpretierten fragmentarischen Stelle Pindars – das ausgelotet zu haben, was *Politik* von allem Anfang an war und über die Jahrtausende hinweg bleibt (Agamben 2002; zur m. E. besten Kritik alles Ursprungsphilosophischen s. Adorno: 1966, 2002, 2003). Foucault setzt mitten in der Geschichte, meist am Übergang vom nicht scharf auszumachenden Mittelalter zur ebenso nicht scharf in ihrem Beginn zu konturierenden Moderne, an. Er will die Gegenwart verstehen. Er kann dies jedoch seines Erachtens nur tun, wenn er zur Tektonik des lang gestreckt abteilungsreichen Gebäudes der Moderne *hinabgeht*. Zum zweiten, allen meist ontologisierenden *Wesensergründungen* abhold – diejenigen, die danach dürstet, ertrinken in ihrem eigenen Wasser -, ebenso allen terrible simplifications, versucht Foucault durch Brüche markierte weiter wirkende Kontinuität „all des Vergangenen" so herauszufinden, dass er sich auf vergangene Diskurse, eigenartige Milieus, auf das Konditionengeflecht wechselnder Dispositive, auf Mikro- und Makropolitik gleitend und nicht staatsbegrenzt verbindende Formen der Gouvernementalität einlässt. Er betreibt dies so weit und so sehr, dass es so scheinen könnte, als geschähe es voraussetzungslos. Mit dieser Herangehens- und Verfahrensweise will, so vermute ich, Foucault jedem gegenwartsverdingten, subjektverliebten Narzissmus des Erkennens entfliehen, der letztlich immer nur das eigene Bild spiegeln sieht. Zum dritten: diesem Ziel, dieser Strategie und ihrem Interesse, wenn man Foucault so auf sich selbst anwenden will, entspricht, dass Foucault zwar selbstredend an Kontinuitäten und Brüchen interessiert ist. Wie anders wäre sonst Erkenntnis möglich und bedeutsam. Alle Arten evolutionistischen Quietismus, hofferisch oder pessimistisch, sind ihm jedoch zuwider. Eine Sache verstehen heißt, frei nach Hegel, nicht nur, sie in ihrer Entwicklung begreifen. Dieser Wille zum Wissen setzt auch voraus, dass man sie entgegen allem Evolutionsglauben *vom Ursprung und Ziel der Geschichte* an und für sich selber ernst nimmt. Diese allemal zu erkämpfende Offenheit und Zugänglichkeit für das historisch Andere – als könnten wir uns ohne weiteres in die Puritaner des 17. Jahrhunderts oder das Lebensgefühl der Pestzeit im 14. Jahrhundert versetzen – belegt Foucault dadurch, dass er eben nicht identifikatorisch verfährt, so genau er Diskurse nachzuvollziehen versucht. Das späte Mittelalter und die frühe Neuzeit, Perioden, denen Foucault sich vor allem an Hand französischer und deutscher Quellen nähert, werden so vielfältig, so mehrdimensional re-präsentiert, dass gängige Formeln im Gedankenhals stecken bleiben. Indem Foucault dort, wo er historisch empirisch verfährt, meist von gesellschaftlichen Randbezirken aus erkundend – Wahnsinn, Klinik, Kriminalität und Gefängnis, Rassismus – ist er in der Lage von solchen prekären Randzonen gesellschaftliche *Normalität* und *Totalität* in differenzierten Schlaglichtern und „Schlagtexten" zu erfassen. Für die Studien zur Gouvernementalität gilt diese Beobachtung nicht in gleicher Weise. Das liegt nicht zuletzt am Charakter der Vorlesungen, die uns in all ihrer spürbaren Lebendigkeit überkommen sind. Hier repräsentiert Foucault die herrschaftlich treibende *Hefe*. Hier vermisst man am meisten eine genauere Betrachtung des institutionellen Kranzes und der globalisierten, sich weiter globalisierenden Kontexte. Nur: solange Diskurs-, Dispositiv- und Gouvernementalitätsprofile von einer noch so gebildet scharfsinnigen Person vorgestellt werden, bleiben sie unvermeidlich überaus lückenhaft. Wie oft blieben Adorno, Horkheimer und andere beim Hinweis auf gesamtgesellschaftliche Totalitäten oder den allgemeinen, in einer zeitgemäßen Kapitalismusanalyse nicht aufgedröselten „Warencharakter" stehen (und haben uns doch, lassen wir's uns nicht bei solchen Kürzeln wie „Urworten orphisch" genügen, *unendlich* viel gelehrt).

5   Diskurs, eine Methode

Eine Methode, die schon „spontan" nicht ohne weiteres zu verstehen, die schwerer noch durchsichtig, genau und vielfältig zu machen ist. Von Diskursen handelt dieser Band. Mit dem einleitenden Beitrag von Brigitte Kerchner angefangen stellen die Aufsätze an ausgewählten Themen vor, wie Diskurse analytisch differenziert zu handhaben sind und welche sonst nicht ohne weiteres erzielbaren Erkenntnisqualitäten sie einbringen. Hierbei werden sowohl die Eigenart dessen dargelegt, was Foucault unter *Diskurs* versteht (vgl. den Kerchnerschen Beitrag), die Strenge seiner methodischen Übersetzung exemplifiziert (u.a. Petra Gehring und Sonja Palfner), die Ausweitung in die Gouvernementalitätsdebatte am ausufernden Thema *Sicherheit* illustriert (u.a. Susanne Krasmann), wie mögliche Grenzen des Foucaultschen Verfahrens am Thema *Fremdenfeindlichkeit* erörtert (Angelika Magiros). Da ich in keine, kurz ohnehin nur in äußerlicher Schulmeisterei mögliche Metakritik verfallen will, unterstreiche ich nur wenige Qualitäten der Diskursanalyse à la Foucault bzw. hebe einige, mir besonders wichtig scheinende zum Teil ergänzend hervor. Zum ersten: Diskursanalyse ist Teil des Foucaultschen Versuchs, soziale Wirklichkeit nicht von außen wahrzunehmen und zu be-, gar abzuurteilen, sondern sie im immanenten Nachvollzug zu verstehen. Da Foucault die „sozialen Sachen" in ihrer eigenen, immer interessierten, immer machtdurchzogenen Wahrheit erfahren will, gebraucht er die Diskursanalyse mit ihrer fast über jedes Vermögen hinausgehenden ziselierenden und verschieden ansetzenden Differenzierung (Foucault [1969] 1981) auch entgegen allem ideologiekritischen Räsonnement. Dieses bleibt ihm zu äußerlich. Es scheint ihm gerade unter marxistischem Vorzeichen der eigenen Wahrheit zu gewiss. Außerdem droht es allzu leicht, verschwörungs- und handlungstheoretisch auszugleiten. Zum zweiten: indem Foucault zunächst primär an sprachlichen Äußerungen, an Ausdrücken diverser Qualität und grammatischen Status ansetzt, indem er nicht, bevor er auch nur anfängt, falsches Bewusstsein, sich sprachlich verdeckende Interessen, doppelte Moral usw., usf. wittert und riecht, indem er zunächst, sie methodisch hin- und her wendend, Aussagen als Aussagen nimmt und in ihrem Kontext auslegt, vermag er in erstaunlichem, mich jedenfalls Staunen machenden Maße die historisch soziale Wahrheit und ihre versachlichten Interessen aus der sprachlichen *Oberfläche* zu entnehmen. Er muss nicht raunend die Tiefe der Niederung ahnen. Da es immer mehrere Diskurse gibt, die miteinander konkurrieren, einander ablösen oder auf verschiedenen Ebenen stattfinden, sind dauernd Bruch- und Konfliktlinien auszumachen. Die Art, wie in uneindeutiger Eindeutigkeit Diskurse dominant werden, hat Foucault schon in seiner material überströmenden Wahnsinnsanalyse dargetan. Daraus lässt sich schon entnehmen, wie sich Diskurse, ohne ganz abzubrechen, ineinander schieben, sich verschieben und Brüche mit unterschwelligen Kontinuitäten belegen. Am neoliberalen Diskurs im II. Vorlesungsband zur Gouvernementalität, insbesondere am Nachvollzug der deutschen Ordoliberalen, mir selbst geradezu seit Kindesbeiden vertraut, sind mir diese eminenten Vorzüge des wie voraussetzungslos konzeptobjektiven Umgangs besonders aufgefallen. In meiner eigenen, über 40 Jahre zurückliegenden Dissertation bin ich sehr viel kürzer angebunden ideologiekritisch verfahren. Darum konnte ich den Wirklichkeitsgehalt der Ordoliberalen viel zu wenig ernsthaft ermitteln. Zum dritten: gerade die zweiteiligen, einsichtssprudelnden Ausführungen zum neoliberalen Diskurs, dem (bundes-)deutschen und dem US-amerikanischen, die fast den gesamten II. Band beanspruchen, lassen indes „Ungenüge-Gefühle" aufsteigen. Diese klingen zuweilen auch in den Diskursanalysen dieses Bandes leise an. Die herrschenden Kontexte nicht nur im Sinne eines institutionell äußerlichen Verfassungsgeklappers werden nicht einsichtig. Die kollektiven Akteure, ohne handlungstheoretische Überschätzung, werden inmitten der „Verflechtungsverhältnisse" (Elias) nicht greifbar. Zeitgeschichtliche, internationale und globale Begleitbedingungen werden ebenso ausgelassen, wie die institutionell-prozedural demokratischen, wie die human klassenspezifischen Kosten nicht einmal an-gerechnet werden. Kurzum: quantitative und qualitative soziale *Messungen* lassen zu wünschen übrig. Die Zusammenhänge zwischen mikro- und makropolitik-ökonomischen Größen werden zu wenig durchdekliniert. Erfreulich ist es allerdings, dass endlich keinerlei „Entitäten"-Verdummung stattfindet. Im systemtheoretischen Deutsch wird sie als „Ausdifferenzierung" modern hochgeschrieben. Hier Ökonomie, dort Politik. Hier Recht, dort Gesellschaft. Hier System, dort Lebenswelt und so weiter. Im Gegenteil. Das zeichnet gerade Diskursanalyse diverser Grade aus, dass sie *Wirklichkeit* nicht vorweg durch gesetzte Prämissen einengt und professionsakademisch angezogene Scheuklappen segmentalisiert. Zum vierten: die „Archäologie des Wissens" stellt trotz ihrem methodologisch abgehobenen Charakter eine faszinierende Lektüre dar. Allerdings wird hier ein *Programm* ausgebreitet, das in seiner Differenziertheit so fast von niemandem ausgeführt werden kann. Darauf will ich nicht eingehen. Hervorheben aber möchte ich, diese Bemerkung gilt noch verstärkt für alle Gouvernementalitätsstudien, die die Diskursanalyse in sich aufheben, dass Foucaults *Programm* erneut danach drängt, dass Sozialwissenschaftlerinnen und Sozialwissenschaftler sich ihren Gegenständen endlich kollektiv-kooperativ und nicht vereinzelt als pseudogeniale Individuen zuwenden. Dass die Karrieremuster der Universitäten und in überwiegendem Maße die Forschungsfinanzierung dagegen stehen, darf nicht davon abhalten, sich stärker um die nicht diskursiven Voraussetzungen des Diskurses zu kümmern.

6   Macht und Herrschaft als nahezu universale soziale Phänomene

Obwohl Foucault hier in einer großen Tradition steht, deren eine Spitze er genauer kannte, Nietzsche nämlich, deren andere er bis in Anmerkungen zur „Protestantischen Ethik" deutlich weniger kannte, wenn nicht verkannte, Max Weber, wurde ihm häufig vorgeworfen, er argumentiere wie ein anderer König Midas. Während diesem alles zu Gold geworden sei, werde ihm alles zu Macht. Ohne ausufernd zu argumentieren, unterstelle ich die taktisch und strategisch immer erneut ausgeblendete, historisch soziale, nicht anthropologische Universale, die Kant in seiner wunderhübschen Schrift „Idee zu einer allgemeinen Geschichte in weltbürgerlicher Absicht" anthropologisierend urliberal fasste (später kommt dann die berühmte Stelle, dass *der* Mensch aus „krummem Holze" gemacht sei, aus dem „nichts ganz Gerades gezimmert" werden könne): „Dank sei also der Natur für die Unvertragsamkeit, für die missgünstig wetteifernde Eitelkeit, für die nicht zu befriedigende Begierde zum Haben, aber auch zum Herrschen!" Erneut will ich einige Vorzüge des Machtbegriffs à la Foucault pointieren. Zum ersten: wie dies ebenso für die Diskursanalyse gilt, entgeht man in Foucaults Folge aller dichotomischen Schwarz- und Weißmalerei. Verschiedene Qualitäten werden nicht unwichtiger. Sie verstehen sich nur nie und nimmer *lagerspezifisch* von selbst. Sie kommen in Graduierungen zur Geltung, nicht in in- und exkludierenden Fundamentalismen. Fast alle politisch/politikwissenschaftlichen Begriffe müssten, ginge es mit epistemisch *rechten Dingen* zu, skalar mit unterschiedlichen Graduierungen und Mischungsgraden wirklichkeitswissenschaftlich gefasst werden. Erst die unwahrscheinlichen Extreme starrten feindlich aufeinander. Und diese Extreme sind allemal in Gefahr, gemäß dem bekannten französischen Sprichwort, sich zu berühren (siehe aktuell: Terrorismus/Antiterrorismus). Zum zweiten: Foucault lässt verstehen, warum das, was heute fortschrittsmundig unter *Wissensgesellschaft* verstanden wird, eine durch und durch machtpenetrante Wirklichkeit darstellt. Ein Vorzug des weitgedehnten, diverse Proteusgestalten umfassenden Machtbegriffs besteht darin, dass Macht nicht nur sehr verschiedene Gewalthandschuhe überstreifen kann. Vielmehr besitzt Macht *positive* Seiten, die schon Hannah Arendt mit ihrem Machtbegriff im Sinne von Machen-, von Gestaltenkönnen eröffnet hat. Und wer, der je gelehrt und geschrieben hätte, hätte damit nicht andere in irgendeiner Weise beeinflussen wollen. Darum ist es vonnöten, das, was jeweils Macht und Machtbeziehung heißt, genauer zu qualifizieren, nach Mittel- und Wirkungsformen zu differenzieren und bei bestem *Machtgewissen* zu wissen, dass Macht gerade als skalar breiter Begriff und ihm entsprechende soziale Tatsache rasch von Bedingungen des heute über den Schellenkönig gelobten *empowerment* zu Formen der sublimen und weniger sublimen innen- und außengerichteten Unterdrückung changieren kann. Machtanalyse als *labeling approach* ist nicht möglich. Macht ist immer erneut und spezifisch zu bestimmen. Zum dritten: die These der Universalität von Macht(äußerungen), wohlgemerkt nicht von Herrschaft und die skalare, nicht dichotomische Unterscheidung besagen nicht, dass Macht an sich „soziologisch amorph" sei. So die viel fahrlässig zitierte, von Weber in seinen etwas nominalistisch gestelzten soziologischen Grundbegriffen geäußerte bestimmte Unbestimmtheit. Dass Macht – mit Weber und Foucault gesprochen – keine vorgegebene feste Gestalt besitzt, die man klassifizierend schematisch einsetzen könnte, besagt gerade, dass ihre *Morphe*, ihr Ausdruck, ihre Mittel, ihre Funktion immer erneut im historischen Kontext bestimmt werden müssen. Das aber hat zur Folge, dass es im Kontext ihrer disziplinarisch direkteren und dispositiv indirekteren Formen darauf ankommt, mittel-, erscheinungs- und wirkungsspezifische Machtränge zu bestimmen. In Richtung dieses Geschäfts eines unterschiedlich einfluss-, wirkungs- und kostenreichen Macht-Ensembles – Ensemble ist, nota bene, wohl begründet ein antireduktionistischer Lieblingsausdruck Foucaults – stellen Foucaultsche Machtdurchschauungen oft nicht zufrieden. So wie der fließende und doch durch Machtordnungen diversen Gewichts bestimmte Zusammenhang aus mikro- und makrophysischen Machtverhältnissen meist zu weit offen gelassen wird und es an genaueren Ausführungen der jeweils gegebenen ökonomisch-politisch-kulturellen Makrophysik der Macht hapert, so werden die Gestalten mikrophysischer Machtverhältnisse bis hin zu ihren verinnerlichten Erscheinungsformen zu wenig profiliert. Ihr Einfluss wird bis in die institutionellen Vorgaben unzureichend gewichtet. Ich vermute, dass dieses mein Ungenügen darin begründet liegt, dass Foucault zum einen den Blick auf das Ensemble nicht zu rasch einseitig richten wollte, das, was Norbert Elias gleicherweise konkret abstrakt „Verflechtungsverhältnisse" genannt hat. Zum anderen könnte ihm daran gelegen gewesen sein, allen gängigen schwarzweißen Verschwörungstheoremen entgegen zu wirken. Zum vierten: wie zu Recht beobachtet worden ist, tauchte der Herrschaftsbegriff bei Foucault vergleichsweise spät neben dem Machtbegriff auf. Ich unterlasse es jetzt, informiert über die Gründe des Spätkömmlings zu räsonnieren. Nicht nur für einen *Weberianer* versteht es sich jedoch, dass Machtbeziehungen und ihre Verhältnisse nicht ohne die verschiedenen Machtsklerosen auskommen, die man mit dem Ausdruck Herrschaft als einer institutionalisierten, idealtypisch durch vergleichsweise klare Strukturen der Herrschafts- und Beherrschtheitsklassen ausgezeichnete Ungleichheit mit einem erheblichen Arsenal an Mitteln bezeichnet, die die Über- und die Unterordnung sichern. Herrschaft ist also soziologisch *morph*, sie hat eine Gestalt. Sobald man diese Feststellung getroffen hat, ist man gehalten, eine Foucaultsche Argumentationsfigur nachzuahmen. Das *fest-*

Gestellte erweist sich nämlich sogleich als historisch erheblich formen- und variationenreich. Auch die Aussage, etwas sei herrschaftseigen, reicht nicht aus. Herrschaft muss, in dem, was sie bedeutet, in ihren Mitteln, im Prozess ihrer andauernden Herstellung neu und neu zu verstehen gesucht werden. Mit Foucaults Hilfe kann man nicht nur die diversen ergänzenden Korrespondenzen von Macht-Mikrophysiken und aktuell bestehender Herrschaft genauer herausfinden, man kann gleicherweise die nach wie vor viel zu schmal behandelten Formen der Legitimation im Sinne von gesellschaftsbreiten Legitimationsdispositiven ungleich besser ermitteln. Der nie selbstverständliche Herrschaftsverhalt, für die Goethes anders gemeintes Wort gilt: sie ist eine geprägte Form, die lebend sich entwickeln muss, lässt sich an der (politischen) Herrschaftsform europäisch angelsächsisch bestimmter Moderne, am *Staat* plastisch nachvollziehen. Foucault hat verschiedentlich – m.E. wohl begründet – vor einer „Staatsphobie" gewarnt. Im Bündel dieser *Phobie* stecken vor allem eine negative und eine positive Staatsfixierung. Diese Phobien behandeln das Ensemble inner- und außerherrschaftlicher Verhältnisse und Verhaltensweisen nicht nur souveränitätsarchaisch wie ein (Kollektiv- oder medialisiert personales Projektiv-) Subjekt. Alles das, was da staatlich umschlungen und funktionalisiert wird, wird vielmehr wie eine Einheit behandelt. Diese Einheit steht, jedenfalls in den staatlichen Kernlanden seit runden 200 Jahren, „festgemauert in der Erden" aus Gewaltmonopol und Legitimation gebrannt (und nur für Subversive auch aus Schillerschem Lehm).

Ich muss abbrechen, da ich gerade erst *politologisch* richtig in Fahrt komme. Biomächtiges habe ich ganz ausgelassen. Ich hoffe jedoch, es ist mir gelungen, so das irgend nötig sein sollte, den Lesenden einsichtig zu machen, wie sehr es sich für unser Gegenwartsverständnis und die Qualität unserer, möglichst reflektierten Wissensmacht lohnt, sich der Anstrengung *Foucault* erkenntnisbegierig, nicht unterwürfig zu unterziehen. Auch Foucault und sein Werk sind, frei mit C. F. Meyer gesprochen, kein ausgeklügelt Buch; sie sind ein Mensch; und sein zeitbezogenes, aber über die Zeit hinaus weisendes Werk mit seinem bzw. ihrem Widerspruch". Das macht sie, das hält sie lebendig. Ansonsten hätte Foucault gewiss mit Nietzsches Selbstdenken heischendem Postulat übereingestimmt, das ich leicht ergänze: „Sei eine Frau oder sei ein Mann und folge mir nicht nach!" Foucault erlaubt kein *romantisch* identifikatorisches *Glotzen*.

Ich schließe mit einer Passage aus dem ersten großen Werk, unverändert faszinierend wie es ist und weithin erkenntnistriftig: aus dem „Wahnsinn". Sie deckt noch einmal ein Thema auf, das im Sinne einer erweiterten Diskursgeschichte überaus spannend und lohnend zu verfolgen wäre. Die jüngeren Modernitätsdiskurse unter vielen anderen von Marx über Nietzsche über Weber, nach dem Grabenbruch des 20. Jahrhunderts über Adorno und schließlich zu Foucault. Halten wir Heutigen diesen Diskursen und ihren eingelagerten Episteme stand? Im Zeichen der vergesslichen innovativen Torheiten?

„Dieser Zusammenprall des kritischen Bewusstseins und der tragischen Erfahrung belebt all das, was vom Wahnsinn zu Beginn der Renaissance verspürt und formuliert worden ist. (...) Es handelt sich vielmehr um ein Privileg, das die Renaissance in immer stärkerem Masse einem der Elemente des Systems eingeräumt hat: demjenigen, das aus dem Wahnsinn eine Erfahrung auf dem Gebiet der Sprache, einer Erfahrung, in der der Mensch seiner moralischen Wahrheit, den seinem Wesen und seiner Wahrheit eigenen Regeln konfrontiert war, gemacht hat. Das kritische Bewusstsein des Wahnsinns tritt also unablässig besser ins Licht, während die tragischen Gestalten des Wahnsinns fortschreitend in den Schatten gedrängt werden. Bald hat man sich ihnen vollends entzogen, und nur mit Schwierigkeit lassen sich einige Spuren wiederfinden. Allein einige Seiten von de Sade und das Werk Goyas bezeugen, dass dieses Verschwinden nicht mit völliger Vernichtung gleichgesetzt werden kann, sondern dass diese tragische Erfahrung im Dunkel der Nächte des Denkens und der Träume fortbesteht; und dass es sich im sechzehnten Jahrhundert nicht um eine radikale Zerstörung, sondern lediglich um eine Okkultation handelt. Die tragische und kosmische Erfahrung des Wahnsinns wird durch die exklusiven Privilegien eines kritischen Bewusstseins mit einer Maske versehen. Deshalb kann die klassische Erfahrung und durch sie hindurch die moderne Erfahrung des Wahnsinns nicht als eine vollständige Figur betrachtet werden, die schließlich dadurch zu ihrer positiven Wahrheit gelangte; sie ist eine fragmentarische Figur, die sich missbräuchlich als erschöpfend gibt. Sie ist ein Ensemble, das durch alles, was ihm fehlt, das heißt durch alles, was es verbirgt, aus dem Gleichgewicht gebracht ist. Unter dem kritischen Bewusstsein des Wahnsinns und seinen philosophischen oder wissenschaftlichen, moralischen oder medizinischen Formen ist immer ein taubes tragisches Bewusstsein wach.

Die letzten Worte Nietzsches, die letzten Visionen van Goghs haben es aufgeweckt. Wahrscheinlich hat am äußersten Punkt seines Weges Freud begonnen, es zu verspüren; es sind seine großen Ängste, die er durch den mythologischen Kampf der Libido und des Todestriebes hat symbolisieren wollen. Dieses tragische Bewusstsein schließlich hat sich auch im Werke Artauds ausgedrückt, in diesem Werk, das, wenn das Denken des zwanzigsten Jahrhunderts ihm Aufmerksamkeit schenken wollte, diesem die dringendste aller Fragen und diejenige, die am wenigsten dazu geeignet ist, den Frager dem Taumel entkommen zu lassen, gestellt hat, in diesem Werk, das unaufhörlich verkündet hat, dass unsere Kultur ihre tragische Feuerstelle verloren hat, seit dem Tag, an dem sie den großen Sonnenwahnsinn der Welt, die Ängste, in denen sich unaufhörlich das 'Leben und der Tod des Feuersatans' erfüllen, aus sich verbannt hat. Diese fernsten Entdeckungen und nur sie allein sind es, die uns heute das Urteil gestatten, dass die Erfahrung des Wahnsinns, die sich vom sechzehnten Jahrhundert bis heute erstreckt, ihre besondere Gestalt und den Ursprung ihres Sinnes jener Abwesenheit, jener Nacht und all dem, was sie erfüllt, verdankt. Die schöne Geradheit, die das rationale Denken bis zur Analyse des Wahnsinns als Geisteskrankheit führt, muss man in einer vertikalen Dimension neu interpretieren. Dann wird klar, dass es unter jeder seiner Formen auf eine vollständigere, gefährlichere Art auch diese tragische Erfahrung verbirgt, die er indes nicht völlig zu minimieren vermocht hat. Am Schlusspunkt des Zwanges war das Aufsplittern nötig, dem wir seit Nietzsche beiwohnen" (Foucault [1961] 1973: 48-50).

Literatur

Adorno, Theodor W., 1966: Negative Dialektik. Frankfurt/M.

Adorno, Theodor W., 2002: Ontologie und Dialektik. Frankfurt/M.

Adorno, Theodor W., 2003: Vorlesung über Negative Dialektik. Frankfurt/M.

Agamben, Giorgio, 2002: Homo sacer. Die souveräne Macht und das nackte Leben. Frankfurt/M.

[*Andersen, Hans Christian*]: Des Kaisers neue Kleider. H. C. Andersens Märchen, [1927] 2006: hrsg. von Karl Martin Schiller. Neuausgabe Stuttgart, 111-117.

Bröckling, Ulrich/Krasmann, Susanne/Lemke, Thomas (Hrsg.): Gouvernementalität der Gegenwart. Studien zur Ökonomisierung des Sozialen. Frankfurt/M.

Burger, Rudolf/Pollak, Michael/Stangl, Wolfgang/Steinert, Heinz, 1978: statt eines interviews, in: Kriminalsoziologische Bibliographie 1978, Jg. 5, H. 19-20, 1-16.

Foucault, Michel, [1961] 1973: Wahnsinn und Gesellschaft. Eine Geschichte des Wahns im Zeitalter der Vernunft. Frankfurt/M.

Foucault, Michel, [1966] 1974: Die Ordnung der Dinge. Eine Archäologie der Humanwissenschaften. Frankfurt/M.

Foucault, Michel, [1975] 1976: Überwachen und Strafen. Die Geburt des Gefängnisses. Frankfurt/M.

Foucault, Michel, [1969] 1981: Archäologie des Wissens. Frankfurt/M.

Foucault, Michel, [1978] 1996: Der Mensch ist ein Erfahrungstier. Gespräch mit Ducio Trombadori. Frankfurt/M.

Foucault, Michel, [1977-79] 2004: Geschichte der Gouvernementalität I und II. Frankfurt/M.

Gehring, Petra, 2006: Was ist Biomacht? Vom zweifelhaften Mehrwert des Lebens. Frankfurt/M.

Narr, Wolf-Dieter, 1999: Identität als (globale) Gefahr. Zum Unwesen eines leeren Wesensbegriffs und seinen angestrebten Befindlichkeiten, in: *Reese-Schäfer, Walter* (Hrsg.), Identität und Interesse. Der Diskurs der Identitätsforschung. Opladen, 101-128.

Nietzsche, Friedrich, [1886] 2002[7]: Jenseits von Gut und Böse. Sämtliche Werke. Kritische Studienausgabe in 15 Bänden, hrsg. von Giorgio Colli und Mazzino Montinari, Bd. 5. Neuausgabe Berlin, New York, 9-243.

Neu im Programm Politikwissenschaft